YMXHSJZYZDDSJQ

富强湖南

兼什么

一名新华社记者眼中的
大省崛起

段羡菊 著

新华出版社

图书在版编目（CIP）数据

富强湖南靠什么：一名新华社记者眼中的大省崛起/段羡菊著．
北京：新华出版社，2012.12
ISBN 978－7－5166－0189－1

Ⅰ.①富…　Ⅱ.①段…　Ⅲ.①区域经济发展-研究-湖南省　Ⅳ.①F127.64

中国版本图书馆 CIP 数据核字（2012）第 281084 号

富强湖南靠什么：一名新华社记者眼中的大省崛起

作　　者：段羡菊

出 版 人：张百新	责任编辑：刘　飞
封面设计：王小明	责任印制：廖成华

出版发行：新华出版社
地　　址：北京石景山区京原路 8 号　　邮　　编：100040
网　　址：http：//www. xinhuapub. com http：//press. xinhuanet. com
经　　销：新华书店
购书热线：010－63077122　　中国新闻书店购书热线：010－63072012
照　　排：新华出版社照排中心
印　　刷：北京新魏印刷厂
成品尺寸：170mm×240mm
印　　张：32.25　　　　　　字　　数：400 千字
版　　次：2012 年 12 月第一版　　印　　次：2012 年 12 月第一次印刷
书　　号：ISBN 978－7－5166-0189-1
定　　价：68.00 元

图书如有印装问题，请与出版社联系调换：010－63077101

目 录

第二章　强省当强县

第三章　湖南敢为先

第四章 经济有湘军

附录　湖南发展读书摘记

序：湖南省可强

朱　翔

在思考探讨湖南"十二五"发展时，我曾经这样说：要发展，更要可持续发展；要 GDP，更要绿色 GDP；要当代，更要子孙后代；我们既要抓好硬环境，建设好物质文明，也要抓好软环境、建设好精神文明，实现经济的全面、协调、可持续发展。

新华社高级记者段美菊写的这部书稿，之所以令我欣喜与振奋，不仅仅因为这是一部难得探讨湖南当今发展的著作，更在于它以实证调查与案例探讨方式，传递了湖南人在强省、强县、强市的过程中，为实现全面、协调、可持续发展而勇敢进行的改革、创新。这些改革、创新，折射了湖南敢为人先的勇气与攻坚克难的智慧，实践操作的能力，值得总结，可以分享。正因为如此，我愿意向关注、思考湖南发展的人士，向湖南的地方领导干部，向湖南的创业者，以及对中国地方发展感兴趣的人，推荐这本有分量的著作。

学以致用，服务地方经济发展，为破解现实问题、增进民众幸福贡献一己之力，是我作为一名学者向来所倡导力行的理念。事实上，经世致用正是湖湘文化的核心理念。作为一名新华社记者，段美菊能够结合自己的新闻报道工作，推出这本著作，我感觉他同样是在这样努力。翻阅这部书稿，他对调查研究的锲而不舍，对湖南发展的深度思考，对服务地方的高度自觉，给人留下了难忘的印象。

段美菊参加新华社调研小分队，所发表的《走浙江、看广西、想湖

南——一名新华社记者关于湖南发展的万言报告》，是他完成本职工作后的一篇"副产品"，曾引起我的密切关注。我对其中探讨的湖南强省需创造环境风气，破解人才命题的思索深以为然。记者的职业特点是贴近现实，善于用事实说话。国内外有影响的著作，很多是出自记者之手。如记载美国 20 世纪 70 年发展史的《光荣与梦想》，作者威廉·曼彻斯特就曾是一名记者。国内推出解剖企业沉浮《大败局》等作品的知名财经作家吴晓波，也曾是新华社的记者。

这部书稿虽然写的是湖南，其实也是一本关于中国地方发展的专著。中国东、西地区发展差距较大，又处于城市化、工业化的不同阶段。如果把不同地区发展比作"阶层"，那么湖南可谓"中产阶层"。因此在我看来，从某种程度上，湖南的省情是中国最有地区代表性的缩影。难能可贵的是，段美菊思考地方发展时发扬了新华社记者目光四射的视野优势，可以纵横多省调研的职业便利，深入一线实事求是的工作作风。在探讨湖南强省路径时，他经常对比外省的发展，剖析外省的案例，引用外省的素材，涉及广东、浙江、江西、湖北、河北、贵州等众多省份。因此我认为本书对国内其他省份的发展也有参考意义。

我曾经在多年前的一次讲座中谈到，现在全国各省发展很快，各地都在追赶，全国就是一个大洗牌，我们要尽量将湖南洗得靠前一些，而不是靠后。2008 年到 2010 年，湖南能不能进入全国前十强？2015 年至 2020 年，湖南能不能进入全国前八强呀？前三强，我们不敢想，前八强还是应该做得到的。湖南这么多的人，这么丰富的资源，这么良好的区位，我们可以把我们的工作做得更好一些，做得更出色一些，以一份良好的答卷，来回答我们三湘四水的人民。

几年过去，湖南经济发展真的进入全国十强。我们高兴振奋的同时，也不能回避湖南人均地方财力较弱、能源缺乏，以及经济总量、经济质量、人均总量还偏低等现实难题。不过，在我看来，湖南发展的环境现在处于历史上很好的时期。当国家相继推出西部大开发、东北振兴等重大宏观区域政策时，我曾经很忧虑中部地区塌陷。令人振奋的是，国家又出手中部崛起战略，并且把"两型社会"试验区等重大改革使命赋予湖南。2012年7月25日，国务院常务会议讨论通过的《关于大力实施促进中部地区崛起战略的若干意见》指出，包括湖南在内的中部六省，在国家区域发展格局中占有举足轻重的战略地位，要努力实现中部地区全面崛起。

如果说，国家支持是湖南发展珍贵的外部力量，那么湖南崛起的市场力量也开始发育。湖南这个传统的鱼米之乡、耕读之省，已经有三一、中联等一批走向世界的企业，涌现大批有理想的企业家和有追求的创业者，有着7000多万勤劳民众所蕴藏的巨大内需市场。种种迹象一再证明，伴随产业转移热潮，资金、人才、技术等各种要素正从省外、国外涌来，对这个中部大省表现出强烈的市场渴求。

当然，大省湖南的崛起与富强，还需要汇聚一切民智、民力，包括像段美菊这样的新华社记者，冷静而又热情地为湖南发声，为湖南思考！

是为序。

2012年10月

（作者系湖南师范大学教授、博导、区域经济发展研究中心主任，湖南省政府顾问、专家咨询组成员。）

第一章　为湖南呐喊

我们心目中的理想湖南

我们心目中的理想湖南，是幸福之省。政府的职责，不仅仅是促进经济数据的上升，财税总量的增长。一套促进社会幸福增长的体制，就是合理、合乎人性的制度。

每个湖南人都有心目中的理想湖南。我们共同盼望，路不堵，水干净，空气清新，食品安全，治安良好；不同群体有不同诉求，学生们盼望寒窗苦读之后能顺利找到工作，农民工盼望不要离乡太远也能找到生存的机会……由新华社派出常驻湖南的我们，以发现湖南、研究湖南、推介湖南、服务湖南为己任，我们也有心目中的理想湖南。

我们心目中的理想湖南，是忧患之省。不仅仅是走浙江，也不仅仅是看广西——行走在广袤大地上的我们，总是时刻对照思考着湘江边上的发展。在过去一年，我们之所以整理了十省决策者的执政履职感言，之所以大量介绍外省的经验与探索，就是希望能够为湖南的发展提供借鉴。中央和地方实行分税制的制度安排，使得区域之间的竞争，因为不仅关乎地方面子，还关系地方实惠，从而更加剧烈。正是在此背景下，湖北游说中部各省，率先提出中部城市群的概念，自定为中部发展的支点。他们甚至还正在创办一本名叫《支点》的杂志，读者对象重点是中部六省，辐射北、上、广。安徽大手笔拆分巢湖市，通过做强省会合肥，促进皖江城市群的志向，十分明确。我们周边的省份，不仅仅在推进区域经济方面拿出大手

3

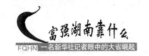
笔、摆开大架势，而且不少已经超越经济层面，在解决社会问题上迈开大步。广东用铁腕手段，推进珠三角带动两翼的贫困地区跟上发展步伐。不可否认，不管是"两型社会"的探索，经济总量的增长，还是人气的兴旺聚集，社会的大局稳定，湖南近些年取得了长足发展，耀眼于中部地区，有目共睹。然而，财力偏弱、电煤紧张、江河水枯等系列红灯，一再提示湖南发展的总量和质量仍处在负重爬坡的阶段。物竞天择，适者生存。湖南的发展不仅仅要纵比，还要横比，这样才能正确找到坐标，清楚看到长短，强化忧患意识。因此，新年我们将发挥新华社记者遍布国内外的渠道优势，力争跳出湖南看湖南，站在新的制高点上思考湖南的发展。我们不但将致力于传递外省最新的发展动态、点睛之笔、所思所考，而且还设想对比邻省、邻市、邻县的发展。

2012年，作者受湖南省娄底市委、市政府邀请作加速赶超报告。

我们心目中的理想湖南，是开放之省。滋养我们心性、激励我们行动的湖湘学派，得益于一对福建迁来的父子。八百多年前，胡安国、胡宏从闽入湘，在湘潭县隐山讲学授徒。他们开创的经国济世学术风格，迥异于清谈、利禄之学。两胡是外省人，屈、贾、柳、刘这些迁客行者也都是外省人，不正是他们开掘了湖湘文化的源泉吗？近代以来，湖南在中国各省独树一帜，屡开风气之先，频出英雄豪杰，正是因为走出了重重大山，走向了海洋、世界。魏源编写《海国图志》，被称为"睁眼看世界第一人"。甲午海战后，被惊醒的中国人纷纷东渡日本，湖南学生居全国十分之一。当今世界，开放的环境更是前所未有，以至于人们感叹世界是平的。然而，在人才、资金、劳动力、信息、科技、人文、观念等诸多方面，不能否认现实当中还有重重关卡，有着越不过去的高墙。这种现象在中部地区、后发展地区尤其突出，正是这些关卡高墙的林立，使得投资成本剧增，生产要素凝滞，社会财富抑制。我们将努力寻找、曝光这些关卡高墙，将紧盯湖南开放发展的一举一动，将跟踪那些宣言"开放崛起"市州的走势。

我们心目中的理想湖南，是幸福之省。政府的职责，不仅仅是促进经济数据的上升，财税总量的增长。一套促进了社会幸福增长的体制，就是合理、合乎人性的制度。正因如此，喜马拉雅山邻边的小国不丹，因为建立、实践了一套促进国民幸福的指标体系，赢得了世界的尊敬与学习。在过去一年，我们在追寻强省中的市州力量时发现，14 个市州未来五年执政思路中，有 8 个锁住了幸福。为了幸福，我们调查了湘中农村的"撤校"风波，思考山民们为什么挡住把撤校后的孩子们送往新学校的校车。为了幸福，我们追踪 12 名学生沉于水底的邵阳县政府部门，在总结"宁听事前骂、不听事后哭"之沉痛教训之后，怎样把问责的关口前移？不仅仅悲伤于伏在逝去奶奶身上多日的双峰留守儿童，不仅仅同情那背着弟弟上学的凤凰女孩，我们希望能够直面这些现实，回答这究竟是为什么的问题。我们将感兴趣于，在推进幸福的过程中，我们的地方政府怎样建立符合国情的幸福评价体系，在经济赶超的过程中怎样尽量减少社会矛盾？向

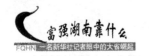

来自许心忧天下、敢为人先的湖南人，在走向幸福的过程中，到底有什么突破、作为？

我们心目中的理想湖南，是革新之省。新闻求新。我们对新生事物充满兴趣。我们的使命，不仅仅是开展舆论监督，还包括传播一切先进的东西。我们这块土地，有着革新的传统。我们的执政者，肩负革新的重任。开放、幸福之路，必须是用革新的路石来铺垫。正因为如此，我们关注扩大基层民主的"溆浦试验"，写下农民剖开竹筒票箱验票的草根创造。我们赞叹澧县政府激发民间创业活力，一批批的农民经商办厂当起了老板，传统的重农之地隐然涌现江浙重商之势。我们透视嘉禾执政新思维，探究为何信访量居高不下、重大公共事件一度频发的此地，为何出现这么多积极变化。我们惊奇安仁县这么一个被人遗忘的角落，数十个政府单位副职全部重新洗牌——选贤任能等系列创举，使之萌发了发展大气象。我们聚焦省民调中心这样一个神秘单位的运作，传播"从政湖南：要GDP，还要民调"的理念。我们对话长沙大河西先导区的负责人，传递期待国家战略新区落户湖南的盼望。每一步革新的行动，我们都看得很珍贵，每一点革新的见解，我们都视作资治之声。新的一年，我们盼望脚下的这块土地，在新的一年能够馈赠更多革新的矿苗，我们将不遗余力从中挖掘出开放、幸福的富矿。

这是我们心目中的理想湖南，让我们一起努力！

（写于2012年新年之际。）

走浙江，看广西，想湖南

——一名新华社记者对湖南发展的万言报告

　　站在北部湾的大海边上，听到阵阵涛声，看到千帆竞发般的发展态势，我深深感到，湖南人不能不对自己的地理区位有一个清醒的认识，不能没有追兵在后的危机感与紧迫感！

　　又是一年新春到，又逢一年"两会"时。朔风凛冽、雪花飞舞之中，人大代表、政协委员从三湘四水会聚长沙，共同总结、热议、商讨湖南未来五年的发展，为全省人民所关注，所期待。

　　作为密切跟踪湖南发展、常驻湖南十五年的一名新闻工作者，前不久，记者参加了新华社财政调研小分队，到广西、湖南、浙江三地采访。后来又参加了《半月谈》在广西举办的报道研讨会。在广西，在浙江，紧张的采访和会议之余，记者特别留意这些省区的发展，收获了很多新鲜的见闻，并且总是不由自主把湖南联系在一起与之对比，以至于这才发觉自己的"湖南情结"原来这么重！

　　湖南未来的路怎么走？"两会"召开之前，中共湖南省委、省政府已经研究"十二五"规划建议，并且召开省委经济工作会议，听取吸收学界、政界、企业界等各界的谋略。记者整理走访浙江、看广西、想湖南的一些强烈感受，为湖南的发展提供一个可供探讨的粗浅文本，为湖南的未来发出一名新闻工作者的鼓与呼。

一、站在北部湾的港口眺望大海，
第一次强烈感受到湖南的"地理危机"

长期以来，说起广西，很多人和记者一样，想到了偏僻、封闭、落后。

但是，北部湾之行彻底改变了记者的传统印象。

大海，码头，伸出长长手臂的塔吊，泊满集装箱的巨型海轮，堆积如山，连绵不断的矿产、农资，不断将货物从海轮上输送到岸边堆放地的一条条自动传送带，几乎全自动化的装卸中央控制室……

这是11月中旬，北部湾海滨的广西防城港市，这是映入记者眼中的繁忙现代景象。

海岸线长达1595公里的北部湾为广西创造了得天独厚的地理位置。在漫长的历史长河中，因为局限于小农生产，受制于锁国政策，中国的海岸或者白白闲置，或者成为西方列强商品与军事侵略的倾销、登岸之地。到如今，在长三角、珠三角依托海岸繁荣了数十年后，北部

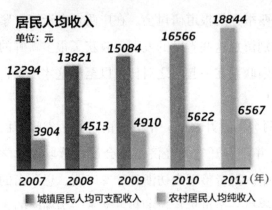

湖南省2007～2011年度GDP及居民收入增长图（湖南省统计局制作）。

湾地区得益于国家出口经济，得益于东盟自由贸易区的建设，靠海优势开始被激活了。

　　2011 年 2 月 16 日，规划面积 10 平方公里、集对外开放口岸、保税物流和保税加工三大功能于一身的广西钦州保税港区正式开港运营。钦州保税港区是我国第 6 个保税港区、我国西部地区第一个保税港区、我国距东盟最近的保税港区，也是我国唯一具备整车进口口岸功能的保税港区。图为车辆陆续进入港区。　　周华摄　新华社照片

　　钦州港，天然深水良港，孙中山先生《建国方略》中将其规划为"南方第二大港"。沉默多年，这只蛰伏的"睡狮"一朝醒来，如今发展势头势不可当。2007 年，经国家发改委批准，中石油在此投资 150 亿元，占地 3000 多亩，建设 1000 万吨/年炼油工程，这是广西迄今为止单项投资最大的项目。

　　这个项目 2010 年 9 月竣工投产，一个月后即向当地申报近 2 亿元成品油消费税。据介绍，正常经营后，这个项目每年将向西南地区供应 800

万吨汽油等石化产品，年销售收入将超过 400 亿元，税收将达到 60 亿元，将对整个钦州、北部湾乃至广西的经济发展和财政收入带来重大利好。

我们走访了防城港专门建设的钢铁矿石码头，人工建筑的长堤探入大海之中，可以停泊巨型海轮。国内钢铁巨头武钢已经签订协议，有意依托港口建设工厂基地。据介绍，如果在当地投产，武钢每吨矿石比在武汉可以节省 200 元钱物流成本。如以 1000 万吨矿石计算，仅此一笔可以每年节省 20 亿元。

地理优势极大降低了物流成本，从而带动了一批大项目蜂拥而至。近四年来，投向北部湾地区的投资规模超过 10 亿元的重大产业项目 43 个，总投资近 4000 亿元。我国大陆地区最大的专业电脑光驱制造基地、中国南方最大的生物质能源基地、从甘肃引进的世界一流的镍铜冶炼生产基地等一批重量级产业基地落户于此。

北部湾地区的官员谦虚地向我们介绍，北部湾发展如此之快，快得让他们发现自己服务大项目的水平和知识跟不上形势。

"广西经济发展的潜力在沿海、后劲在沿海、未来在沿海。"广西壮族自治区党委书记郭声琨这样对外界介绍说。

然而，广西人清醒地意识到，地理优势并不一定能转化为产业优势。随着东盟贸易自由区正式建成后，目前广西部分边境地区享受国家边贸免税的政策优势不再，因为全国都一盘棋享受低关税了。广西不能仅仅定位北部湾为货物通江达海的码头，而要通过大力发展"临港工业"才能延长产业链，留住财富。

在港口，我们看到以生产"金龙鱼"出名的境外粮油加工企业，将货物运到码头上就地加工，然后销往国内市场。我国磷酸产量在世界位居第一，过去，云南的磷酸经过铁路运输北部湾卖到国外，就像"到此一游"低廉卖出，精细化产品只有 4%，相反，很多高科技行业所需的精细磷化工产品反而要从国外进口。防城港市在港口区工业园区已引进落户磷化工企业 18 家，发展成中国最大的磷酸出口加工基地。当地官员告诉我们，精细加工后卖出附加值一下升高 70%。

广西人告诉记者，如果没有强有力的协调，地理优势也容易内耗。以前北海、钦州、防城港三市港口定位雷同，互相压低运价，争抢货运资源。四年前，广西区政府成立一个被称为"湾办"的机构，引导三市差异化发展，变得一家亲了。

广西的几个大城市，如柳州、桂林、南宁，像一条长藤上结的冬瓜线状分布，其互相之间的衬托辐射，远不如湖南的长株潭城市群得地理之便相得益彰。长株潭城市群的思路，其实在二十多年前就提出，然而多年来举步不前，以致人们有"长株潭，长期谈"之谑。近年来，由于国家、省两级重视，长株潭"两型办"机构出现，城市群融合发展方为之加速前行。在区域经济发展中如何打破行政壁垒，不但是北部湾，是长株潭城市群，也是国内很多地方长久的命题。

从 2007 年到 2009 年，如井喷一样的发展态势出现在记者走访的防城港。全市 GDP、财政收入连续三年增长 20% 以上，固定资产投资、规模以上工业增加值增长 40% 以上。2009 年，全市十多项主要经济社会指标增幅或总量、人均值居广西首位。

同行的《半月谈》副总编辑张正宪，在十多年后重访防城港。"我揉了揉眼睛，问自己，这里的变化是不是真的？"他用这样略带夸张、却发自内心的感受，感叹这里的变化如同"梦幻"一样。

广西的官员告诉我们，在过去相当长一段时间，广西把区域经济重点放在西部的老区，如今，调整为在北部湾地区建设经济大通道。毫不犹豫地说，广西的经济重心，正由以前的桂北，包括柳州、桂林，正在向北部湾地区倾斜。新华社广西分社的同事们告诉记者，北部湾地区如火如荼的发展，令桂北的一些政府官员有看在眼里、急在心里的紧迫感。

据了解，目前四川等中国西南重镇的货物出海口还多在上海，因为上海的国际航线和运力远远大于北部湾，但广西对航运前景充满信心。

纵观人类历史，从古代的希腊、罗马，到近现代的英、法、西班牙、

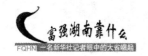

日本、美国，有几个国家不是海洋国家，不是在发展中尽享海洋之利呢？当今世界，随着网络技术的发展、各种交通工具的涌现和经济的升级转型，港口的交通地位有所下降，但是对于工业布局尤其是大投资项目的影响仍然不可小觑。

历史考证表明，中国历史相当长时期从北到南的通道，有经湖南和经江西两条。然而，清末由于湖南人才众多，极力斡旋，从而促使从武昌到广州的粤汉铁路——当时国内举足轻重的交通动脉穿越三湘，舍弃江西，从而助推湖南的发展大大强于江西。

今天的湖南，当然不是没有地理优势，如果说广西强于海运，湖南则强于陆运。

京广铁路、京珠高速这两条中国交通大动脉穿越三湘，武广高铁和未来的沪昆高铁将交会于此。2008年那场冰冻，温家宝总理两次来湖南督查。正是这场冰冻，使全国人民明白了湖南陆路交通的重要性，湖南不通，南北不通，甚至可说全国不通。不过，如果把这些大动脉上涌动的人流、货物流比作水，那么，湖南更多像一截过水通道，自身受益并不太多。

就在最近，国家层面选择了为数极少的地方展望"十二五"发展，北部湾名列其中，地势显赫。新华社广西分社为此采写播发的长篇通讯中，深情而豪迈地写道：

"有人说，没有亲历漓江的烟雨，就不能领略广西山川的秀丽与神奇；没有聆听过刘三姐的歌声，就不知道广西人的热情、聪颖与淳朴。现在，广西的新变化向世人宣告，没有感受过北部湾的春潮，就体会不到广西的梦想与未来。"

2009年，人口过5000万的广西经济总量为7700亿元，多出近2000万人口的湖南则在此前一年已过万亿。站在北部湾的大海边上，听到阵阵涛声，看到千帆竞发般的发展态势，记者深深感到，湖南人不能不对自己的地理区位有一个清醒的认识，不能没有追兵在后的危机感与紧迫感！

2010 年，作者参加新华社小分队在湘桂交界处的全州留影。左为新华社广西分社记者李斌。

二、浙江之行最深印象，
缺乏"地利"的山区企业、政府狂追人才

这是记者第一次来到温州、台州采访。温岭是水泵之乡，乐清是机电之乡。广告牌不但在城区路边像竹笋一样林立，还在高速公路边的山野上醒目横亘。对比之下，湖南除了几个本土大企业外，本土制造的工业广告牌就少多了。这从一个侧面，反映了两省工业发展的差距。

然而，出乎本人意料，在浙江采访，给记者留下最深印象的并非琳琅满目的工业产品，并非发达强劲的草根民营经济，也并非有天堂之称的杭州秀景，而是这块土地上人们对人才的尊重与投入！

13

绍兴市新昌县是一个离海岸线还比较遥远，丘陵遍布的山区县。李白想象瑰丽的长诗《梦游天姥吟留别》所指天姥山，即在此县。这个地理位置并不优越的县，却冒出了两家上市医药公司，能够影响世界维生素 E 市场的价格。当地人称，两家已经上市的药厂是全县财政税收的支柱，今年前 9 月税收就已近 10 亿元。

其中之一的浙江医药大股东，即为新昌制药厂。和我同行、对新昌情况熟悉的浙江分社常务副总编沈锡权，长期驻扎浙江，深耕区域经济，他对浙江医药的董事长、当过新昌制药厂厂长的李春波重视人才赞不绝口，认为国内少见。如，20 世纪 80 年代末，高校大学生出现就业难，一些人找不到工作，新昌制药厂来了个"人才抄底"，从全国 30 个省区市引进了近 200 名大学生，成为企业发展的中坚，令很多同行羡慕不已。

很多企业为了防止人才培养后不回来，都在培训前签订服务多少年的协议。然后，一直奉行"来去自由"的人才政策的新昌制药厂却干了很多人眼中的傻事，如果你明确表态不一定回来，企业照样花钱送你去培训，而且包括你的妻子。浙江医药从美国引进一个人才，到杭州后没地方住，李春波就把自己的住房让给这个人住。这样做的结果是，很多人学成后心甘情愿回来效力。

这是沈锡权笔下报道中的典型案例：大学生吴国锋在新昌制药厂当上车间主任以后，又去北京大学读硕士、博士，求学期间厂里一直发工资，现在他是企业研究院院长；大学生沈润溥进厂后又去读博士，回厂后带领团队研发出国际创新的维生素 A 专利工艺，使企业一年新增销售两亿多元；大学生皮士卿读完博士回厂研发成功 BEITA 胡萝卜素，目前销量占到全球市场的 15%。

如今，新昌制药厂有国家高新技术企业、国家创新型企业一系列称号，还有博士后科研工作站。企业是全球天然维生素 E 第三大生产商，生物素占全球产量的 60% 以上。制药行业平均利润不到 8%，但新昌制药厂利润 30%，人才在其中发挥了重要作用。

新昌地处山区，资源贫乏，发展工业的唯一依托就是科技创新。县委宣传部部长潘岳梦向新华社记者介绍，当地企业家对人才的重视素有传统。一些企业对人才采取"纳、育、用"三结合措施，对高材生广揽，对有才者重用，对有贡献者重奖。

新昌虽然是个山区县，但去年高新技术返还税收却达3个多亿，在全省县级排第一。代县长楼建明和记者谈到，县政府就是全力打造环境，支持帮助企业走高新技术产业之路。很多企业重视人才，比如前两天有个企业老总找他咨询，他看中一个外面的人才，对方要200万元的年薪，还开出其他的待遇要求。他感叹，虽然这家企业的年产值只有2000多万元，可是为了招揽人才，他就有这样宁愿倾家荡产、不惜一切代价的想法。

如果说，新昌县的企业家们爱才如命，那么衢州则是政府在求贤若渴。恰恰这两个地方地理位置都不好，衢州地处浙江西部，紧靠江西，类似浙江的"湘西"，自比"发达地区的欠发达地区"。

2009年，自身经济还薄弱的衢州从上级得到的财政转移支付约近50亿元，占财政支出的近一半。这里地处钱塘江上游，被浙江省定位为全省发展的生态屏障区。受保护每亩山林的每年生态补偿是12元钱，中央给8元，省里给4元。当地人向记者感叹，补得太少了，影响山林保护的积极性啊！上山砍一根毛竹，或者下山打一天工，农民的收入都要比每亩山林一年的补偿多得多！

去年，衢州市的民生支出增长率达到全省的前列，给财政支出带来巨大的压力。中央拿钱应对金融危机，第一批扩大内需项目浙江全省8个多亿项目，衢州市就跑了两个多亿。但由于财力紧张，一些县区只能向银行借钱以筹措地方配套资金。

靠生态旅游养不活衢州250万人口，靠转移支付也难以支撑日益增长的财政支出。衢州市委、市政府形成了一个共识，根子还是要靠自己发展。但衢州可不能走污染再发展的路，下游人民不答应，全省不答应。于是，几年前衢州提出走新型工业化道路。

可是，新兴产业从何发展？"我们到处挖人才！"市委书记孙建国当宝贝似的向我们介绍，自豪之中不无"炫耀"，爱才之心溢于言表："'国家千人工程'，我们招来了一个；浙江省招的人才，我们招来了两个。"衢州这样偏僻落后的"巢"，能够引来这么多"凤"，政府和企业付出了多大的努力？是什么样的环境与诚意，使得这些科技人才不辞劳苦来到这里？

2008年10月27日，正是金融危机形势异常严峻的时候，衢州市在北京举办"引进海内外领军型创业人才政策"推介会，在氟硅新型材料、装备制造业、生物医药、电子信息四个产业领域，市财政先期安排5000万元专项资金，用于兑现他们到衢州创业的各项奖励政策。

"每吸引一个海外领军型人才，就可能带动一个产业，带来一个项目，建立起一个龙头企业。"孙建国坦言，金融危机是转型升级的最好机遇，也是吸引人才最好的时候。正如他所言，这几年衢州新材料、新能源发展神速，近几年每年工业都是超过30%的增长率。正因为有产业优势，所以去年没受金融危机影响，反而发展更快。

2010年9月中旬，当记者到达衢州，当天衢州的报纸以整版篇幅刊登了一幅少见的广告，既不是产品，也非地方形象，而是从海内外赶来参加即将举行的第八届衢州科工会的专家名目，每个专家来自何方，是某个方面的领军人才，一一列出。

不管是新昌企业，还是衢州政府，梦寐以求的都是科技人才。可是，人才又何尝仅仅局限于科技领域！就如同新昌制药厂，没有爱才如命的企业家，除了极少数自己创业，众多的医药科技人才到哪里去寻找创业热土？在这个案例里，企业家、人才与资本实现了最佳结合。

更应该看到，浙江民营经济的强大，更是千千万万普通浙江人奋斗的结果。

温州人告诉前来采访的记者，改革开放之初，温州人均不到三分耕地，大家被逼到外面去求生存，很多人创业之前是在讨饭。而"杭嘉湖地区"（杭州、嘉兴、湖州）等浙江的东北地区，人均耕地达到三四亩，就少有人愿意出去闯荡！

浙江人津津乐道于温州人最初艰苦卓绝、不乏幽默的创业故事。不识字的温州人出去签合同，不识字，盖了自己的章后合同都不看："合同随便你怎么订。"还有的温州人不识字，签合同前故意在手臂上缠了纱布绷带，对方说："我手受伤了，随便你签。"对方往往惊叹温州人这么实在，于是更愿意和他们做生意。

人才！人才！在新昌、衢州及温州的见闻，让记者明白，人永远是最重要的生产要素！

岂止是浙江！上海虽然是个金融大都市，但是它的创业投资发展却落后天津等地方。2010年年底，上海各方在讨论之后得出结论：上海的创业型人才太少！"为什么上海没有出马云?"上海市委书记俞正声曾经的追问，至今在上海仍引起震动与反思。

湖南发展竞争的激烈对手、"两型社会"探索的较量者湖北，自2010年来高扬"招才引智"的战略，湖北高层达成共识"湖北突出的优势在科教，崛起的希望在创新"。湖北已提出自主创新"双百计划"，即设立100个自主创新岗位，组建100个左右的自主创新团队，促进科学家和企业家联手打造新型产业。东湖开发区建设"人才特区"，一年来吸引了1万多名人才前来创业，新创办企业近2000家。

三、沿途资源紧缺和环境污染的烽火四起，让人感叹湖南舍"两型"别无他途

人才的分量，在我们的发展意识中已经有些淡漠了。崇拜资本，依赖土地，损害大地、空气和水，这种发展模式付出了太沉重的代价。

轻纺发达的绍兴因为使用化工原料染布，一些地方河水变黑。一些皮鞋厂里发出难闻的味道，像堆了死老鼠一样。

在新昌县，支柱企业把生产车间搬到了相邻浙江的一些中部省份，得

到了县政府的支持动员。或许这令中西部地区的人疑惑，各地都拼命招商引资，这不自毁长城吗？当地官员解答了记者心中的谜团，这样做对当地来说可以迁走污染，这些企业尽管在治污，但毕竟还不能完全避免污染；外省的土地、劳动力便宜，企业也可以减少相应成本。值得指出的是，这些企业的总部都留在浙江。

温州平阳有个镇生产皮革，一位从当地走出来的浙江官员，对这个家乡小镇的污染无比郁闷。他告诉记者，前不久他碰到平阳的一位官员特别提醒："你们一定要把河治理好啊。我们小时候，在河里游泳，经常喝水，可现在呢，河水污染后厚得人都可以站起来，家乡没几个人能够通过征兵体检。"

衢州的新兴产业如火如荼，当地人告诉记者："说句不好听的话，我们这里的污染企业，都跑到经济落后的邻省去了。"

2010 年 9 月，当记者在采访时发现，宁波等地的头等大事，就是为了限电完成国家节能减排任务，不少高能耗的企业被成批成批关掉。在河北等地，甚至出现有的县政府关闭老百姓家里电闸的奇事。

现实就是这么残酷，像浙江这样发达地区的很多地方，终难以逃脱污染的报复！而一大批中西部落后地区，把沿海的污染企业当作香饽饽抢过去，产业转移变成了污染转移！

从广西到浙江，各级政府都在叫苦土地资源紧缺！

广西柳州市柳城县呼吁，在推进融入柳州经济圈进程中，当地加快了招商引资的步伐，全县近几年的年用地需求一直维持在 100 公顷左右。2010 年，除自治区统筹推进的重大项目及单独选址建设项目用地外，柳州市下达给这个县的新增建设用地指标只有 26 公顷（其中农用地转建设用地指标更是少而又少，只有 10 公顷）。土地紧缺已经严重制约了当地工业化和城市化的发展，发展落后又导致财源不足，影响政府运转与民生。

前不久，新华社浙江分社曝光了浙江龙泉地方政府荒唐地把山上的树砍倒"造田"，不仅破坏生态，而且无法种植庄稼，留下一片片光山。政府这样做的目的是，通过造地实现耕地"占补平衡"，置换在平原低洼地区被非农建设占用的农保田。新增"耕地"指标可卖给沿海的台州、温州等发达地区，每亩指标可卖8万～10万元。

这样的奇闻怪事在浙江发生不止一起。浙江一些官员跟记者谈到，希望湖南这样的中西部省也能够卖一些土地指标给他们。

沿途经过的城市当中，难得有"宜居城市"幸福感的，当属柳州人。柳州有柳钢、柳工、五菱汽车等一批大企业，是有名的工业城市。像湘江穿过长沙市区，蜿蜒的柳江也穿过柳州市区，更难得的是，市区中间耸立着很多座地貌独特的山，自然生态国内少见。曾几何时，这里的环境被工业污染破坏，柳州被通报为全国四大酸雨区之一，城市形象一落千丈，柳州人受害不浅。

痛定思痛，柳州市政府花了巨大的成本治理污染，数年之后终使蓝天碧水重新回归。如今，柳州人自豪地称自己为"工业城市中的宜居城市，宜居城市中的工业城市"。温家宝总理考察时评价，"山清水秀地干净"。柳州人把这句话镌刻在石头上，放在入城口，还把它作为宣传口号在央视作形象宣传。

柳江像"几"字形腰带穿过市区，对柳州交通的隔断比湘江对长沙的阻隔厉害多了。然而，记者在柳州观察，当地车辆出行却少有过江之难。这一点，令在长沙备受过江之苦的记者感受更深。据介绍，柳江市区的跨江大桥有10多座，还在不断修建。乘坐游轮夜行柳江，只见波光粼影上这些被灯光扮靓的桥造型各异，不愧为柳州赢得桥的"博物馆"美誉。

柳州市人自豪地告诉记者，据说上海、北京等地平均上班交通时间近一小时，然而，在柳州不到25分钟；温家宝总理考察柳州，在岸边看到游泳爱好者上岸，于是问他渴不渴，这位游泳爱好者说："不渴，渴了我们就喝口江水。"

"人的知识、能力、健康等人力资本的提高，对经济增长的贡献远比物质、劳动力数量的增加重要得多。"正如诺贝尔经济学奖获得者舒尔茨

所言，权威研究表明，20世纪以来，在人类经济发展过程当中，资本的贡献率要远逊于科技。

从20世纪中期开始，深谙人才强国真谛的美国多次修改《移民法》，只要是专业精英，不管国籍与资历、年龄，敞开绿灯优先进入美国。不久前的一项统计表明，美国计算机领域一半以上的博士都是外国人。源源不断的人才资源，使得美国得以向全世界输出高科技产品，收回滚滚财富。

当记者在浙江、广西了解到发展所付出的污染代价，不由一次次确认，国家把试验探索"两型社会"的任务交给长株潭试验区，湖南省委、省政府也越来越明晰扣住这个发展战略，最近进一步明确为以新型工业化、新型城镇化、农业现代化和信息化，带动"两型"建设，湖南发展的路子舍此别无他途！

"两型"试验探索既是为了完成国家使命，也是湖南自身绝不可轻视的挑战！近两年来，一些地方镉污染、血铅超标等事件频现红灯。记者在湖南不少地方了解到，政府部门难以执行差别电价，一旦执行，高耗能企业征收高电价，这些企业立即关门走人，当地的财政收入更会雪上加霜！

四、今日湖南发展的"斯为盛"，离不开千千万万"楚有材"

应该看到，广西、浙江这两个省区也仅仅是在沿海局部边缘地区有"得天独厚"的优势。此次采访经过的浙江衢州、丽水等市，以及广西更多的地区，同样面临着地理偏僻、物流成本高、经济发展落后的艰难挑战。

如果能够计算出一个全省的"平均地理"优势，地处中部，省内外交通四通八达的湖南甚至比这两个省区要强。

今日中国，饱受此轮伴随金融危机而来的世界经济波动之苦，明确要让十三亿中国人享受共享式增长繁荣，越发坚定了削外贸、走内需之路。内需市场在经济中比重的上升，意味着沿海海运地位将不再强化，沿海的地理优势将被抑制，相反，中部地区的物流成本将降低。

现代经济的趋势表明，"地利"的因素一定程度会削弱，"人和"的特征将越发强化。

在北部湾走访，惊叹于其巨大的地理优势时，记者不由自主想起了湖南的几件事。20世纪90年代末，被崇山峻岭包围的浏阳人不等不靠，打通了蕉溪岭隧道，极大缩短了与长沙的距离，从而改变了地理劣势，提升了浏阳形象，赢来了繁荣景象。长沙县将县城从长沙市区搬到星沙，对接京珠高速、京广铁路与黄花机场的交通便利，从而将星沙这块地方塑造成了中部最有活力的地区之一。

堪称国内外经典案例的是宁乡县修建的金洲大道。宁乡县委、县政府埋头苦干，得到了湖南省、市的支持，2008年接通了这条从宁乡通到长沙市区30公里长的大道，极大改变了宁乡地理区位，一下子使宁乡由"乡"进城，沿线数百平方公里的土地成为发展沃土！

愚公移"太行之山"，本质是通过人的努力，改变了地理优势。上述湖南三个事例证明，在局部地区，只要一个地方的发展思路对头，地方官员有埋头苦干的坚强意志，一些地方的地理劣势状况是可以扭转的，是能够翻盘的！看，人的因素在这三个地方地理区位的改变中起到多大的作用啊。

从新昌医药企业的快速成长和衢州高新产业的迅猛发展可以论证，只要有人才，地劣的因素可以降低淡化。"两型"的方向对了，而路要靠人走！可以预言，对湖南省未来的发展而言起决定作用的因素，并非地理便利的程度，而是能否张扬人才的作用。

广西防城港大海边的核电建设现场，项目经理告诉我们一个"黄金人"的故事，让我们感受到了人才的价值。当年建设大亚湾核电站时，技术完全靠法方，中方派出一些技术人员到法国学习核电建设和管理技术，法方的开价是200法郎一天。学成回来后，有人算了一笔账，国家为他们支付的学费，可以买到与他们身体重量类似的黄金。他自豪地相告，正在

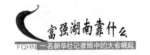
施工的项目，90％的设备与技术已经可以国产化了。

"黄金人"的故事，很容易让人联想到战国时燕国筑造"黄金台"选人的故事。再看《贞观政要》的记载，当年李世民兄弟追随父亲攻城略地，每破一座城池，他的兄弟去抢金钱、美女，李世民去抢人才。近代史上湖南灿烂于历史星空、对中国发展发挥了重要影响，关键原因既有时势，也有地利，又何尝不是人才的力量呢！

一个地方制度的好坏，环境的优劣，检验的有力标准之一，何尝不是看能否把外界的人才吸引进来，能否把本土的人才选拔出来！

值得关注的是，人才至上的观念在湖南省的决策层中已经高度一致。

2010 年 8 月，湖南省委、省政府举行全省人才工作会议，颁布《湖南省中长期人才发展规划纲要（2010～2020 年）》，提出未来十年全省要培养和造就规模宏大、结构优化、布局合理、素质优良的人才队伍。"确立全省在中部地区的人才竞争优势，进入全国人才强省行列"。

近代史上如洞庭波涌的湖南人才群体，总是让人对今日的湖南充满期待。省委书记周强在这次会上大声疾呼，"努力造就新形势下的湖湘人才群，开创湖南人才辈出的新局面"。

最近举行的湖南省委扩大会议上，湖南的高层分析各生产要素对十二五规划实施的承载能力时，不仅分析了投资规划、土地供给、能源供给、资源环境，还特别点到了人才供给。

湖南需要淋漓尽致发挥科技人才的优势！省人事部门的报告表明，截至 2008 年年底，湖南总人口为 6000 多万，其中专业技术人员 205 万人。

目前，湖南省普通本专科规模居全国第 8 位，在湘两院院士有 51 人，杂交水稻、干细胞、炭复合材料、高性能计算机等科研成果世界领先。拥有国家和省级重点（工程）实验室和工程（技术）研究中心 212 个、企业技术中心 130 个。2009 年获授权专利 8309 件（其中发明 1752 件，实用新型 4218 件、外观设计 2399 件），居中部六省第 1 位；取得国家科技成果奖 30 项，居全国第 3 位。

原长沙建设机械研究院的科研实力，孵化出来了今日威震国内外工程机械行业的中联重科。湖南工程机械产业的发展，起步正是得益于湖南在这一领域较雄厚的科研实力。三一、中联等企业要在德国排队等候核心零部件的现状，又点醒受制于人的"软肋"问题如果得不到尽快解决，或许将影响这一产业的后续发展。

山河智能董事长何清华现在还经常自己绘图、设计。每次参加国际行业展会，他向媒体坦言，一些跨国企业在遭遇近年来的市场困难时，反而加速推出新技术、新产品，令自己震撼之余"心生敬意"。"中国部分企业在取得市场业绩后，仅仅满足于投资建厂、扩大规模，而忽略在技术研发方面的投入，那么，一旦市场风向标逆转，大批错失技术实力提升的企业必将深陷'风寒'"。

在前不久举行的湖南全省加快培育发展战略性新兴产业电视电话会上，徐守盛省长历数了湖南以上的科技和人才优势："这些都是我们创新发展的根本，必须充分运用这些优势，组建一批科研生产联合体和科技企业，形成从高端研发、应用开发到产品工程化的技术创新体系，以集中力量发力一处，抢占制高点，实现重点突破，带动全局。"

人才，在他的讲话中不止一次出现！他用词果断：培育战略性新兴产业，走绿色、低碳和以人为本的循环经济发展之路，必须发挥湖南省科技创新能力的比较优势。"闭门造车无法培育战略性新兴产业，要广泛吸收国内外技术、资金、人才，才能在短时间内形成规模、产生效益。"

新华网开辟"我给省委书记、省长建言"栏目，不少网友给湖南省领导的帖子中，希望政府重视教育，重视对人才资源的保护和利用。有的网友具体反映，湖南不少破产、被兼并企业中的管理人员和技术人员，均在40～50岁左右的年富力强年龄，既有理论、也有实践，处理问题和解决问题的能力很强，可目前被闲置。

湖南需要大批企业家风起云涌般出现！如果把科技人才、资金等要素比作珍贵的金属，那么企业家就是磁铁——企业家是区域发展和变革的主

要发起人和推动者。设想，没有浙江医药董事长这样的"人才狂"，人才怎么会从国内外各地或者千里迢迢，或者远涉重洋，来到绍兴新昌县这个偏僻的山城里呢！

湖南人多是注册个体工商，办企业的少。湖南人有钱喜欢买"门面"，买房出租，可办工厂、开公司却寥寥无几。有人上升到地方的文化传统分析，认为湖南人重读书、会打仗，但是缺乏商业传统。以清末而言，如果说浙商因地处沿海，近代以来多少受资本主义萌芽遗风浸染，受惠于靠近海岸线，那么晋商、徽商的传统何在呢？因此可言，商业传统并非与生俱来，也是事在人为。记者不止一次听到抱怨，一些政府职能部门的税费征收太重、太不透明，很多企业因此夭折。

专业人才必须与企业家碰撞，才能撞出产业的火花。"要重点培育专业技术人才、高技能人才，引进产业发展急需的领军人物及团队，促进本土人才与国际接轨、技术人才和企业家队伍的深度融合，培养一批具有全球化视野、能够敏锐捕捉国际前沿技术动态、高度重视创新能力建设、熟悉国际规划的优势企业家队伍。"

湖南需要成千上万高素质的劳动力与公民！长期以来，我们眼中所说的人才，往往漠视农民、工人。今天，沿海不时出现的"劳工荒"和劳动力工价不断提高，从一个侧面折射出社会老龄化进程中劳动力价值不断提高。湖南的"四化两型"建设，离不开千千万万高素质的普通劳动者。2009年，湖南省总人口达到6900万，劳动力资源达到5312万人。从这个角度而言，湖南是名副其实的人力资源大省。

特别值得点出的是，公民是现代社会的主体。一个正常社会的人才，不仅学历高、懂科技，还应该维护自己权益、关注公共事务，这样才能够推动法制、透明、廉洁政府的建设，实现官与民的良性互动。

回首以往，近代以来湖南之所以出了这么多英雄豪杰，之所以20世纪初相当长时间各项发展领全国之先，革命、抗战在全国出力很大，除了时势所造，根本原因就在于湖南人身上形成了这种慷慨激昂、"心忧天下"

的公民特质！

以此观之，湘潭大学法学院学生的公益维权行为尤其值得嘉许。

今年春节前夕，红网"高校论坛"首次举行了全省高校上年度"十大影响力事件评选"，名列其中的有"湘潭大学师生挑战《湖南省机动车驾驶人培训考试管理暂行规定》获成功"。这次"草根"评选折射了社会对湘潭大学法学院师生一系列维护公众权益行为的赞许。

法学院师生依法"叫板"、媒体密集跟进报道、政府"接招"纠正、问题得以解决——记者总结的这一系列公益维权事件所展现的四部曲，探索了转型期湖南乃至中国推进社会进步的途径之一。

湖南需要选拔大批经世致用的官员！经济的发展，必须有好的政府环境。好的政府环境，必须要有优秀的官员。在浙江采访时，当地新闻界一位同行戏言，今天哪怕是三流领导到浙江来干，这个地方也可以发展，因为民营基础很强大，政府简直可以"无为"！

这种观点显然应当谨慎分析，如果没有浙江地方政府的尊重、顺迎、扶植，民营经济的草根力量怎么能发育这么强大！

在台州地区的温岭，记者采访了市委书记叶海燕。温岭从个别乡镇开始，现在全市推广参与式预算，在预算方案出台前及审批过程中，更多征求民众的意见，尊重人民代表的权利。她告诉记者，对于她本人来说，权力小了，但是因为公开了，从而财政困难让更多老百姓理解，决策执行过程中民众也更多支持。"谈规划、谈产业，谁不会说？我们要求县区领导都能实实在在抓项目！"衢州市委书记孙建国告诉我们，为了避免一批不符合高新产业要求的项目受权力干扰引进来，衢州把各县区的项目审批权全部上收，组成专家团对其进行评估后决定。

浙江一些官员乐意"削权"、勤勉实干之中，透露出现代官员的民主、务实与专业气息。与之相反，记者在小分队调研过程中，沿途也了解到一些地方的官员的错误决策，给财政、生态带来了多重灾难，事例不胜枚举，让人心情沉重，倍感吏治好坏攸关地方发展之福祸。

像湖南这样民营经济落后、还处在发展落后阶段的地区，确实对政府服务发展与公众提出了更高要求。难忘数年前与同事们合作采写"长沙四小龙"调研报道时，长沙地区一位县长讲述的这么一件事：到顺德招商引资，找到一个家具老板，他说投资考虑的对象第一是上海，第二是江苏，湖南排到后面。

"他和顺德的一些商人对投资地点选择有一个加权公式，中间分数最高的，就是领导班子的整体水平。我问他原因，他说，班子不强的地方，企业发展越快，职能部门收税收费就越厉害，班子不团结，师公斗法，病人遭殃。从他的话可以看出，领导干部的思想观念和领导水平，比基础设施建设更重要。"这种现象当然不能一概而论，但湖南的官员应当为之警醒。

一些新华网的网友给湖南省领导留言中，不约而同认为湖南投资硬件近几年有变化，区位优势显现，但软环境与沿海相比，还有很大差距。一位在杭州工作的湖南人写道："现在杭州工作，回家的感觉是家乡的交通混乱，官僚主义浓厚，不像杭州这边的公务员为百姓服务。温总理曾经说过：'只有把人民放在心上，人民才能让你坐在台上'，希望书记、省长能够关注这一块。"

然而，湖南的官员绝非没有创造力，绝非没有实干精神！

湖南敢于承担历史使命，"两型社会"探索3年来，包括出炉"两型社会"建设六项试行标准，全国率先试点环境污染责任强制性保险等，均走在全国前列。

在全国首推系统规范行政程序的地方政府规章《湖南省行政程序规定》后，今年又出台国内首部关于"服务型政府建设"的省级政府规章。法制政府建设大步走在国内前头，"法制湖南"形象开始树立，受到国内外瞩目。

长沙三年多来探索绩效考核，使一批没有硬伤的"太平官"被列为后进等级的"基本合格"、"不合格"，有的被摘掉乌纱帽。

......

在浙江、广西采访过程中，有两件事使记者为湖南感到欣慰。一是湖南人在广西人心目中很有地位。在桂的湘人多，相当一部分是抗日战争爆发时大量撤退至桂林、柳州等地，此后定居于此，繁衍生息。据称最高峰时桂林有一半人是湖南籍。此外，广西地处中越边境，数十年来，湖南人很多在广西当兵，转业留在当地的不少。

不少广西人告诉记者认为，不管是从政，还是从商，或是从军，湘人在桂都有不少杰出的表现，给人留下会做事的印象，因而令他们钦佩。

湖南卫视报道作者的湖南万言报告引热议。

同行的新华社浙江分社常务副总编沈锡权见多识广，当与记者到宁乡采访，了解到宁乡各级政府部门像"狼"一样拼抢项目、服务企业、县域经济蓬勃发展的事迹后，不由惊叹不已，认为这种苦干精神全国罕见！

"各级领导干部千万别高高在上，各级各部门都要为培养使用人才办实事解难题。"省委决策层在湖南省委常委中心组集中学习上告诫提醒："唯有人才资源是永不枯竭的资源。"

回溯 20 年前，湖南电视台在全国有多大地位？然而，尊重创意、尊重人才的大好环境，强有力助推电视娱乐独领风骚，今日的"电视湘军"

成为湖南的一张名片，湖南广播电视大楼成为全国电视界竞相争抢的人才输出基地。这一例子有力说明，一个地方出不出人才，关键要看是否创造出发现人才、重用人才的足够环境。

——"惟楚有材，于斯为盛。"光荣属于过去，梦想要靠努力。

蓝天白云扮靓长沙。　　　　　　　　　　　　　龙弘涛摄　新华社照片

今日湖南，如何真正重用人才，造就昌盛局面，证明这副对联并非仅是历史的回声呢?!

（发表于 2011 年，引发多方对湖南发展的关注，湖南卫视、《长沙晚报》等报道，不少专家、官员、新闻同行撰文参与探讨。）

学者朱翔评湖南发展"万言报告"

在接受记者采访时，朱翔教授说，他非常认同这篇为湖南"两会"建言报告末尾的呐喊："今日湖南发展的'斯为盛'，离不开千千万万'楚有材'。"在地理环境、资源禀赋并不特别占优的背景下，湖南要探索"两型"之路，要后发赶超，要强省富民，尤其需要破解人才命题。

"写得好，令人震撼。"1月20日，一口气读完引起很多湖南人关注的《走浙江、看广西、想湖南：一个新华社记者对湖南发展的万言报告》后，经济地理与区域规划等多个领域的资深学者、博导朱翔教授不吝褒奖，并且表达了自己对人才强湘的诸多见解。

在接受记者采访时，朱翔教授说，他非常认同这篇为湖南"两会"建言报告末尾的呐喊："今日湖南发展的'斯为盛'，离不开千千万万'楚有材'。"在地理环境、资源禀赋并不特别占优的背景下，湖南要探索"两型"之路，要后发赶超，要强省富民，尤其需要破解人才命题。

儒雅的身影与清晰的见解，经常出现在湖南省委、省政府听取战略高见的座谈会上，或者是回响在探讨湖南发展的学术讲坛前——担任湖南师范大学教授、博士生导师的朱翔教授，还身兼多个"智囊"角色，如湖南省政府土地利用规划修编委员会主任委员，湖南省政府顾问、专家咨询组成员。

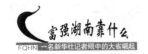

他告诉记者，现在全国都在经济转型，但江苏、浙江等省，是在产业发展到层次较高基础上的顺转，因此转身的困难并不特别大。相对而言，湖南经济发展层次还比较低，而转型的任务又是同样重，因此遇到的障碍就无疑多一些。

"好比产业发展阶段是一、二、三、四、五延伸，沿海是从四到五，但湖南是要从二、三跨到五，这中间的跨越不容易。"朱翔教授比喻后分析，正因为如此，实现这个跨越，尤其需要发挥人才资源的作用。

他的众多兼职中有一个与人才攸切相关的位置：湖南省政府长株潭智力办副主任。对人才强省显然很有思考、非常关注的朱翔教授告诉新华网记者，湖南不管是要实践战略构想"四个湖南"，还是想要实现正在图谋的工业"四千工程"，都需要大量的人才去担纲。

2010 年，湖南省委负责人提出要建设"四个湖南"，即绿色湖南、创新型湖南、数字湖南、法治湖南，使之成为湖南省的新名片。此前一年，湖南省委、省政府提出工业发展"四千工程"，即通过 5 年左右努力，壮大一批千亿产业，发展一批千亿集群，培育一批千亿企业，打造一批千亿园区。

"人才光靠自己培养不行，还需要大量引进。"朱翔教授实话实说，人家凭什么到你湖南来？至少两个方面的条件离不开：一是好的工作环境和做事条件，有职有权，可以大干一场，人尽其才；二是好的经济待遇，这句话说来也许不好听，但实情就是这样，否则，人家不待在沿海，何必到你湖南来？最理想的状态，是业绩要和个人收益挂钩。

"目前，湖南与沿海相比，还属于低工资区，怎么去吸引人？"朱翔教授认为，这就需要省里打破常规实施人才战略，加大人才扶持力度。

"以人为本"是现在广泛流行的执政理念。朱翔教授注意到现在很多地方政府更多是将这句话理解为解决民生问题，为老百姓多做实事。在做发展规划时，主要是从工业、农业、基础设施等方面的现代化"硬件"入手，人才软规划考虑得不多。

　　"政府要把'人'这个最宝贵资源用起来,这也是'以人为本'的应有之义。"朱翔教授充满期待地告诉记者,据他了解,省里正在制定的"十二五规划"共有数十个子规划,不久即将出笼,其中就包括人才方面的规划。

　　职业的特点使新闻记者往往能够敏锐捕捉到社会发展新动向。朱翔教授谦虚地表示,作为学者,他非常乐意和新闻记者探讨交流对湖南发展的看法。

（刊于 2011 年新华网湖南频道。）

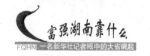

"弯道超车"看湖南

> 决策层这个提法直接受到竞技赛车的启示。弯道超车在交通法规中是禁止的，但在竞技赛车中，直路上难分胜负，高水平车手更多选择在拐弯时对手减速之际，加踩油门抢道胜出。速滑选手往往也使用这招制胜术。

2009年2月24日，华菱钢铁集团收购澳大利亚第三大矿业公司股权。此前不久，三一重工在德国投1亿欧元建研发中心及机械制造基地，为中国在欧最大实业投资项目。中联重科收购意大利老牌名企，成为世界最大混凝土工程机械制造供应商。三条消息都牵动了经济界的关注，引人注目的是，三家企业都来自湖南。

2008年下半年以来，当世界经济一片寒意之时，湖南企业却在世界范围内频频出手，显示了强劲的实力、远大的追求。它们的快速壮大，成为湖南省委、省政府提出"弯道超车"战略构想、争取跨越式科学发展的直接写照。

"弯道超车"构想源于竞技赛车启示

尽管远离海岸线，但从大洋彼岸袭来的经济危机寒流，免不了光临湖南上空。2008年下半年，钢材价格回落到1994年的水平，有色金属均价从高点降到最低点跌幅达 2/3，这给湖南有色、钢铁两大工业支柱带来严峻挑战。劳动部门则预警，960 万在外省的农民工春节前后可能有近百万岗位难保。

　　严峻考验面前，湖南省委、省政府四次召开专题形势分析会，邀请企业家、学者审时度势，形成"危"中有"机"，只要鼓足信心，迎难而上，湖南可以实现跨越式发展的共识。这一构想不断丰富、深化，到 2008 年年底的湖南省经济工作会议，形象表达为"弯道超车"。

汨罗江的龙舟竞渡正隐喻了湖南人的争先精神。

　　据悉，决策层这个提法直接受到竞技赛车的启示。弯道超车在交通法规中是禁止的，但在竞技赛车中，直路上难分胜负，高水平车手更多选择在拐弯时对手减速之际，加踩油门抢道胜出。速滑选手往往也使用这招制胜术。

　　近代史上人才辈出的湖南跨越发展的意愿强烈。接受记者采访的湖南学者、企业家和政府官员认为，湖南"弯道超车"面临四重机遇：从国际

市场看，国外经济衰退，一些企业股值缩水，现金缺乏，给湖南企业走出国门参与并购、抢占市场提供了千载难逢的机会。

从沿海经济看，因为外向度较高，沿海地区受金融危机的影响超过中西部地区，技术、人才、资金闲置，这有利于湖南引导产业内移、培育本土经济，"抄底"储备人才。

从政策支持看，中央相继出台的一系列政策措施应对挑战，明确了保障性住房、农村基础设施、铁路、公路等投资重点，发展较快的沿海已经相对饱和，而湖南这样的中西部省份仍很薄弱、投资空间大。

从文化产业看，美国、韩国等国经验表明，经济危机出现后，文化产业往往有反向发展的特点。以"电视湘军"、"出版湘军"、"动漫湘军"为方阵的湖南文化产业存在逆势而上的重大机遇。

湖南省社科院院长朱有志等认为，当今主要经济强国，如美国、日本、韩国都有"弯道超车"经历。从经济发展周期理论看，危机期就是经济"弯道"期，"这一时期既是生产要素重新组合的关键期，也是实施后发赶超的重要机遇期"。

到世界经济竞技赛场去"超车"

湖南的工业企业担纲了"弯道超车"的主力军，它们在经济危机之中到世界各地寻找商机。据湖南省商务厅统计，去年全省新批境外投资企业61个，投资额居全国第四位。

中联重科收购意大利 CIFA 公司后，可充分利用其先进技术，以及欧美市场的销售经验和网点，抢占海外市场。董事长詹纯新对记者谈到，中联重科过去定位为世界工程机械行业的"追随者"，经济危机虽然也带来订单下滑的挑战，但是强大的研发能力、充沛的现金和人力成本优势，更多使得他看到了成为世界"领军者"的契机。

"'弯道超车'的风险大，但机遇也很大，华菱已经具备了这个胆气和底气。"华菱钢铁集团董事长李效伟在企业内部"危机与发展论坛"上谈到。收购陷入矿产品滞销僵局的澳大利亚第三大矿业公司FMG16.48％股份，其200亿吨资源量矿区紧靠铁矿石巨头力拓和必和必拓矿区，华菱可获得来源稳定、价格合适的铁矿石资源。

湖南省各级政府对接沿海产业向内地转移的措施更有力，节奏更快。以湘潭市九华工业园为例，今年台湾联电集团调整全球投资结构，投资7.2亿美元建设光电生产基地；吉利汽车公司将投资10亿元启动三期工程建设。"预计今年园区产值和财税都将翻一番。"负责人杨亲鹏告诉记者。

为了抢抓国家扩大投资的政策机遇实现"弯道超车"，湖南抓项目建设行动快、对接早、落实好。预计今年全省全社会固定资产投资将达7100亿元以上，规模相当于"十五"计划全省5年的投资目标，将有力拉动全省经济增长。国家级试验项目"长株潭两型试验区"建设今年全面启动，为湖南产业结构升级转型添了新动力。

湖南省高速公路建设进展堪称"史无前例"。至2008年上半年，中部六省面积居首、人口居二的湖南，高速公路通车里程仅1700多公里，为中部之尾。省委、省政府抓住国家扩大投资机遇，将2010年全省高速公路通车里程"弯道超车"看湖南计划由3500公里增加到5800公里。2008年、2009年两年开工建设32条高速公路，这对带动湖南的投资、就业可谓"雪中送炭"。

当一些工业企业因经济危机停产、半停产时，湖南省文化产业显示了顽强生命力，2008年实现增加值560亿元，占全省生产总值的比重达5.1％，所占比重高出全国平均水平。湖南卫视2008年全年广告收入创纪录达到15亿元，超全年计划2.5亿元。牛年新春，"中国动漫第一股"湖南拓维信息订单纷至沓来，大举招兵买马。

湖南省明确提出文化产业将是"弯道超车"的生力军，从今年开始每年拿出1亿元支持文化产业发展，并大力推进文化体制改革。湖南省政协

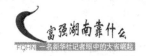

建议，今后 10 年内，湖南省文化产业增加值应达到 4000 亿元，占全省生产总值的比重超过 20％。

"弯道超车"立足当前更重长远

克服年初冰冻灾害和下半年经济危机的影响，2008 年湖南经济低开高走，国内生产总值和银行存款余额首次双双过万亿元。国内生产总值在全国排名前移两位，增速达到 12.8％，在全国位居第 9 位，难能可贵地初现"弯道超车"走势。

湖南经济之所以能够逆势而上，接受记者采访的湖南师范大学教授朱翔等认为，关键在于省委、省政府近年在稳定粮食生产前提下，大力推进"一化三基"发展路线，即推进新型工业化，加强基础设施、基层产业、基础工作，从而为对接本轮经济危机中涌现的机遇埋下了伏笔。

尽管遭遇经济危机带来钢铁价格大跌，华菱钢铁集团 2008 年仍然实现 31 亿元利润，亏损比例在全国同行中居后。其中主要得益于近年来技术改造后新增了宽厚板、无缝钢管等附加值高的产品。2008 年，华菱又从世界钢铁巨头安赛乐米塔尔引进三项世界顶级先进技术。

华菱钢铁的案例在湖南省多个场合被湖南省决策层提起。省委、省政府认为，湖南"弯道超车"今后能否加速，关键要靠内功、看后劲。今年，为了增强企业自主创新、抗击经济风浪的能力，湖南各级政府技术改造投资计划突破 2000 亿元，增长 30％，主要投放给全省 100 个核心企业。

湖南近年来成长最快、在国内外赫赫有名的产业当属工程机械产业，中联重科、三一重工、山河智能三家工程机械类上市公司同处长沙，使得有人称之为"中国工程机械之都"。湖南省委、省政府把实现"弯道超车"战略的后劲，寄托在集中优惠政策打造"四千工程"上，即壮大一批千亿产业、发展一批千亿集群、培育一批千亿企业、打造一批千亿园区。

在湖南省政府法制办主任许显辉看来，实现"弯道超车"政府就要切实放松经济管制。省政府今年已取消 100 项左右面向企业的收费项目，并于年初下发"一号文件"提出了 8 个方面 25 条帮助工业企业应对经济危机的措施。长沙则提出建设"创业之都"，出台数十条优惠政策支持大学生、农民工创业。

（2009 年 3 月 3 日新华社播发，段美菊、丁文杰、谭剑合作采写。）

新华时评：可贵的发展意识

　　湖南提出"弯道超车"，自然有一系列产业加速发展的优势或潜力作支撑，但更可贵的是困难环境中强烈的发展意识。

　　在国际金融危机背景下，各地纷纷探求"危"中之"机"，提出发展的思路，大有百舸争流之盛况。地处中部的湖南省提出"弯道超车"战略构想，正是缘于在世界经济发展进入弯道时，他们看到的不仅是危机、困难，更有机遇、优势和潜力，缘于他们具有不甘人后的强烈发展意识。

　　将"危"中求"机"进而实现超常规发展比作"弯道超车"，形象、生动，也给人许多思考。"弯道超车"风险很大，但在如赛车、速滑比赛中，高水平选手却大多选择此时抢道，以求趁对手减速慎行之机胜出。可见"弯道超车"不是随时随地适用，也不是任何人都能为，非有高超技能和雄才大略不可。

　　湖南提出"弯道超车"，自然有一系列产业加速发展的优势或潜力作支撑，但更可贵的是困难环境中强烈的发展意识。今年是我国经济在新世纪遇到的可能最为困难的一年，但是世界范围内生产要素的重新配置，国家罕见的对投资、消费、出口"三驾马车"的政策支持，金融危机"倒逼"产业结构转型与内需市场的启动，又蕴含前所未有的机遇。当然，机遇不会平均分配到每个地方、每个企业，能否抓住机遇，看谁头脑更灵活，步子先迈出。

"弯道超车"或许能胜人一时，通过弯道之后保持领先地位，仍需努力。湖南将后劲锁定在体制、机制改革和政策调适上，可谓既顾眼前，又谋长远。

"祸兮福之所倚，福兮祸之所伏"，从"祸"中见"福"、从"危"中见"机"不足为奇，关键是如何去做。在国际金融危机影响尚未见底之时，湖南频频传出好消息，去年的国内生产总值在全国排名前移两位，跃居第九；引导沿海地区产业内移、培育本土经济，"抄底"储备人才；企业纷纷转战境外，投资、收购……近年来，"湘军"在电视、出版、动漫等领域逆势而上的势头令人刮目，在经济领域能否承袭"惟楚有材，于斯为盛"的传统，正可拭目以待。

（2009 年 3 月 3 日新华社播发，与黄冠合作采写。）

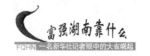
"两型"探索变三湘

获批"两型社会"之初，很多人担心作为中部欠发达地区的湖南，会抓了环保却丢了发展。湖南省决策者认为，拼消耗、牺牲环境为代价的经济发展难以为继，找到增长与环境保护的结合点，排放、消耗做"减法"，发展可以同步做"乘法"。

2011年3月1日始，一份为了保护长沙、株洲、湘潭三市交界地带生态"绿心"的规划亮相，面向湖南省内外公众征求意见。与此同时，湖南正在三市建立城市生活用水阶梯水价制度，辅之以政绩考核，促进节约用水。重在"两型"探索宣传教育的场馆也正在湘江橘子洲上建设……兔年新春以来，一系列"两型社会"探索措施在湖南紧锣密鼓付诸实践。

四年前，长株潭城市群获批全国两个"两型试验区"之一。湖南省委、省政府将这一科学发展的重任视为富民强省的重大机遇，不辱国家使命，勇于改革担当，探索三年以来，湖南的发展路径正发生"惊人一跃"。

制度设计敢为人先

长株潭城市群获批"全国资源节约型和环境友好型社会建设综合配套改革试验区"，一方面缘于湖南位于中部地区，经济发展在全国有一定代表性，地理接近的三市有致力于"一体化发展"的历史。另一方面则因为这一地带在计划经济年代建设的工厂，和全国很多地方一样，一度带来粉尘、酸雨、重金属、烟霾等严重污染，威胁湘江、洞庭湖和长江中下游流域生态，治理迫在眉睫。

"改革是国家对长株潭最大期待。不能重项目、轻改革，庸俗地把试验等同于装几盏太阳能路灯，应该首先直面统筹协调体制和机制。"湖南省"两型办"主任徐湘平接受记者采访时开门见山。

国家要求长株潭承担资源节约、环境友好责任，没有特殊政策，没有大笔专项资金，但赋予改革"先行先试"之权。湖南吸取长期以来诸多"区域经济体"发展中不同行政区划不协调、统筹手段太乏力的教训，"两型"探索先从"顶层"——即政策规范与制度设计入手。

三年间，湖南在确立"省统筹、市为主、市场化"原则基础上，先后出台70多个法律法规、条例等文件，以及12个改革方案、17个专项规划。包括绿色电价、分质和阶梯水价、环境污染责任强制性保险、财政生态补偿、规范行政程序和裁量权等一系列"两型试验区"的制度设计，都已出炉，试验区规划得到了国家批准。

成交中国场内"二氧化硫排放权"交易第一单，第一个试点环境污染责任强制性保险，率先为"两型"试验出台地方法规《长株潭城市群区域规划条例》，在全国首先起草首个省级政府服务规定……湖南在探索"两型"过程中，敢为人先，新招频出。

湖南省委、省政府不仅给予"两型办"参谋策划权，还有政绩考核权。试验区一些市、区县"两型办"，也具横向协调、纵向调度权力，每年安排调研和检查，一年两次组织讲评，甚至有权对不合格单位和干部的政绩"一票否决"。

探索"两型"反而促进了发展

获批"两型社会"之初，很多人担心作为中部欠发达地区的湖南，会

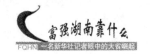

抓了环保却丢了发展。湖南省决策者认为，拼消耗、牺牲环境为代价的经济发展难以为继，找到增长与环境保护的结合点，排放、消耗做"减法"，发展可以同步做"乘法"。

在长株潭，近3年关停污染企业实行"官员摘帽子、老板戴铐子、企业摘牌子、账户冻票子"问责制度。依靠雷霆手段，株洲市3年关掉了120多家污染企业，炸掉了200多根大烟囱。

记者在曾被环保部挂牌督办治污的中国五矿湖南有色株洲冶炼集团看到，投资亿元新建成的中国第一套冶炼废水"超滤－反渗透膜"系统竟能将混杂着各种污染物质的铅锌冶炼废水泥浆，处理成清澈透明、能养鲫鱼的工业自来水。3年环保大投入，"株冶"去年产值过百亿创历史新高，但废水排放却从过去每年600多万吨缩减了九成，未来将力争实现"零排放"。

湖南省"两型办"副主任陈晓红算了一笔试验区"环保账"：关停污染企业1017家，重金属削减率达50%以上，二氧化硫减排提前一年完成了"十一五"任务，带动湖南省万元工业增加值用水量下降24%，空气质量优良天数占全年九成以上。

株洲市委书记陈君文则算了一笔"经济账"：株洲关掉污染企业影响GDP近30亿元、税收3亿多元。但随着株洲空气质量优良率达到97.7%，从"全国十大污染城市"转变成国家级"卫生城市"、"园林城市"，百业兴旺，地方财政也从2007年69亿元增至去年的140多亿元。以中国南车株洲电力机车研究所、株洲电力机车有限公司和电机公司"三驾马车"为代表的资源节约、环境友好战略新兴产业，最高年增长速度高达62%，未来将构成株洲新的五百亿乃至千亿元产业。

试验区探索表明，一旦生态环境改观，高附加值、环境友好的产业自然纷至沓来。在长沙，小水泥扎堆、乌烟瘴气的坪塘等重污染工业区被坚决关闭。"虹猫蓝兔"、"拓维信息"、"青苹果数据"等文化企业快速发展，文化产业增加值已经占到GDP比重的5.3%，位居全国前列。近两年来，长沙大河西"两型社会"先导区的规模工业增加值、固定资产投资、地方财政收入增长这三项经济指标均接近或超过 30％，多项数据高于全市平均水平。

在湘潭，湘潭电机集团风力发电部门 2 年来建设起了国家级直驱技术重点实验室和生产基地，依靠世界领先水平的 5 兆瓦永磁直驱海上风力发电机等产品，去年年产值 27 亿元，土地每亩产出强度达 2200 万元，这样的经济效益，过去办成百上千个"小水泥"、"小冶炼"都换不来。

据统计，3 年来长、株、潭三市高新技术产业增加值从 469 亿元增至 812 亿元、规模工业增加值从 1001 亿元增至 1919 亿元，试验区 2009 年以占湖南约六分之一的土地，对湖南经济贡献增长率达 55％。而湖南以这 3 个城市为中心，以一个半小时交通为半径吸收岳阳、常德、益阳、娄底、衡阳 5 个城市合组的"3＋5"城市群，经济总量已占全省 80％。

千好万好，群众受益才真好

"千好万好，群众受益才真好！"长、株、潭三市很多干部认为，试水"两型社会"的真谛，在于找到符合老百姓切身利益的发展方式。

工业城市株洲市已由"黑乎乎、灰蒙蒙"变得"绿油油、水灵灵"。街道整洁、绿荫如盖。栗雨谷公园巨大的人工湖中鱼翔浅底，竟然引来了野鸭觅食。公园工程师李勇奇"揭秘"说："公园人工湖、瀑布的'景观水'，都是污水处理厂处理后达到排放标准的'中水'，既美化环境，又循环利用水资源。"

试验区居民得到的实惠不仅仅是环保。长株潭成为全国唯一成功实施了同号并网的城市群，1200 多万固定电话用户受益。被纳入国家首批"三网融合"试点，未来城镇和 90％以上农村将"宽带通"。1000 多台电动、油电混合动力大巴上了公交线路。尽管建设用地非常紧张，但湖南规划把长株潭城市群中心地带 120 多平方公里"绿心"还原生态，建 6 大湿

地、20个森林公园，开辟一个湖南的现代"桃花源"。

试验区改革实践，体现设计者为普惠民生敢想敢干的作风。如长沙在全国城市中率先成立住房保障工作局、食品安全委员会、食品安全警察大队。从2009年开始，长沙市财政埋单，暑假游泳馆对中小学生免费。九大城区公园、景区一律对市民免费开放；动物园、植物园对中小学生免费。2010年，在长沙游园的市民、游客超2000万人次，为免费前的5倍。

"两型"探索对"水更清、天更蓝、路更畅、城更美"的追求，赢得了民众广泛认同。徐湘平说，三市的民众近年积极参加社区碳排放达标试点、编写"两型"童谣、出版"两型"课本，万人联动"洗"湘江、地球熄灯一小时等活动，社会参与度一年比一年高。

长株潭城市群三年探索，引领湖南，启示全国，在世界范围内受到关注。全国各地乃至联合国工业发展组织及美国、新加坡等国使领馆都纷纷前来调研。有34个国家部委、71户央企在试验区实施60多项改革试点，形成了系统资源滚滚汇聚的"洼地效应"。

2011年，长株潭"两型试验区"转入第二阶段，将逐渐步入"深水区"。湖南省委已经明确最新的发展战略是，要以建设"两型社会"作为加快经济发展方式转变的方向和目标，以新型工业化、新型城镇化、农业现代化、信息化为基本途径，率先建成"四化两型"社会，争做科学发展的"排头兵"。

三湘四水发展转型，正在"两型社会"探索中向纵深迈进。

（2011年3月4日新华社播发，与邹云、苏晓洲合作采写。）

新华社记者眼中的湖南"两型"探索

> 湖湘文化"敢为天下先"和"以天下为己任"的精神为两型社会建设做好了思想上的铺垫。湖南人的"改革精神"在"两型社会"建设中得到淋漓尽致的体现。

"两型"探索是国策，是地方使命，是新华社记者视为大任的重点调研领域。

就在 2007 年长株潭城市群获批"两型"试验区后不久，新华社湖南分社罕见重组采编构架，特意设立了长株潭采访部。像分社这样自觉成立对口机构，在媒体乃至整个机关事业单位当中，是极其少见的。正因如此，湖南省高层来新华社湖南分社走访时，对此高度赞同，认为值得借鉴推广。

成立至今，长株潭新闻采访部主任一直由苏晓洲担任。他全身心投入这项工作，以连续多年在新华社湖南分社工作业绩考核优秀被聘为高级记者，参与了包括春运、食品安全、地质塌陷、国家高新区 20 年回顾、核电建设、"两型"探索变三湘等众多有影响力的深度调研。此次作为主力，又全程参加新华社湘鄂"两型"探索小分队，成果丰硕。

2012 年 7 月 16 日，星期天下午，新华社湖南分社办公楼。赶在苏晓洲第二天又要赴外省参加新华社小分队调研前，我们抓紧时间对这位总是忙碌工作着的同事进行专访，请他结合前不久参加新华社"两型"调研的

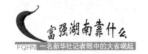

2007 年 12 月 16 日，湖南迅速举行长株潭"两型"试验区获批发布会，本书作者参加发布会采访。

体会，重点探讨"湖南表现"。思维敏捷、见多识广的他，谈论起眼中的"两型湖南"，谈锋机敏，见解独到。

在中国，一般来说 5 年是观察发展轨迹的"时间之窗"

段羡菊：我们知道，小分队调研是有着鲜明的"新华社特色"。针对某个关系国计民生的热点、难点、焦点，新华社经常跨分社抽调精干记者，组成一支小分队，跨省甚至跨国界开展调查研究，从而形成点与面、宏观与微观结合的调研报道。比如很多人知道的策划大师王志刚，他在回顾新华社的工作经历时提到当年参与采写、反映国家和地方关系动向的《中国走势录》，就是新华社小分队的成果。能否请您介绍一下，这次调研的缘起和经过?

苏晓洲:今年是武汉城市圈和湖南长株潭城市群"两型社会"建设综合配套改革试验区获批的第 5 个年头。在中国,一般来说 5 年是观察发展轨迹的"时间之窗"。处在这样一个时间节点上,我们湖南分社向总社参编部报告,认为有必要对"两型社会"建设的"亮点"、"难点"、"突破点"等系统总结,换句话说是探讨一下做了什么、欠缺什么、还要做什么。我们的建议得到了总社的重视与认同,调研小分队由新华总社的资深编辑及湖北分社、北京分社记者和我组成。

今年 4 月调研启动,采访历时 1 个月,分为两个阶段。第一个阶段重点调研了武汉 1+8 城市圈的两型社会建设状况。先后同当地的政府部门、园区、企业和民间环保人士进行广泛接触。这一阶段的调研找到了两型社会建设的一些具体而微的"点",但宏观面貌还不清晰。第二阶段的调研来到长株潭城市群。在省两型办、长沙市进行了多次采访或座谈,考察了一些特色点、园区。至此,"两型社会"建设的宏观和微观方面开始呼之欲出。实地调研结束后,调研小组又采访了北京的专家,从全局的高度对"两型"建设作了点评。在燕山脚下一个僻静的企业招待所里,我们关上手机,聚精会神地写成了这组调研报告。

发稿量之大在新华社小分队中是不多见的,足见新华社的重视

段羡菊:包括小分队在内的新华社很多报道,一向是高层重要的决策参考。新华社不但是中国的官方通讯社,也是中国发展的重要智囊。据了解这组报道引起了较大反响,能否请您介绍一下发稿情况和效果?

苏晓洲:此次调研涉及省份只有两个,但形成 12 篇调研稿,发稿量之大在新华社小分队中是不多见的,足见新华社的重视。稿件发出后,收到了良好的反响。多名高层领导对报道作出了批示,要求认真总结"两湖"、"两型社会"建设探索实践中的经验,并对稿件中提及的"两型社

会"建设中遭遇的体制、机制难题引起了重视。还有高层领导对报道提到的具体经验，如湘潭市、县中学开展"两型教育"等，批示到相关职能部门研究推广。国家发改委等部门正准备跟进研究。湖南省委书记周强对报道作出了长篇批示。同时，这组报道也得到了总社编辑部的肯定，评价这组调研"深入细致，点面结合，写作生动，值得一赞！"

我认为湖南的特色或者说突破有五个方面

段羡菊：历史上同为楚地、今天同为中部大省的湖南、湖北在经济发展上竞争十分激烈，可以说是咬得很紧、你追我赶的两个对手。两省都处在中部地区，湖南经济总量稍多一些，但湖北的财政质量要高。在"两型社会"试验上，两个省是既合作又竞争的关系。在您看来，湖南"两型社会"试验相比之下，体现了哪些特色呢？

苏晓洲：应该说两省各有所长，各自取得了成效。湖北省推进大的城建项目、武汉市缩减一半以上的行政审批项目、武汉的民间环保组织等，都给我留了很深的印象。但总体而言，湖南的探索更显丰满。事实上，湖北省去年党政代表团曾经到湖南来考察，对长株潭"两型社会"探索留下了很深的印象。我认为湖南的特色或者说突破有五个方面。

一是组织架构完善。目前，武汉城市圈"两型社会"建设由湖北省发改委负责，其下设置了两个处室和几个组。武汉市的"两型社会"建设同样是在武汉市发改委的管辖下。相比之下，湖南不仅设置"两型办"等机构，建立起完整的行政管理体系，并且安排一名省委常委专职负责"两型社会"建设。同时，湖南从省到三市的两型办乃至一些区县的"两型社会"对口协调部门权力较大，可以调配项目建设资金和项目的一票否决权，有对其他职能部门考评的权力。

二是顶层设计到位。湖南省把"两型社会"建设作为促进经济社会发展的主要抓手。省两型办建立起一整套"两型社会"建设的制度、标准和规范，然后由长、株、潭三市贯彻落实。由此，湖南的"两型社会"建设就不仅仅是"种了一块试验田"，而是"创造了一种大气候"。

三是推进力度大。这落实在了政绩考核层面。湖南省建立起一套完整的"两型社会"建设考核体系，"两型社会"建设在政府绩效考核中，从过去的占 0 分，到占 10 分，再到现在总绩效 700 分中占 100 分。

四是心态很务实。我觉得湖南推进"两型社会"建设不功利。"两型社会"建设中，中央只给一块"牌子"，没有具体的政策，也没有专项的资金。包括湖南在内，试验之初，部分地方和人员认为，"两型社会"建设是"穷人办富人的事"，在"两湖"搞"两型社会"建设会吃亏。然而，在实施过程中，湖南不争论，排除了思想阻力，踏踏实实地做了很多看似只有投入、没有眼前利益产出的事，比如推动农村环境治理、试水公共自行车和电动公交等低碳交通系统、两型教育等。

五、政府提升效率有创新。如长沙大河西先导区只设综合管理部、国土规划部、项目建设部、投融资部和纪工委"四部一委"，探索"2 号公章"制度，行使 11 个市直部门的 44 项行政许可权。行政审批时限比原部门承诺时限缩短 80％以上，其中招拍挂用地建设项目行政审批时限从原来 220 天减少到 42 天。长沙市麓山城市建设投资有限公司承建的后湖路项目，原审批法定时间为 35 个工作日，通过将建设项目选址、规划调查蓝线、国土调查红线"三合一"，实际办理时间只有 6 个工作日。政府的办事效率明显提高，充当起"两型社会"的模范。

"敢为天下先"和"以天下为己任"的精神
为"两型"探索做好了思想上的铺垫

段羡菊：听得出您对湖南的做法是高度认同了。一种现象背后必有原因，溯根求源，能否请您分析，湖南在探索"两型社会"为什么会形成这种特色或者说突破？客观条件上，湖南有什么优势所在吗？轰轰烈烈开展

的湖南精神讨论，已经到"2选1"的收官阶段，从主观上看，湖南人作了哪些努力？

苏晓洲：从客观上看，我想主要有以下两个方面的因素：一是经济模式受到传统影响较小。湖南是在"粮猪大省"的基础上发展起来的，不具备类似湖北省的深厚工业文明和城市建设文明积淀。因此"两型社会"建设在湖南省受到传统模式或者观念的牵制和掣肘较小，容易铺开，容易出成果。二是长、株、潭三市地理区位的优势。长、株、潭三市呈"品"字形分布，两两相距45公里，多年来湖南就有三市融城的诉求。而在武汉城市圈中，武汉一市独大，其他城市地理位置相对疏离，更多要靠武汉带动，武汉的负担不轻。

从主观上看，我个人想也突出存在两个方面的原因：一是湖南人敢于担当、敢改革的精神。湖湘文化"敢为天下先"和"以天下为己任"的精神为"两型社会"建设做好了思想上的铺垫。湖南人的"改革精神"在"两型社会"建设中得到淋漓尽致的体现。比如，在清水塘污染区治理中，受影响的可能是每年几百亿的GDP，要革新的很多企业是在全国乃至全世界有影响力的企业，然而湖南在清水塘问题上明确表态："清水塘不治理好，就不能说湖南的'两型社会'建设成功了。"调研采访中，我们正碰上湖南召开"两型社会"建设推进大会，省领导在会上敢于说硬话：改革是试验区的根和魂，只允许改革，不允许不改革，不改革就没有出路。二是湖南人把长株潭"两型社会"改革使命看得很重。客观上说，湖南所获得的国家资源并不是最多的，所以湖南很珍惜、也很专心致志地参与"两型社会"探索。从过去搞长株潭一体化，到获批"两型社会"建设综合配套改革试验区，再到第一阶段改革任务基本完成，向第二阶段"深水区"迈进，自始至终"两型社会"建设一直是湖南省经济社会建设发展的纲领之一。

在调研中既感到欢欣鼓舞，也担忧这些优势会不会消失

段羡菊：你们在调研中肯定湘鄂两省取得了"八大成效"，也推介了一批典型，但是也发现发展方式转变难、国家资金投入缺乏、体制障碍形成"天花板"、改革动力不足等难题。湖南如何巩固成果，深入推进这一改革，能否请您说说看法。

苏晓洲：确实，面对长株潭"两型社会"建设的现状和成绩，我在调研中既感到欢欣鼓舞，也担忧这些优势会不会消失，也在思考长株潭"两型社会"建设如何取得更大的突破。

长株潭"两型社会"建设需要行政体系的保障。脱离了行政体系的配套，改革是无法推进的。长株潭"两型社会"建设需立足城市群发展，最终需要走向行政治理的"大一统"。行政体系为长株潭"两型社会"建设提供了保障，三个城市需要进一步融合，用"超级城市"模式取代长株潭三市"城与城"的关系和架构。

长株潭"两型社会"建设进入第二阶段，改革迈进了"深水区"面临的问题较多。就以"两型教育"为例，目前该试验仅在湘潭县及湘潭市部分学校推行，今后若在更大范围内推广将面临与现行教育体制的摩擦，还有公共投入是否能成为长期、坚强后盾等问题。与之类似的，经济社会发展与资源环境保护的冲突等都将随着改革的推进相继浮出水面。

长株潭"两型社会"建设综合配套改革试验区的确立处于国家经济发展的强势景气周期，其探索实践享受了我国经济社会快速发展的"红利"。倘使国家经济进入调整期，长株潭"两型社会"建设是否能够保持当下的力度和速率，很多改革探索是否能持之以恒等都值得注意。

此外，"两型社会"建设与实际操作者这一"核心群体"的关系密切，执政思路的稳定是延续产业稳定的核心，如何保证长株潭"两型社会"建设不会出现"因人废事"等现象，也值得观察和思考。

我们还要看到，"两型社会"建设并非湘鄂两省的"专利"，保持先发优势难度很大。表面上看，只有湖北省的武汉城市圈和湖南省的长株潭城市群是名正言顺的"两型社会"建设综合配套改革试验区，但实际上，建设"两型社会"、探索一条有别于以往的科学发展路径越来越成为共识并在全国很多地方推行。

在长三角一些地方，我所见所闻，发现在政府和社会层面都在有意无意地按照"两型社会"的要求行事，其中很多值得湖南借鉴。当网易、阿里巴巴、中南卡通等"两型产业"标志性企业扎堆落户的杭州滨江区管理者对我说，我们也是"两型园区"并编制了科学发展的"滨江指数"时；当站立在东海之滨，看到浙江沿海一些地方大刀阔斧地改造循环工业园区，成群的鹭鸟在清洁生产的厂区栖息、盘旋时，我常常心头为之一震：湖南的"两型社会"建设探索，真是要有危机感。

（刊发于 2012 年 7 月，与刘扬、张玉洁合作采写。）

推进湖南经济发展方式转变的四条建议

——在湖南省加快转变发展方式座谈会上的发言

这些年，我们省费了很多心思，花了很多钱，整治洞庭湖的造纸厂，湘江污染治理现在也有大手笔的构想。但是在一些地方，因为工厂污染，连续造成血铅超标、生态破坏，损害公众利益，政府形象有损同时还付出治理的惨重代价。这些事情后续处理如何，问责追究到什么程度，都是社会非常关注的问题。

以"两型社会"探索和"新型工业化"实践为标志，湖南省委、省政府近年来转变经济发展方式思路明、动手早、勇挑改革重担、成效初步显现，备受媒体与舆论关注和肯定。当前进一步转变发展方式的难点很多，但最核心的是利益主体多、利益不完全一致，乡、县、市跟省里的利益就有不同之处。比如广东"双转移"过程中，珠三角一些农民就不情愿，因为劳动密集型企业转移了，他们的房子就租不起价了。同样，当前我省一些地方在地方短期利益和个人政绩利益驱动下，宁愿多一些高污染、高税收的企业，也不愿脚踏实地做一些见效不一定快、过程充满艰险挑战的转变方式的事情。以下我就推进湖南经济发展方式的转变提一些政策建议，一孔之见，请批评指正。

一是以强有力的政绩考核方式"转变"推动经济发展方式转变。我们国家的经济发展虽然脱离了计划经济时代，但是还是带有鲜明的行政主导色彩。遭遇史无前例的金融危机，我国出台了"四万亿"投资计划来应

对，即是行政力量的充分运用。转变经济发展方式，要尊重市场这只"无形的手"，但政府调节这只"有形的手"也必不可少地要伸出来。这在国际上有很多可资借鉴的先例。比如说，老牌资本主义国家英国主要靠市场这只手，花了 200 多年的时间才完成了产业升级。但"二战"后的日本，把市场、政府两只手都使用起来，仅用 30 年时间就实现了产业升级。当然，日本在此过程中充分发挥了"后发者"的赶超优势。

在以行政力量主导推动经济发展方式转变过程中，要高度注意政绩考核方式这根"指挥棒"的作用。目前省里对地市（县）的考核，据我知道民生的比较多。民生方面，如计划生育的考核，如社会治安综合治理的考核，如八件实事的考核。经济发展方面给人感觉分量很大的考核硬指标还不是很多。

这些年比较过硬的有新型工业化考核。顺应国务院对省里的要求，省里对地方有节能减排的考核。去年开始，省政府也成立了绩效考核机构，开始对地方开展绩效考核。目前，感觉省对市、县考核，不如地市对县、县对乡镇考核那么强有力。个人建议省里对 14 个市州及 120 多个县市区建立一套具体、科学、吸纳民意、向社会公开结果、作为官员提拔使用重要依据的政绩考核体系，以此作为协调省、市、县、乡利益，并且推动经济发展方式转变的抓手。

最近几年，我们新华社非常关注、多次报道湖南在政绩考核方面的创新。比方说，工业固定资产投资、招商引资总额及其增长率，是过去评价地方官员抓工业的头等指标。2007 年年初，我省出台了《湖南省新型工业化考核指标体系及奖励办法（试行）》中，这两项指标权重下降。与此同时，体现节能降耗、科技环保、集约高效的单位工业产值能耗和主要污染物排放降低率、企业实缴税金、环保"三同时"兑现率等，则在十大考核指标中占了 8 项。无疑，这就给全省发出了发展方式转变的强烈信号。

长沙县最近出现一件新鲜事，开慧乡是个农业乡，年税收只有一两百万元，但在刚结束不久的 2009 年年度乡镇政绩考核中，开慧乡却排名第一。像税收过亿的工业强镇等则被排到后面去了。而在过去，排名垫底的往往是农业乡镇。前不久我到长沙县跑了跑，了解到长沙县改革对乡镇政绩考核方式，已探索两年了，这对转变经济发展方式起了很好的促进作用。

长沙县经济版图分界线很清楚，非常明显。南边是靠近省会长沙的工业乡，北边是接近岳阳的农业乡。但在过去"一刀切"式的考核下，不管是工业乡还是农业乡，考核的是一套指标，包括招商引资、财政税收等。这样逼得工业乡也要分散精力抓农业，农业乡镇更惨，没有心思抓农业，一门心思想工业想得发疯，因为财政税收、招商引资指标等要上去，主要还得靠工业。一些农业乡镇的党委书记一年大部分时间不在乡里，而是在长沙市里找老板，或者"买税"，违反税法，弄虚作假；或者招商引资，但由于地理位置偏僻，配套差，求爷告奶工业项目也难得引进来。即使引进来一两个，由于配套不全、排污设施缺乏，往往引发污染，老百姓告状不断。至于农业产业怎么发展，如何为农民服务，对这些农业乡镇的党委书记抓得不够。长沙县委、县政府前年开始改革，把全县乡镇分为农业乡、工业乡和介于农业与工业之间的乡镇三类，进行分类考核，工业乡主要考核工业，农业乡主要考核农业，实践两年来，已经初步推动展现了乡镇干部心平气顺、工业与农业比翼齐飞、区域经济协调发展、农业生态得到有效保护的考核效应。

政绩考核这根"指挥棒"，对一个地区的发展影响深远。长沙县这种分类考核乡镇政绩的做法，很值得湖南省其他地方借鉴。当前全国不少县、市，包括我们湖南有的县、市在内还在沿袭"一刀切"式的考核做法，不顾地区差异下达招商引资和财政收入等指标，使得干部苦不堪言，甚至逼着干部弄虚作假，经济发展非但难有起色，发展方式的转变是一句空话，还引发一系列生态、环保问题。今年年初，省里决策层提出，淡化国内生产总值意识，努力让老百姓的腰包鼓起来，立即引起媒体关注、百姓一片叫好。有关部门应将这一指导思想，强有力地落实到具体措施中

去，包括政绩考核办法的改革。

二是政府有效组织企业、科研院所攻破经济发展转变中的自主创新难题。湖南省最有名的一批企业家当中，相当一批是科研人员出身。毕业于中南大学的王传福的创业奇迹，更使人直接感受到了科技的力量。湖南经济发展的后劲，最根本取决于科技增长的贡献率。湖南的工程机械产业全国很有名，我们新华社曾作过详细调查，在高层产生了一定影响。目前我国工程机械行业主要进口的基础零部件包括液压元器件、发动机、控制元器件、传动系统等。湖南省机械工程协会统计，工程机械企业生产的主机产品中，零部件等进口成本占制造成本的40%以上。这些关键零部件如果实现国产化，大部分产品可能降低20%左右的制造成本。工程机械行业基础零部件受制于人，不仅挤压利润，而且使企业被外国人卡住了脖子。近几年国内工程机械行业发展很快，引起了境外同行企业的警惕，制定了不少"霸王条款"，中国企业的订单也常常被延长交货期。据了解，我省中联、三一等企业不得不派出专门的采购人员守在供应商的工厂里，还要开展一些公关工作。目前我省几家大型工程机械企业都制订了有关研发基础零部件的战略计划，有的还与日本企业合资研发，但产品不如德国的质量好。一些企业家向我们反映，以我国目前的科研、技术水平，不是研制、生产不出高水平的液压元器件等零部件产品，而是没有整合行业资源。目前我国工程机械基础零部件生产企业以中小企业为主，企业本身的科研开发力量薄弱。他们建议由政府部门牵头，出面支持、引导工程机械行业突破研发、生产基础零部件等薄弱环节。

比如，政府部门应对基础零部件技术研究给予减息贷款等经费支持或优惠政策。有关部门出面联合高校等科研力量，重点突破中高端液压元器件、发动机等研制难题。再比如，推动主机企业与配套件企业组建长期战略合作伙伴关系。由主机企业集团向基础零部件企业投入资金和技术支持，增强配套企业生产能力。还有，政府引导、扶持，通过资产重组或并购组建数家大型基础零部件企业集团，增强零部件生产企业的市场开拓及研发能力。

三是在做强新型工业的同时，支持第一、第三产业和城镇化的大发展，从而推动经济发展方式转变。过度依靠投资和出口，使得我国经济结构畸形发展，金融危机逼得我国以一种"置之死地而后生"的悲壮姿态转变发展方式。我觉得，在这方面，湖南省宁乡县给人留下了很深的印象。大家知道，1999年，宁乡县因为农民负担问题引起"道林事件"，震惊了高层，宁乡发展陷入了低谷。此后，宁乡的官员在省、市领导与支持下，发愤图强、科学决策，紧密依托长沙城区实现了县域经济快速发展。2005年宁乡县财政收入是4亿元，2009年已经达到近20亿元。现在，这个县又提出了"抢播先导区、决胜大河西、崛起中西部、挺进50强"的战略目标。

最近我到宁乡作了一些调查，感觉宁乡发展充满了活力，干部官员也非常自信。宁乡的县域经济发展为什么快，让我最难忘的是这个县产业协调发展、相得益彰的好势头。"宁乡人的伢子会读书、宁乡的婆娘会养猪"，宁乡的县情过去主要还一个农业大县。前些年宁乡把主要精力放在工业招商引资上。他们挖空心思想了很多办法，比如重奖招商引资者，最近奖了去年引入三一重工到宁乡投资的中介人200多万元，比如把工业企业家写入县志以实施荣誉激励。这几年，他们的发展思路有所调整，在大抓工业的同时，在旅游、农业、县城建设上也投入很大精力。旅游方面，去年灰汤紫龙湾温泉大酒店开业，生意火爆，现在很难订到房。投资数十亿元的华天城也正在建设。宁乡人决心打个翻身仗，在一两年内把到江西明月山消费的湖南游客夺回来。城镇化方面，宁乡县城目前发展到近30万人口，消费非常活跃，家乐福等国际商业巨头正准备进驻。农业方面，最有代表性的是生猪，生猪已经形成了一个完整的产业链，比方说，养殖加工环节，引进的北京资源集团可达到年养殖加工数百万头的能力；品牌销售方面，宁乡花猪肉已进入长沙、北京，供不应求；交易环节，宁乡县引资建立了一个电子交易市场，有朝期货方向发展的苗头。形成产业链

后，宁乡的生猪虽然是传统产业，但完全面貌一新，不但能够富民，还能够提供不少的财政税收，能够强县。宁乡生猪的崛起，在转变经济发展方式中如何依靠、提升传统产业是一个生动的例证。旅游和城镇化带来巨大的消费力，给工业产品提供了市场。农业是工业的基础产业，农业产业链条延长，也依赖工业化的组织形成。第一、第二、第三产业在宁乡互相呼应，产生了 1+1+1＞3 的作用，令人对产业协调发展的效应刮目相看。

在做强新型工业化的同时，我省近几年在发展服务业、农业产业和城镇化工方面想了不少办法。比方说，为了启动旅游消费，湖南省去年发放百万旅游消费券，还发到了东南亚。但是总体给人的感觉是，各级党委、政府放在工业以外方面产业的领导精力、政府投入还不够多，亟待加强。最近看了一则新闻，湖南省在沿海围绕世博会做了一次旅游促销活动，发放了 40 万元旅游消费券，给人感觉钱是不是太少了一点？

四是通过严厉的行政问责来促进官员转变经济发展方式。现在一些地方转变发展的步伐较慢，有很多重因素。比方说，压力不够。广东喊产业转移喊了很多年，但常常是雷打不动，这两年金融危机来了，确确实实火烧眉毛，珠三角不少劳动密集型的工厂倒闭了，广东省提出"双转移"战略并配之以强有力的政策措施，产业转移的步伐才猛然加快了。像我们湖南，由于出口型特征不像广东一样明显，在这轮金融危机中停产的不少，但倒闭的不多。相应，企业的经营者和地方政府转变发展方式也没有广东那么大的压力。我个人认为，要给这些地方政府加压，一个有效的办法就是严格的行政问责。比方说，这些年，我们省费了很多心思，花了很多钱，整治洞庭湖的造纸厂，湘江污染治理现在也有大手笔的构想。但是在一些地方，因为工厂污染，连续造成血铅超标、生态破坏，损害公众利益，政府形象有损同时还付出治理的惨重代价。这些事情后续处理如何，问责追究到什么程度，都是社会非常关注的问题。对这些污染企业，省里应完善法规，加大惩戒力度，罚得这些企业家倾家荡产，使得他们付出极大的代价，再也不敢干损人利己的事。对有责任的地方政府官员，要严加问责，绝不放过，绝不大事化小，对他们的处理结果，要通过新闻媒体公之于众。在转变经济发展方式过程中，也要创造条件让人民来监督。项目投产和经济发展的决策，要更多听取民意，开展环保评估同时还要开展信访评估。

（这是作者 2010 年 3 月 18 日参与湖南省加快经济发展方式座谈会的发言稿。23 位发言者中主要是学者、官员，笔者是唯一的新闻界代表。第二天《湖南日报》的报道中这样写道："湖南发言者中，还有来自民营企业和新闻单位的代表，他们的建议更多地来源于操作实践和基层实际，令人耳目一新。"）

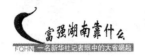

湖南的希望和湖南人的盼望

从发展的角度而言，湖南人还有更多的盼望，盼望有江浙一样生气勃勃的"草根经济"，盼望有以创业为荣且成本很低的创业氛围，盼望有透明、高效、廉洁的政府，盼望有充分社会保障与幸福感的社会环境，盼望有更多以国富民强为使命的政治精英、经济精英以及公民精英……

站在 2009 年这一门槛上，回顾 60 年来这块崇山峻岭、大江大湖、人才辈出、养育近 7000 多万人民的 21 万平方公里土地，并且思考它的发展前途，我们的结论是有希望、有盼望。

前 30 年，中国处于封闭的计划经济中，且农业经济占了大头，因此各省经济状况差别不大，有"鱼米之乡"称号的湖南由于是农业大省，盛产粮、棉，在"以粮为纲"年代，经常要外运粮食帮助解决上海、广东等沿海地区人的吃饭问题，在各省区中地位比较重要。但近 30 年推行改革开放以来，湖南在全国省区中的地位一度有所边缘化。思考这个问题应该看到的背景是，从世界范围内看，靠近海洋、有地理之便的国家、地区或者省份、城市，不管是贸易之便利及由此而衍生的经商传统、所获得的政府支持，都比内陆地区要丰厚，因此发展更快。中国沿海地区快速发展，超过湖南这样的中西部省份，同样印证了这个规律。

偏偏湖南比其他内陆省份对发展问题更加敏感。在传统农业社会，湖南因"湖广熟，天下足"闻名。近代以来，湖南以曾国藩、黄兴、毛泽东等为代表的不同时代人才群体灿若星斗，映亮了中国的天幕，影响了中国的进程，这是其他省区所没有的壮观景象。"惟楚有材，于斯为盛。"外界对湖南人的评价高看一眼，湖南人也常常慨然自许"心忧天下，敢为人先"。盛名之下，湖南近30年没有跟上沿海的发展，导致湖南人不无失落、焦灼。久而久之，有一些观点就传播开来，比如，湖南人读书行，打仗行，从政行，做事也行，但发展经济不行。湖南人搞电视、歌厅、酒吧等娱乐产业厉害，但办工业、做实业不怎么样。一些湖南人自我解嘲找出一个结论，湖南人离开湖南是条龙，留在湖南是条虫。也正如此，湖南省2008年年底提出在金融危机中实现"弯道超车"跨越发展，得到了湖南很多人的响应。

长沙除夕音乐焰火晚会现场（2012年1月22日摄）。　　龙弘涛摄　新华社照片

湖南发展究竟行不行？世易时移，时过境迁，如果我们撤下"有色眼

镜"，真正触到了湖南发展的脉搏，并且以"星星之火、可以燎原"的发展眼光来回答这个问题，答案自然是肯定的。

湖南的一批企业行！多年以来，中国市场成为外国产品的倾销地，而中国所能出口的，大多是以鞋子、玩具、打火机为代表的廉价产品。然而，2009 年以来，当世界经济一片寒意之时，中国却有一批企业不但在海外市场攻城略地，而且在欧美的心脏地带或兼并办厂，或设研发中心。尤让人惊奇的是，这些企业竟然都来自经济发展在人们印象中并不起眼的湖南。

这其中，三一重工在德国投资 1 亿欧元建研发中心及机械制造基地，为中国在欧最大实业投资项目，两国总理参加签约；中联重科收购意大利老牌名企，成为世界最大混凝土工程机械制造供应商。华菱钢铁集团收购澳大利亚第三大矿业公司股权；德国的家纺企业，专门为中国家纺行业的龙头企业湖南梦洁家纺有限公司贴牌生产一种超细纤维的毛毯。梦洁员工志气大长："长期以来，中国企业给国外贴牌生产，如今我们也让外国企业为中国贴牌生产！"

湖南企业的"牛气"，实质展现了湖南产业的优势。以长沙烟厂、常德烟厂等为代表的湖南卷烟工业，虽然为湖南提供了极其宝贵的财税，但因为产业的特殊难上厅堂。三一、中联、山河智能这三家工程机械的"三剑客"完全是在湖南土生土长，同城共聚以致长沙有"工程机械之都"的称号。它们走的都是产、学、研一体化经营之路，企业家目光如炯、以振兴民族工业为己任，每年拿出高额的资金投入科研、奖励人才，在竞争中成长，在世界范围内抢占市场，不愧真正是"中国制造"的代表——三家企业的共同特点给湖南乃至中国的产业发展折射了方向，提供了启示。

湖南一批县的发展行！中国 90% 以上的土地、80% 以上的人口、70% 的市场及绝大部分矿产资源分布在县区一级，2000 多个具有相当自主权的县级行政区域是中国区域经济的主体单元。类似于"郡"的省实力强不强，今天就要看"县"发不发达。沿海一些省份经济之所以富庶，重要原因之一，乃在于县域经济的活力。广东现在感觉到与江苏、浙江比经济发展很吃力，反思结论在于自己的"百强县"数目相比后者而言太少，浙江则领全国之先，把不断"扩权强县"当作发展的主要抓手。

如果有一个县进入"百强县"，这已经是让关心湖南经济的人觉得很奢侈的事情了——时光倒回到 10 年前。然而，巨大的改变在并不沧海桑田的时空出现了。2009 年，长沙市"四小龙"在第九届全国县域经济百强县（市）名单评比中，首次同时跻身全国百强县。长沙县居第 34 位，与去年相比上升 3 个名次，名列中部"第一县"；浏阳市上升 7 个名次，排名第 74 位；宁乡县升至第 84 位，直线提升 13 个名次；望城县首次进入百强，居第 99 位。就连桂阳、耒阳这些非省会近郊县市，如今提出的竞争口号，已经放之于中部而非仅仅湖南了。

本刊记者曾长期跟踪、研究湖南县域经济的发展。"长沙四小龙"的实力虽然不能与昔日"广东四小虎"（顺德、南海、中山、东莞）及"江苏四小龙"（江阴、张家港、昆山、常熟）比，但它们已让湖南的县域经济抢占了中部地区的制高点，从而在吸纳资源的能力和经济发展的层次上都将赢得先发优势，为湖南大发展埋下伏笔。湖南一批政府及官员，在县域竞争展现出时不我待的责任心、争先恐后的赶超精神，以及所接受到的如何引导经济、如何服务企业等市场洗礼，凝结为湖南发展极其宝贵的"人力资源"。

湖南正在探索的发展道路行！中国近 30 年来的高速发展，既令世界震惊、国人自豪，也付出了难以承受的高能耗、高污染代价。2008 年，国务院批准长沙、株洲、湘潭城市群和武汉城市圈为"全国资源节约型和环境友好型社会建设综合配套改革试验区"。批复文件言语殷切，要求"率先突破"、"大胆创新"，切实走出一条"有别于传统模式的工业化、城市化发展新路"，为推动全国体制改革、实现科学发展与社会和谐发挥示范和带动作用。

虽然国务院近年来在全国先后批复了 7 个"试验区"，但长株潭城市

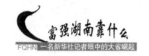
群所承担的使命被认为尤其艰巨、尤其现实。有人说，湖南虽然争得了一块多年来梦寐以求的国家级改革"金牌"，但由于国家资金投入不大、政策远不像当年支持深圳等特区一样优惠，"含金量"并不高。然而，湖南并没有退缩，并没有徘徊，迎难而上，勇挑重担。2008年年底，长株潭试验区总体改革方案和规划同时被国务院批准。2009年，长株潭成为全国第一个区位电话并位的城市群。2009年，湖南省将湖南省土地资本经营公司更名为湖南发展投资集团公司，主要作为"两型社会"投融资主平台，注册资本金100亿元，已投资签约金额突破3000亿元。湖南投融资史上第一大单，让人看到了湖南探索"两型社会"建设之路的手笔之大，决心之强！

一群优势企业，一批强县，一条正确的道路，三者的组合让人看到湖南发展的希望。1846年，在京做官的曾国藩作《原才》写道，"风俗之厚薄奚自乎？自乎一二人之心所向而已"。他认为，只要一两个"贤且智者"带头，追随者不断增多，就会带动大家一起改变很难改变的风俗。一个地方的发展，何尝不像曾国藩所说的风俗，只要有带头的企业精英、政治精英，怎能不后发而上呢？

当今中国正走在以加速工业化、城市化为核心的现代化之路上，一方面，社会财富几何倍数增长，一方面，在城与乡、人与自然、人与人之间，存在着严峻挑战。国如此，省亦然！湖南在地区发展的竞争中，固然存在"后发优势"，但毋庸讳言，正如后来提出"后发劣势论"、来自湖南的经济学家杨小凯所分析，"后发地区"固然可能在技术、工业上以低成本模仿先发地区，但往往忽视了基础性的制度改革，难有后劲。

眺望未来之路，湖南人盼望山照青，水照绿，盼望脚下这块生于斯、长于斯的土地不被污染、可以安居。这个要求并不高，但现实中又是如此沉重迫切。2009年，就在中华人民共和国成立60周年前后，湖南浏阳镉污染、武冈血铅超标等引起全国关注的污染事件接连发生，有的老百姓甚至提出迁出家园像三峡百姓一样移民的要求；贯穿长沙、株洲、湘潭三市、湖南的母亲河湘江出现历史罕见低水位，300 多万居民饮水受到严重威胁；10 月的洞庭湖也出现历史同期最低水位，渔民上岸，航船搁浅。人们难以忘记，2006 年，众多造纸企业的排污管道伸向洞庭湖，新华社报道后引起中央关注，省里坚定决心痛下重拳，将环湖 234 家超标排污纸厂全部关停整治，后来超过 200 家被关闭。

湖南人盼望名副其实走一条"两型社会"之路。导致浏阳镉污染和武冈血铅超标的两家企业，都是地方政府和官员贪恋招商引资任务完成，以及由此而生的财税、政绩所造成的苦果。虽然这两起事件是极端的例子，但暴露了一些地方政府对上不对下负责的吏治弊端，以及不顾百姓安危的发展黑路。湖南省环保界的资深人士感叹，30 年前，郴州的三十六湾、湘潭的竹埠港和株洲的清水塘，就是省里治污的重点，没想到 30 年后还是这样。

近 30 年来，湖南人怀抱着"强省之梦"，不少政府官员有一种解不开的"工业情结"，一再提出要实现从"农业大省"向"经济强省"的转变，并且认为关键是要把农业比重降下来、把工业发展做上去。但要时刻保持清醒之处在于，湖南虽然目前发展总量还不够，也有针对性提出了"新型工业化、新型城市化"的发展思路，但在实践中绝不能、不必也难以承担代价，重蹈世界其他工业化地区曾经走过的"先污染、后治理"的老路。要实现这一点，在发展高度行政主导型的当今，既需国家从宏观层面的科学布局与支持，也需要湖南省政府自上而下的引导，同时还离不开公众监督力量的增强。

湖南人盼望湖南能够成为科学发展路上的"富省"。湖南虽然国内生产总值 2008 年跻身"万亿俱乐部"，在全国排位由 2005 年的第十三位上升到第十一位，但湖南由于财政收入蛋糕不大、人口又比较多，因此财力十分紧张。来自权威部门的消息说，湖南的人均财力在全国排名极为靠后，超过一半以上的县上解中央的财政收入小于中央的转移支付。由于目前我国实行中央和地方的财政分税制度，而且相应划分了事权，因此形成

的客观事实是，一个地方政府的自身财政收入高了，才能在教育、保障等民生问题上为老百姓多办事，提供更多的福利，唯此，做一个湖南人才能感觉到更加实惠，更加有幸福感。

从发展的角度而言，湖南人还有更多的盼望，盼望有江浙一样生气勃勃的"草根经济"，盼望有以创业为荣且成本很低的创业氛围，盼望有透明、高效、廉洁的政府，盼望有充分社会保障与幸福感的社会环境，盼望有更多以国富民强为使命的政治精英、经济精英及公民精英……

湖南郴州的两兄弟在湖南把远大做成了世界范围内得到尊敬的企业，它起始于非电空调、多年来坚守朝节能产品方向发展，到今天越来越被证明路径的正确，让人不能不佩服其眼光之远大。这样一个完全在湖南土生土长的内生性企业，证明了这块土地蕴藏的力量。

湖南"电视湘军"横空出世之后，一些学者、官员曾经跟本刊记者论证一个有意思的话题，像湖南这样一个经济相对落后的省份，为什么会出现文化产业的井喷？这在世界范围内有无先例，是否符合经济发展的规律？

湖南是出奇迹的地方，曾经出现了人才奇迹、政治奇迹、革命奇迹。

同样，湖南的发展奇迹也令人充满想象空间。

（写于 2009 年 10 月，刊于《半月谈》特刊。）

湘西在追赶，湘西在忧患

湖南地图被人比之为人头，长株潭城市群处于大脑中枢，湘西则如同脸面。如今，武陵山区扶贫开发进入热潮后，湘西的发展快慢，不仅攸关自身，事实上也关系湖南的"面子"。如果不全力发展、迎头赶上，湘西是否成为湖南一块可能会塌陷的板块呢？

常驻湖南当记者18年，2012年，第一次踏上湘西土家族苗族自治州的土地。

美丽神秘的湘西吸引了国内外的游客前来于此，我的很多同事，刚一参加工作，就寻找机会到湘西采访。湘西，也是很多外地人湖南行程的首选之地。

此前竟然没有去湘西自治州，为什么呢？不止一人曾经这样问我。

我也在思考这个问题，原因或许有很多，但不可或缺的是两个。

我曾经长期跑"三农"报道，尤其是在国家废除农业税之前，但采访调查的主要区域在洞庭湖区与湘中、湘南，因为这些地方农民负担事件反映较多，"三农"矛盾突出。湘西的"三农"虽然更加落后，但在我看来，更多是一种地理位置偏僻而呈现的落后状态，矛盾与湖南其他地方比，并不突出。

还有，我近年关注的区域，更多是长株潭与京广沿线地区等发展比较

快的县、市。湘西自治州在我的印象中，更多是国家扶持的贫困地区，经济发展比较慢，缺乏亮点。

不过，虽然没有去过湘西自治州，但是从同事们的报道里，对这里发生的事件还是比较了解。比如，凤凰小女孩抱着弟弟上学事件，透露留守儿童的懂事与艰辛，折射当地发展的艰难，令人心酸、沉思。再比如，湘西吉首前几年发生的非法集资事件，卷入人口 50 万，贷款余额上百亿，所引发的冲突，为国内少见。

然而，湘西之行，完全扭转了我对这片土地的认识。

喜忧交加，正可以形容我的心情。

湘西正在加速发展，新的气象令人振奋。

"实施城市品牌战略，推进经济跨越发展。"树立在吉首市委、市政府门口的宣传语，透露出这个州府所治希望通过营造城市个性，来实现后发赶超。吉首的眼光与创举，不由得使我们刮目相看。

当我们到达的第二天，8 月 16 日，吉首召开城市品牌建设情况新闻发布会，确定了"吉首吉"为城市文化标志、"吉娃"为城市吉祥物。在国内往往只有大型运动会举办地才临时出现的这些城市形象，将会常态化地遍布城市各个角落。

为城市塑造品牌，这不但在省内，在国内也不多见。在相对观念比较滞后的湘西，刚开始更是出现很多不同意见，认为这是"玩虚的"。但一年多筹备工作坚持下来了，样品展出来后，立马"怪话"散了，夸奖声多了。

在湖南各市州的主城区，还难以找出乾州城这样将古民居、名人故居、历史文化、民俗有机结合在一起的核心城区了。其他很多地方的类似片区或者街道，要么商业味呛得人敬而远之，要么崭新得让人感觉如同赝品。

吉首城区坐落在山岭之下的狭长地带，像湘西大多数县、市一样，土地紧缺。吉首现在的发展思路，是不希望跟风走摊大规模做大城市的道路，要做成精而美的城市。他们正在着力的，是渴盼以湘西区域中心的便利区位及优美的自然环境，吸引大企业、大公司的总部、区域总部进驻。

比如，吉首正在跟中联重科保持联系，希望把它的产业分支迁到吉首，并且把吉首建成面向世界各地客商的对外接待基地。他们期盼中联感兴趣的将不仅是政策优惠，还有城市品牌战略所带给他们的预期。

从吉首至凤凰的国道，虽然路窄，弯多，湖南各县少见，但却或许是全省县域内车流量最多的一条路。挂着各省牌照的车，如过江之鲫，不少旅游大客车还是双层大巴。

县城各景区熙熙攘攘，如同逢场赶集。入夜，沱江两岸灯火辉煌，酒吧里面吼声震天，行走在岸边的人往往只能侧身而过。

你可能不喜欢这个小城的商业气味，但不能否认它的人气实在太旺盛了。你如果想感知什么是旅游产业，也不妨去凤凰走一走！

告别凤凰，沿209国道北上，进了宁静大山里的古丈。

漫山茶树、常可见宋祖英像和小背篓图的古丈县，面积有1000多平方公里，但是人口却只有10多万。

知道古丈县城面积小，没想到因为小，延伸这么多让我们意外的少见之事。街上没有红绿灯，没有路牌，没有一栋电梯商品房，道路两旁基本没有停车位。

然而，古丈县没有甘守平庸。去年财政收入破天荒过亿元，上级领导评价，过亿元的财政收入，这于发达地区是"笑话"，于古丈却是"神话"。

古丈县今年试营业的红石林景区，为湘西旅游增添了一颗明珠。我的朋友，新华网十大博主之一的刘明，前不久配图发了一篇《去古丈，不为宋祖英，只为红石林》，点击数万。有网友惊叹，湘西太美，除了旅游什么产业都可以不发展！

红如丹霞朱砂，形似宝塔、佛掌、城堡、海浪，青山绿树中这一片红彤彤的地质奇观，国内罕见，使人感叹什么叫"得天独厚"。

湘西古丈县 2012 年新开放的红石林景区。

古丈的北部永顺县，给人感觉就是一个字"大"。

永顺县大。面积 3800 多平方公里，在湖南各县面积排第 7，这在湘西地区是少见的。车行永顺，走了很长时间，你会感叹，怎么还在永顺境内？

往往只有大县，才有这样丰富的耕地、山林、矿产。溪州铜柱、老司城遗址、小溪国家级自然保护区……六个国家级品牌的旅游资源荟萃于此，堪称湖南无县能比。

永顺发展手笔大。城市建设引入大汉集团，工业引入凯迪电力，老司城代表湖南首家申报世界文化遗产——三个大项目激活了这个欠发达大县的局面，全县发展因之势头如火如荼，让人感觉这个县所张扬的追赶跨越战略，并非空喊口号。不少永顺人能够随口说出三大项目的名称，可想而知它们在当地人心中所激起的振奋。

永顺民众对政府的评价变化大。体现百姓满意度、由湖南省统计局独立展开的民调，2009 年上半年为第 127 位，全省倒数第一，大幅增长到今年上半年的第 46 位。

……

当我们到达湘西的时候，湘西自治州正在全力做大做强州经济开发区，并谋划报批"国家级"经开区。

省、市、县经济工作会议往往每年只在年初举行一次，今年 7 月，湘西土家族苗族自治州却举行了半年度的经济工作推进会。8 县市和开发区的 80 多个考察现场，所展示的突破、亮点、特色，让大家觉得到自治州开发势不可当。

不仅仅是湘西自治州，整个湖南西部都进入发展快车道。

怀化正为"十二五"期间综合实力跻身全省第二方阵，建设经济富裕、山川秀美、社会和谐、人民幸福的新怀化而努力。

2010 年，怀化财政总收入排位越过湖北的恩施，达 58 亿元，在整个武陵山区各市州当中居第 1 位；恩施达 56 亿元，居第 2 位。

张家界正从旅游产业大市向旅游经济强市跨越。8 月，天门山的索道入口，欲在此乘坐有亚洲最长之称缆车上山的游客，往往需等候两个小时。张家界旅游的红火，可见一斑！

湘西加速发展，得益于市场力量正从大城市梯度转移而来。湘西告别贫困，正遇到前所未有的机遇。

以矮寨大桥通车为标志，以高速公路为核心的现代交通，使得这块地方不再遥远、偏僻。养在深闺的湘西旅游资源，将注定迎来大量增长的国内外游客。

湖南省委、省政府今年出台 4 号文件，继续支持湘西自治州加快发展，给了不少含金量高的政策。

尤其难得的是，国家推出武陵山区连片扶贫政策，四省 70 多个县之中，湖南将近占了一半，湘西成得利最大区域。

然而，不可回避的是，湘西人也在加速忧患。

"山同脉、水同系、人同宗、民同俗"，这就是湘、鄂、渝、黔四省市边区的写照。贵州铜仁、松桃，重庆的黔江、酉阳、秀山，湖北的恩施、来凤……这些市、县的地名随口就可从湘西人的嘴里说出，可见联系之紧密。

多年来，湘西人经常不由自主与他们比发展。当武陵山成为国家重点支持的扶贫片区，武陵山经济协作区随之启动后，合作愈来愈紧密，竞争愈来愈激烈！湖南扶贫开发网有一个武陵山动态的专栏，经常刊登周边省份的动态，这是湘西一些官员最喜欢点击的栏目。

吉首可谓是武陵山区的地理中心城市。国务院总理温家宝前不久主持召开的武陵山片区扶贫会议，地点就在吉首，客观上强化了吉首的中心位置。

但是周边省份的竞争对手并不甘心被边缘化。

湖北省恩施土家族苗族州提出，要做武陵山区发展的增长极；铜仁地区亮出"加速发展、加快转型、推动跨越"口号，争当武陵山区"减贫摘帽"排头兵；重庆市政府出台决定，致力把黔江建设成为渝东南地区中心城市、渝东南地区重要增长极、重庆东南向重要开放门户、重庆统筹城乡和扶贫开发示范区、重庆最宜居的城市之一。

湘西自治州委政策研究室在 2011 年年初，对自治州与周边的恩施、铜仁、黔江、张家界、怀化等六市州区 2010 年主要指标进行了分析和比较研究。湘西土家族苗族州经济总量居第 3 位，增幅居第 6 位。财政总收入居第 5 位，增幅居第 4 位。全社会固定资产投资居第 4 位，增幅居第 6 位。城镇居民人均可支配收入居第 4 位，增幅居第 3 位。农民人均纯收入居第 5 位，增幅居第 5 位。

这份报告给人传递的印象是，周边地区发展势头咄咄逼人。2010 年，武陵山区财政总收入增幅最高的市区，为得益于改区后直接受惠于重庆直辖市带动的黔江区，达 48%，高出湘西自治州 25 个百分点。

在武陵山区的历史上，人流、物流的主流向是周边省份涌往湘西，局面如今正在改变。

在吉首随机认识的一位女子，就来自重庆秀山。在她看来，秀山比吉首还差了一截，但这两年发展很快。

一位湘西当地的企业家坦言，虽然湘西发展快，但与长株潭或者周边省份地区横比，"那就差距不小"。

重庆的西阳等地，被湘西一些县的干部认为，发展水平已经超过本县十来年。

大湘西地区的发展速度喜人，但"不比不知道，一比吓一跳"的心态如今却是普遍有之。

湘西自治州一个与贵州交接县的一些干部，不约而同跟我们比起了两县的差距，虽然在湘西地区不一定是普遍现象，但却比得让人心酸，让人急迫。

路比贵州差。不久前，湖南省里一位有关领导要去当地一个山区乡镇检查扶贫工作，有人建议，本县的路不好走，绕道贵州吧，领导没有同意。

当地流传一个说法，经贵州过湖南的长途客车，上面睡着的旅客，只要醒了，就意味着湖南到了。因为湖南的路，坑坑洼洼多。

车比贵州差。几乎一路之隔、分属两省的两个乡镇政府都摆着车。可贵州这个乡政府院里摆着多台公车，而本县乡政府院只有一台。全县各个乡镇除了城关镇，一般只有一台车，并且全是面包车或是皮卡。

运转经费比贵州少。当过乡镇党委书记的一位干部告诉我，他所在的乡镇，一年办公经费总共不过20万元，可相邻的贵州乡镇却上百万元。

贵州的乡镇找县领导批示要钱支持工作，一般不少于10万元，而本县的常务副县长，一般只给一两万元。

待遇比贵州差。本县工作近20年的干部，每月工资加津补贴只有2000来元，比贵州少了1000多元。

湘西有的县到另三省相邻县考察，其发展之快令人难以相信，归来之

后县领导不得不大喊：坚定信心，不能乱了阵脚。

不仅仅是湘西自治州，整个湖南西部地区与周边省份交界的很多县的干部群众，都感觉到了发展有差距，资源在流失，人心显失落。

与贵州交界县的某县干部群众曾向我的同事、新华社记者周勉反映，1998 年西部大开发之前，这个县的财政收入多出贵州相邻县一倍，公务员人均工资多出两三百元。而到他前来调查时，则是反过来贵州这个县的财政收入多出一倍，月工资水平多出 1000 元。

由于政策差异，导致这个县与周边贵州县市的发展差距拉大，也造成了部分干部群众心理落差。在 2008 年县政策调研室对该县部分接边乡镇群众的调查显示，有 70％的受访群众表示希望能将所在县划入贵州，以期通过改变行政隶属来享受更为优惠的开发政策。

在这个县，不少车主把车牌上到了税费更少的贵州，不少企业甚至搬迁到贵州省内。2005 年，上瑞高速公路征地拆迁，贵州境内每亩补偿12000 元，这个县补偿 6000 元。村民实在想不通，就住在自家隔壁的邻居凭什么就能拿到高出自己一倍的补偿？

州与市在比，县与县在比！这种地区比的氛围，竞争的激烈，为湖南其他区域少见。周边省份发展好快啊——湘西人有强烈的危机意识，给我强烈的感染触动。

也正是这危机意识，让我看到了湘西人对发展的渴望，守土养民的担当，和这个地方的潜力所在。

值得点出的是，滚滚而来的游客潮，并没有给湘西财政带来多少收益。如凤凰密密麻麻的门面，多是个体户，达不到征税的标准。因此，湘西各地对新型工业化、农业产业化同样无比渴望。

不过，在他们看来，这或许是一个必经的痛苦阶段。如果像张家界一样，有了大酒店，有不少上规模的旅游企业，那么政府的财税增长就会获得稳定渠道了。

湘西人的呼吁，值得倾听。

湘西人士认为，从历史上看，湘西的交通条件、经济基础、旅游资源，整体优于周边省份大部分地区。发展态势发生变化的时间分水岭，则是西部大开发政策出台后。

周勉在 2010 年曾经到怀化新晃县调研，得出的结论是，如同被贵州省的天柱、三穗、镇远、玉屏和万山特区五个县区包围的一块洼地，新晃县在享受一系列优惠政策方面也成了一块"政策洼地"。

虽然新晃也列入比照"西部大开发"的政策范围内，但周勉在新晃采访时听到最多的一句话就是"比照政策有名无实"。在比照西部大开发政策七个大项、几十个小项中，真正落实到位的仅仅只有乡镇文化站建设、廉租房建设和退耕还林三个具体项目。

地理位置没有任何差别，政策方面却有天壤之别。更为具体的差别还表现在以下几个方面：

一是税收政策。贵州主要采取"免、减、返"的政策。如企业所得税税率由 30％下调到 15％，新晃县为 30％；贵州的增值税全额返还到县，新晃县返还比例为 25％；贵州对个体工商户实行全年定税管理，平均在 500 元左右，新晃这一数字则是贵州的 3 倍还多。

二是收费政策。贵州实行"一票制收费"政策，并对投资企业涉及的收费项目，一律按下限优惠 50％征收，新晃基本上是 100％征收。

三是项目政策。国家对贵州实行投资项目全部总额预算，无须地方配套资金。2000 年以来，新晃县各类配套资金高达 1076 万元。

四是扶贫政策。新晃周边的贵州县市全部列入国家级重点扶贫县，每年有数千万元无偿扶贫资金。而新晃扶贫资金在每年 300 万元左右。

五是土地政策。贵州县市对于从事高新技术产业、文化、教育、体育、卫生、环保项目及农、林、牧、渔业开发项目用地，可按行政划拨土地对待。新晃县征地价格相对较高，平均在 4 万元/亩。审批手续也十分严格。

湘西人渴望，省里能够争取国家给予更大的支持。

湖南省多年推行相关市州对口支持湘西某县的结对子活动。行走湘西，我能够经常感受到结对的成果。比如永顺县，就有湘潭市援建的路，命名"湘潭路"。湘西之行路遇一位湘潭市一所医院的女游客，自称当年曾到永顺县的医院帮助指导工作。

但是，湘西人盼望得到更多、更稳定的对口支持。

我们听到这样一个故事。某市决定支援湘西某县一百多万元资金，可当前来考察的他们观看了县里精心准备的文艺表演汇报晚会后，临时开会决定增加200万元。

当地人在想：假如没有这台晚会呢？

还是湘西某县，到对口帮助的某市去协商支援资金的事情，两地干部还吵起架来。

湘西的干部认为，这种对口支付最好界定明确的财政支出比例，比如国家规定各省对口援藏、援疆的资金支持就有这样的要求。

湘西人最盼望的还不是资金，而是项目；不是输血，而是造血功能。

他们认为，湖北的做法可资借鉴。2007年8月，湖北对民族地区县推出"616"工程。1位省委、省政府领导牵头，省直6个单位（4个省直厅局、1所高校或科研院所、1家大型企业）参与，对口支援1个民族县市，每年至少办成6件较大的实事。

实施前3年，以靠近湘西的恩施为例，该工程为恩施对接项目386个，援助资金22亿元，极大地促进了恩施经济社会发展的能力。

恩施得名，据介绍源于雍正皇帝恩赐于施县。"而今，对恩施各族干部群众来说，省委、省政府实施的'616'工程，就是对恩施各族人民的最大恩惠！"当地媒体这样报道。

2011年年初，国务院出台《关于进一步促进贵州经济社会又好又快发展的若干意见》文件，从财税、投资、金融、产业、土地、人才等方面，对贵州实施对口支援。这令湘西地区的干部担心，贵州所获得的国家政策支持是否进一步拉大与湖南西部地区的幅度？

《怀化日报》今年推出的《新晃是"坎"还是"梯"》反映了新晃干部的羡慕：贵州又出台支持省级工业园区的优越政策，与新晃接边的大龙经济开发区由贵州省委副书记牵头，管委会及相关工作机构享受市（州）级综合经济管理权限。该区项目申报一般只需 3～7 天。再如在建设用地方面：大龙经济开发区项目建设所需的土地供应实行直报、直供，可边建边批。新晃建设用地严格按上级有关规定执行，用地规模控制较严。

当然，湘西人也要自醒。开博自称凤凰草根小民的退休州委常委、宣传部长田景安认为，正如现任州决策者所倡导的，湘西人自己也要"开放心灵"，把求安求稳的观念洗涤。

湘西有的县旅游动手也早，20 世纪 80 年代就开始了。但是多年来，一直没有根本的起色。当地人痛心疾首，认为最根本的问题是旅游产业没有放到最突出的位置——旅游发展是个长期产业，短期难出政绩，因而有的领导不感兴趣。还有是因为政府没有很好地归拢整合资金，缺乏稳定的投入。

湘西不少地方政府经常组织干部到周边省考察，对它们的高速发展吃惊，热血沸腾，但往往回来后，心就淡了。"归结一句话，外面发展快，是因为国家政策扶持力度大。"

有识者说，这在湘西某种程度成为一种现象。我们即使承认外地获得政策扶持力度大这个前提，可为什么不往深层次想呢，这些国家政策难道不是他们当地干部争取来的吗？

湘西地区的领导们感到前所未有的紧迫，一位县委书记公开发表文章称：我县近几年取得了很大的发展，但正处于一种前有"标兵"后有"追兵"的严峻境地。就接边的贵州县市（区）来看，对我县的挤压态势不仅没有减弱，而是向深层次、全方位推进。

应对竞争，他认为首要是解放思想，而解放一定要与树立加快发展的紧迫感、使命感和责任感相结合，与落实超常规工作措施相结合，与改变作风相结合。发展是第一要务，面对发展新形势下的困难和问题，必须突

破传统思维定势，拿出"大干小错误、小干大错误、不干全错误"的新气魄，"杀出一条血路"的勇气。

历史上，湖南地图的形状曾被人比之为人头，长株潭城市群处于大脑中枢，湘西则如同脸面。如今，武陵山区扶贫开发进入热潮后，湘西的发展快慢，不仅攸关自身，事实上也关系湖南的"面子"。

当东部长株潭跻身国家一流城市群，南部郴州、衡阳、永州挟产业转移浪潮欣欣向荣之际，如果不全力发展、迎头赶上，湘西是否成为湖南一块可能会塌陷的板块呢？

结束湘西之行返程路上，这个命题一直在我的脑海里盘旋。

（写于 2012 年。）

"金鸡岭"前说湘、粤

改革开放之初，广东、湖南应该说基本站在同一起跑线上。统计数字表明，1979 年，广东工农业总产值为 317.1 亿元，湖南为 247.2 亿元；财政收入广东为 34 亿元，湖南为 28.63 亿元。20 年后的今天，我们不得不接受的现实是，湖南已经被广东远远甩在后面。

正如有的同志所说，人家争机遇，我们争待遇；人家争事做，我们争是非；人家千方百计抓经济，争"票子"，我们有的人却削尖脑袋要官做，争"帽子"。结果人家争来了经济大发展，人民富裕，我们却越争越落后，越争差距越大……

驱车驶离宜章县沿 107 国道往南，便进入广东乐昌市坪石镇。坪石有一座山，山似鸡形，风景秀丽，人称"金鸡岭"。湘南一些老百姓告诉记者，湖南之所以比广东落后，就是吃了这座山的亏：

你看，这金鸡岭鸡头朝湖南，鸡屁股撅向广东，"金蛋"也就全下在了广东了。

如果说郴州是湖南的"南大门"，宜章县便是湖南的南门槛了。作为长期在这里工作的地方领导，站在这个门槛上观照两省，县委书记李纯之自然有常人难以领会到的感受。两省发展的落差，更是时时刺激着他，鞭答着他。前不久，他专程赴广东的广州、佛山、韶关、清远等市考察，对

此进行调查研究。归来之后,夜难成寐,奋笔疾书,并与记者进行了长谈。

视而不见的"鸵鸟"做法是可笑的。只有正视差距,才可能想办法缩短差距。李纯之站在基层一隅的看法虽是一家之言,或许有所偏激,但发自肺腑,可资借鉴。

这份十年前我们发表的专访,虽然已经时过境迁,而且两省的地理区位、政策资源等方面有不少不可比之处,但仍然值得关注湖南发展的人思考。

思想不如人家放得开

改革开放之初,广东、湖南应该说基本站在同一起跑线上。统计数字表明,1979年,广东工农业总产值为317.1亿元,湖南为247.2亿元;财政收入广东为34亿元,湖南为28.63亿元。20年后的今天,我们不得不接受的现实是,湖南已经被广东远远甩在后面。

1997年,广东国内生产总值达7308亿元,湖南仅为3000亿元,不足广东一半;广东地方财政收入达531.2亿元,湖南为134亿元,还不到广东的四分之一。我们不难从蜂拥南下求淘金、求生存的三湘民工潮中,从"运向广东一车猪,运回湖南一车水"的民谣中,切实感受到今日湖南、广东的差距,感受到竞争之间的残酷无情。

湘、粤之间最大的差距,是思想观念的差距,李纯之说。

在从实际出发研究和解决问题上有明显差距。广东经济发展速度相当快,一条至关重要的经验就是,他们把中央精神与本地实际结合得非常紧密。如前几年在清理公司中,广东省按中央要求作出了撤并三分之一的公司的决定,但实际工作并不是"一刀切",即使对于经营不善、难以维持的公司也不随意采取行政手段强行撤销,而是通过经济杠杆的调节,使其在平等竞争的条件下自行淘汰。对有利于生产、有利于流通的公司,即使一时经营发生困难也采取特殊措施加以保护。有的政企难以分开的公司，原来就办得很好，他们宁愿撤行政机构，或者行政机构只挂空牌，也把公司保留下来。他们确实无愧于以"三个有利于"为标准。

我们的问题在很大程度上仍然是唯上唯书有余，唯实不足。宜章县是湖南的"南大门"，是湖南呼应广东的最前沿阵地，省委、省政府主要领导考察宜章时都表示广东怎么搞，宜章就怎么搞。与此同时，见诸各级文件、文字批复、指示等给宜章县的政策不少，但在执行时却悬在空中，落不到实地。比如，广东乐昌市坪石开发区允许经营国家限制的进口汽车、摩托、家电等商品，并享受地区一级进口汽车、摩托处罚落户权和相当于省级的进口商品处理审批权，而距此 19 公里的宜章县南京洞开发区则不行。

发展经济、发财致富已成为广东人的思想主流。广东省尽力维护地方利益，支持地方工作，上级部门和有关领导一般不插手。如阳山县在修建连江大桥中，规定县里每个干部每年集资 120 元，职工 60 元，连集五年再逐步偿还。有些人反映到省、市，省、市对此不予理睬。而在我们这里，这个问题一直没有完全解决。我们很多同志对政治很敏感，抓经济却迟缓一步，办法也少一些，强调条条框框，对搞活经济的政策随意顶杠子，亮黄牌。比如，金融方面，广东实行的是存贷倒挂办法，前几年还允许银行直接到企业参股等灵活多样的政策，而我们则是存多贷少规模限死，有钱也不能融通盘活。

粤北地区区位和交通都不如沿海，他们认识到只有利用自己的资源优势和比沿海更多的优惠政策，才能吸引更多的外商投资。为此，他们敢于让股、让利、让资源、让项目，树立一种近期别人赚钱，远期自己赚钱的思想观念。如韶关坪乳一级公路建设，引进日本资金，他们不怕日商赚钱，收入比例让日商高一点，达到 75％，收费时间也长一点。目前，他们的"外资"概念又有了延伸，只要是本地以外的资金，都作为外资，享受同等优惠政策。

跟广东相反，我们求发展仍然想依靠行政命令，而不是市场。今天，讲到国有经济，政策往国有倾斜；明天，讲到集体经济，政策往集体经济倾斜；后天，讲到个体私营经济，政策往个体私营方面倾斜。特别是一讲政策仍然脱离不了减税、免税的套套。

政策不如人家用得活

"运用之妙，存乎一心。"李纯之对记者说，在从实际出发，善于用好用活上级给予的政策上，湖南人就不如人家灵活、巧妙。

创造条件要政策不如人家。如国家扶贫优惠政策原定原则是扶助集中连片的贫困地区。湘南粤北不符合这一原则，因而都没有一个县享受到国家首批贫困县的优惠政策。但广东人通过调查研究，提出了建立扶贫经济开发区和实行贫困地区人口迁移的思路，即在交通方便的地方，划出一定的范围，制定一系列优惠政策，实行集中连片开发，以"前店后厂"的方式吸引贫困县、贫困乡镇跳出山门，在扶贫区与外资对接办企业，从而带动贫困山区经济发展。同时将石灰岩特困地区的人口实行大迁移。由于这个思路新颖有创意，得到了中央的充分肯定和支持，结果富裕的广东从中央获得扶贫优惠政策比我们还要多。

运用政策不如人家。广东一条政策可以办成上百件事，而我们一百条政策也难办成一件事。广东人说，现有的政策吃透了，用活了，许多问题的解决根本用不着向上要新的政策。比如，企业自营出口的问题，我们许多企业都希望通过向上申报进出口权来解决，而他们更注重通过办合资企业的办法来解决。因为通过合资，不仅解决了企业进出口权的问题，而且可以通过合资伙伴建立稳固的进出口渠道，更重要的是可以利用三资企业的灵活经营机制，提高竞争能力。

变通政策不如人家。同样是中央一项政策，湖南人看到的是文件中禁止的条文，看不到发展的空间。而广东首先是注意研究政策给地方留下的运作空间，然后结合本地的实际，把条文中能变通的部分变通过来，把留给地方的运作空间用够用足，从而获得了发展。如广东人理解烟草专卖法，是专卖不专购。除烟草部门外，供销、粮食及地方乡镇均可收购，烟草公司都予以办理调拨专卖手续。而我们则死死抱住独家经营不放，加上价格上的差异，结果是湖南种烟，广东收烟，广东得益。

创造性制定新政策方面不如人家。对于中央还来不及规范的新事物、新东西，我们是基层不敢试，有关部门不允许试，因而形不成有本地特色的新政策。如 1988 年，省委、省政府把郴州列为改革开放过渡试验区，并赋予了 9 个方面 42 条优惠政策。但有些政策一直没有兑现，有些政策则很快被省里有关部门陆续收走。一些干部群众由此形容："改革难以深化，开放力不从心。"而广东首创的新政策则多得难以计数，其中许多已推广到全国。

工作不如人家做得实

湘、粤发展思路的确立上有差距。广东毗邻港澳，华侨众多，他们从本身的优势出发，抓住了集体经济和外向型作为经济发展的战略措施来抓。现在全省国内生产总值 1/3 来自外贸出口，建设资金的 40％靠利用外资，"三资"和"三来一补"企业解决了 700 万人的就业，税收中的30％来自涉外企业税收。外经贸出口和创汇占全国的 40％。

湖南经济发展相对缓慢，症结之一是在发展思路方面把握不准，宏观决策有失误之处。比如，1992 年小平同志南方谈话后，就错把大量资金盲目流向沿海搞泡沫经济。症结之二是在对有限人力、财力、物力的使用上，失之于散，重点不突出，形不成优势，形不成大气候。由于没有突出重点，全省到现在还没有几个很有竞争力的支柱产业，交通建设也严重滞后。

这些年来，广东省党政群各级各家都集中力量抓经济建设，在任何情况下都没有动摇。他们衡量一个单位的工作，考察一个领导干部，是以在

经济建设上是否做出了政绩作为最重要的标准。为了更新思想观念，广东人敢于花钱"走出去，请进来"，勤跑外头，乐于交际，广交朋友，有效地增强了领导干部搞外向型经济的才干。如阳山县规定每个县级领导和乡镇书记、乡镇长，每个月至少外出 20 天以上，其中每个县级领导每年要求去香港一次。而在我们湖南，各级都存在扯皮多、告状多、事故多、内耗多的问题，严重影响了各级领导集中精力抓经济建设。正如有的同志所说的，人家争机遇，我们争待遇；人家争事做，我们争是非；人家千方百计抓经济，争"票子"，我们有的人却削尖脑袋要官做，争"帽子"。结果人家争来了经济大发展，人民富裕，我们却越争越落后，越争差距越大。

工作落实上也有差距。顺德市明确提出对改革中出现的问题不争论、不声辩、不登报、不宣传，而是脚踏实地地干，用事实来证明改革措施的实际效果。广东很注意用经济手段调动干部的积极性。他们对县以下的干部普遍实行了经济承包责任制和任期目标责任制，把经济的发展、效益的增长和干部的收入挂起钩来，使干部从自己的劳动中获得相应的报酬。现在广东基层干部的收入普遍比机关干部多，而且越往下走收入越高。因此，干部往城里挤的少，想进机关的少，大都愿意下基层、下企业，多干事，干实事。而在我们这里，不少的同志只求过得去不求过得硬，只想守住"摊子"，不思开创工作新局面。不少人为官一任，山河依旧，没有一个争创一流的胆识。每当一项好的举措、政策出台，我们有的同志不是研究如何去落实，而是各级去评价它是否正确，一旦与地方或部门的利益发生冲突，就断章取义，各取所需，落实很不得力。

敢破敢立的意识不如人家强

广东大胆探索，较好地处理了改革、发展与稳定的关系。相比之下，湖南就稍逊一筹。这几年，他们的改革思路和主要特点有：

以产权制度改革为突破口，深化企业和农村改革。广东近年重点扶持的70家大企业集团，已成为全省经济发展的龙头，全省一半以上的国有小企业已完成了改制。农村改革，顺德市除了把股份合作制引入乡镇企业外，还用股份合作制明确社区经济组织的产权关系，调动农民积极性，增强集体经济实力。其做法是把集体资产评估作价，将实物资产变成价值资产，折成股份权，在留出部门集体股后，其余股分配到人，集体分配，认股不认人。顺德市则先将农村土地全部收归公有，然后量化给农民持股，其中未成年人每人一股，成年人每人两股，老年人每人三股。年终以土地收益按股分红，确保了农民收入稳定及土地使用效益的提高。

转变政府职能，强化宏观调控手段。顺德市在改革中拆"庙"搬"神"，减少层次，裁减人员。一是撤销中间层次的部、委、办，如计委、经委、建委、财办、科委、农委等专业管理部门。二是对主要职能相近或关联度较高的机构实行合并或合署办公。如工商局与物价局，文化局与体委等。三是对经济管理部门采取另起炉灶的办法，如撤销经委、二轻局、乡镇企业局，成立工业发展局，负责全市的工业行政管理。四是对计生、公安、财税、环保、国土等部门予以强化管理。撤并后，人员从1200多人减少到800多人。

在完善商品市场的同时，加快培育各种要素市场。广东市场结构日呈多元化特点，广州市953个市场中，工商部门兴办的293个，其余660个都是由社会办的，形成了批零兼上，大小互补，高中低档共存的市场建设格局。市场的开放度也越来越大，竞争性强。广州的越秀、江南等市场，业主均来自全国各地10多个城市。市场的专业化程度高。番禺的家电市场、顺德的家具市场、佛山的建材市场都是大型的批发市场。此外，广东以要素市场特别是金融市场为重点，加快培育各种市场，初步建立了统一开放的市场体系。

长谈之后，李纯之意味深长地对记者说：湖南比不过广东，能怪"金鸡岭"吗？

（1999年3月采写，与陈澎合作，新华社刊物发表。）

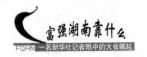

湖南人首先精神上要崛起

在竞争中提升湖南经济实力，在竞争中让全省人民富裕起来。我们一定把兄弟省作为自己的先生，但我们绝不是跟兄弟省争名次，我们要发挥自己优势，参与世界经济循环，有本事，去国际上赚钱。

"中部崛起"正成为湖南人的一个热门词汇。最近，湖南省委副书记、省长周伯华在长沙接受了记者的专访。周伯华侃侃而谈，对湖南在"中部崛起"中的发展格局语调平缓，同时又是信心十足。

湖南迎来 5 个机遇

记者：前不久召开的中央经济工作会议进一步明确后，"中部崛起"战略即将进入实施操作阶段，它将对"不东不西"的湖南发展带来什么机遇？

周伯华：我认为有五个明显机遇。一是给湖南发展现代农业带来机遇。随着"中部崛起"战略实施，湖南"天下粮仓"地位会加强。农业虽然在国民经济当中的比值不高，但是却具有重要的支撑作用。

二是给湖南这个"老工业基地的振兴"带来机遇。湖南是有名的"有色金属之乡"，从有色金属工业的科研教育到勘探选冶，有完整体系，这在全国甚至全世界是少有的。世界 500 强有 32 强在湖南投资兴业。凤凰卫视主要吃湖南人的广告，如三一、远大、中联等，这是经济实力的标志，说明湖南人也会造势。

三是给湖南建立对全国对东南亚有影响的物流基地、物流集散中心带来机遇。湖南在中部省份处于中部，确实是我国贯通南北、连接东西的交通枢纽省份，已经形成公路、铁路、航空、航运等立体交通网络，为湖南连接"泛珠三角"经济带和沿（长）江产业带创造了条件。

四是给湖南成为高新技术的孵化基地和国内人才的培训基地带来机遇。现在湘院士 40 多位，其中 20 多位是外省籍到湖南做课题。以前说湖南人会打仗出政治家，现在湖南出商家、出投资者、文艺人士。湖南人干一行爱一行钻一行有作为一行。越是中部崛起，湖南的科技人才优势越得到更大发挥。

第五个优势是对湖南生态保护和旅游资源开发将带来极大机遇。从区域来说，"西面一大片"，包括武陵源、张家界、凤凰一带；"东面一条线"包括郴州东江湖、南岳、湘潭毛主席故居、岳阳楼、炎帝陵等。更可贵的是湖南有 53.86％的生态覆盖率，在全国仅次于福建和广东，排第 3 位，这是湖南最宝贵的资源。

中部崛起使湖南这个"兵家必争之地"会尽快成为市场经济舞台上的"商家必争之地"。

对中央支持 6 个盼望

记者：中央经济工作会议提出"抓紧研究制定支持中部崛起的政策措施"，湖南希望在政策、资金、重大项目布局等方面得到国家什么样的支持？

周伯华：第一是希望着手制订中部区域经济发展规划。要把中部崛起放在世界经济格局中规划好产业分工，坚持可持续发展。规划要回答在全

国各大经济区域的整体布局中，中部首先应该发展什么，中部的作用主要是什么，中部各省的分工是什么？比方说中部的农业比较效益如能得到发挥，全国其他地区无可比拟。盼望中央像支持西部开发、东北老工业基地一样，组建一个专门的机构推动协调中部崛起。

第二是对中部产粮大省给予更多的实质性支持。我觉得中国的粮食生产应该把中部作为重点，因为中部很多省份农业资源多丰富，真是"天下粮仓"，生产粮食的条件比西部引黄灌田容易多了。

第三是要对发展交通通信公益设施及大江大河治理给予支持。黄河、长江贯穿中部地区，治水任务艰巨。

第四是要支持中部省份建设能源基地、机械制造基地、工程机械基地。

第五是加大对中部地区的国债投入。

第六是盼望上核电项目缓解电力难题。

湖南人首先精神上要崛起

记者：有一种观点认为，长三角和珠三角、东北老工业基地区域内的结构有较强的互补性，但中部各省经济结构具有很大的雷同性，发展的心情迫切，因此近年来在向沿海、香港及国外招商引资过程中已经表现出强烈的竞争比拼。现在，河南提出"中原崛起"，湖北提出要做崛起的"领头羊"，江西人提出中部崛起"江西步伐"。中部很多省份的"造势"给湖南带来什么样的挑战？

周伯华：我非常关注其他省的发展情况。中部经济在产业、资源、区位确有很多相同之处，天生就是这样，但我觉得中部六省不能说没有自己的特色，之间存在着互补性，略举一二。如河南的能源、人口优势没法比，湖北省九省通衢，有二汽、武钢、三峡等一批有影响的大项目，江西是红色根据地、生态资源保护得好，安徽的皖南皖北经济差异大，山西煤炭资源丰富。

湖南在中部地区属于中等。六省当中大多数经济指标排第 3 和第 4 左右。2004 年国内生产总值在全国排第 12 位。中部各省在"中部崛起"战略中跃跃欲试，这是一场新的挑战。我们湖南人也不甘落后，要看到挑战来得激烈，来得现实，来得不等闲，更要看到是机遇，因为中央的支持和各省的竞争发展这对我们来说是促进，其他省的先进经验对我们是帮助。我们正在建议中部六省定期召开联席会议制度，交流信息，竞相发展，整体提高。

当然我们要在中部争上游，不甘落后，这是中国人的品质，湖南人的品质。湖南人首先精神上要崛起。我们需要中央给予政策资金项目支持，但更重要的是依靠近 7000 万湖南人民自力更生。我们要和中部各省优势互补，也要和其他经济区域互补，但更重要的是发展有湖南特色的产业、品牌，形成产品优势，参与国际国内大竞争。在竞争中提升湖南经济实力，在竞争中让全省人民富裕起来。我们一定把兄弟省作为自己的先生，但我们绝不是跟兄弟省争名次，我们要发挥自己优势，参与世界经济循环，有本事，去国际上赚钱。

湖南重点打造"一点一线"

记者：湖南在中部崛起中的战略定位和战术选择是什么？

周伯华：贯彻落实科学发展观，统筹全局，坚定不移地推进"三化"（工业化、城镇化、农业产业化），在湖南全面实现小康。坚定不移地发挥农业资源优势，发展品牌农业、高科技农业、确保粮食安全的农业，把农业的效益发挥出来。以信息化带动工业化，培育旗舰式的核心企业，带动培育产业集群。

湖南正在实施不均衡的发展战略，主要是引导"一点一线"地区优势发展。广东发展很快，但粤北不行。山东给人印象最深的，是胶东半岛。

中部省份都像沿海地区那样招商引资不可能，没有区位优势，但选择部分区域打造一个投资洼地、高新科技研发地，是可能的。

湖南不搞市场封锁

记者：湖南的烟、电视节目等名闻全国，据我们了解，有的省强令不能销售"湘烟"，"电视湘军"的节目在有的城市落不了地，你对这种现象怎么看？

周伯华：我反对行政壁垒，拒绝抵制外省商品。只有竞争，才能发扬湖南人向上的精神，才能诞生品牌，才能形成产业，才能达到新的水平。这也许是湖南人吃辣椒酿造出的产业精神吧。别人抵制烟，"白沙"、"芙蓉王"烟偏在封锁中崛起。以前外省有一则广告，"好消息，今天不卖湖南米"，我们听了很难受，睡不好觉，现在湖南米质提高，出现了"金健"、"粒粒晶"等很多品牌。我们把沃尔玛、家乐福、平和堂等国外一批大商场引进，自己创造阿波罗、家润多、步步高等商业品牌，超市连锁，向市县延伸。我在去年香港举行的"泛珠三角区域合作与发展论坛"上，倡导打破行政壁垒，形成统一市场，得到响应。

中部省份需要在协调中崛起，整个国家要实现全国东、中、西协调崛起。"中部崛起"战略提出后，我是很高兴的，很受鞭策，湖南要抓住机遇。但是我认为，国家还要多运用经济手段、法律手段实现中国的统一市场，打破行政壁垒，克服或避免重复建设、恶性竞争、行政干预。国家分区域制定不同的支持政策，明确不同的发展重点，这是必要的。但是，在市场经济条件这只"无形的手"面前，还要多研究全国统一市场的问题，"国民待遇"的问题，以及中国经济融入世界的问题。总之，区域政策与总体政策要相衔接。

湖南热烈响应区域经济

记者：湖南人给人的印象是闷头干自己的事，历史上出革命人才，但近些年经济不太活跃，但是"泛珠三角"和"中部崛起"战略后，从官员、学者到民众，都热烈响应，这反映了什么？

周伯华：这反映湖南市场经济发育水平提高，市场经济是开放型经济，竞相发展的经济。湖南人关注市场、关注信息。反映湖南经济外向度提高，湖南人不像计划经济时代关起门搞建设，也不是上面给什么项目就仅仅干什么，现在必须两眼向外求发展。

（采写于 2005 年 3 月，《半月谈》刊发，与汤延涓合作。）

到大洋彼岸去求索

6个月期间，给我们每人提供1.27万美元的经费，这都是全省人民的血汗钱。我们要对得住人，学好本领后，要为建设湖南、发展湖南作出自己的贡献。

2003年12月10日晚，湖南省委九所招待所，常德市委副书记周用金正在妻子的帮助下打点行装。第二天一早，湖南省第三批中青年领导干部赴美培训团就要转道北京飞往美国，而周被任命为团长。半年前，我和正在长沙参加英语强化培训的他约定，出国前聊一聊，没想到"非典"爆发，行程一下拖延半年多。他愉快地接待了记者的采访，敞开了自己的心扉。

第三批学员比前两批级别高

在当天湖南省委组织部举行的出国前培训会上，省委副书记戚和平总结第三批学员特点时说，与前两批相比，第三批学员一是干部级别高，厅级干部多；二是来自省管、企业工委管理的国有大型企业的负责人多。这两个特点决定了第三批学员将来产生的影响会大于前两批。

周用金说，前两批赴美培训的干部以处级干部居多，年轻、外语好、学习能力强。但因为所处岗位的关系，决定了他们发挥的作用、影响有限。所以省委组织部特意在第三批学员选拔时提高了"门槛"。去年 8 月，省委组织部要求每个地市组织推荐两个人，基本条件是政治素质高、领导能力强、英语基础好、有培养前途，其中一个明确要求是副厅以上干部，50 岁以下。报名之初因为条件限制，只有十几个人，后来才扩大到省属企业、科研院所。据介绍，出国名单由省委组织部经过考试选择后报省委主要领导同志审批。

"没有哪个学员在零点前睡过觉"

"我们必须通过的是国家外专局组织的 BFT（Business and Foreign Test）英文测试。去年 8 月份入学考试，大家以为跟平常一样，走个程序就可以。拿到卷子一看，没有一个中文字，当场就有几个人退场。笔试外还要口试，考官对话比较简单。通过考试后，我们又在国防科大进行了 4 个多月的强化培训，请外籍教师讲课。开始一个多月，每一堂课都听得出汗。把书本合上不知道是上午还是下午，出门不知道是房间还是厕所。因为听不懂，所以急。"

周用金向记者讲述了英语强化学习的艰辛。第三批学员年龄偏大，强化培训时外籍教师用英文授课，刚开始时感觉非常吃力，没有哪个学员在零点前睡过觉，家住长沙的学员都没敢回家，坚持在学校学习。今年元月，他们参加了 BFT 等级考试，这是出国的资格考试，考试非常严格，试卷安全防卫措施和高考一样，现场不准翻电子英语词典，难度相当于六级。结果有 24 人达到高级水平要求的 120 分以上，被编入赴美培训的中长期班，将在马里兰州的巴尔的摩大学学习 6 个月。达到中级水平的则被编入短期班，将在洛杉矶学习 3 个月。

"带着很多问题去寻求答案"

周用金的行李中有一份赴美培训干部的课程安排表和培训计划。与前两批一样，课程主要是学习工商管理和公共管理。培训计划上写着此次学习的目的是："通过课程学习、讲座和案例学习及实习，提高行政与工商管理专业知识，运作管理和领导技能；结合各自的工作实际问题，完成工商管理和公共管理专业方面的研究论文；全面提高学员的英文水平，尤其是听说能力及交流和表达能力；了解美国的社会和文化。"

周用金 1981 年毕业于湖南农业大学，从事党务行政工作 20 年。担任过常德地区农业局副局长，在石门县历任副书记、县长、县委书记，1997年后任市委常委、宣传部长及市委副书记。"参加工作后我在国内学习的经历比较多，在省委党校和中央党校中青年干部班分别上过一年多学，到湖南大学读了五年硕士。虽然自己也去过美国，但浮光掠影，来去匆匆。在 20 多年的党务行政工作当中，遇到了社会管理与政府职能方面的很多问题，我是带着问题到美国寻求可资借鉴的答案。听说美国的教授欢迎学生提问，如果不提问题，认为是对他水平的质疑。"

"要广泛接触美国本土社会"

周用金走之前与赴美学习过的前两批学员接触过，感到第一批管得很严，基本上是以在校学习为主，与美国的本土生活接触很少。在对第二批学员的管理上，组织也考虑到这个问题，要求每个学员联系一个美国家庭，加强了解、沟通。作为培训团的团长，他也有很多想法。

在美国学习时，每周都有一次到企业或政府机关的实习，还安排了两个星期的专业考察，这都是难得的实践机会。因为这批的成员分属各个专业部门，所以他的想法是拓宽活动方式，联系一些基层组织、社区，找一些与各个学员专业对口的企业、部门，比如环保部门、青少年管理机构等，更深入地了解美国各种政府机构和社会机构的运行方式，把人家的先进管理制度、管理理念学回来。

"在美国将是纯粹的美国教师讲课，不准带翻译。每一周有一次实习课，跟着企业和政府机关实习。有两个星期专业考察，最后再做毕业论文，省委组织部要求我们用英文写，这对我们要求很高。毕业论文还将汇编成册。"

周用金还希望能利用在美国的学习机会寻找招商引资的机会，为回国后的工作打好基础。

"学不好本领，愧对三湘父老"

"我们这次过去，生活也比较艰苦，四个人住两室一厅的公寓房，两人住一间，自己做饭。我们住的地方，是当地市中心。离校区比较远，要走半个小时的路程。"周用金告诉记者，这些都算不了什么，最重要的是把本领学好，否则愧对三湘父老。

"我现在压力很大，因为省委、省政府在全省这么多干部中挑选了我们30多人，可以说寄予厚望，如果不能很好地完成工作任务，愧对党和国家。6个月期间，给我们每人提供1.27万美元的经费，这都是全省人民的血汗钱。我们要对得住人，学好本领后，要为建设湖南、发展湖南作出自己的贡献。"

结束采访时，我们和周用金约定，他们将把在国外的感受、学到的经验及时传给本刊发表，本刊也将选择国内、省内的一些行政管理方面的热点问题，提供给他们解答。

（写于2004年1月，湖南"官员留洋"群体报道之一，与李兰香合作。）

湖南要向"硅谷"学用人

大家都知道"惟楚有材",问题是湖南尽管是科教大省,是全国高科技人才的主要产出地之一,但没有有效的对高科技人才的激励机制,在目前全国性甚至是国际性对高科技人才的竞争中,湖南仍会处于不利地位。

2001年8月到2002年3月的美国之旅至今仍为文树勋所津津乐道。现任长沙市经济技术开发区管委会主任的文树勋出国前在长沙市政府工作,通过当时极为严格的考试,成为湖南省委组织部第一批选派到美国学习的后备干部中的一员,在美国加州州立大学学习。

美国加州最著名的地方当数众所周知的硅谷。去美国之前,文树勋特意查了一些资料,知道半个世纪前硅谷地区不过是个出产苹果、核桃、杏仁作物的农牧业区。经过50多年的发展,占地3800多平方公里的区域已经建成一个拥有6.5万多家公司,人口250多万的美国电子和计算机工业中心。硅谷生产着美国1/3的半导体集成电路、1/5的导弹和宇航设备。20世纪90年代以来,硅谷更成为世界性信息技术与产业的源头。1999年,硅谷地区的GDP总值超过3000亿美元,占美国全国的3%左右,超过中国GDP总值的四分之一。如果把硅谷视为一个国家,其经济实力可以排在世界第12位。

文树勋对硅谷崛起的神话非常好奇,因而有意识地选择了硅谷作为自己的一个重点考察对象，考察的题目主要是硅谷到底是如何吸引管理人才的。之所以将这个作为题目，文树勋说："主要是两个考虑：一是因为自己是组织部门选派出来留学的，本身就是中国一种特殊人才培养机制的产物；二是湖南在国内是欠发达地区，基础设施上与发达地区差距很大，要想有所赶超，恐怕关键还得在引进人才、用好人才上下功夫。"

因为语言上面仍然存在一些障碍，文树勋的交流对象选择的主要是中国留学生或者当地华人。他发现，仅清华大学毕业的学生在硅谷工作的就有2000多人，中国科技大学毕业的也超过1000人，他们的年平均工资都在5万美元以上。硅谷上市的11家华人企业，有5家是交通大学（包括上海交大、北方交大、西安交大和台湾交大）的留学生出任首席执行官（CEO）。几乎每家公司研发部门的华人数目都超过了10%。华人对硅谷的发展功不可没，以至于有人称："如果没有华人的支撑，硅谷必将沉落。"

那么硅谷如何留住人才呢？文树勋发现他们最常用的办法是发放股票期权，员工为了获得股票期权可能带来的巨大回报愿意延长服务企业的时间。对于一个优秀的人才，硅谷的公司往往会给予较多的股份认购权，这是硅谷尊重人才的一个体现。很多人就是通过股票认购权而成为富翁的。一家成功的公司往往能有上百个百万富翁，这是硅谷的一种很有效的激励模式。除此之外就是给大家很好的发展空间——这也是硅谷的良策。从认购股权到给员工健康检查，免费午餐、晚餐，为家属办幼儿园，提供优厚的退休金，至少在公司内部，财富被分享而不是独食。

硅谷的企业善于用人还反映在它的内部提拔上。美国企业认为，从外部聘请管理人员是对内部员工的一种打击，对受人尊重的职位，丰厚的报酬的期望是员工努力工作的动力之一，从外部聘请管理人员粉碎了内部员工的期望，导致了员工心理不平衡，造成一种被剥夺感，导致其工作积极性降低。因此，他们一般都会在人员合理配置的基础上，把目光放在组织内部，充分发掘现有的人才资源，通过各种激励手段，不断培养人才，从

而使企业获得长足的发展。

文树勋在美国接触了数百名 20 世纪 80 年代去美国的中国人。他们说，长期在海外企业工作，也经常会产生回家的念头，但因为对国内用人管理机制的不适应而迟迟没有回来。例如他们谈到，国内企业评职称时，关注的是你发表了多少论文，做了多少个课题等表象的东西，而在美国更关注长期研究成果。

回国后的文树勋对这一段特殊的考察印象非常深刻。他说，大家都知道"惟楚有材"，问题是湖南尽管是科教大省，是全国高科技人才的主要产出地之一，但没有有效的对高科技人才的激励机制，在目前全国性甚至是国际性对高科技人才的竞争中，湖南仍会处于不利地位。因此，硅谷的人才激励机制值得我们借鉴。在人才的使用上，要敢于打破论资排辈的传统，推行任人唯才、任人唯绩。在管理人才上要引进国外有经验的行政管理人才。同时，必须创造条件，调整政策，吸引国外人才到湖南创业，鼓励在外华人回湘建设。另一方面，作为特定人才机制的受益者，通过组织部门公开考试选派出国进行中、长、短相结合的留学轮训，不失为一种迅速提高干部素质和技能的方式。

（2004 年我策划推出的湖南"官员留洋"报道之二，作者肖世峰。）

湖南能够实现反梯度转移吗

回头来看，十年过去，除了吸收世界制造业成果、反过来抢占世界市场的工程机械等极少数产业之外，湖南还离"反梯度转移"的目标很遥远。

当产业梯度转移成为热门词汇时，反梯度转移构想也再引关注。

对沿海转移的劳动密集型企业，四川有人不想轻易"接盘"。

号称综合实力为"中西部第一高新区"的成都高新区，建成面积超过130平方公里，已经形成电子信息、生物医药及精密机械三大制造产业。世界500强里已有200家落户成都。四川人认为，四川的人才优势及正在改善的交通条件，使得他们可以"反梯度转移"。

"东部不要的企业我要来干什么？"四川高新区发展策划局局长汤继强在接受搜狐产业新区专访时，极其自信，咄咄逼人。他认为，聚集在沿海的传统劳动密集型企业高污染、高能耗，现在被东部地区淘汰，开始向西部转移，但是，西部应当拒其千里之外。

即使在产业输出的大本营广东，也有地方不甘降低门槛。

广东欠发达地区河源，在四年来实施广东省"双转移"战略中，明确重点承接"四新"产业，包括新能源、新电子、新材料、新医药"四新"。中兴通讯生产研发、汉能薄膜太阳能等大批项目栖身，推动河源加速发展，2011上半年财政收入增长44%。

　　"如果只按照梯度发展承接发达地区淘汰的技术和产业，差距则会越拉越大，永远是落后地区，必须以战略竞争主导地区竞争。"河源市委书记陈建华这样表露，按照梯度发展升级，要到达科技密集型阶段，至少需要 40 年的时间。作为广东水源地、工业基础薄弱的河源，提出了"三反"战略，即反传统发展路径、反经济周期操作、反梯度产业转移，受到国内瞩目。广东省高层对河源梯度转移反道行之，让产业成功"跳级"，实现经济发展"蛙跳"，给予肯定。

　　实事求是地说，不能把"反梯度转移"绝对化，乃至神化。

　　四川具备发展高新技术条件的，也就是成都高新区等占地面积极小的开发区范围内，对于大部分地带尤其是县一级政府而言，则只能承接产业转移，接受梯度转移。四川的夹山，就成了承接广东佛山陶瓷产业的一个中心地带。同样，在广东，谁不想反梯度转移？然而，能够提出这个思考，相对具备优势条件，同时能够融合资源，接近实现这一梦想的，毕竟是局部地区。县这一级虽然缺乏大城市一样优越的条件，但却富余劳动力，特别适合劳动密集型产业转移。

　　事实上，转移的传统产业，也并非永远背上低端的原罪。纺织是转移产业的一个重点，中西部很多地区都在承接。业界专家认为，转移的纺织服装产业，只有在设备更新、技术升级的基础上，才能够拥有不被市场淘汰的竞争力。中西部地区要创新承接的手段和手法，要时刻提醒自己对产业的承接不等于承接"落后"。不仅仅是纺织业，国内很多传统产业依靠转型升级，重新焕发了生机。

　　我们判断产业存在与转移的价值，不能只局限于利润与财富，还包括它的社会意义。劳动密集型企业的转移，对于解决中国广大农村的就业问题，化解"空巢老人"和"留守儿童"问题具有重大的意义。5月9日，媒体报道了江西宜春一家 5 个留守儿童溺死水塘的悲惨消息。同样是父母们外出打工疏于监护，2011 年，湖南凤凰县出现女童抱着熟睡的弟弟上学的事件。试想，如果他们的父母都能够转移到本地的工厂打工，这样的痛还会出现吗？

　　反梯度转移是后发地区的美好梦想，但从国内外看，很少有成功的例证。同处亚洲，同样人多地少的韩国，从 20 世纪 60 年代至今，产业发展的脉络非常清晰：劳动密集型产业—重化工产业—技术密集型产业—知识密集型产业。这一历程是大多数国家现代化过程中走过的相同路径，我国的台湾地区也类似。沿海地区正是得益于劳动密集型产业发达，才具备转移的动力、升级的压力。

　　经济规律证明，产业升级的步伐是在现实的基础上，不断升级转化，这中间的过程有长有短，但很难逾越某一阶段，就好像一个人不可能从童年直接跳到青年，一个步行者不可能从起点直接迈到终点。换言之，能够具备向其他地区反梯度转移的能力，是建立在之前被其他优势地区梯度转移的基础上的。

　　早在 10 年前，湖南知名的经济学家刘茂松，出版了《反梯度推移发展论——湖南经济超越发展的经济学思考》。回头来看，10 年过去，除了吸收世界制造业成果、反过来抢占世界市场的工程机械等极少数产业之外，湖南离"反梯度转移"的目标还很遥远。

　　在我看来，湖南省对待沿海产业转移的态度是积极、务实的。湖南对产业转移并不戴"有色眼镜"，而是视同重大机遇。中博会召开之际，湖南省商务厅厅长谢建辉接受采访时认为，虽然沿海产业向内地的流动会一直存在，但大规模转移的黄金期应该在最近三到五年，如果不抓住这一轮沿海产业转移带来的新一轮扩大开放机遇，湖南就会成为国际和沿海资本"跨梯度"转移的通道，丧失发展先机。

　　富士康在湖南下线生产数码相框、电子书，广东投资商在湖南建设"高科技综合开发园"……湖南省在张开大门欢迎电子厂、鞋厂、制衣厂、陶瓷厂的同时，也有挑选承接高端制造业、电子信息、新能源等技术型产业。

　　绝不做跨梯度转移通道，在产业梯度转移之中，升华反梯度转移的能力——这应该是湖南的现实选择，明智之举。

（采写于 2012 年。）

湖南承接产业是从广东"虎口夺食"

与之相比，湖南与广东的这场产业转移承接竞争，是一种非对等、非同一重量级的角逐。那么，在这场竞争中，湖南还有可以凭借的优势吗？

对手不仅仅是中西部各省！湖南和沿海地区尤其是邻居广东，正在展开一场无形而激烈的竞争。

"肥水不流外人田"——广东正在强势推进"双转移"，意图把产业转移的资源留在广东，挖掘劳动力资源，同时借以缩小地区发展差距。而湖南也对产业转移情有独钟，湘南三市去年已成功获批国家级产业转移示范区，其他多个县市也对转移产业伸出橄榄枝。要想承接引进优质的企业与成熟的产业，湖南人无异于从广东人手里"虎口夺食"。

正是 2008 年的那场金融危机，敲醒广东推出了"双转移"战略。将劳动密集型产业从珠三角转移到粤东、粤西两翼和粤北山区等经济比较薄弱的地方，使得珠三角腾出土地发展高端产业。将经济欠发达地区的劳动力，在培训之后供本地消化的同时转移到珠三角，以解决劳动力数量不足与劳动力素质不高的难题。

广东"双转移"花了大本钱，用了新思路。一是结对子，珠三角和欠发达地区，从地级市到县区分别结盟，结盟双方实现"你转移我接受"。二是建园区。15 个地市已经快速建成 36 个省级产业转移工业园区，成为承接产业转移的强有力平台。三是给"票子"，仅省级财政，广东省四年来就拿出 225 亿元，用来补贴产业转移工业园建设。四是优势互补，广东鼓励各地市"飞地"解决土地瓶颈问题。发达、地少的顺德在欠发达、地多的英德，建立 36 平方公里的顺德产业转移工业园，从开发、建设到管理、招商，都由顺德负责，所产生的工业总产值、税收、GDP 则由两市对半分成，25 年后收益全归英德。这种合作方式，颇有"BOT"的味道。

"双转移"已在广东初显了多重效应。2011 年，广东 36 个产业转移园区实现工业总产值平均接近 100 亿元；税收平均 4 亿元。一项统计数据表明，广东本省农民工在本地就业增加了 248 万，外省农民工则减少了199 万，换言之，广东对湖南这样的外省农民工依赖程度减少。经济欠发达地区的经济增速明显加速，正在缩小与珠三角地区的差距。

从经济规律上说，转移企业的源头在广东，广东地市承接占地理先机；从政府"出手"而言，广东"财大气粗"帮助省内搭桥，一些做法非常精明。与之相比，湖南与广东的这场产业转移承接竞争，是一种非对等、非同一重量级的角逐。那么，在这场竞争中，湖南还有可以凭借的优势吗？有的！我在基层走访一些已经转移过来的企业负责人及县区官员后，得到的答案是，最大的优势是劳动力。一位沿海企业的老板对前来招商的湘南某县官员说出了一种普遍的心理，我们最关心的，不是你土地优惠，税收优惠，而是你们有没有足够的劳动力？要不，我们花了钱财，建了厂房，迁来设备，可是没有工人，岂不一切都是白费？

湖南虽是人口大省，劳动力丰富，但劳动力的优势却仅仅是潜在的。要吸引大量在外省的劳动力回湘，并非容易之事。今年年初春节期间，湖南很多市县八仙过海，各显神通，试图留住农民工外出的步伐，但情况并不理想。目前，一些下有孩子、上有老人的中年农民工，抱着很强的回乡务工欲望。但是，20 多岁的青年，多因为喜欢大城市生活，很不情愿回到家乡。还有，一些转移企业开出的工资，比沿海每月要低一千元，也难以招来人。因此，湖南的县区政府要激发劳动力的优势，需做的工作还很

多。关键是要引进有竞争力、效益较好的企业，政府推动劳、资合理协商工人的工资待遇。繁荣县城也是基础工作，能够给回乡农民工提供廉租房、上学、公共交通等服务，使他们方便到工厂上班，降低成本，在家乡也能够享受城市文明。政府与企业合作，大力培训农民，让他们从"生手"变成"熟手"。否则，达不到用工要求，再多的劳动力也是白搭。

一家企业从广东转移到湖南，它顺利成长所需要的，不仅仅是土地与劳力。还包括配套的产业集群，生产服务业，高效的政府服务。现在，不少转移企业在湖南生产的还是半成品，成品的销售放在珠三角，这样湖南的地方政府就得不到税收。如果做成产品在湖南销售，就必须在湖南的海关报关。如我在基层走访了解到一件事，一家从广东转移到湖南的企业，试着第一次在湖南的地方海关报关。虽然通过了，但耗费的时间却受不了，赶不上载货出港的轮船。为了不耽误交货时间，维系外商信用，企业不得不付出昂贵的费用，交付飞机托运，吓得这家企业再也不敢轻易在湖南报关了。因为推出"铁海"联运等创新，湖南海关的通关效率，近年来有不小的提升，但还需踩油门、提速。有的县区政府，干脆由政府职能部门帮助企业代办，以保障时效，打消顾虑。

再比如，外商对中国产品的质量要求，可以说非常苛严。他们采购中国的产品，常常聘用设在大陆的"公证行"对产品质量进行检测。"洋"公证行比中国内地的公证机构更受信赖。中国的公证行往往抽样检测的量很少，而"洋"公证行却是不厌其烦。检测的内容不仅包括产品质量，还涉及是否使用童工、犯人等。如果沿海的企业转移到内地，这些"公证行"的服务不能跟过来，也势必会影响这些企业的生存。

地方政府、企业、农民工"三赢"，应是承接产业转移最好的结果。企业获得了土地与劳动力，控制了成本，获取了利润。农民工得到了工资，还能够就地照顾老人，看望孩子，分享亲情。政府除了解决就业问题之外，还赚取了税收，缓解了"空巢老人"和"留守儿童"的问题。三个群体只要有一个不"赢"，积极性上不来，承接沿海产业转移的局面就难以真正长久。

从我在基层观察的情况看，当前这三个群体都还处在"试探"阶段。企业在试探，先办一两个工厂，类似于生产车间，但总部还留在珠三角，转不转移，看看再说；农民工在试探，很多人担心这些企业不一定能长久，一部分有家有室的，将信将疑，先回乡干一干；地方政府也在试探，虽然也在招商，争取转移产业，但是担心这会变成"公益事业"，财政会吃亏。

政府没有更高的服务效率，不能转化劳动力的潜在优势，像湖南这样的中部省份，从广东"虎口夺食"，不容易。

（写于2012年。）

外商和内商究竟谁更"香"

　　我把这种依靠"内商"成长的县域发展模式称为"邹平模式"，这与"昆山模式"迥然不同。成功引入台湾个人电脑产业的昆山，主要靠招商引资。恰恰对全国更多的县而言，邹平的县情更有普遍性，"邹平模式"可能更有可借鉴性。

　　知道山东有邹平，是因为抗战前夕梁漱溟先生在这里从事乡村建设运动。当搜集了解国内一些排在前面的强县发展情况时，我再次注意到了地处齐鲁之北、黄河之南的这个县。了解增多之后，邹平的县域发展不由使我倒吸了一口冷气。

　　邹平真是个"牛县"！让人觉得牛的不是10年来县域经济速度爆发之快，不是拥有一批走向世界的知名企业，也不是在"百强县"评比中排名第15，超长沙县前两席，而是它冲锋陷阵的主力企业，都非向外招商引资而来。

　　魏桥集团堪称代表。这个20多年前职工人数不过百的小型油棉加工厂，2011年销售收入超过千亿元，人称世界棉纺织业的"巨无霸"，跻身山东省四家千亿元企业。与海尔集团等其他三家不一样的是，这家企业的身份是民营企业。集团创始人张士平，早年是一个普通的供销社企业职工，如今名列山东"两张"之列，为人低调的他与大名鼎鼎的海尔张瑞敏，在山东经济发展格局的分量，堪称相提并论。

工业起步并不早的邹平，近 10 年来突飞猛进，已经形成六个主导产业，包括家纺服装、新型材料、食品医药、机械制造、精细化工、高档用纸。六个产业的龙头企业，都像魏桥集团一样，脱胎于邹平土地上生长的小企业。邹平县委、县政府总结的经验是："10 年来的发展证明，依托本地资源大力发展工业是富民强县的正确道路。"

我把这种依靠"内商"成长的县域发展模式称为"邹平模式"，这与"昆山模式"迥然不同。成功引入台湾个人电脑产业的昆山，主要靠招商引资，招外商。昆山名闻全国，学习取经者踏破门槛，邹平不声不响，在国内关注者极少。在我看来，恰恰对全国更多的县而言，邹平的县情更有普遍性，"邹平模式"可能更有可借鉴性。

"邹平模式"可以触发外商、内商孰轻孰重的思考：带动一个县至一个市、一个省、一个国家发展的，在外商和内商之间，究竟谁的作用更大？谁的生命力最强？谁将来更加可以依靠？

从韩国引入的 LG 曙光，当年是长沙工业的顶梁柱，湖南电子信息产业的领头羊。1995 年我初入新华社当记者时，曙光是国家布局大工业项目不多的长沙的头牌企业。后来到长沙县，我也曾经采访数位跟着它迁来的配套企业的韩方老板。然而，不久之后，LG 曙光就江河日下。

当 LG 曙光要走人的时候，长沙市并没有出现天快塌了的忧虑，因为同在长沙经济技术开发区，从湘中涟源山里迁来的湖南本土企业三一重工，所创造的产值已经完全可以弥补它的亏空了。完全是由湖南人打拼、植根于湖南的三一，成为湖南本土孕育的唯一一家世界 500 强企业，为湖南赚足了面子。

来自欧洲、接手中意冰箱的伊莱克斯，当年曾是湖南不少学子就业时追求的企业。然而，和 LG 曙光一样，最终也没有逃脱关门走人的命运。饶有意味的是，接盘的华良电器的创业者，正好是当年这个厂的员工。

排除南机、湘潭电机这些当年由国家布局的大企业，数数湖南现在拿得出的企业，有多少是外商呢？比亚迪、北汽福田等落户湖南并不久，是

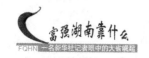
骡子是马，还需经受市场考验。从广东来浏阳落户的蓝思科技，供应苹果手机及个人电脑超一半的触摸屏，当前形势一片大好。需要说明的是，这个企业的创始者原是湖南湘乡人，从某种程度而言算得上"内商"。掐指一算，不难发现，能够拿得出手的，不还是三一重工、中联重科、远大这些"内商"吗？

宁乡以招商引资"狼道"出名，其实，宁乡的大发展中有很强的"内商"基因。宁乡县的服装工业完全是土生土长，面临来自福建、浙江、广东等省强大敌手的市场竞争，历经大浪淘沙，不少企业顽强站稳了脚根。知名品牌"忘不了"起家于 1984 年，当时是一家个体服装厂，靠几台脚踏缝纫机和租来的厂房，小打小闹，生产书包、红领巾，如今已经迈过10 亿元产值大关，正向 50 亿元挺进。

食品产业是宁乡县精心培育的支柱产业。近十来，宁乡县招商引资成功的第一个品牌企业，是从山东引来的青岛啤酒。青啤不仅仅带动了宁乡的食品工业生产，而且替当地的经济环境打了一个绝佳的免费广告，为宁乡县的县域发展提供了有形无形的贡献。但是宁乡发展最快、成长性更好的食品企业，并非青啤，而是土生土长的"加加酱油"。这个企业成立于1996 年，以系列酱油产品为主导，同时产销味精、植物油、鸡精、食醋等食品，2009 年税收就近 1 个亿元。今年企业成功上市，是继涪陵榨菜集团、金字火腿等国内上市的第 4 家上市的食品企业。

我的采访笔记本上记载，2005 年，宁乡就转变思路，在引外商同时，把目光瞄准本地的企业家和资金。当年新办的工业项目，大部分系由本地人出手。宁乡的官员当时对我们解释了缘由：向外招商引资竞争激烈，成本不低，而且有些企业招进来"水土不服"，从长远来看，宁乡的希望在于宁乡自己的创业者能否大批涌现。

"外商"对一个地方发展的正面影响，往往在于来得快，能够做大规模，形成人气。但是与此同时，它占用的资源多，遭受的市场波动较大，掉头的难度不小。况且如果没有设研发中心与总部，仅是实质上的车间，那么产业的带动能力空间有限，遇到困难"跑路"的可能性也比较大。与之相比，"内商"虽然成长较慢，但生命力却往往更强。当然，能够香起来的"内商"更多的是靠体制的创新。中意、曙光当年也曾都是湖南本土大名鼎鼎的本土企业，只不过，身为国企的它们由于体制落后，落到被外商兼并的地步。中联重科的成长，得益于科研院所改制，三一重工创业伊始，就是正宗的草根。

其实，不管是招外商还是引内商，对一个地方发展而言，都不可偏废。对湖南这样的中部省份而言，要开放，要崛起，目前对外招商还处于总量不足的地步。只是，以为"外来的和尚会念经"，只重外商不顾内商的做法，在湖南省内外不少县还普遍存在，如同自弃长城。"邹平模式"，值得思考。

（写于 2012 年。）

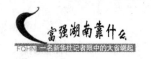

中博会给湖南带来什么

> 我认为首先一定要发挥湖南的比较优势去开发项目。其次是结合湖南的优势产业，进行产业链招商。产业链越长，越有竞争力。

3.6万人参会、3000名重点客商、106位国内外副部级以上政要；推介7255个项目，签约722个，引进外资257亿美元。这些都是刚落下帷幕的第七届中部贸易博览会上的关键数字。

与6年前中博会首次在长沙举办时相比，今日湖南工业增加值已是当时的近3倍。与之适应，这届中博会响亮、自信地提出了"绿色发展"主题。盛宴虽落幕，总结与探讨正当时。湖南发展如何更好地利用好中博会这一平台？如何更好地合作共赢？我们独家专访了作为这届中博会活动的具体组织者之一、湖南省商务厅厅长谢建辉。

段羡菊：这次中博会的举办，与往届相比，在哪些方面体现了"改革、创新、精简、实效"的要求？湖南人办这届中博会，得到了外界哪些评价？

谢建辉：跟前几届相比，这届中博会确实有很多改革创新。一是举办时间不同。往年都是九月，今年是在五月，时间很紧迫。二是举办的地点不一样。原来在一个省会城市，这次采取1＋3模式。将来也许给其他城市承办中博会提供了"1＋N"的模式。三是表现方式或形式不一样。原来只有实体展览，这次网络展和实体展相结合。线上、线下两种形式结合，表达方式更具有辐射性、拓展性。此外，一些重大活动也尝试采取了新方式。比如，中博会的"重头戏"——高峰论坛，以往采取演讲为主，这次采取六省省长互动的方式。以往的文艺晚会都是室内举行，这次我们推出的是激光焰火晚会，借机推荐了湖南省的烟花，文化氛围也很好。四是大会的主题不同。这次以"开放崛起、绿色发展"为主题，符合中部地区产业转型升级、科学后发赶超的实际需要。五是内容创新。此次中博会，重大活动与专项活动都进行了创新。比如跨国公司恳谈会以前是以中部六省推介为主，这次则主要由跨国公司介绍它们的发展战略，让我们更了解世界经济发展的趋势。在张家界举办的旅洽会，原来是坐而论道的论坛，这次改为项目洽谈会，更注重解决实际问题。此外，这届中博会还新增了中部地区优化外贸布局论坛和外贸洽谈，突破以往中博会以投资项目为主的情况，实现投资与贸易结合，这也符合中部地区开放型经济发展的需求。

谈到中博会的社会反响，从现在接触的情况看，无论客商、舆论还是社会，普遍为这次中博会叫好。因为这届中博会在安全保障、组织有序、重视实效等方面都取得了不错的成绩。首先，安全第一。3.6万人参会，25项重大活动，没出现一起安全事件。其次，在交通、证件发放等环节的组织有力。再次则是产生了实效，很多客商都带着项目来。会议期间，我们还组织了湖南14个市州与客商、项目对接。最后是清新，焰火晚会表现形式新颖，六省省长互动很独特，网上中博会有新意，这些都让参会者和社会感觉清新，因而获得好评。河南省是下届中博会的轮办省，会议期间还特意找到商务部有关司局，要求参考湖南会务组织的经验。

段羡菊：本次中博会给湖南带来哪些积极影响，或者说"利好"与"实惠"？

谢建辉：我个人认为最重要的是观念和理念的影响。跟国际对接，融入国际产业体系，首先是要有国际的视野和眼光。这次中博会有106个国

内外副部级以上的政府官员、70 个 500 强企业与跨国公司高管，50 多家中外协会集中参会，他们带来了低碳发展、开放发展、务实高效发展等理念。如同美国奥巴马全球竞争力研究院院长黄力泓在湖南绿色产业推介会上所说："比阳光照得更远的是眼光。"会议期间，有一个坐在我身边的企业家也这样感触："收获的不仅仅是签约项目，更重要的是更新理念。"

第二是扩大了湖南的影响。通过这个平台，全面展示了湖南的发展成果。来湖南参会，大家都真实地感受到湖南环境变优了，山水变美了。人是最好的传播载体。这种传播更可信、更有传递价值。

第三是形成了资源效应。这次参会的 3 万多人中，有 3000 名重点客商，来自 73 个国家和地区的 723 个团组。他们是湖南开放发展的潜力和资源。展览结束后，湖南省商务厅已开过会议，决定赶快建立中博会客商资源库和项目库。一些"挖掘资源"的行动已经展开，比如这次我们还特聘了美中贸易协会的一位负责人，给我们当招商顾问。

第四是项目对接成果显著。项目是展会的灵魂。此次中博会，湖南省筛选了 1826 个项目，最终签约的项目有 361 个。这是我们挤掉了签约项目"水分"前提下取得的成果。这届中博会签约项目有很多条标准：重复的项目不在会上签，没经过国土部门、环保部门审批的项目不签。签下来的都是实实在在的项目。

段羡菊：此次中博会上，各省都提出中部合作的愿望。与此同时，您觉得湖南的发展是否面临着其他省的激烈竞争？竞争体现在哪些领域？湖南有哪些优势应对竞争？

谢建辉：中部六省竞争大于合作，这是当前的客观现实。中博会的举办，就是要解决合作的问题。

中部六省的竞争主要是资源同质带来的竞争。第二是区位的竞争，中部六省交通都比较发达。第三是产业的竞争，六省的农业、先进制造业等产业基础差不多，且近 6 年来 6 省的经济增速也差不多。第四是科技人才的竞争。郑州、武汉、长沙科教资源差不多，安徽、江西、山西在科教方面虽稍弱一点，但在人力成本等方面又有优势。

我们湖南可以发挥自己在竞争中的比较优势。从区位优势看，尤其是武广高铁、沪昆高铁及多条高速公路出省通道的打通后，湖南的交通、区位相比中部其他省又有一定优势。以长沙为半径，500公里范围内，湖南在招商引资中的区位优势最强。湖南无论是承接珠三角、港澳产业，还是对接东盟，走势都很好。从产业优势看，湖南工程机械已形成明显优势；有色金属深加工与五矿等合作后优势也很明显；汽车及汽车零部件产业已有比亚迪、菲亚特、三菱等整车生产线；电子信息领域已引进富士康、台达电子、蓝思科技、中电软件园等大企业；食品行业，除赫赫有名的烟草外，还有唐人神、旺旺、新五丰、酒业等。从科教资源优势看，相比其他五省，湖南也得天独厚。中南大学的新材料，湖南师大及湖南农大的生命科学，国防科技大学的计算机——这些高校的成果及科研人才，都很珍贵。湖南高中低端的人才都有，形成了人才梯队。从平台优势看，目前湖南已有11个国家级工业园区，77个省级以上工业园区。还有长株潭"两型社会"综合改革试验区、湘南承接产业转移示范区、武陵山区连片开发扶贫试验区等三个国家战略发展区域。这些平台为发展集聚资源提供了便利。从制度效率优势看，"法制湖南"的建设，包括规范行政程序的规定，压缩行政审批等，提升了我们的制度效率。而这是投资者最看重的方面之一。从生态环境的优势看，湖南既有环境的容量，也有宜居的环境，

段羡菊：招商引资成了地方政府发展的第一选择。对湖南各级地方政府如何招来更有吸引力的招商项目，您有何建议？

谢建辉：这个问题我们一直在思考。如何招好资、招大资、招优资，解这道题有很多答案。我认为，一是一定要发挥湖南的比较优势去开发项目。根据优势有针对性地开发项目，扬长避短，别人才会来投资。二是结合湖南的优势产业，进行产业链招商。产业链越长，越有竞争力。比如工程机械有三一、中联、山河智能等大企业。我们现在准备围绕工程机械，以德国为重点进行产业链招商，把关键零部件生产引进来。三是准备面向

日本，引进汽车零部件项目，延长补充产业链。再比如目前湖南的医药产业主要以"中间体"为主，虽然这是产业中最核心、最紧要的环节，但缺乏终端产品，产业规模难以做大。所以我们准备向上、向下延伸完善医药产业链条。四是通过提升产业的融合度来招商。比如，目前长沙主要是提高生产性服务业招商力度，在完善物流等领域招商。五是围绕投资商的需求，提高政务效能和优化投资环境。环境才是投资商看重的第一资源。六是加快完善工业园区的平台功能。蓝思科技第一期、第二期落户浏阳后，第三期选址放在星沙。星沙的生活条件比浏阳经开区目前要成熟。因此地方能否提供完善的生活服务，也是关键的竞争因素。可见，招商并不是一个简单的事情，背后有很多基础工作要做好才能胜出。

段羡菊：中博会结束了，如何延续它的影响力，您还有哪些建议？

谢建辉：我们要继续打造网上中博会，延伸服务的时间，放大实体展览的效应。这次会议期间网上中博会收录了7255个项目，中部企业通过这个平台达成了4183万美元的外贸交易。今后还要继续创新，提高它的国际化、专业化、市场化、综合化。中博会只有融入国际平台，它才会有更强的生命力。从专业化层面看，尽管是六省轮办，中博会应该由中部六省与商务部共同设立一个常设秘书处，专门研究它的专业化发展和创新。市场化，则是要让更多社会力量来参与。中博会要把投资、博览与贸易进一步结合，投资是基础，展览是载体，最终销售则体现在贸易上。我们商务厅还要进一步跟进、抓好项目的落实情况。项目是展会的灵魂。项目没落地、不抓实，就是虚的、假的。

（采写于2012年，与陈黎明合作。）

追寻强省路上的市州力量

下连 128 个县市区的期待，上承省委政府强省梦想，14 个市州如何践行他们的执政新思路，能为湖南发展注入怎样的市州力量，可以给近 7000 万三湘人民带来怎样的幸福，我们拭目以待。

八个强调"幸福"、"开放"，九个提到"生态"、"民生"，六个点明"和谐"，无一不提"两型"——前不久结束的湖南省 14 个市州党代会，在规划未来发展的战略思路中，提出了许多与时俱进、令人耳目一新的执政理念。这是事关湖南地方发展的宣言，也是对于湖南地方发展的承诺。品读这些关键词，不难体会执政者改善民生的向往，加速发展的渴望，走出封闭的决心，顺应时代潮流的姿态。

我们特意摘编了 14 个市州的党代会报告，整理了各市公众对本地发展的期待，链接了外省部分市州党代会透露的信息。我们期待能够汇聚交流湖南 14 个市州的执政智慧，能够促进对市州发展的思考关注，能够倾听民众的声音，能够为推进湖南"四化两型"建设，建设我们的富强之省贡献一份力量。

全力打造长株潭城市群，推出"3+5"城市发展战略，争取湘南三市成为国家产业转移示范区——当湖南为支持市州发展频频出招的同时，国内其他省份也是摩拳擦掌。湖北在"一圈两带"的大思路下提出"一主两

副"的城市发展战略，试图以武汉为"主"城市，中部的襄阳、宜昌为"副"中心城市，从而带动全省区域发展。广东正在全力支持三大城市群建设，即"广佛肇"（广州、佛山、肇庆），"珠中江"（珠海、中山、江门），"深东惠"（深圳、东莞、惠州）。安徽更是了得，把地级市巢湖拆分，力挺省会合肥的做大，做强皖江城市带……不难看出，这些省份都是在使出浑身解数，通过做强核心城市群，从而带动全省的发展。

过去五年，湖南经济总量在全国迈进前十强，四个县齐齐进入全国百强县，这两条动态消息折射了湖南省、县两级的发展势头。可喜的是，处于省、县两级政权中间层级的市州发展，也多有可圈可点之处。即以长、株、潭为例，正在探索"两型社会"建设的长、株、潭三市，业已成为国内知名的城市群，中部地区重要的增长极。长沙推进大河西开发，城市实力接连超越强劲对手，跻身省会城市7强，未来五年锁定前5强目标。中国社科院发布2010年《中国城市竞争力报告》，述评国内城市2010年发展时，独独对长沙青睐有加，称"长沙成为最耀眼的明星城市"，是"全国唯一一个增长较快的特大城市"。株洲城区的绿色交通与建设管理，在湖北引发了学习热潮，今年仅正处级以上考察团就接待近两百批。湘潭建设九华经济开发区，探索"和谐拆迁"保障失地农民利益，也被国家部委推广。长、株、潭之外的其他市州，在产业培育、民生保障、透明政府打造等诸多方面，都有进步与亮点，为国内所关注。省、市、县三级政府，为湖南加速发展，在不同层面上作出了贡献。

与全国其他地方一样，目前湖南市州发展最大的机遇，当是正在席卷全国的城市化浪潮。21世纪对世界影响最大的有两件事，一是美国高科技产业，二是中国的城市化——这是诺贝尔经济学奖得主、美国经济学家斯蒂格利茨的预测。据国家统计局消息，发达国家的城市化率最低在78%，而2011年中国的城市化率为47%，如果达到78%的水平，中国将有近4亿人口进入城市生存发展。一个城市人口的消费水平是农村人口的3倍，4亿人口进城所带来的生产力、购买力与活力，将是多么一块诱人的"蛋糕"。历史经验表明，城市化率在 30％～70％期间，将是一个国家、地区的加速发展时期。如果说，长三角、珠三角等部分城市发展已经达到临界点，那么，城市化率 2010 年接近 44％的湖南，正处在城市化的黄金时期。14 个市州的首府，已经成了当地所在行政区域内的中心城市，在城市接纳扩充方面有良好的基础。与小城镇、县城相比，14 个城市有得天独厚的城市化优势。此外，大批珠三角企业扎根郴州、永州，富士康落户衡阳，蓝思科技立足长沙……这一系列讯号也告诉人们，沿海的产业转移正在加速进行，湖南靠近广东，得地理之便，也将迎来产业转型、激活经济的大好机遇。

正可谓"天上掉馅儿饼，还要起得早"——迎接城市化和产业转移这两项时代"大礼"，是一场激烈竞争的过程。湖南的市州既需在省内争，也要与省外夺。争夺的关键，既要看基础设施等"硬实力"，也要看政府服务等"软实力"。翻阅各市州党代会的报告，都可以看到各市州自己眼中的"软肋"：经济实力不强，产业结构不优，资源环境代价太大，经济发展内生动力不强……虽然在报告当中，这一部分较之过去政绩、未来奋斗目标等章节相比，篇幅都不长，但态度坦诚，认识清醒，与公众的看法与外界的评价基本一致。试以交通基础设施为例。湖南高速公路近年来修建速度很快，高铁占得先机，走在全国前列，但是铁路的路网并不稠密。前两年，邵阳、娄底一些人士，在沪昆高速公路的路径确定上，发生了一场轰轰烈烈的争执。从网上舆论到民间活动，争论之激烈，极为罕见，省政府出面协调，铁道部为之惊动。这场争论谁是谁非姑且不论，但是可以看得出来，湘中地区的人民，对改善交通、促进发展的意愿是多么迫切。登录张家界市网站的公众论坛，当地人士探讨的焦点，就是张家界如何避免交通边缘化的趋势。张家界是旅游城市，交通是旅游的命脉所在，而张家界的公众认为，当地"铁（铁路）公（公路）机（机场）"，已有"全面落后"的苗头，亟盼中央、省里支持！

当县域发展的空间越来越扩张后，地市发展的空间向何处延伸？这是

全国所有地市发展过程将面临的新命题。就像母鸡带小鸡，湖南很多县的发展得益于地市的辐射与带动。但也不容否认，有的地市由于自身经济状况差，辐射能力非常微弱，难以带动市辖各县的发展，变成了小马拖大车。在财税缴付、土地供应、项目引进等方面，"市管县"一定程度变味成了"市刮县"。此类情况，国内很多县都有苦衷，只是囿于体制很少公开表达。从国家、省、市州、县到乡镇，中国五级行政管理体系，层级过于臃肿，影响行政效率。因此，国务院近年开始倡导减少行政管理，其中主要的环节就是地市。从 2010 年开始，湖南已经开始推行财政"省管县"。据本刊记者调查了解，财政资金拨付的速度大大加快，地市雁过拔毛的现象也少了很多。不仅仅是财政"省管县"，在浙江等省，大量的行政审批权已经减少了地市这一级。湖南一些县区官员，对精简地市行政审批环节，提高行政效率的意愿也非常迫切。可以预言，不管以后行政层级的体制如何变革，目前市州对县在资源配置上的单边强势局面，将会得到改变。长远来看，市州对县的影响，更多将由行政力量，转变为市场力量。这种市场力量，将体现在能否做大城市，增强城市的软实力，培育支柱产业，形成产业带动力。换言之，未来市州发展的空间，将因为这种市场力量的强大而得到拓展。而当务之急，地市政府职能部门则应该改革行政程序，主动提高效率，从而为县的发展提供良好条件。

湖南市州发展留下的伤痛记忆，我们也不能忘记。在郴州，以李大伦为首的多名市委班子成员，因贪腐受贿先后中箭落马，人们感叹，他们在监狱里，几乎可以召开一个"市委常委会"。这一系列案件在当地损害了执政公信力，郴州的形象为之蒙羞，郴州的发展为之倒退。后任者不得不迎来艰苦卓绝的转型，"重整河山"。如果说郴州发生了政坛地震，那么湘西土家族苗族州则出现了经济海啸。湘西有美丽的山水和绚丽的文化，经济发展在湖南并不居于前列，但是湖南近年规模最大、后果最严重的非法集资，却出现在这里。从房产商到矿山老板，疯狂地向民间高息集资，不仅仅在州府所在地吉首，几乎整个湘西各县区都有人卷入其中。集访州政府，冲击火车站，堵塞城区主干道，造成枝柳铁路中断。湖南省堪称举全省之力，付出艰辛的努力，经数月时间，才难得平息了事态。如今的湘西，已经走出了阴影，正在奋力前行。郴州事件表明，在目前的政治权力构架当中，地市一级由于距省城较远，居县政之上，往往容易成为监督薄弱地带。湘西风波则警示，如果职能部门监管不力，民间金融失控，畸形经济将会换来当头棒喝，后发赶超就会迎来人仰马翻。

市州执政新思路的问世，也给省级政府的协调引导提出了许多命题。比方，湖南对市州开展的政府绩效考核，如何引入"幸福"指标？在湘东北的长株潭城市群做大做强的同时，如何辐射促进湖南中西部的发展？在国家做好国土功能区规划并已推出补偿政策的同时，湖南如何平衡工业发展市州与生态保护市州的利益？湖南如何加速行政审批制度改革，提高地市、县区的行政效率？如何通过省一级的协调，打破市州的行政壁垒，促进市州的区域经济合作……

秦汉始，长沙即为封藩立国之都；三国始，衡阳即为湘南重镇与枢纽；郴州，出现在秦观的流芳之词中；永州，激发了"不到潇湘岂有诗"的诗情；岳阳，留下了屈子的"求索"精神和范仲淹的"忧乐"情怀……充满厚重历史色彩，数千年来以农耕为本的湖南市州，在工业化、城市化的今天，将要担当起幸福、民本的时代重任。下连 128 个县市区的期待，上承省委政府强省梦想，14 个市州如何践行他们的执政新思路，能为湖南发展注入怎样的市州力量，可以给近 7000 万三湘人民带来怎样的幸福？公众将拭目以待，我们将追踪观察。

（写作发表于 2011 年。）

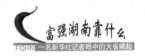

（湖南人物）魏文彬：
让 150 年前的名词"湘军"复活

我曾经两次以新华社记者身份专访魏文彬，他是极佳的采访对象。极富悖论色彩的是，湖南卫视以娱乐安身立命，以娱乐拼杀冲闯，然而，其灵魂人物魏文彬却给我感觉一点不娱乐。

历史上的湖南人有多少娱乐元素？

在思考魏文彬这个人物的时候，我不由想到了这个命题。当然，这方水土的民间文艺是有着悠久的血脉。屈原的《九歌》，据说就是受影响于楚地民间祀礼。我生长在湘东的山区，童年就是在唢呐、喇叭、锣鼓的乐声中长大。

然而，那些纵横天下的湖南人所定格在人们印象的特质，总是忧国忧民，或者征战于刀光剑影，或者奔走于革命风雨，或者劳累于治国大计。他们当中多有诗文的大家，但也是明志抒情，与娱乐似乎并不大搭界。

极富悖论色彩的是，湖南今日名闻天下，其中包含着湖南电视娱乐的极大贡献。头发卷曲、说话带着浓浓乡音、喜欢抽烟、看上去像个农民的魏文彬，是"电视湘军"里的曾国藩式人物。与这一悖论相似之处是，湖南卫视以娱乐安身立命，以娱乐拼杀冲闯，然而，其灵魂人物魏文彬却给我感觉一点不娱乐。

对这个悖论，魏文彬自己也意识到了。那是 2007 年，在美国哈佛大学的讲坛上，题为《湖湘文化与湖南电视的文化根源》。魏文彬在这些陌生的异国人面前非常自然，他拿出"贵国的《时代》周刊"，封面上的这个女孩，就是湖南卫视《超级女声》2005 年度的总冠军李宇春。《时代》周刊评选 25 位 2005 年度亚洲英雄人物，李宇春位列其中。

他告诉大家，湖湘文化其实就是一种忧乐文化。源自洞庭湖畔岳阳楼上的"先天下之忧而忧，后天下之乐而乐"，是中国知识分子追求的最高境界，是中国知识分子富于社会责任感的最佳写照。

一本解读湘军的书。

"我曾经跟我的一位好朋友说起我的'忧乐文化观'，他认真地听完之后，半开玩笑半当真地说，可是你们所做的事情，好像恰恰是反其道而行呀。我明白他的意思，他是说，我们开传媒娱乐风气之先，带着我们的观众朋友一起，不是'先天下之忧而忧'，而是"先天下之乐而乐"去了。"

"他让一个150年前的名词复活。"一个期刊在给魏文彬颁奖时这样表述。这个名词，就是中国人耳熟能详的"湘军"。曾国藩和他的湘军已经

消失在历史的深处，150年后，魏文彬和他所带领的集团，被人称为"电视湘军"。"电视湘军"为地处中部、经济基础并不强大的湖南扩大知名度、提升形象做足了广告。当以亿计的外省人都把遥控器锁定在湖南卫视，我不止一次听闻外省青年冲着湖南卫视而报考了湖南的大学。

我曾经两次以新华社记者身份专访魏文彬。对于一个记者来说，他是极佳的采访对象。他本身就是湖南卫视的记者出身。难得的也不仅是他对文化产业充满国际视野的见识，而是非常坦诚，有问必答，并不遮掩。坦荡的人往往坦诚，这是我千百次累积的职业经验。

一次采访是关于"超级女声"。当时是举办初年，全国大红大火同时，也被大批大驳。另一次是为了调研中国的动漫产业发展，其时，湖南卫视刚刚创办卡通频道，他带领一个团从日、韩刚就此考察归来。他跟我谈得最多的，是湖南电视人应该如何通过自己的努力，来教化、塑造中国的年轻人，保护未成年人，如何应对国外尤其是日韩的竞争，维护国家的文化安全？

他认为中国的卡通产业至少落后日韩10年。看到日韩的卡通已经形成一个完整的产业，自言"骨子里情绪特别反日"的他毫不讳言自己的焦急与危机感。"中国的知识分子，生年不满百，常怀千岁忧，官不大，想起这些事，心情就难以平静。"

"日本肯定要扩张，日本骨子里害怕中国强大。考察之后，我们的民族自尊心增强了，民族忧患感增强了。"我们一是准备建一个成规模的生产基地，有那么三到四家卡通生产企业。二是一定要下决心武装几条卡通生产线，韩国一家大企业占韩国卡通市场70%。三是要建立一个覆盖全国的播出平台。四是要形成一条产业链。魏文彬盼望国家能够支持打破现在发展卡通产业的政策难题，他同时认为湖南卫视做好了投入与探索的准备。

"我们愿意振兴卡通产业，不成功，便成仁。"这句充满悲壮意味的话语里，折射了魏文彬超越电视娱乐的社会理想，敢作敢为的行事风格，也隐喻着"电视湘军"成长的秘密。"我们的湖南广播影视集团，荣幸地赢得了国内外社会各界的慷慨赞誉。如果说我们是成功的，我想，我们成功的秘密，就藏在湖湘文化的精髓之中：心忧天下，敢为人先。"

我惊叹于，魏文彬到底以什么敢为人先的方式，使得湖南电视冒出这么多人才？汪涵，以前只是湖南卫视一个经常递递话筒、打打杂的助理，却在这里成长为一名华文世界出色的主持人。龙丹妮，曾是一名"下岗"的主持人，后由编导、制片人成长为湖南电视娱乐节目的核心骨干。湖南电视界的这些人才，大部分是湖南人。他们虽然身上富有潜质，但设想如果没有魏文彬引领，这些人能够爆发出他们的创造力，展现他们的才华吗？

娱乐本质是创意产业，创意的根基在人才！

魏文彬的爱才如命给我留下至深印象。2006 年，有"选秀教母"之称的龙丹妮出走东方卫视。魏文彬出差回来后得知此事，痛心不已，夜不能寐。不久，他到湖南西南部的一些市、县去检查广电工作，于是特意邀请龙丹妮也参加。工作之余，他们一起受邀到了山区，和纯朴热情的山民围着篝火跳啊、唱啊。魏文彬告诉我，在归来路上的车上，龙丹妮闪着泪花说：不去了。并未挑明劝她回来，但试图以此行的乡情湘愫打动她的魏文彬告诉自己，这一瞬间他也哗哗流泪了。

湖南卫视大楼给我留下很深的印象，是电梯旁常贴着创意征集或者创新评比之类的公告。我从卫视人那里知道，魏文彬最喜人跟他谈"创新"，最愿意看有创新字眼的报告。据说，摸准了他这一点的卫视人，有时不免"投其所好"，以增加让他关注和约谈的机会。

在"电视湘军"的各个频道，只要您拿得出好创意，那么，您就极有可能从一个刚毕业的大学生，跨过很多层级成为栏目制片人，这个栏目的人、财、物很大程度由他说了算。我不止一次看到一些年轻人提起自己的同学在卫视的成长，目露艳羡之色。

未经核实的消息称，魏文彬重用人才有一个"怪论"：您如果没离婚，

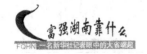
或者不是单身，您在湖南卫视就难以得到提拔。他的逻辑是，电视是需要全心全意、高强度投入的职业，如果一个人在家庭方面费的心思很多，那么，就很难把全部精力投入到工作中去，因此也就难以脱颖而出。

我的一个同事曾在 20 世纪 80 年代中期与魏文彬共过事，那时魏文彬是湖南电视台新闻部主任，而他是电视台的主持人。我问，您对魏文彬印象最深的是什么？他没有多想就回答："工作狂"：从早到晚，魏文彬忙个不停。正如他所说，即使他身为湖南广播电视局长，然而，他还是经常和普通工作人员一道，精心修改电视节目或者新闻报道的一句台词，一个镜头，一个环节。

"还一个印象，他特别喜欢与人沟通交流。"不论是稿件采写、节目制作，还是播出环节，魏文彬把关时都很严。"而且经常把你叫来，哪怕是个小年轻，他给你细心地指点，告诉你为什么要这样改。给人感觉，他想给你输出自己的观念。"

魏文彬创造了一种极富活力的机制，从而成功地激活人才与创意。市场化的改革始自 1993 年，起于湖南经视的创办。湖南经视的出世，给经常痛感湖南电视台体制僵化，难以打破改变的魏文彬寄托了新生的希望。魏文彬给竞争中脱颖而出的负责人欧阳常林，提出了"两管两不管"的体制。即是管政治导向、管经济指标任务完成，不管你如何任用干部，不管你建立什么样的薪酬制度。这个体制给话语不多、但极端精明、市场观念很强的欧阳常林提供了极大空间。

在很短的时间内，湖南经视就被湖南人接受了。新闻方面，刚刚创办的湖南经视正好遭遇 1998 年长江洞庭湖特大洪灾，在设备条件极其匮乏的情况下，湖南经视几乎成了全天候播报抗洪抢险"直播台"，声震三湘四水。娱乐方面，湖南经视"幸运 1997"收视火爆，拍摄的《还珠格格》风行全国。

湖南经视真正成了激活沉闷、僵化的湖南卫视体制的"鲇鱼"。湖南卫视在全国红火后，令国人惊异。但对于湖南人而言，却并不稀奇。因为，卫视许多主持人、娱乐节目，很多就是转移自湖南经视，只是因为湖南经视没有上星，所以外界并不是很了解。魏文彬通过改革，让相当多的湖南卫视的原班人马在待遇不变的前提下，或者退隐二线或者居于较虚的职位。把这些岗位过渡给更加新锐、更有活力的湖南经视的人马。

有人说魏文彬狂。湖南省人大少见地没有通过对他的广电厅长的任命，据说跟他缺席对人大的报告有关。然而，在我与他的接触过程中，看到了他小心翼翼的谦恭一面。文化娱乐产业，总是夹杂着一些观念的东西，湖南卫视在这方面的破冰而行，不时冲击着一些精神的樊篱。这在"超级女声"首届举办时尤其突出。

最高收视时，全国 2 亿人同时在收看。然而，恶俗的指责也是非常强势，捍卫者为此强热回应，高呼这是"精神文明建设奇葩"。魏文彬和湖南电视人，既承受着部分人的舆论攻击，也在不时接受上级广电管理部门的严格监管，还要受到央视这样"老大"的挑剔。在此期间，我专访了魏文彬，看到他在坚决支持"超级女声"同时，也在百倍小心地接受各方面的意见，与操作者一起不断地研究改进，包括唱什么歌、穿什么服装、镜头中的亲友团如何出现。

2005 年，有超过 15 万人报名参加"超级女声"，有将近 4 亿观众收看过这个节目。这个节目在 2005 年为湖南广电带来了 5000 万元的直接收入，相当于中国内地许多省一级卫视一年的总收入。参与"超女"广告合作的乳制品公司蒙牛，也借机成为中国乳饮行业的魁首。

"超女"带给我最难忘的一幕是在安徽凤阳的小岗村，中国农村大包干发源地的标签就贴在这里。2005 年炎热的夏天，对华西、小岗、南街这三个中国极富特色小村寻访的我从合肥来到村里。

正是中午时分，我为了问路进入一栋大门敞开、堂屋堆着刚收割的稻谷的民房，没有人回答我"有人吗"的问话。我再往偏房一走，一个个子不高的青年农民正躺在破旧的床上，盯着一台巴掌大的黑白电视在看。电视里正在播"超女"选拔的节目，他脸带微笑，无限幸福地陶醉于这台带

来快乐的节目，根本忽视了访客的存在，我悄悄地退了出来。

当"超级女声"取得了巨大成功之后，不少人认为湖南卫视很可能难逃盛极而衰的轨迹。然而，此后的湖南卫视虽然也不免遭遇波折，面临江苏卫视、浙江卫视等强敌竞争，却依然能够引领中国电视娱乐发展。这也从侧面证明，"电视湘军"业已初步形成了充满生机活力的体制。

我们可以看得很清楚，魏文彬操作的改革走过了一条什么样的道路？改革的基础是打破僵化的管理体制；核心是激发人才的创造力；路径是"曲线改革"，以经视推卫视，以卫视带动各个频道。

如果外人经黄花机场下飞机，或者经京珠高速，进入市区不远的标志性建筑，就是湖南卫视台。前面的国际会展中心，后面的酒店，旁边的世界之窗——这如同一个王国一样的地盘，都与湖南卫视千丝万缕，让人惊奇于打造这么一个巨大产业的创业者能量。

魏文彬的成功，得益于改革开放的时代，得益于湖南省委、省政府宽松的管理环境，也得益于组织对他的坚定信任。当然，农家子弟的质朴与执着，早年矿工、教师、记者等经历的磨炼与影响，湖湘文化精神的影响，都是影响他的积极因素。

魏文彬出生在桃源农村，父亲是一个矿工。从日本、韩国学习考察卡通产业归来，他告诉我，8天时间，每天经常早上4点出发，晚上8点回来，非常紧张。"比'双抢'还累。"谈到这次考察的劳累，他脱口说出这样的话，就是我所熟悉的典型的湖南农民语言。

"双抢"是指南方水稻区在夏季炎热的时候，农民用秦汉以来延续下来的胼手胝足的原始劳动方式，抢着收割成熟的早稻，抢着插下晚稻的秧苗，这样抢了节气之后，能够使水稻成熟两季，多获得一些粮食。

"大胆"，这是曾经与魏文彬共过事的另一位朋友的评价。他一口气举出几件事：一、第一个推动电广上市；二、当初建金鹰城，广电不少人想建在市中心黄土岭湖南广播电台这一块，魏后来拍板决定在当时还算郊区的马栏山。地宽，易征，一下划了几百亩，带动了这一块开发，从而奠定了大发展的基础；三、多次决策给职工建房或者建造面向职工的商品房，很多职工得了实惠，山呼"万岁"。

他还跟我提到一件事，1986 年，魏文彬和省领导去考察日本，用他的话说是"第一次接触资本主义"。他自言，他是 20 世纪 50 年代出生，很正统，但是日本的现代化与高速发展，"真的吓我一跳"，令他深受刺激！

2008 年年初，魏文彬当选为第十届湖南省政协副主席。两个月后，他从湖南省广播电视局党组书记和局长职务卸任。他仍然没有放弃自己的梦想，脱离了具体事务的他，更加纯粹地为文化产业奔波。

2011 年年初，他推动出台了《湖南文化发展指数（CDI）研究报告》。"全国的文化产业占 GDP 的比重只有 5％左右，而在美国和日本，这一比重达到近 30％。这种不平衡，让他感到忧心。"一篇报道中这样写道。文化发展指数（CDI）在中国国内还是鲜有所闻。魏文彬再一次展示了他的创新意识，他说，这是试图用数据的"尺子"，量一量文化的"高度"。

然而，有不少人却不同意他的说法，认为魏文彬苦心经营几十年的其实是文化产业，可以用收视率、利润、市场的标准来衡量。然而，文化的标准却是审美、精神、情感、志趣，很难有指标来衡量。湖南卫视受到国人青睐的同时，受到较多质疑正是认为它所引领的电视娱乐热潮，无助甚至有碍于中国文化及国人的文化品位。

在哈佛的论坛上，魏文彬解答了对电视娱乐中心居然源出湖南的悖论。饥寒交迫、风雨飘摇的时代，我们更多地需要先天下之忧而忧；殷实富足、快乐和谐的时代，我们便应当"先天下之乐而乐"，及时为人们提供能够带来快乐的东西。"我认为，这仍然是湖湘文化心忧天下，敢为人先的精彩表现。"

在哈佛大学，魏文彬告诉美国人，在岳麓山下可能是世界上最古老学府的门口，悬挂着"惟楚有材，于斯为盛"的楹联。"岳麓书院门口所挂的八个字，是湖南人的骄傲，也是湖南人的动力，两百年来，湖南人的精神与思想，或多或少都受着这八个字的暗示与影响。"

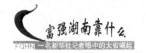
他承认，自己是土生土长的湖南人，年轻时就在岳麓书院旁边大学读书，那时常常在岳麓书院的周边徜徉。"岳麓书院门口那八个字，也一直是鞭策我的动力。"

（写作于 2011 年。）

附：

魏文彬和我谈"超女"

　　如果还要我讲大道理，我觉得只有这个年代才有"超女"，在计划经济不可能有。不支持这档节目的人，多是没有看过。现在最可怕的是，没看过发表意见。

"超级女声"已经创办两年，我可以告诉你们，我是坚决支持。如果说在湖南广电系统内部有什么背景，那我就是最大的背景。

　　我从创意开始就支持。香港、台湾歌星在大陆掀起一道旋风，被年轻人追捧的时候，我很反感，除了极个别外。我是比较开放的，是不是我不太懂音乐？我多次讲过，最好的声乐应该在大陆，比香港、台湾强多了。阎维文、刘欢、李娜，都比这些人唱得好。在无数次大小创新会上，我都讲，怎么塑造我们本土老百姓喜欢的明星？我们怎么打造，怎么设计？大多数青少年到底喜欢什么？这些问题，我要大家思考，我自己也在思考。有一次在北京，我和上市公司的刘沙白还有中央电视台一个人在一起，商讨设计一套普通老百姓为主体的一种歌赛，让老百姓选出明星。我把这种设计交给台里人，正在这时，娱乐频道交来一个报告——所有新办节目都要我批，跟我想的有点吻合，但是题目叫"情歌王子"。我说你这四个字不好，好多歌不是情歌。王子，也不是老百姓。后来，他们改名叫"超级男生"。

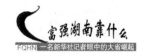

上星之前，我们就意识到，这档节目最大的敌人就是低俗。我开始就给他们指出，既然不设门槛，弄得不好，就很容易没有品位。一开始，我们就注意到了品位和格调。我们有一条指导思想是明确的，一定要做成青少年喜欢的节目。如果一开始完全向成年人靠，做成一档成年人的节目，就没有生命力。如果一开始定的歌唱革命歌曲，能够有今天这样红火吗？只要歌曲没有政治问题，就可以唱。想唱就唱，表现轻松、愉快、和谐、自由。为什么我们有些人对此不高兴呢？唱歌是很美的东西，特别是年轻人，只要是无害的。对不高兴的人，我百思不得其解。为什么对这些孩子百般挑剔？我觉得"超级女声"演绎的不仅是音乐，而是生活，是一种和谐的环境。现在太火了，我不便说。新浪网要采访我，我没有接受。我们这个社会充满歌声有什么不好呢？每周五，几选几，全国电视观众在电视机前看"超女"，这碍着谁？

我做电视20多年了，我是从业务做出来。这档节目对我触动最大的，不是最好的电视节目，而是互动。电视的灵魂是互动——过去我谈不出这句话。我们电视过去最大的毛病是不互动，是单一。你（观众）喜欢是这样（办），不喜欢还是这样（办）。这档节目谁在办？是全国人民在办。一个电视节目产生这么大影响，历史上没有。网上评论这么多，历史也没有。

好的公众舆论，我们吸收、改进。我们局里对超女的监控是非常严厉的。现在只余两场比赛。上星期我在北京出差。前晚（16日）坐火车回长沙。15日我在北京，和台长专门把卫视管文艺的副台长和"超女"的制片人，紧急调到北京，研究两场比赛。提前两天到北京去，就是让他们有时间改。最后一场比赛服装都变。我们要告诉观众，这些个性张扬的人，是热爱生活、热爱祖国的。这期节目也是劝善的节目。我们要劝导年轻人，想唱就唱，但不一定要当歌星。要他们每人给亲人唱一首歌。

如果还要我讲大道理，我觉得只有这个年代才有"超女"，在计划经济不可能有。即使有一点毛病，我们应该改进。这些选手不是成年人，我们应该多些宽容。这些孩子唱的歌无非是粗了一点，走上台去无非野了一点，没有像老师教的笑不露齿一点。她们表演的无非是热爱生活，热爱祖国。亿万观众能够原谅这三点。现在很多人对"超女"的追捧，已经超过台湾、香港歌星，这难道不是好事？杭州有家企业，发文要你们支持周笔畅。香港歌星到大陆来，万人空巷，为什么没人制止他们？他们在我们台上出现的次数，比"超女"出现得少吗？我还想说，"超女"歌比他们健康一些。我们还要办两到三年。明年，还要办"超级女声"。我恨不得告诉全国每个人，不是要让他们当明星。对这方面的指责，我是哭笑不得，啼笑皆非。只有和谐社会，才有个性之说。要倡导一种更自由、更开放的氛围。我还提一个问题，为什么只有领导上电视，只有歌星上电视，为什么普通人不能上？唱歌的，为什么只有音乐学院的上？唱得不好，表现的是一种勇敢、开放，是对生活的一种热爱。我为现在这些青少年感到高兴。我们小时候，哪有"超女"这样的电视节目？父母告诉我们，人多的地方不要去。我们看到，有些人在镜头面前打战、发抖，这就让我们高兴吗？

有一个星期，三个女孩为看"超级女声"坐飞机到长沙，举目无亲，到处找人，哪里买票？得知票卖完了，她们又想，我们住华天一周，下周能有票？我被感动了，特别交代加3个位置。

不支持这档节目的人，多是没有看过。现在最可怕的是，没看过就发表意见。有的人唱得虽然不是最好，但是有勇敢、可爱的一面，很多观众偏偏喜欢后者。"超级女生"给我们出了一个天大的题目，为什么这么多人喜欢这个节目？这是我们要深入研究的。观众的需求是一个富矿！

"超女"办到现在没被叫停，我们应该感谢宽松的环境。这标志着我们社会更民主、更开放、更和谐。标志着我们青少年更热爱生活，热爱祖国。否则，他可能会多愁善感，牢骚满腹，甚至远渡重洋。

（2005年"超女"结束前专访魏文彬的采访记录。）

（湖南人物）寻访曾经感叹
"养家糊口难"的种粮大户

如果说，上一次离开南阳村，心头压着的是忧郁、沉重，那么，这次离开南阳村，充满了惊叹、喜悦！国家免除农业税负担，实行惠农政策，给农民创造了一段中国历史上难得的休养生息时期。农民们也以他们的勤劳、变通，展示他们追求幸福生活的能力。

时隔 7 年之后，我们又来到了位于洞庭湖粮食主产区的湖南省常德市澧县，寻访种粮大户罗善平。

罗善平家在这个县的车溪乡南阳村，距长江不足百公里。这里土地平坦，放眼良田沃野，是远近有名的"鱼米之乡"。已知中国最早的城及最早的稻作文化遗址——城头山，就在车溪乡内。

7 年前，包括我在内的两批新华社记者曾先后采访过他。尽管艰辛勤劳，但是种田获得的收入是那么微薄，养家糊口如此艰难困顿，老罗迷惑不解，不知人生路在何方。《种田 80 亩 养家糊口难》等报道，曾引起过社会的关注。

这些年，我们的脑海中不止一次浮现了南阳村的村貌，闪过了罗善平的面孔。老罗还在种田吗？家里的情况是否有变化？南阳村还是老样子吗？

当年，通过乡村道路的泥泞不堪，与县城的宽阔大道形成鲜明反差，

2011 年，作者在湖南澧县采访种粮大户罗善平的妻子。

曾经给我们留下难忘的印象。现在情形已经大变，水泥路从县城到乡一直延伸到了南阳村的每家每户门口。

我们一眼认出了罗善平家的房子。晒谷坪上铺了一地黄灿灿的稻谷，老罗的妻子正拿着长长的七齿耙在翻晒稻谷。不巧，老罗不在家，出门去了。走进老罗家，还是当年的房子，让我们很新鲜的是房屋堆了几十袋稻谷，还多了几个贮粮的小圆桶，地上摆着一个一般农户人家用不着、称重物的磅秤。

"老罗以前光种粮，现在还贩粮，可说是一个农村的经纪人。"闻讯赶过来的现任村支书李金族在一旁道破。"哦，这可是大变化。"我们不由惊异：对于商品观念不浓、习惯于埋头种地的中国农民而言，从种粮到卖粮，可不是一个容易的转变。

过了不久，一阵"嗵嗵嗵"的声音传来，一辆三轮农用车从外面开来，熄火之后，一个个头高、脸黑的人走了过来。没错，他就是罗善平。

正在外面收购粮食的他，接到电话后赶回来。较之以前，他虽然还是话不多，但表情却轻松了，多了笑容。

"田越种越少。"他告诉我们，现在种了30亩田，其中6亩是自己家的，另外是转包其他村民的。田种少了，因为自己年纪大了，今年58岁了，还有就是国家政策好了，很多村民把以前转包给他的田收回去了，自己种。

翻开我们上两次的报道，记载得很清楚，不算他付出的劳动成本，2003年，因为粮价低、税费重，老罗家种一亩田倒亏21.5元。老罗想不通，气不顺：为什么种了80亩田，养家糊口还是这么难。

去年，老罗种一亩田可以赚500元钱，今年因为粮价又上涨了，他估计1亩可以赚到800元。每亩田承担的农民负担不仅全免了，还可领到国家100多元的种粮补贴。7年前，每百斤优质稻售价不到50元，今年已经涨到了140元。

过去种田，老罗是每天天不亮就下到田里，从早忙到黑。如今，老罗种田是轻轻松松。耕田、收割，都已经用上农业机械。

更让我们想不到的是，老罗家还在澧县县城最好的小区买了一套不少城里人都买不起的房子。原来，老罗的儿子从职校毕业后，现在担任了东莞一家电脑工厂的工程师。每月包吃包住，收入达到7000元。买了这套房子，准备结婚用。买房的钱主要是儿子出的，但老罗两口子也支持了不少。乡亲们都羡慕，老罗当年再苦也要送孩子上学，现在得到了丰厚的"投资回报"。

与以前不一样，老罗腰间系了一个老板包。包里不断飘出时髦的歌声，那是手机的铃声。在和我们聊天时，老罗不时接到客户的电话。"我这不是说家里来了人嘛，好好好，我就来，我就来。"歌声又从手机里飘出来，老罗站起来和我们告别，人家催着他去收粮食呢。

"嘟嘟嘟"响了之后，老罗开着三轮车走了。

"我们村里很多家都有罗善平这么大的变化。"看到我们不断露出惊奇的眼神，村支书李金族在晒谷坪上忍不住说。也许是非常清楚我们当年对南阳村的印象，他中间不停顿，一口气说了村里的五个变化：水泥路通到了村民小组，喝上了自来水，参加合作医疗住院可报销费用，农民满60岁可拿到养老金，小水渠清淤后种田的水利方便了。

"农村的变化，一年一个样。"他坦言，过去农民负担重的时候，农民看到村干部挺反感，因为几句话没说完，村干部就要讨钱了。而现在，村干部不但不讨钱，经常干替国家发钱的事，农民常说"政策好"。

如果说，上一次离开南阳村，心头压着的是忧郁、沉重，那么，这次离开南阳村，我们心中充满了惊叹、喜悦！国家推行农村税费改革，免除农业税负担，实行惠农政策，给农民创造了一段中国历史上难得的休养生息时期。农民们也以他们的勤劳、变通，展示他们顽强生存的意志，闯荡市场的本领，以及追求幸福生活的能力。

事实上，国内还有不少地方的乡亲，仍然在与贫困、疾病作抗争。不过，只要假以时日，我们相信，更多家庭会像罗善平家一样，由苦到甜的笑意写在脸上，更多村庄像南阳村一样，由贫到富面貌一新。

又是暮色苍茫，我们怀着喜悦与激动，离开了南阳村。

（写于2011年，与周勉合作。）

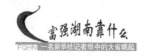
（湖南人物）从千里扛尸回乡的湖南农民说起

新与旧，每天都在世界上出现；痛与欢，每天都在我们的心头交织。千里扛尸的湖南农民，得到了很多人的关注与一些帮助。愿这种尽管闪着道德光芒、但浸透农民艰辛的极端事件，在越来越富庶的这片土地上，再也不要上演。

双川老师：

您来信嘱我们研究农民增收的动向，准备刊发一组报道。我把搜集到的一些情况和最近的一点感触提供给您，供参考。

从 2007 年湖南农村工作会议了解到的消息是，2006 年湖南农民人均纯收入增幅，是十几年来最大的一年。去年，全省农民人均纯收入 3389.8 元，增长了 8.7%。据分析，在这 3389.8 元中，来自农业内部的家庭经营收入 1743.5 元，占 51.4%；来自外部的工资性收入 1449.6 元，占 42.8%。

由于统计数字是自下而上层层上报，因为形象或政绩考核需要，有的地方可能存在虚报的现象。前不久，我到湘南一山区县采访，一位乡长实话实说，全乡的农民居民生活水平在全县靠后几名，可上报的数字 2005 年 4300 多元，2006 年 4600 多元。"实际上，农民可用现金可怜，平均起来我估计 600~700 元左右，大多数农户买了农药化肥和缴了孩子的学费后就非常少了。因为没钱，农民最怕生病。"

农民收入数字的增长，不能掩盖背后农民遭遇的艰辛。湖南农民人均不到一亩地，大部分普通农户从事传统种养无法养家糊口，只能把希望寄托在外面找份工作。近几年来，湖南连续发生三起在外务工农民非正常死亡事件，每一起都引起社会关注，刺痛了很多人的心。这三件事件虽然有一定的偶然因素，但却共同折射了农民增收话题的沉重。

赵本山主演的贺岁大片《落叶归根》，讲述一个农民千里扛尸回故乡的故事，取材于现实。2004 年 11 月，湖南省衡阳市郊区老农李绍为带着不识字的乡邻左家兵，到福建的龙岩挖电缆沟。与别人介绍的一天轻松赚六七十元钱完全相反，活太累，糊口的钱也难赚到。两人口袋加起来只有70 元钱，回程的票买不到。元旦工地加餐，左家兵脑出血死亡，包工头不管。抱着"生要见人，死要见尸"的观念和不能将朋友丢在外面的想法，李绍为背着他回乡，在广州准备托运时被警察发现。

2006 年 8 月 13 日凌晨，广州黄埔大道，开朗活泼、英语学习本上写了"active（积极的）"和"optimism（乐观）"的女工邓哲玉遭遇飞车抢夺，她死死不放手提包，被歹徒重击头部，倒在了街头。破损手机、名片夹、一个本子、一把雨伞和 23 元零钱——这就是手提包里的东西。她来自湖南省邵阳市新宁县金石镇独石村，聋哑父亲和文盲母亲在老家种地，19 岁的弟弟的学费靠她支撑。她高中毕业先后到县城、长沙和广州打工，遇难前刚在一家礼品店找到工作。

邓哲玉死后一个多月，同样来自湖南的农妇张小英惨死广州增城。42岁的她横过马路去劳务市场找零工做，不小心铁锹刮着了小轿车，被车主一巴掌打倒在地，被货车轧死。张小英的家在湖南省衡南县廖田镇河口村，媒体追踪报道来到河口村，这个村 1300 余人，80% 的青壮年都在广东打工，另有 200 余人在周边矿山挖矿。从 1996 年至 2006 年，10 年间，河口村有 9 人在广东打工非正常死亡，另有 1 人失踪。

湘南山区县实说农民人均纯收入有"水分"的乡长告诉我，乡政府门口有个长途车发车站，每年春节民工为了争上车去广东，路都堵塞。还有

一部分农民在附近煤矿挖煤。因为挖矿环境恶劣，据乡政府调查，有个自然村只有 500 来人，有 25 个农民不同程度得了尘矽病。

我在湖南农村采访时发现，有两个增收的新动向令人感觉很新鲜。

新动向一：农村的工价正在上涨，使农民不离土就能增收。在湘东株洲市茶陵县农村了解到，当地泥工、木工等纯工价约在 1 天 45 元左右。这几年工价一直在涨，他们预测今年纯工价在 1 天 50 元，其他乡村雇工的工价也大多不低于 1 天 40 元。一对比，同样是打工，乡村的工价反而比在城市打工可能还高些。如 2006 年，当地一些农民在东莞打工，拿的就是当地劳动部门最低月工资是 690 元，扣除吃、住等成本算下来，纯工价约是 37 元左右。乡村工价上涨，使一部分农户不离土离乡，能够有一定的收入。我了解的一些家庭，男在外主要做木工、泥工，女主要在家种烟、水稻，加起来一年毛收入也有将近两万来元钱。

乡村工价上涨，有农村物价上涨的背景，有农村建房等消费带动的因素，但关键还是乡村劳动力供求关系起了变化。这几年，很多农民纷纷兴建水泥楼房，用工量比较大。但当地乡村青壮劳动力，约十分之九都到珠三角、长三角打工去了，留在本地"打工"的人，多是上了 40 岁以上的中年男子。如果有人认为农村工价比城市高，在外打工的人可多回来，那就是荒唐的结论——这意味着工价会直接下跌。

新动向二：农村组织化的制度创新，使农民分享产业利润。农民有土地、水面和劳动力等资源，农业产业化企业有资金、技术及市场开拓等优势，如果两者能够结合，就会产生"1+1>2"的效应。现实是，尽管农业产业化之路摸索了很多年，但没能够大面积带动农民增收，其中的重要原因，就是龙头企业和农民在利益与风险之间没有"联动"。

"在临武养鸭，风险比较小，收成稳定。"从湖南衡阳市赶到湘南临武县养了 4 年鸭的陈秋阳告诉我，多亏了临武鸭养殖协会在议价、收购等方面发挥"娘家"作用。2002 年，陈秋阳联合 12 个农户，承包了临武县岚桥镇高安水库建立了一个专业养鸭农场。赚了钱的他劲头更大，去年合伙新建了两个养鸭场，今年又租了一个水库养鸭。

临武县麻鸭产业化过程中探索的"公司＋协会＋农户"，在产业链之间的利益分配、风险化解、农业信贷等诸多"三农"难题方面，实实在在进行制度创新。临武鸭养殖协会经县民政局正式审核登记，现在有 11 个分会，联结种鸭场 3 个，大型养殖农场 106 个，以农场为依托的会员共有 2650 户。

协会会长谭涛告诉我，协会头等大事，就是与国家级农业产业化企业舜华鸭业发展公司就收购价格"讨价还价"。谈判桌上，协会 11 个会长齐齐赶来，和公司代表经常唇枪舌剑，有时争得面红耳赤。在协会成立之前，鸭子收购价格一般都是由公司敲定，单家独户的养殖户没有多少话语权。虽然定价"大权在握"，但是在董事长胡建华看来却并非好事。公司定价计算成本时，就曾经忽略过养殖户卖鸭的运输成本。如果压价太低，致使养鸭没有合理的赚头，农民撂手不干，鸭子没人养了，临武鸭产业就会坍塌。

农产品种养既可能遇到"卖难"的市场风险，又可能免不了洪灾等自然风险，国内各商业保险公司多把农业保险视为雷区不敢迈进。临武开创性地建立了"临武鸭养殖保险基金"，由县财政出资 20 万元、舜华鸭业发展公司出资 80 万元、养殖户按实际交鸭数量每羽上交 0.05 元共同筹措。对损失 1 万元以上的农户，由协会核定后按 50％的比例赔付。

解决农民增收问题的根本出路，是"要使多数农民不再是农民"。发展经济学认为，工业社会的农村劳动力从业分布就当是"118"，即农业占10％，林、牧、渔业占 10％，农村工业消化和进入城市的占 80％。一项统计数据表明，全省 3000 多万农村劳动力，虽然通过发展乡镇企业和外出务工经商等已经转移 1200 多万，但还有近 2000 万固守在种养业上。根据湖南农业资源状况和现有的生产力水平，从事种养业的劳动力大约有1000 万就够了，还有 1000 万需要转移出去。

湖南省政府熟悉农村的官员认为，农民收入增长难问题，说到底是工业化和城镇化吸纳农村劳动力转移的拉力还不够，困守在农业上的人太多

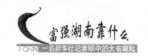
了。依赖于土地的人少了，土地的作用和农业的经营才能更有效率，农业和工业的人均收入的差距才会缩小，城乡收入的差距才会缩小。"通俗地说，只有减少种田的、增加吃米的，减少养猪的、增加吃肉的，才能从根本上使农民富起来。"

政府对从事农业的农民进行补贴，将成为农民增收的重要依靠。我最近在湖南调研时发现，在充分肯定粮补资金的政策效应的同时，一些乡镇以上的政府官员质疑其使用效率，建议改革调整使用方向，其直接原因，是这笔钱太少。

据介绍，2006 年，娄底市发给农民的各种粮补人均只有 24.81 元（有的乡镇人均仅 1.4 元），只能抵半个劳动工日的工资。衡阳县是全国粮食生产百强县，2006 年，全县农民种粮补贴人均约 30 元，占 2006 年农民纯收入的 0.75%，平均到户只有 134 元。

曾经到欧美考察农业的湖南省衡阳县委宣传部的刘放生长期研究"三农"问题，近五年跟踪老家石市乡双河村的发展。最近他在双河村上门入户调查，调查结果是如果改变粮补资金的用途，"90%的农户不赞成"。他认为，政策完善的路子不在于粮补资金不多而取消，而在于不断提高粮补额度。他介绍，为了稳定农业生产，欧美农业补贴约占农产值 50%，日本达到 80%，中国这项指标还非常低，还有很大的空间。

新与旧，每天都在世界上出现；痛与欢，每天都在我们的心头交织。千里扛尸的湖南农民，得到了很多人的关注与一些帮助。愿这种尽管闪着道德光芒、但浸透农民艰辛的极端事件，在越来越富庶的这片土地上，再也不要上演。

致礼！

段羡菊

2007 年 2 月

（2007 年，《半月谈》资深编辑林双川征求我对"三农"形势的看法，我回复了这封信。）

第二章　强省当强县

湖南县域发展现 "争强好胜" 之势

　　不管是强还是弱，公开亮出后发赶超目标、要做经济强县的湖南县市明显增多了。这种现象在国内各省当中并不多见。"争强好胜"之风，在展现湖南敢为人先精神的同时，让人感受到湖南县域发展的蓬勃景象。

　　观察近两年湖南省的县域发展，会发现一个百舸争流的现象，即不管是强还是弱，公开亮出后发赶超目标、要做经济强县市的明显增多了。

　　据我了解，这种现象在国内各省当中，除了湖北之外，并不多见。"争强好胜"之风，在展现湖南敢为人先精神的同时，让人感受到湖南县域发展的蓬勃景象。

　　长沙县当仁不让，以中部引领、全国示范推进县域科学发展为己任。"幸福与经济共同增长，乡村与城市共同繁荣，生态宜居与发展建设共同推进。"提出"三个共同"协调发展理念，目前在国内强县排名第17的长沙县，明确"十二五"的目标是"力争跻身全国十强"。

　　"建设美丽浏阳、打造幸福家园"——浏阳市争取在2015年实现地区生产总值过千亿，财税过百亿，基本竞争力挺进全国三十强。宁乡县则锁定"五年五十强，加速过百亿"的目标，去年的财政总收入已超过60亿元。

　　醴陵市今年提出"超浏阳，进三强"（后改为"学赶浏阳，挺进三

强"），去年公布的目标为"两进、两争、两率先"。"两进"，意谓"综合经济实力由全省前五强进入前三强、县域经济基本竞争力由全国百强进入八十强"；"两争"，即"争创国家卫生城市、争创全国文明城市"；"两率先"，即"率先基本建成全面小康市、率先基本建成'两型社会'示范市"。

资兴市提出"大干新三年，冲刺百强县"，加快推进"幸福资兴"建设。资兴现在是全省十强，中部百强县，人均经济总量、人均财政收入分别居全省的第二位和第三位。进行过数据分析的资兴决策者认为，冲刺全国百强县，尽管也有困难和挑战，但资兴具备一定的基础，面临难得的机遇。

耒阳市在年初亮出"进百强"的意向后，最近又进一步明确为"五年五十亿，五年进百强"。即在未来五年内，耒阳的财政收入达到五十亿，进入全国县域经济实力百强县。

"湘军"源地湘乡要进军全省七强。"十二五"的主要预期目标，是生产总值突破 300 亿元，财政收入达到 20 亿元，全社会固定资产投资年均增长 20％，五年累计投资 800 亿元等。

将再生循环工业培育成支柱产业的汨罗市，近十年一直不忘全省十强的梦想。2010 年，首次圆梦后，汨罗认为已有基础，必须乘势而上，在综合经济实力上，紧跟长沙、望城、浏阳、宁乡四县市，进军全省五强。

2007 年，冷水江市一度排名全省第四位，打破长、望、浏、宁"长沙四小龙"垄断四强的格局。至今连续 7 年进入全省经济十强县市，位居第六，是长株潭地区之外排名最靠前的县市。"确保全省经济十强县市不动摇，确保娄底排头兵地位不动摇"，是冷水江现在奋力拼搏的目标。

以上县市均为湖南十强，十强之外也是不甘落后。澧县在 2010 年度湖南省县域经济强县市排行榜中，首次进入前二十强，名列第十八席。他们乐观认为，未来五年，澧县的发展只要沿着正确的道路走下来，一定会有一次完美的"撑竿起跳、跨越赶超"，争取进入全省十强。

　　涟源市提出，乘势而上，加速赶超，实现"十二五"末跻身全省县域经济二十强的目标。同为娄底的双峰县，提出了"'十二五'末县域经济综合实力挺进全省二十强、人均水平进入全省前五十位"的奋斗目标。

　　另有一些县，从实际出发提出赶超席位的具体目标。比如被评为2011年度湖南10个县域经济先进县、排名第三的茶陵县，提出"十二五"期间大力实施"四大战略"，即"产业支撑、枢纽带动、城镇辐射、民生优先"，到2015年，财政收入增加10亿元，达到15亿元，县城建成区面积增加10平方公里，达到23平方公里，城乡居民收入翻一番、县域经济综合实力在全省前移10位。

　　还有一类县，提出要成为一个地方的"中心"，实则也是一种赶超。例如安仁县，将战略目标定位为："对接珠三角、融入长株潭、建设湘东南区域中心"。安仁本是此区域最不起眼的一个县，然而，这几年发展迅猛，成为郴州市的后起之秀县，让人慨叹"穷县"也有大作为。

　　分析这些赶超目标出台的时机，要么是去年年初"十二五"规划制订之际，要么是去年年底县市班子换届之后。值得肯定的是，不少县市在提出赶超目标时，往往伴随着"幸福"、"美丽"等人本追求。

（写于2012年。）

再访"长沙四小龙"透视强县新动向

尽管近年来"四小龙"的发展得到了省里的特殊照顾,"一刀切"的政策已经大有改观,但其党政领导们建言仍有很多地方盼望突破。

2004 年 2 月,包括本书作者为核心主创者之一在内的新华社湖南分社记者深入调研之后,撰写出长篇通讯《"长沙四小龙"调查——来自长沙县、望城县、浏阳市、宁乡县的县域经济报告》,展示了长、望、浏、宁四县市你追我赶、竞相发展的竞争局面。

近年来,"长沙四小龙"继续保持快速发展的步伐。2010 年,在全国百强县评比中,"长沙四小龙"均榜上有名,在全省县域经济综合实力排名中,也是连续多年稳居前四强。近期,我们利用参与湖南"'四化两型'开新局——探访县域经济"集中采访报道团的机会,向"长沙四小龙"的党政主要领导请教了县域经济发展的一些心得体会,并采访到经济强县对县域发展的期盼与建议。

向沿海看齐,产业布局必须发挥集聚效应

湖南属于典型的中部省份,产业发展的基础与沿海相比有较大差距,近年沿海产业向内陆转移给中部县域经济带来了非常好的发展机遇,迎来

了产业调整、产业布局的好机会。

2004 在广州越秀区挂职两个月，2005 年在浙江宁波挂职 3 个月，宁乡县县长黎春秋对沿海和内陆的产业布局的差别深有体会。他告诉记者，沿海产业布局是由市场进行配置，符合市场规律，产业集聚度高，上下游配套产业都聚集在一起，反观内陆招商引资，产业布局更多由行政安排，有些地方更是捡到篮子就是菜，产业集聚度不高，很难发挥应有的效应。

望城县县长谭小平指出，沿海为了产业而招商，围绕核心产业进行招商，把核心产业的上下游产业引入，发挥产业集聚最大效应，制定优惠政策，建设配套设施；而内地多地是为了招商而招商，不管什么，只要项目没有大问题，先引进来再说，结果配套设施、配套服务没跟上，优质的投资商来考察都是用数据说话，一看配套这么差扭头就走，即使来了也留不住。

以长沙县打造汽车产业为例，长沙经开区工委书记、县委书记杨懿文介绍，长沙县有 100 多家汽车零配件和汽车制造中心，也具备汽车的整车制造能力，同时还有中南汽车世界这一销售中心，经过多年努力，汽车产业的所有要素都集聚在一起了，就差国际知名品牌企业进驻了。近年，在省市领导的支持和长沙县干部的努力下，长沙基本成功引入了三菱、菲亚特、克莱斯勒三大国际知名汽车厂商，长沙县成为中国第六大汽车制造中心指日可待。

县域经济要做优做强，光靠"捡到篮子就是菜"的招商引资难以成气候。长沙市委常委、浏阳市委书记易佳良对此深有感触，他说浏阳市虽然经济实力不错，但长期以来中小规模的企业居多，纳税超过一千万的都没几家，产业集聚的效应有待增强。浏阳立志要招优招强、扶优扶强，这些年围绕生物医药产业进行配套建设、人才引进，引入了很多的优势资源、实力雄厚的企业进入园区，生物医药产值目前已占全省医药产业产值一半有余，也使湖南医药从过去全国第 21 位进入领先行列。

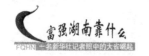

盼望县域经济发展应分类指导、统筹发展

湖南有 128 个县（市、区），县域经济应当统筹发展还是均衡发展，长期以来都是湖南区域经济领域的焦点话题，"不患寡而患不均"的认识和意见曾在相当长一段时间阻碍了县域经济的前进。尽管近年来"四小龙"的发展得到了省里的特殊照顾，"一刀切"的政策已经大有改观，但其党政领导们建言仍有很多地方盼望突破。

杨懿文以经济学的案例来分析，他说所有服务业面对的客户中，10％让商家很赚钱，80％不是很赚钱但是有利可图的，10％是亏损的，比如在一家餐厅里，有 10％的顾客点菜点得多，吃得也快，不谈价钱，80％的顾客点菜不多，正好够自己吃，还有 10％的顾客很刁钻、很挑剔，占用座位的时间特别长。从管理会计学上讲，商家的经营策略应当是把第一部分客户扩大，争取扩大到 20％，要对他们实行个性化服务，钻研他们喜欢的口味，提供更多品种，营业额会大幅增加，中间那一部分顾客是稳定的，最后那一部分必须要转化或者消除，这样利润率能达到最大。同样的道理，湖南省 120 多个县（市、区），也可以进行类似分析，排名最前的能不能放大，中间部分保持稳定，最后的进行调整？在这样一个整体战略下，整体才会达到最佳的发展。

与偏远落后县相比，诸如"四小龙"强县的经济规模、工作量、工作要求都发生了根本性的改变，不少强县党政领导盼望，省里应进一步集中研究，解放观念，要给予更加宽松、更加灵活的政策来推动强县的进一步发展，在岗位设置、资金和资源分配等方面，不要"一刀切"，对发展快的县应当更有偏重，比如在湖南省如果能扶持出 10 个、20 个长沙县这样的县，湖南的总体经济就会好很多。

著名经济学家张五常研究认为，中国经济发展这么快，是因为有县域经济发展，县域经济发展快，是因为有竞争。望城县县长谭小平认为县域经济要竞争，不是十个指头一般齐，每个县都搞工业发展，而是应当把经济资源集中在优势地区，让优势地区能够更好地竞争发展。区域经济发展平衡是相对的，不平衡是绝对的。

县域经济的发展就像弹钢琴，要有轻有重，如果每个章节轻重一样，最后效果肯定不好，这是宁乡县县长黎春秋的观点。宁乡县的乡镇经济如何发展？他们总结为八个字——"分类指导，统筹发展"。宁乡有 33 个乡镇，县里设置了 33 套考核指标，彼此都不一样，有的偏重工业、有的以农业为主、有的主要考核城市管理、有的唯旅游发展马首是瞻。黎春秋说比如沩山，工业考核一项就是零，不管做多做少都是零，总之就是不鼓励发展工业，而是要求他们一门心思发展旅游，有人说沩山不发展工业，没钱投资旅游，旅游业发展无从谈起之类的，那只是一个过程问题、时间问题，只要宁乡的经开区等在获得重点支持后，经济规模扩大了，经济效益持续变好了，整个县里盘子也就做大了，他们沩山要钱发展旅游，那绝对没问题。但如果把钱投到沩山搞工业，当地资源不够、交通不便、配套不好，最后资金浪费了，工业没搞起来，环境也破坏了，后期还要投入巨大的环境治理成本。这其实就是一个钱的产出比问题，需要统筹者做好整盘棋。

"长沙四小龙"的党政领导建言，目前县财政由省直管，省财政应在保证贫困地区的必需投入后，通过产业扶持杠杆扶优扶强，真正促使优先地区优先发展。

县域经济发展应尽快走上转型道路

《湖南省 2010 年县域经济发展报告》也提出，县域经济要由单纯的经济发展转为保护好生态环境，经济、社会、生态统一，统筹城乡经济社会发展。

诸如花炮这一传统产业在浏阳经济中占据着重要的地位，县域经济发

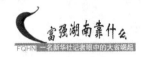

展要转型，浏阳的花炮产业将何去何从，易佳良告诉记者，"十二五"规划中提出要转变经济发展方式，浏阳早早就已进行县域经济转型的战略布局。一方面，传统产业要创新提质，比如对花炮产业在浏阳整个发展份额中，产值是增加的，但比例是缩小的。浏阳对花炮产业既继续扶持，但更注重进行质的提升、提高安全环保要求、拓展市场品牌。尽管浏阳花炮是高危产业，全球集聚度最高，但近年来产值和事故的比例全球是最低，近几年没有发生重大事故。

在对传统产业进行提质的同时，浏阳也加大了对"资源节约型、环境友好型"产业的扶持和发展。经过多年的布局和发展，生物医药产业和电子信息产业已经成为浏阳的新经济板块、新的经济增长点。

易佳良介绍，浏阳几乎白手起家，一步步将生物医药产业发展起来，保证了浏阳经济的持续、健康、有效的转型发展。近年来，浏阳再次加快经济转型，其生物医药园从过去生物医药产业为主导，转变为生物医药、信息产业、食品科技"多轮驱动"发展。浏阳市委副书记、长沙国家生物产业基地管委会主任张贺文介绍，一方面是适应产业转移的需要，他们在考察了美国硅谷和台湾新竹后，了解到信息产业和医药产业有很多的互补性、相容性，完全适合在一个园区发展。近年来，园区抓住沿海产业转移的机遇，凭借产业集群建设多年经验，以手机配件为突破口，实施龙头企业带动，产业链招商跟进的战略，孵化出了以移动通信产业为主体的第二大战略性新兴产业。2010 年，完成投资 40 亿元的蓝思科技成为全省第一的进出口企业，超过传统进出口大户三一重工，今年出口订单更是达到 120 亿元。园区引入的生产高端触控面板的介面光电，2011 年投产后产值可达 80 亿元，2013 年产值可达 160 亿元。浏阳距离湖南信息产业排头兵的目标也越来越近。

在长沙县的规划版图中，经济发展方式的转型早已付诸实施。杨懿文告诉记者，作为第一产业的农业在长沙县已经发生改变，农业的面貌不再是简单的高投入、低产出，污染多、回报少，当地提出要发展现代农业，将之打造成第三产业，比如打造 100 多个现代农庄，将现代农业打造成包含第一产业在内的服务业，比如种植高科技含量的农产品，提高单位面积的附加值，比如打造新型的农村旅游业，像板仓镇环境质量高，当地人寿命长，总人口一共两万，88 岁以上的有 180 人，金婚、钻石婚的夫妇有 270 对，政府要求这里零排放、零污染，不允许任何制造企业进入，并加强社会管理，努力实现零发案，晚上夜不闭户。长沙县引入 100 亿元的投资，在这里依山傍水建起全国最大的老年大学。这些既是农村社会的转型发展，也是县域经济的转型发展。

（2011 年采写刊发，与周楠合作。）

看中博会"长沙四小龙"如何招商

　　从这些新动向看得出，"长沙四小龙"的招商理念正在上新层次，产业培育正在上新境界，公共服务正在上新台阶。并列湖南县域实力第一方阵的四县区，正在迈过县域发展中的坡坡坎坎，走向新的阶段。

　　中博会期间，湖南一些市州都没有举行单场招商推介会，"长沙四小龙"的招商会却次第登场。每场都是人气旺盛、高朋满座，格外引人注目。

　　据各自发布的消息，长沙县签约5个项目，签约资金达40亿元。浏阳发布重大招商项目14个，投资总额超100亿元，现场签约项目6个，协议引资18.4亿元。望城县38个项目签约，协议资金471.8亿元，其中23个项目场内现场签约。宁乡县36个项目参加签约，所有项目单个投资均在5000万元以上，其中过亿元项目28个，签约总金额达162亿元。尽管今年宏观经济保增长任务艰巨，从招商会的红火，仍然可以看得出"长沙四小龙"发展势头的凶猛。我最感兴趣的不是"长沙四小龙"签约资金多少，而是他们招商引资的新动向，可以给湖南其他地方带来什么兆示？

　　"长沙四小龙"在为培育主导产业而招商。依托长沙经济技术开发区，长沙县这些年快速形成了工程机械、汽车及零部件产业。近年来，像长沙县这样目标明确，心无旁骛，始终钟情主导产业招商的县，在湖南并不多见。本届中博会，长沙县再次向中外客商宣示了对这两项产业的优惠政策。比如，对新引进的符合产业发展需要、产品列入《县区汽车零部件和工程机械重点发展产品指导目录》、固定资产投资每亩 200 万元以上或每亩产出 250 万元以上的关键零部件项目，将优先优惠提供用地。新入园的主机和符合产业发展需要及配套要求的关键零部件项目，其报建费按照每平方米 18.5 元收取，对特殊项目实行先缴后奖等。长沙县招商如此"偏好"，是需要底气与实力的。就好像广东，所重点发展的支柱产业，就是电子信息产业、汽车那么两三个，不像其他很多省，多达八九个甚至十个。

记得 10 年前，宁乡经开区创业元老、现长沙市国资委主任郭力夫和我探讨，宁乡之所以没有接受上级有关部门意见，把经开区改名为专业园，关键是基础太差，专业化发展不现实。起步阶段，招商项目只能"捡到箩筐就是菜"，在发展的基础上，才不断形成自己的特色。宁乡经开区现在的食品、机电、新材料新能源等产业，已经在竞争中初现雏形。宁乡人招商可谓走过天女散花阶段，进入拦网筛选境界。在这次中博会上，主推的招商产业包括装备制造业、食品产业、新能源新材料产业、家电及电子信息产业。

"长沙四小龙"在为延长产业链而招商。浙江数百个乡镇的"块状经济"之所以被称为有可怕竞争力的"狼群经济"，就是因为配套产业扎堆，从而降低了制造成本。不过，浙江这些乡镇的产品主要是技术含量比较低的日用轻工产品，而高端制造业在中国本身并不发达，其产业链的拉长，就没有那么容易。过去，各地招商引资都是在招企业，现在高明的地方，变成了招产业。手提电脑是昆山培育起的支柱产业，昆山市市长曾经在大会上把手提电脑拆开，要求把那些本地还不能生产的零配件生产企业，作为招商的重中之重。

装备制造是宁乡重点打造的产业，其产业发展方向，包括依托三一起重机，形成上下游相关产业链条，不断壮大工程与建筑起重机产业；以楚

天科技为龙头，鼓励医药机械装备企业入驻与发展，打造世界医药机械装备新都。为延长产业链，宁乡此次推出了"宁乡经开区工程机械及汽车零部件再制造产业基地"招商，这个基地将重点引进工程机械及汽车发动机、液压油缸、传动轴等回收、利用及再制造的国内外龙头企业。长沙经开区在土地紧张的状况下，推出"工程机械电子配件生产"的招商项目，直言长沙地区工程机械重要部件本地配套率平均不足 30%，欢迎配件企业来投资设厂。

"长沙四小龙"在为人才支撑而招商。让人新鲜的是，人才的开发与培养，也列入了招商重点。如宁乡在"园区建设及基础设施类"类推出的招商项目，除了土地开发、能源供应外，还列出了"金洲高等教育中心项目"。简介称，这个项目是建设一所高水平的大学，重点发展新材料、新能源、光电信息、先进制造业等战略性新兴产业相关学科，满足长沙大河西先导区乃至益阳、常德、邵阳等湖南西部地区的高等教育需求，为长沙西部工业发展带范围内的工业企业输送高层次人才。项目总投资约 4 亿元，宁乡已将项目选址地列入控制性详细规划。

宁乡此举，既有前瞻眼光，也是现实之需。事实上，三一起重机在宁乡投产之初，宁乡劳动部门几乎举全系统之力，帮助三一到周边县市招揽技工。本次中博会上，多位跨国公司高管与国内市长对话时，最强烈的诉求，并非政策优惠，而是技能性人才的提供。这不由得让市长们与现场主持、记者们颇感意外。博士（中国）公司总裁陈玉东每到春节，最担心的就是年后还有多少工人能够返回。他呼吁，人力资源已经成了外企在中国最大的瓶颈，政府应该让蓝领工人安居乐业。他特别提醒，缺的不是管理人才，而是技工人才。另有英中贸易协会的负责人反映，曾对在华 40 个英企调查，缺乏有技能的工人成为头等难题。

"蓝领"之缺，不仅仅是中国之重任，也是美国之苦恼。奥巴马曾邀请美国几大公司的 CEO，请教美国面临的主要挑战是什么。苹果乔布斯面陈，美国要想再工业化以解决就业与经济复苏问题，他的锦囊妙计是：

培养 3 万个工程师。美国有强大的设计，可是因为工程师缺乏，苹果手机在美国造不出来。然而中国却有这样一支庞大的队伍，有 70 万人为苹果服务。他建言，此类人才，要求并不高，美国的一般社区大学都可以培养出来。此后奥巴马派出助手，几次向乔氏了解详情。在我看来，美国即使有了 3 万工程师，也不一定能够在美国找到工作，因为就业受制于整个产业的布局，不像中国目前在制造产业的生产这一中端环节有优势，拥有大量企业，而美国主要做的是人力依赖比较少的制造业高端环节。

值得一提的是，"长沙四小龙"不少园区还推出公共服务平台的招商项目，体现了服务项目、客商的新视野。公共服务内容已经超越了路、电、水，功能包括公共检测中心、信息中心、专家库、中试基地、产业孵化中心等。

从这些新动向看得出，"长沙四小龙"的招商理念正在上新层次，产业培育正在上新境界，公共服务正在上新台阶。并列湖南县域实力第一方阵的四县区，正在迈过县域发展中的坡坡坎坎，走向新的阶段。

（采写刊发于 2012 年。）

长沙县：三个"管住"再造乡村治理

"幸福与经济共同增长，乡村与城市共同繁荣，生态宜居与发展建设共同推进。"这是长沙县提出的"十二五"发展思路。"三同"思路的实现，无一能绕开乡村的变革，这意味着长沙县要把更多的力度和资源投放到乡村之中。

长沙县凭借工业实力在我国中部六省县域经济中排名第一。但耐人寻味的是，长沙县近年来很多在省内甚至国内开风气之先的举措，却多涌现在"三农"领域。如组织农民"环保合作社"，在开慧乡试水城乡一体化"板仓小镇"，推动流转土地上万亩建设现代农庄等。这种看似矛盾现象的背后，折射出长沙县执政理念的嬗变。

长沙县 2010 年完成财政总收入超过 75 亿元，工业总产值接近 1200 亿元。而外界很多人不了解的是，长沙县的经济硬实力，主要由 300 多家纳税大户贡献，其占用的土地不到 20 平方公里。换而言之，长沙县 1% 的土地，产生了全县 90% 以上的财政收入。长沙大部分地区尤其是北部乡镇，乡村面貌跟湖南其他农村地区没有本质的区别。

立足这方广阔的天地，长沙县近年在悄然做一篇统筹城乡发展的大文章。"幸福与经济共同增长，乡村与城市共同繁荣，生态宜居与发展建设共同推进。"这是长沙县提出的"十二五"发展思路。长沙市经开区工委书记、县委书记杨懿文告诉记者，这个目标寄托了长沙县对未来科学发展

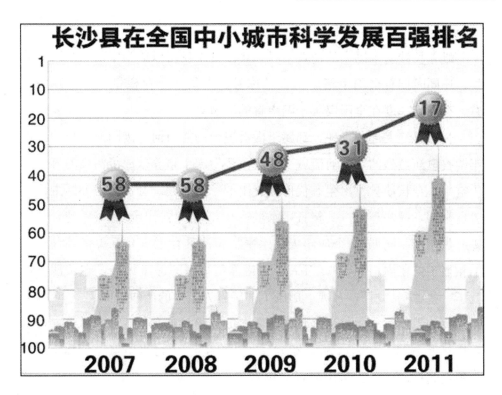

长沙县在全国中小城市科学发展百强排名

湖南省长沙县的一张百强排名图。

的更高期许。在他看来，"三同"思路的实现，无一能绕开乡村的变革，这意味着长沙县要把更多的力度和资源投放到乡村之中。

管住污染，就管好了县域生态环境

探访长沙县，县城星沙镇鳞次栉比的高楼、经开区密集的工厂建筑群落"圈"外，就是青山绿水的田园风光。

农户、村组垃圾集中存放进而分类，乡镇、县域统筹处理，长沙县两年来有"破冰"意义的大规模农村环境卫生整治，很大程度上改善了农村地区给外界的第一印象。

如今，长沙县对农村地区的环境治理，正在步入农村生态环境维护的

"深水区"。

毗邻长沙这个巨大的消费市场，长沙县不仅得以成为中部工业第一强县，还同时拥有全国生猪调出大县称号，生猪常年存栏量在150万头左右，存栏量一度在全国仅次于湖南省的湘潭县。

长沙县绝大部分土地，都属于横贯境内的捞刀河、浏阳河。长沙县近年调查愈演愈烈的"两河流域"污染，竟发现生猪养殖成了污染河流、恶化空气，令长沙县付出生态代价最突出的一个难题。县"两河办"主任常势良介绍，据测算养一头猪日用水量达0.05吨，排出废水0.04吨，其碳排放量相当于同期19个成年人的水平。长沙县存栏150万头猪某种意义上相当于县境内增加3000万人。生猪养殖带来的深重污染，在长沙县造就了一些"猪粪村"，客观上形成了"猪赶人走"的严峻局面。

福临镇的古华山村是全县数一数二的养猪村，有700多户村民，每年存栏猪上10万头。据了解，2007～2009年，这个村水质氨氮超标11倍，土地镉超标6倍。古华山村很多群众靠养猪盖起了小洋楼，但全村40%的村民却不得不靠买矿泉水饮用，村民下田必须穿套鞋。全村人均寿命比全国低6.57岁，比福临镇环境较好的福临社区低11岁。更令人揪心的是，古华山村大量养殖污染排放物通过一条小河直排捞刀河，威胁下游30万人饮水安全。

"是以猪为本，还是以人为本？"常势良告诉记者，这个命题沉甸甸地摆在长沙县的干部、百姓面前。

不解决生猪污染，幸福指数、执政为民无从谈起！通过调查全面掌握情况后，长沙县决定出手解决这个生态难题。没有照搬东莞"一刀切"禁养的做法，规定浏阳河、捞刀河流域干流及其主要支流50米范围内为禁养区，禁止包括生猪在内的所有禽畜养殖；河道50～500米范围内为"一级限养区"，每户生猪等牲畜养殖不得超过20头。不仅对全县500头以上的生猪养殖大户进行生态专项治理，还对禁养区、限养区生猪养殖退出实施财政补贴。

路口镇村民黄定安是过去政府扶持下的一个养猪大户，每年要卖出近3000多头猪。去年在政府的动员下，他忍痛关闭了猪场，创办了一个雕塑艺术公司，建设了100多亩蔬菜基地，现在销售形势非常红火。长沙县财政去年拿出4000万元、今年拿出3800万元，补偿农民退出生猪产业，并引导像黄安定这样的大户改行做其他行业。

在环境污染源做"减法"的同时，长沙县在全省乃至全国率先推动在乡村环境治理工程基础设施特别是污水处理厂上做"加法"。

据记者了解，农村污水直排问题一直不被外界关注，但排放量惊人。如长沙县农村集镇污水排放量达到每年2463万吨，农村居民污水排放量达每年1710万吨。长沙县认为，没有集镇污水处理"县域全覆盖"，农村环境整治就落实不到位。但县域污水处理项目该怎么建？经过反复论证，长沙县决定以县城所在地星沙镇污水净化中心为"核"，县城北、南两个污水处理厂为"翼"，18个农村集镇污水处理厂为"点"构造污水处理"县域全覆盖"网络。这一计划，有望在2011年年底全面完成。

在乡村集镇建污水处理厂，长沙县没有贪大求洋。既有采用硅藻土、河道光电氧化等工艺的小型污水处理项目，也有采用UCT除磷脱氮工艺的较大项目。一些乡村集镇污水处理还选择了"人工湿地"，即利用土壤、人工介质、绿色净水植物等协同作用处理污水，不仅改善生态环境，还能美化乡村风貌。

长沙县群众对政府推动乡村污水处理工程建设，举双手赞成。记者在北山镇污水处理厂开工时看到，很多集镇居民和周边农民兴高采烈地赶到开工现场观看。农民们说，"北山"水网密布，建污水处理厂，让青山绿水回归和长存"北山"，他们举双手赞成。

长沙县乡镇和农村污水处理项目，总投资达4.38亿元，大多数污水处理厂主要依靠财政资金"埋单"。保护乡村生态所需要的不菲资金，对财政收入较好的长沙县而言也压力不小。据了解，面对乡村治污项目与现行体制之间的矛盾，长沙县在资金投入、司法介入、环保监管等方面进行

了大胆的创新。为了探索可持续、合理的资金筹集来源，长沙县在全省率先建立生态补偿机制。从 2011 年始，长沙县除了公益设施建设外的所有土地出让，每亩购地成本增加 3 万元的生态补偿费用，以用于被纳入重中之重的全县乡村生态环保。

长沙县还鼓励农民打污染官司。高桥镇一养猪老板鞠某租用场地办起了年出栏生猪 3000 多头的养猪场，猪粪便未经任何处理直排至湖面，湖水灌溉的农田也出现水稻减产、失收等状况。2010 年，近 300 名村民起诉鞠某，长沙县法院判令立即停止侵害，消除污染，赔偿原告农田损失。长沙县的官员认为，以往处理类似问题，都是政府或者环保部门出面。而以法院判决形式制裁"猪污染"，约束力更强，警示意义更大。

分段监测水质也是长沙县的生态创新。湘江支流浏阳河、捞刀河流经长沙县全境，维系着上百万人饮用水源安全。为了改变过去乡镇环保缺乏科学评价尺度的问题，长沙县决定用"出境断面水质"考核乡镇环保。具体做法是规定对"两河流域"经过乡镇的河流交界面以三个月为一个周期检测，各乡镇河流检测断面水质不能低于国家规定的三级标准，且各乡镇出境水质不得低于入境水质。目前，长沙县已经与所有乡镇负责人签订了环境保护目标责任书，乡镇绩效考核与"出境断面水质"直接挂钩。

管住了村干部，就管好了农村社会稳定

近年来，长沙县的决策者发现，村一级组织在乡村治理及全县发展中的地位越来越重要。土地资源、人口大部分在村里，征地拆迁、社会保障、矛盾调解等大部分工作要靠村落实。长沙县的村支书队伍中，尽管有全省闻名的黄垅新村老支书王再德，但出问题者也不在少数。截至 2010 年年底，长沙县三年间法办了 19 个村支书，占全县 273 个村（社区）的比例接近 10%。调查发现，一些重大违法案件，不乏村支书参与；而不少群体性事件，都与村干部处理不力甚至暗中"操作"有关。

过去的历届村支部换届选举，长沙县和眼下很多地方一样，充当着"旁观者"的角色。村支书选举结束后，由乡镇党委将当选名单向县委组织部"报备"。

长沙县委书记杨懿文指出，一些村支书在村民当中的影响力，比一些镇干部还"微妙"；基层组织建设不抓起来，县域经济社会发展后患无穷。在长沙县，一些人竞争村支两委一把手位子，"成本"达到了10多万元。这类人一旦上任，当然就要急忙以各种方式收回成本，强揽工程、吃拿卡要、恶意负债，不一而足。种种劣迹，都以牺牲公众的利益为代价。杨懿文认为，谋求农村经济社会良性健康发展，就绝对不能让"恶人"把持村级组织。

基于上述认识和历史经验教训，长沙县以今年年初举行的新一届村级换届选举为契机，大刀阔斧地开展了一场改革。

选举酝酿之初，长沙县委组织部要求各乡镇党委通过座谈会、调查问卷、个别走访等方式，做到基本摸清情况：摸清村级班子是否团结有战斗力、摸清现任村支两委主要负责人的自我意愿和要求、摸清每个村有哪些热点、难点问题亟待解决。县财政、审计部门对各村（社区）的集体资产和财务来一次"地毯式"的审计。情况摸清之后，长沙县对全县273个村（社区）分稳定、比较稳定、难点村等三种类型，归类分析，制订工作方案。

基础工作"沉"下去，基层的问题很快"浮"了上来。长沙县光是通过财务审计发现的问题，就让人更加感到严把村干部选举关确实是燃眉之急。近三年，全县村级债务增加近一亿元。负债超300万元的村超过10个，过千万的村有1个。虽然举债的原因大多是修路等农村公益事业，但有的村干部没有按规划申报项目，没有严把工程质量关，更不顾财力，没钱就借款修路。审计之后，县职能部门对这10多个村的村支书全部停职，接受进一步的审查。

目前的调查显示，一些地方村（居）委会负责人不顾财力、不计后果

地举债上项目，内心深处意在"绑架选举"——村里欠了很多债，将来你们不得不选我。而一些乡镇党委对这类人依然听之任之，客观上有多一事不如少一事，让这个人负责到底的想法。对此，长沙县的态度是，这类人不但不能连任，查清之后还要法办。

此外，结合摸清情况过程中掌握的问题，长沙县委组织部明确地向各乡镇党委提出，在村支书候选人推荐提名和资格审查中，"五个不宜选"：不宜选不能积极贯彻农村政策，与上级党委、政府消极对抗的；不宜选工作霸道、拉帮结派、闹不团结的；不宜选违反村规民约、有明显劣迹或严重违法行为的；不宜选个人虽有致富能力，但思想品质不好的；不宜选工作能力明显低下，或体弱多病不能正常履职的。

乡镇党委集体审查村支书候选人初步人选后，再报县纪委、县委组织部等6个部门审定，这种做法在长沙县历史上属首次。长沙县委组织部李顺林科长分析介绍，经过这一程序，有6人不符合标准在联审中被淘汰。其中就有在村里大肆举债几百万的前任村支书。

记者从多方了解到，长沙县本届村支部换届选举风气有很大改观，不正当选举被有效遏制。选举完成后，县委组织部统计，选举产生的237名村（社区）支书中，有152名留任，85名新任。新上任的大多数为群众基础好、工作能力强的经济能人。村支部班子成员比上届精简近6%，文化程度明显提高，也更加年轻。

在长沙县的重镇朗梨，不止一人向记者反映，在过去村级换届选举期间，集镇上存在白沙烟、"芙蓉王"近乎脱销、小饭馆筵席不断的现象。一些人大肆请吃请喝、发烟发钱，凭借高票进入村委会，进而再问鼎支委会。"明明这人就是一个恶人，但毫无办法也只能眼睁睁看着他选上去。"让他们松口气的是，今年这些现象有了很大改观。

管住了政绩考核，就管好了乡镇科学发展

在长沙县的众多乡镇走访，一个新鲜的感受乃是乡镇干部不像其他不少地方，都在忙着招商引资。长沙县治理乡村的一大变革，是大幅度调整乡镇职能，并在区域发展规划与政绩考核创建了一套新的制度。

"南工北农"这个词语，在长沙县如今深入人心。长沙县几年前就确定了"南工北农"的总体规划，将全县 22 个乡镇分为工业优势区域、农业优势区域、工农综合发展区域及县城与经开区服务区域。靠近省会长沙的乡镇集中攻工业，而北部面积广阔的 8 个乡镇，全力发展农业。

依据这个规划，北部乡镇除了金井镇有个工业园外，其他乡镇都不得引进工业项目。对南部工业乡镇，优先解决工业用地与产业配套建设问题，扶持建设工业园区，对北部农业乡镇，则加大财政转移支付力度，强调保护生态，稳定粮食生产，发展高效农业。

乡镇政绩考核"一刀切"的传统方式，也被"分类考核"所取代。北部农业乡镇和南部工业乡镇各自分类比拼，再不像过去用同一套指标考核。生态环保是长沙县考核各乡镇政绩的重点。今年，北部农业乡镇和南部工业乡镇的比重分别是 20 分和 14 分。县环保局长张电波说，在百分制里占这么高的比重，使得乡镇不得不更加重视。

记者走访的长沙县北部白沙乡，本来是一个离长沙较远的纯农业乡，过去每年工商税收任务近 300 万元。"分类考核"后，税收任务降至 20 多万元，县里主要考核农业产业化及生态环保。

白沙乡的干部对记者坦言，推行"南工北农分类考核"后，再也不要像过去一样，成天焦虑万分地到长沙等大城市费力不讨好地招引工业企业。现在一门心思抓农业，开始感到有了奔头。记者从长沙县了解到，近两年，在各乡镇综合排名中，果园、开慧等农业乡镇都排得很靠前，超过了"财大气粗"的工业乡镇，这在过去是很难想象的。

在金井镇，数以万亩计的生态茶园，如同巨大的绿色地毯，在丘陵密布的大地上展开。曾经一度趋于式微的名茶——"金井毛尖"，在湘丰茶业等龙头企业大力推进生态标准化生产、先进工艺加工和现代市场营销推广等模式"再造"后，重新崛起。

2010年，长沙县成功将北部乡镇1150平方公里，申报获批为国家级现代农业示范区。在示范区里，鼓励社会资本、工商企业到农村投资现代农业。近3年，全县共引进农业项目128个，带动100多项农业科技成果和近千名管理技术人才引进。按照长沙的统筹规划，长沙县3个乡镇正在探索城乡一体化，即朗梨镇突出服务城镇，金井主攻现代农业，板仓则以旅游为主题。

在生产市值千亿元的工程机械、重型卡车等工业品的同时，还能同时拥有驰名中外的有机名茶、绿色蔬菜水果和出口港澳的优质禽畜和水产品。在"南工北农分类考核"的引导下，这个"工农"比翼双飞的局面正在长沙县形成。

（采写于2011年，与邹云、苏晓洲合作。）

金霞："统一"是如何争来的

　　竞争最激烈的双方，是近年来发展迅猛，像狼一样跟踪好项目的宁乡县经济技术开发区，以及长沙城区北部的后起之秀，开福区金霞经济技术开发区。最终胜出者，却是后来居上、当时基础设施条件并不绝佳的金霞开发区。

　　刚刚过去的 2011 年年底，"统一"食品项目在长沙市金霞开发区沙坪工业组团低调开业投产了。"统一"是实力强大、大名鼎鼎的世界级品牌食品企业。多年前，当"统一"有在中部拓宽布局的意向后，湖南多个地方敏锐地捕捉到这个信息，展开了激烈的招商竞争。有的地方追逐的时间，甚至长达近 10 年。

　　竞争最激烈的双方，是近年来发展迅猛，像狼一样跟踪好项目的宁乡县经济技术开发区，以及长沙城区北部的后起之秀，开福区金霞经济技术开发区。最终胜出者，却是后来居上、当时基础设施条件并不绝佳的金霞开发区。

　　这场竞争是少见的良性之争，君子之争，有益之争。帷幕落下之后，宁乡人痛定思痛，写出了一份反思同时又满怀信心的"检讨"。金霞开发区则对前头带路的宁乡人，充满敬意。在这场竞争中，金霞到底有什么高招，用了什么手段，有何值得借鉴之处？最近，我们找到了现任开福区委副书记沈裕谋。"统一"落户金霞过程中，他任职区委常委、金霞开发区

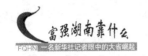

党工委书记，全程参与了这一项目的引进。再三联系之后，他终于答应，谦虚、诚恳地讲述了这中间的故事。

我们无意比较谁做得好不好，但是有一些体会愿意交流分享。湖南不少地方，尤其是我们的邻居宁乡县对这个项目盯了很久，我们佩服他们咬定青山不放松的精神，被他们的专注与用心所感动。也正是他们持之以恒与"统一"保持联系，加深了"统一"对湖南市场的关注，使我们得以掌握招商信息。我们对宁乡深表感谢与敬意。

我们感觉"统一"是真的想做这个项目。其实，现在很多项目是打着招商引资的牌子，并不是真做。我们研究了"统一"在武汉、南昌、昆山的工厂投产情况，发现它在南昌建厂几年，但一直徘徊不前，产值和销售很不理想。

台商有抱团的习惯。我们通过省、市两级台办、台商协会帮我们牵线搭桥，到省、市领导处逐一汇报。这样取得了省、市和台商协会的支持。这是借人家的力，借人家的势，借人家的基础。否则，人家多年交往，建立了互信，我们要超越他们的关系，很难。他们（台商协会）看了我们的条件，也觉得我们值得推介。这样，我们缩短了和"统一"华中总部、上海总部的距离。"统一"作决策，一般是在华中总部，但我们这个项目的拍板，却是包括华中、上海和台湾总部。

有了这个判断后，我们不但跟"统一"在华中、上海总部的负责人，还与在台湾高雄总部的林苍生先生联系上了。我们跟它在华中、大陆和台湾的三个"一把手"，全都对接上了，使得我们能够快捷准确地掌握信息。

2009年年底，我们去武汉第一次正式表达了招商意向。华中总部的肖总计划第二天8点钟去萧山开会，他开始不大想见我，后来说，8点前可见一下。我记得，头天在单位食堂里匆忙吃了点东西，就带上招商局长驱车往武汉赶。找到"统一"附近的一个招待所住下，我们就碰头研究。第二天早上7点多，天气很冷，我们赶到了华中总部。他开始礼貌性接待，发现我们准备很充分，尤其是新办厂的条件，如土地成本、地下水勘探、水电气配套、环境治理、通信、劳动力成本，我们都站在他们的立场上，考虑到如何打消他们的担心。比如，"统一"要使用井水，保证水质，我们专门聘请地质勘探部门，就水文进行了勘探。初次洽谈，我感觉他从礼貌性的接待，变成开始接受我们，尊重我们。这是很重要的转变。他觉得我们用心，并答应我们把这个要求带到上海去。

总裁林苍生是台湾有重要影响力的人物。不久，他来湖南考察，看湘潭九华，看宁乡经开区，金霞也进入了他的视野。他来后，我们全程陪同。那几天下雨，风寒料峭。离开长沙的时候，他表了两个态，一是你们继续把工作做好，我们会慎重考虑；二是我会让上海总部的罗总也来看。他也没表态把这个项目放在哪里。临别时，他发出邀请，请我们最近到台湾去考察。他走后一个星期，罗总就来我们这里及宁乡、九华等地考察。

2010年农历正月初八上班，初九我和我们开福区的区长，以及省、市台办的人飞到台湾。当天下午，就到了高雄总部。林先生很感动：没想到你们这么快就过来了。我们通过播放视频、照片，给他介绍了所做的拆迁、修路情况。一月多前他看时，那里还是不毛之地。他没想到发生这么大的变化，从中也看出我们招商的决心。

2010年5月份，"统一"和我们正式签订了合同。当年10月份开工，这时我们"三通一平"搞完了，还保留了一棵樟树维护生态。他们很高兴。就在这段时间，我调离了金霞开发区。仅仅半年多时间接触后，我们就和"统一"签约。这里面成功的原因更多是招商团队的努力，包括省、市区的支持。我印象最深刻的是：

一是诚信招商。我们推荐给"统一"的建厂之处，以前是不毛之地。周围都是农村，离主城区还比较远。有的地方招商时，放大优点，缺点变成优点。我们把我们的优点分析透，把缺点也讲透。优点主要是服务半径比较宽（可以辐射除湖北外的湖南和湖南周边省份市场）。"统一"东西不贵，卖的是饮料和方便面，运输成本占总成本百分之三十，要求快速运

输，金霞开发区以物流立园，物流条件比较优越。我们还提供了产业政策的扶植。缺点是我们这一块地带，还没有一个厂子，拆迁没动，基础设施也不到位。跟我们竞争的地方，也有铁路，也有成熟的地块。我们把自己的短腿和缺陷说出来，与其说这是胆量与智慧，不如是说负责。我们说，虽然这里还是一张工业开发的白纸，但"统一"作为第一个企业，可以成为一面旗帜，获得我们更多的支持。而且，我们商定了对缺点的后续解决办法。如水电气，我们保证给你三月弄好——我们确实做了很诚实的表达。开门招商、关门打狗的做法不对。有的地方招商时，不讲优点，也不讲缺点，我们把缺点讲出来，这样不但是讲诚信，工作也主动。

二是效率招商。在招商洽谈过程中，"统一"提出要回答的问题，我们都像答辩一样最快回答。省、市表态协调支持"统一"的要求，我们都能够按时按质到位。我们做得快、做得好主要是三点。一是做好了老百姓的工作，取得了他们的支持，一个月就完成了拆迁。二是在春节都没有停止施工，在拆迁后 20 天就完成"三通一平"。三是三个月之内，把水、电、气配套到位。这种工作效率感动了他们。为了履行合同，我自荐当推荐领导小组的组长，一周为项目投产调度一次。言必行，行必果，意必决。其实，对客商来说，请他们吃餐饭是其次的，关键是帮他们解决问题！

三是文化招商。现在很多地方招商，讲领导级别，讲接待规格，讲招待档次。我们这个招商团队把"统一"的文化、愿景进行了学习。我还记得它的愿景是，"贫穷教我惜福，成长教我感恩，责任教我无私地创造"。讲得多好，我们从政也要这样！我还特别分析了林苍生总裁的特点。他虽然是台大机电系毕业的，但对儒学、佛学都很精通，出过很多书。我把林总出的三本书——有一本叫《随便想想》，带有佛学味道，都认真学了。他有的文章，我甚至能够背下来。书中有一篇他非常满意的精彩文章，我用自己的书法写下来，再用湘绣绣出来，送给他。这件特殊的礼物花钱很少，很用心，他很感动。他曾对我们省、市领导说我们，对他的书不但读，而且能背，不但背而且写，写出来还能绣。他第一次来湖南考察的那几天，我们有机会和他谈论探讨的，更多是他关注的文学、历史、地理、佛学方面的话题，并不多是投资项目本身。我们谈了曾国藩、左宗棠的诗词，长沙名称的来由。有些东西他不但听了，还要我们写给他。他是一个虔诚的佛教徒，到长沙，他去了开福寺。为此，我们还专门学了一些佛学知识，这样有更多共同的话题，这也是对他的尊重。我们平常有书信往来，我也用毛笔给他写信。这种交往是君子之交，淡中取雅。我们谈得很投缘，心灵距离、年龄差异、文化差异，都拉近了。我们喝酒时，很开心，轮流讲故事、说文化，大家都高兴。他说，湖南了不得，湖南人个个有文化。其实我是学工科的。省、市区的领导很赞赏、支持我们跟他交流他感兴趣的人文话题。

四是市场招商。招商应该有系统思维，不仅关注这个项目对我们有什么好处，也要换位思考，为客商设计它的赢利模式。招商要对企业负责，不能热热闹闹引进来，引进后，管它是生是死。它的利益在哪里，风险怎么控制，成本怎么降低？在商言商，我们的合同交出来后，"统一"修改比较少，因为它办厂多少年收回投资，每年达到什么效益，以及能够请省、市给予什么样的支持政策，我们都考虑到了，还制订了一套测算方案。我们研究了"统一"在南昌项目，它一直没有达到设计生产能力，销售市场一直萎靡不振，每年就 3 亿元左右。2010 年"统一"在湖南市场销售了 4 亿多元，2011 年达到 6 亿元。湖南市场比江西市场好，湖南人更接受"统一"。我们的市场招商，关键还是得益湖南的市场强势。"统一"的竞争对手是"康师傅"，我们感谢湖南的消费者更接受"统一"。前不久，台湾出现塑化剂事件，"统一"在湖南的市场没受影响。我们这个厂是按年 10 亿元的产值设计，一般而言"统一"投资五年收回成本，如果能够达产 10 亿元，三年就能够收回、赢利。当时谈判时我们还留了一个伏笔，如果市场好，就把南昌的生产线减一条，在长沙多一条生产线。我们尽可能组织协调，为它的湖南销售公司服务。我们一定要使这个项目

做成"统一"集团内优秀的项目。

五是协同招商。省、市区各级政府，各级台办，都是齐心协力，为这个项目倾注了大量的心血和智慧。签合同之前，省、市领导到台湾去，都受我们之托把情况捎过去。长沙不止一个地方竞争这个项目，市领导没有倾向性表态，尊重"统一"自己的选择。我们这个招商团队也很能干，中间有的人为了钻研这个项目的引进，可以几晚不睡觉。现在，有的地方程序到位，手续齐全，拆迁弄不下来，好项目引不进来。引进"统一"的过程中，尽管我们手续还有不完善的地方，但当地的老百姓，也全力配合。这个项目税率很高，正常运行后税收每年过亿不难。原来可能 20 来个项目，占地也很广，加起来缴不了这么多税。老百姓看到这个项目，能够带来税收，带来就业，也就理解。我们跟宁乡等项目的竞争者，也都是君子之争，我们约定，不管落户到哪里，都互相不找碴儿。

（采写刊发于 2011 年，被不少县市转发学习借鉴。）

宁乡：八年一觉"统一"梦

怀抱雄心万丈的长沙远大住工来了，号称行业第一的日本东洋铝业来了，高居全球翘楚的联合利华也曙光在前⋯⋯但再多的抚慰，也难掩"统一"梦碎之痛！

有"狼宁乡"之名的宁乡干部，擅长"发狠"招商，善于攻坚克难引进项目。

但是他们并非总能够如愿以偿。他们也有失手，也有败绩，也有悲情。

2002年，"台湾统一食品有意落户长沙"消息透露后，长株潭地区多个地方展开一场不见硝烟的争夺战。嗅觉灵敏的宁乡经开区岂能拱手相让？有关负责同志像火炬手接力一样一届接一届与"统一"保持了8年接触，而且难得迎来了"统一"总裁林苍生到访。

宁乡经开区这样记录："统一花落宁乡似乎指日可待，接下来的工作只剩下准备合同文本和铁锹音响了。然而，这一令人欢欣鼓舞的场面，却最终定格在相距宁乡经开区40公里的湘江东岸——长沙金霞物流园。原本，宁乡经开区人有足够的理由解释这一失败，比如交通区位，比如人脉资源等，但勇于接受失败，敢于吸取教训的宁乡经开区却为失败找出了自己的八大失误。"

找出这八大失误，并在园区公开刊登的是时任县委常委、经开区党工

委书记戴中亚。经开区招商有很多经典的成功案例，比方说引进中财集团、远大住工等。但以下这份招商失败后的检讨让我们至今难忘。宁乡人执着于发展的痴情，不甘于失败的血性，以及善于总结失败的冷静，让人心生敬意。

正是这如"狼"一样可怕而又可敬的干事作风，推动宁乡经开区在2010年年底，被国务院成功批准为"国家级经济技术开发区"，迎来了千金难买的发展新平台。

"统一"，一个大陆民众耳熟能详的名字，伴随着中国的改革开放，从台湾海峡彼岸飘向沿海，深入内地，席卷大江南北。从此，习惯于面条、包子与米饭的大陆老小，品尝到了一种新的食品——方便面！接下来是统一鲜橙多、统一绿茶、统一纯净水……如洪水般涌向大小商场，令消费者眼花缭乱，趋之若鹜。今天，统一食品集团不仅继续以加速度扩大中部市场，而且在炫目的鲜花与灿烂的欢笑中将工厂落于长沙。

得悉"统一"将在中部建厂，是在8年前。2002年，当宁乡在经历了一段发展阵痛后蓄势待发之时，新一届县委、县政府提出了"招商引资是县域经济发展的唯一选择，项目工程是县域经济发展的唯一载体"的论题，并作为宁乡重新起飞的主要战略，即至今仍在不断充实、不断提升的"两个唯一"战略。以此为指导，在2900平方公里的楚沩大地，掀起了一股前所未有的招商引资热潮。"统一有意向落户长沙"，像一块强大的磁场吸引着嗷嗷待哺的招商大军。一场暗含刀光剑影却看不见硝烟的"统一"争夺战，迅速在长株潭及至三湘大地悄悄拉开，宁乡自然不甘其后。赴武汉，飞上海，寻资源，探路径，甚至每年到"统一"拜年竟成了宁乡招商人的必修课。一拨又一拨，一届又一届，不知不觉中，已历时8年，终于迎来了统一总裁林苍生先生到访。面对这位国民党元老及商界大佬，自然，接待规格与现场准备均达宁乡水平之极致。象征着宁乡深厚文化底蕴的青铜国宝——四羊方尊工艺品，也理所当然地满载着宁乡人民的期盼，搬上了林先生的座车。在客人满面春风离开宁乡时，大家仿佛松了一口气："功夫不负有心人！"似乎统一花落宁乡已指日可待，接下来的工作只剩下准备合同文本和铁锹音响了。

然而，这一令人欢欣鼓舞的场面，并没有降临宁乡，而是定格在相距40公里的湘江东岸——长沙金霞经开区。也许，我们可以阿Q式地去阐释"统一"这一选择的种种理由：连接中心城区的芙蓉北路，尽情挥洒豪气的青竹湖高尔夫，通江达海的霞凝新港，贯穿东西的南北货站，紧临园区的黄花机场……而无可争辩的是，宁乡经开区所独具的一些优势，则足以遮挡金霞的这些光环：连通"3＋5"城市群的枢纽，全省唯一的热电联产，全国食品工业示范园的品牌，风光秀丽的国家级湿地公园，与园区企业宏全公司多年的合作基础，更为难得的是，八年心血换来的政企友谊……但我们不得不面对的一个事实是：宁乡失去了"统一"，准确地说，是"统一"放弃了宁乡！或许，我们还可以用宿命的观点来宽慰自己，从华龙，到康师傅，再到"统一"，无不与宁乡擦肩而过！

扪心自问，难道宁乡真的与方便面无缘吗？在与金霞的博弈中，我们究竟输在哪里？细细玩味，个中原因，不言自明：一是判断竞争对手失误，满以为与我们有竞争优势的只有望城，殊不知螳螂捕蝉，黄雀在后。当半路上杀出一个金霞时，令我们不知所措；二是对接对象判断失误，我们一直坚信，对"统一"投资起决定性作用的是武汉公司，而对真正拥有决策权的上海总部却视而不见；三是依托资源判断失误，为了推动"统一"选择宁乡，我们找到了一些与"统一"有着密切联系的企业协会和个人，源源不断的信息反馈都是十拿九稳，而恰恰忽视了对台资企业有主导影响的省级主管部门甚至省级分管领导；四是基础工作判断失误，无论在项目选址上还是在优惠政策上，都觉得已准备得非常充分，但与业主意愿及形象要求却相去甚远。假如我们对"统一"的背景了解更深入一点，假如我们对竞争环境考虑更复杂一点，假如我们对基础工作准备更扎实一点……然而，事实永远也不会包容假如！骄兵必败，在对"统一"招商过

程中已诠释得淋漓尽致。

　　如同对青啤招商的成功已成为宁乡招商的经典案例一样，对"统一"招商的失败，也将在一个时期内成为宁乡招商人生动而鲜活的教材。"沉舟侧畔千帆过，病树前头万木春。"怀抱雄心万丈的长沙远大住工来了，号称行业第一的日本东洋铝业来了，高居全球翘楚的联合利华也曙光在前……伴随着虎年矫健的脚步，各路精英不远千里，甚至漂洋过海，纷至沓来。如春风拂面，令人心旷神怡。但再多的抚慰，也难掩"统一"梦碎之痛！

　　　　　　　　　　　　　　　　　　　　　（本文于 2010 年整理。）

浏阳：期待这片土地总是擎起变革的大旗

　　正是这组报道的冲击，提醒我再次意识到了浏阳人不同一般之处。我不由联想起了历史上那些从这里走出的志士仁人。他们敢为人先、慷慨担当、实事求是、勇于变革的人格特质，正是写出这些报道的浏阳人精神的上游啊。

　　"走进三十强"的报道虽然篇目不少，篇幅不短，然而，接连读下来，却丝毫不觉劳累。如久旱逢甘霖，我在酣畅淋漓之间，经历了一次县域发展的头脑风暴。不由想起了小时候老念的格言，书犹药也，善读之可以治愚。我不但愿浏阳人，也愿长沙人，湖南人，乃至中国所有地区的人，都能够读读这组报道。因为我认定这组报道的分量，相信他们不会空手而归。

　　就在《浏阳日报》的同行们踏上这组调研之路时，湖南省高层带着队伍到江浙考察，湖南省有关部门又组织了"探访县域经济"的大型报道。随后，规模浩荡的湖北省党政团又来湖南学习。一向以中部"老大"自居的湖北人，这次在湖南表现出罕见的低调。我从多个渠道得知，湖北的考察官员为湖南的发展，尤其是橘子洲上的长株潭"两型社会"展览馆，和长、株、潭三市之间保持生态、限制开发的"绿心"规划所震撼，认为对湖北大有启示。我从湖北官员的惊叹中，更加确证了睁眼向外开的必要，理解了这组报道作者们在问道之时受到的震动。

2011年3月21日，长株潭"两型社会"展览馆开馆。图为一位参观者正在展厅里参观。

李尕摄　新华社照片

读完这组报道，一个个鲜活的人物在我脑海中回荡。那当场把笔记本电脑拆开的，寻找非本地生产配件，然后招商延长产业链的昆山市长；那被重金从法国挖回，在江阴从事创意产业的长沙妹子；那金融危机中遭遇重创，多次都想跳楼，在政府行政手段支持与员工同甘共苦帮扶下，起死回生的杭州道远化纤集团董事长；那胶东半岛上随处可见，给当地带来投资与市场的日本人与韩国人；那置身中国塑料城，每天在网上商场交易决定买进卖出的余姚企业家……

报道中使我久久不能忘记的地方，有并非化纤原料产地，却空气中弥漫着布的味道的萧山；治安很好，基本没有偷、抢、扒，令商人们非常安心的义乌；每年附上回信与邮票，请上百家企业匿名为政府职能部门打分测评的常熟；每年出资1000万元，奖励企业家到发达国家学习的江阴；互不服气与激烈竞争中共同增长的即墨、胶南、胶州；不产辣椒，却能掌握辣椒定价权，或者小小街道办事处，却生产上百亿元手推车的齐鲁小镇。

触动我灵魂的当然是报道中所提炼的见识。比如，总是"先人一步"抓住发展机遇；善从配套到老大；产业从制造走向智造；寻找内生增长力量；做善治政府，设立"不开发区"；面朝大海发展"蓝色经济……向前奔波在30强的作者们，苦苦思索着背后浏阳的发展：当眼看着机遇被沿海这些强县瓜分，浏阳还有先人一步的机遇吗？浏阳的汽配能做到湖南第一，全国第一，甚至世界第一吗？为什么浏阳的皮服不能像常熟的波司登一样，能够在阵痛之后成长为品牌，输出品牌？面积不足浏阳五分之一的江阴，却有30家上市公司，强大的资本力量给企业治理、地方发展带来什么影响？

《昆山日报》的副总编辑看过这组报道早先刊发的篇章后评价，浏阳人的精神里还可加上"善于学习"四字。在我看来，岂止是善于学习，作者们是多么地急切学习，贪婪于学习，不耻于学习，不粉饰于学习！在产业结构调整、政府职能定位、地理区位打造、人才引进、资本市场培育等多个方面，他们都在研究这些强县的经验，试图把他们的真经全部搬回来，并且时

《浏阳日报》刊发作者应约写作的强县评论。

时以浏阳为参照，不讳言浏阳的"软肋"。

正是这组报道的冲击，提醒我再次意识到了浏阳人不同一般之处。我不由联想起了历史上那些从这里走出的志士仁人。他们敢为人先、慷慨担当、实事求是、勇于变革的人格特质，正是写出这些报道的浏阳人精神的上游啊。也不由联想改革开放以来，这块土地上曾经在乡镇企业改制、公路交通建设、小城镇建设推出了一批改革创新，使得这里一度成为湖南新观念、新思想的集散所在。旧的光荣，新的梦想，承载在这组报道一个一个的字符中，我赞赏作者们对那些先人人格特质的传承，期待这片土地总是擎起变革的大旗。

我很好奇，这组报道浏阳会得到怎样的重视与利用？湖湘文化的核心，我以为在观念上是体国济民，在行动上则为经世致用。所谓经世致用，就是不崇空谈，学了要用。1904年，湖南有800人在日本留学，占全国四分之一。湖南最有名的保守派王先谦建议留学生白天听讲，晚上则将讲义译成中文寄回。政府将翻译费列入预算，通过将讲义印入教科书，或在报纸上刊登，来扩大影响。王先谦满怀期待地打了个比方，这就会产生"一人留学，等于万人留学"的效果。我们今天难道不应该学习王先谦，让先进的东西被更多人分享吗？我注意到这组报道是由浏阳市委批准，在市委宣传部的支持下完成的。我期望浏阳市的决策者能够组织政府部门、企业界，对这组发轫自新闻界的报道开展学习讨论活动，期望这组报道在浏阳能够像魏源的《海国图志》一样，起到思想解放的作用。

7年前，我和同事在浏阳作"长沙四小龙"调研时，得到了一本书，名叫《自强者强——赴先进地区考察学习的启示与思考》。这本由市委政研室1999年6月编著，浅蓝色封面上印着浏阳地图与一座大桥的书籍，一直放在我的书柜里。书中记载了156名乡镇党政办事处一把手、市直科局领导干部在市领导带领下，到沿海考察的近百篇总结与报道。如果我没记错，那时的浏阳刚刚提出"进百强、冠三湘"的口号。书名之意来自"胜人者力，自胜者强"这句古话。

从那时到现在，已经过了12年。我以为"自胜者强"同样可以引以为鉴。外因通过内因起作用，浏阳新闻界向 30 强取得的真经，能否在浏阳的发展中得到真用，发挥真效，决定于浏阳人能否"自胜"。"自胜"是正视不足的姿态，是革故鼎新的行为——唯有"自胜"，方能资治为鉴，珍惜外面的经验；唯有珍惜外面的经验，才有勇气变革，扬己之长同时除己之短；唯有变革，才能够开创生动活泼的强县新局面！

（2010 年 5 月，《浏阳日报》推出"走近三十强"报道后，作者应邀写作了这篇述评。）

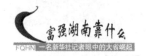

蓝思科技"神秘"进驻浏阳之谜

论区位优势与产业基础，浏阳显然不及昆山、青岛；论感情攻略，浏阳又不及湘乡。浏阳人认为，能够引进蓝思科技，他们靠的是一心谋实业的实干、心贴心为企业服务的"保姆精神"，以及 24 小时时刻准备抢抓项目的真诚。

与坊间传言相反的是，蓝思科技的董事长周群飞女士，非但不是浏阳人，在项目引进过程中，其家乡还曾是浏阳的主要竞争对手之一。这家已将总部迁至浏阳的企业，2011 年出口额居湖南省第一，产值 80 亿元，创税 2 亿元（已除去进口设备、进口材料等税收抵扣）。

近期我赶到长沙国家生物产业基地（注：原名浏阳生物医药产业园，已升级为国家级经开区）采访，还原了浏阳与昆山、青岛及周群飞家乡湘乡市大比拼并获胜的始末。论区位优势与产业基础，浏阳显然不及昆山、青岛；论感情攻略，浏阳又不及湘乡。浏阳人认为，他们靠的是一心谋实业的实干、心贴心为企业服务的"保姆精神"，以及 24 小时时刻准备抢抓项目的真诚。时至今日，双方的合作发展仍在继续深入开展，今年 4 月蓝思科技再次决定将首期投资达 40 亿元的新材料基地继续留在浏阳。

其貌不扬的"背包客"，在浏阳首次受到隆重接待

长沙国家生物产业基地距长沙市主城区二环线 20 公里。与其他地区的经济开发区不同的是，这个开发区是 1997 年在一片荒地里建起来，东距浏阳市市区 25 公里，西距长沙市区 35 公里，没有任何城市依托和产业基础。

园区入园口，长期打着巨幅标语："民富国强，从珍惜每一个工厂做起。""我们招商引资从不嫌贫爱富。只要是符合园区产业规划的企业，我们都付出最大的精力和诚意。"产业园经济贸易局局长王大辉接受本刊记者采访时说，虽然如今产业园已升级为"国字号"，但园区招商引资在起初的数年内严重受制于区位瓶颈，与长沙各区县的竞争一度"吃亏不少"。但园区招商有一个准则：如果暂时引不来"航母"的话，就先把"战斗机"引来。

蓝思科技进入浏阳人视野的时候，企业还没进入如近三四年的超高速发展期，自然也没有现今的"航母"之势，至多只能勉强算得上"战斗机"种子。事实上，蓝思科技董事长周群飞曾主动与国内及湖南省多个工业园"秘密接触"，除浏阳外，普遍没有引起"警觉"与重视。

双方首次接触在 2004 年。王大辉清晰地记得，两个背着大旅行包、穿着泛白牛仔裤的人风尘仆仆赶到园区时，已是下班时间。听说是来看园区的，王大辉马上把这两位来历不明的同志请到了办公室。仔细一了解，这两人的工厂似非普通制造业加工厂那么简单，王大辉又马上向园区"一把手"、管委会主任张贺文汇报，张贺文马上组织了一个精干招商团队一起接待。

这两个"怎么看都不像大老板"的"背包客"就是蓝思科技的董事长周群飞、总经理郑俊龙夫妇。据周总夫妇介绍，当时两人已在湖南、湖北等地走访了十多个工业园区。或许是他们当时的装束太过于"其貌不扬"，

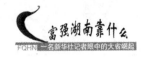

几乎每个工业园的工作人员都只是让他们填了一张表格，简单应付了事。

双方一旦坐下来，就有了"机遇碰上有准备的头脑"的味道。长沙国家生物产业基地管委会主任张贺文介绍说，当时产业园正规划要集中力量突破单一的医药产业，以形成生物医药与电子信息产业"两轮驱动"的产业新格局。"第一次见面连夜座谈时，我们对蓝思科技也没有多少深入的认识。但听周总他们介绍，他们的工厂已将高端手表壳的先进工艺，经自主研发用到了手机镜面，精密度远远超出了当时我们对手机技术的理解。"张贺文坦言，招商团队据此初步认定，虽然企业的总体生产规模还不大，但成长性可观，符合园区发展电子信息产业的战略规划，是园区要力争的项目。而周总夫妇认真听了园区的服务模式、战略规划等，也觉得这个其时还并不兴旺的工业园，有踏踏实实发展产业、为企业服务的诚意，是在用"做企业的思路办园区"。

此后每年，产业园都多次派骨干去深圳宝安区拜访企业主要负责人，将园区新的发展动态、产业政策第一时间告知对方。到2005年年底，竞争对手越来越多。不仅周总的家乡湘乡市也在全力争取，青岛、得临近上海、苏州便利的昆山等地也加入了激烈竞争中。此时，长沙国家生物产业基地找准了"湖南离机场最近"的工业园这一优势，并针对蓝思科技转移至内地最担心的员工招聘、政务服务效率等为题提供了详尽的规划和报告。双方终于在2006年年初签订入园协议。

企业需要的配套服务，产业园都尽力做到

产业园的干部们都把与企业签订入园协议比喻为"订婚"，而非"结婚"。张贺文分析说，蓝思科技当时虽然婉拒了山东青岛、江苏昆山及周群飞家乡湘乡的盛邀，选择了浏阳，但也仍有很多不确定的因素。首要的问题是，入园协议签下来时，项目选址地还是一块未征用的山地，涉及两个行政村。同时这片土地以石方为主，开挖难度很大。而蓝思科技方面当

时已签订了外方供货合同，对工期的要求很迫切，并通知浏阳方面，如果签约后 40 天内不能完成首期 118 亩土地的平地并配套好水、电、路等，他们将不得不放弃浏阳而改选江苏昆山。

40 天内完成 118 亩地的征地拆迁、平地及相关配套，且当时阴雨天气不断，园区的所有干部和工作人员中，几乎没有人认为这是一项"可能完成的任务"。戴着眼镜、外表儒雅的张贺文最后"霸硬蛮"：限期一个月平出土地，若按期完成任务则给工程一线员工奖励 10 万元，若不能按期完成任务则全体负责人就地免职，并明确了两位管委会领导作为责任领导。

"吃得苦、霸得蛮、耐得烦"的精神被充分激发。近 40 天时间里，工地上的一线员工都是"两班倒"轮班。蓝思科技主要负责人事后谈到，得知浏阳方面在 30 天时间里完成了 118 亩地的征地拆迁、推山平地等工作时，除了感到意外，更多的是有了在当地投资的踏实感觉。

张贺文说，产业园从没有一家企业、没有任何产业基础起步，以企业为主角、尽可能满足企业的需求是园区干部最重视的工作。为园区大小企业服务解忧约占据管委会干部一半左右的精力。蓝思科技在浏阳的厂区目前已有 4 万名员工。为了解决其用工问题，浏阳市委、市政府不仅牵头与企业联合举办专场招聘会，园区管委会还与劳动部门配合，招工触角延伸到了云南、贵州、四川等地。浏阳方面还牵头联系了多个职业技术学院为蓝思科技提供对口培训的劳动力资源。产业园纪工委书记杨围山是负责联系蓝思科技服务的主要负责人，他随口说出了近两年来针对企业的服务：蓝思路口的红绿灯装好了、蓝思专线公交车开通了、蓝思公安执勤室挂牌了、蓝思周边道路实行封闭管理了、蓝思的出口退税问题解决了、蓝思的 42 栋公租房拔地而起了、蓝思周边的临时摊担取缔了、服务蓝思员工上下班的园区第一座人行天桥落成了、蓝思新项目的用地问题拍板了、蓝思的银行柜员机安装了、蓝思的大型超市开张了……这里面，有些问题是投产后蓝思科技主动请产业园帮助解决的，有些问题是产业园考虑到并征询

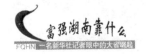

企业同意后主动去做的。

持续的高质量服务获得持续的回报。2011 年，已经壮大的蓝思科技决定新建一个新材料基地的消息传出后，几十个省级、国家级开发区闻风而动。有的国家级开发区甚至开出了"零地价"落户、税收地方部门全免等极优惠的条件。张贺文说，长沙国家生物产业基地无地方财力可依托的独立发展模式，使其无法在招商引资竞争中提供很优惠的地价、税收等政策。但蓝思科技最终再次在众多竞争者中仍然选择留在浏阳，一是因为蓝思科技的总部已迁至浏阳，这里已沉淀了众多为其配套的企业和产业基础。二是因为几年合作，双方已达成高度的发展默契和信任，这恰是企业家最重视的资源。

（转载陈黎明作品，选题由本书作者策划，刊发于 2012 年。）

后发赶超，别无选择

——在资兴探讨中国县域跨越发展路径

　　在调查与观察县域发展过程中，我有一个深切的感悟，发展慢，干部和人民都不会满意，就很容易形成恶性循环；发展快、动起来、快起来，人民才会满意，干部才会充满信心，上级也满意，就会进入一个加速度运转的良性循环。

2012 年春，资兴新闻网站的强县报道截屏。

　　资兴是湖南县域经济的老牌明星市，这次来到资兴之前，就知道资兴响亮提出了大干新三年，冲刺百强县、加快推进"幸福资兴"建设的战略构想。到了资兴，感受到了资兴人奋勇赶超的浓厚氛围、不进则退的危机意识。市里提出"一户一技工"培训计划等举措，在中部地区少有耳闻，

富有眼光，很有针对性，如顺利实施，将为资兴工业升级、经济转型打好基础。

一、后发赶超，竞争激烈，资兴不能没有危机感

在制定战略目标的时候，后发赶超成为了中国地方政府尤其是中部地区高密度使用的一个词汇。改革开放以来，中国经济发展的后发赶超令世界瞩目，出口和经济总量居世界第二。国内省一级的竞争也是非常激烈的，中西部地区的山西、湖北、新疆乃至贵州，都明确提出了后发赶超的战略目标。湖南省前几年提出了在国内引人瞩目的"弯道超车"构想，意图利用在金融危机的背景下沿海经济遭遇一些挫折的情况下，扬长避短、发挥湖南优势，在中部地区占据发展的领先优势。2011 年，湖南省又提出在中部率先实现小康，在全国领先实践"两型社会"建设的"十二五"目标，两个"先"字展现了湖南不甘人后、勇于担当的风范。

省级发展竞争当中，湖南与湖北可谓毫不相让。湖北几乎与湖南同时提出"弯道超车"的构想，又同是国内两个"两型"探讨试点省。这两个省同处中部，地理相近，经济基础相似，产业区分也不明显，都有着后发赶超的强烈渴望。湖北省过去一直有中部的"老大"情结，从去年以来，又提出实施中部"支点"战略，推出"中三角"概念，可谓期许很高。

近年来，人口多一些的湖南经济总量超过了有大城市武汉，有武钢、东风等一批央企的湖北省。不过，湖北的财政总量要好一些。2010 年，湖北省的 GDP 为 15967.61 亿元，财政总收入 1918.94 亿元。湖南省的 GDP 为 16037.96 亿元，财政总收入为 1878.7 亿元。比较可知，湖南省的 GDP 仅超过湖北省几十亿元，但财政收入占 GDP 的比重，湖北、湖南分别为 12.02%、11.71%。全国的这项指标为 20.71%，两省都不强，湖南比湖北还要差一些。

徐守盛省长在一次会议上提醒，据了解，国家有关部门对财政收入占

GDP 比重过低的省份，要核减地区生产总值，实际上就是要挤"水分"。如果要达到湖北的水平，湖南省就要增加财政收入近 50 亿元，或核减 GDP400 多亿元。在他看来，"一江之隔的湖北省，正全省动员、上下发力，发展的势头很猛，超湖南的决心和声势很大"，"兄弟省市之间你追我赶的区域竞争，已从速度的竞争上升为速度、质量与效益的全方位较量"。

市州亦竞相在后发赶超。2011 年，湖南省 14 个市州当中大部分提出了未来 5 年赶超设想，如论经济总量湘潭要在全省晋 6 争 5，邵阳、怀化要进入全省第二方阵等。长沙不仅仅是湖南，也是全国城市当中后发赶超的典型案例。过去五年，长沙经济总量接连超过济南、郑州等 5 个省会城市，在省会城市中排名跃居第 7（4 个直辖市除外），未来 5 年的目标定位全国第五。中国社科院 2011 年发布城市竞争力蓝皮书称，全国"最耀眼的城市"是长沙。郴州市也是一直把与周边城市的竞争当作一个很重要的目标，新的一届郴州市委、市政府不但提出经济总量要跻身全省第一方阵，还提出建设湘粤赣中心城市。可以理解为，其赶超目标不仅仅是湖南的永州、衡阳，还包括广东的韶关、江西的赣州。以上举例介绍的是国内、省内之间争先恐后的竞争态势，中国区域竞争最激烈，被有学者称为是对我国改革开放以来的发展推动作用最大的，当是县域经济这一级的竞争。

资兴要有危机感，是因为很多地方都在你追我赶，资兴已经成为了虎视眈眈的赶超对象。2011 年度的湖南省县域经济强县排名中，资兴居全省第七位，紧随其后的是耒阳、攸县、汩罗。耒阳明确提出把"竞争全国百强县"作为自己的赶超目标。2009 年耒阳在全省经济排名第七，当时资兴排名第十位，2011 年耒阳排第八位，资兴上升到第七位。汩罗近年的目标定位为全省前五强，前四则是长沙县、浏阳、宁乡和醴陵，潜含之意就是要超过资兴等排在它前面的县市。攸县连续五年位居全省十强，2011 年排名比资兴低两位，但这些年来在生态环境、旅游、工业方面的发展是非常迅猛的。除了这几个县之外，桂阳县、邵东县、永新县、华容

县、澧县等都在追，都把竞争全省十强作为自己后发赶超的战略目标。

资兴要有危机感，是因为虽然一直列席全省前十强，但与前四强的差距是拉大了。浏阳的综合实力大幅提升，去年在全国县域经济竞争力百强县中排名第 65 位，五年时间提升了 27 位，2015 年的目标是地区生产总值过千亿、财政税收过百亿、基本竞争力目标是 30 强；去年 10 月，长沙县的财政收入（包括土地）超过了 100 亿元，达到 120 亿元，目标是进军前十强，目前排名全国第 17 位。

资兴与宁乡相比，有一些不同的县情，比方说资兴的人口要比宁乡少，人均稍占优势、战略公共保障方面压力要小一些，不过同时也意味着消费能力和劳动力资源要有一些劣势；再有，宁乡靠近省会长沙，这种地理位置优势是资兴难以具备的。但二者又有很多类似之处，从而有可比之处。两地面积相同，旅游资源都非常丰富，又同样面临着资源枯竭的考验。还有一个不同一般的共同之处，那就是两县市都与青岛啤酒有很深的因缘。资兴的发展、干部观念的转变在很大程度上得益于青啤在资兴的投产，宁乡同样也是。从项目建设、招商引资上来讲，正是青啤在宁乡投资拉开了宁乡这么多年发展的大幕。在经济基础上，十年前宁乡与资兴基本上处于同一个档次，《湖南统计年鉴》表明，2000 年财政收入：宁乡 1.6 亿元，资兴 1.1 亿元；工业总产值：宁乡比资兴稍强；2003 年湖南评选县域经济前二十强，"长沙四小龙"（长沙县、望城县、浏阳市、宁乡县）与资兴排在前五位，资兴仅次于宁乡；2005 年两个县市的财政收入大概都是 5 亿元；经济发展平台的搭建，宁乡还要晚于资兴——资兴经济开发区于 1992 年获批，而宁乡经开区则是于 2002 年获批。

现在资兴与宁乡在省内强县排名相差并非很大，但两者实力被拉开了很大的差距。比财政，资兴去年的财政总收入是 19.38 亿，同比增长 40％，增长幅度非常大；宁乡含土地收入在内的财政总收入是 62 亿元，同比更是增长 165％（上报长沙市为 33 亿元，其中地方一般预算将近 21 亿元），增幅在长沙市排名第一，今年 1 月宁乡县的税收为 7 亿元。比县域生产总值，资兴去年是 200 亿元，同比增长近 16%；宁乡的增幅和资兴差不多，但其总量是 640 亿元，超出资兴两倍多，宁乡保持了较大增长。比工业，这是县域经济中最强大的一块，2011 年资兴规模工业完成增加值 150 亿元，宁乡为 250 亿元。比项目，在建项目是一个地方发展的后劲所在，资兴启动亿元以上项目是 65 个，宁乡则是 215 个，是资兴的 3 倍多。比园区，园区是最重要的发展平台，资兴经开区去年实现工业总产值 247 亿元，同比增长 72%，增幅非常快，也是在全省很少见的；宁乡经开区实现工业总产值 350 亿元，同比增长 50%；去年资兴经开区投资上亿的项目是 10 个，宁乡经开区则是 14 个；工商税收方面，资兴经开区的指标要比宁乡高，上缴税收 7 亿元，同比增长 50%，宁乡是 5 亿元；两个经开区在产业定位上有着很强的竞争，宁乡经开区现在重点打造的产业是食品、机电新材料，食品产业是宁乡经开区摆在第一位重点打造的产业，去年宁乡经开区实现了"加加酱油"上市的目标；资兴经开区也是将食品产业作为重点打造的产业，在湖南范围内存在着竞争。

资兴前些年来一直在朝着经济强县的目标在冲刺，今年非常明确地提出"大干新三年、冲刺百强县"的目标，这一目标非常具体，一锤定音，提出这个目标需要魄力，也需要信心，符合资兴赶超的实际，这个目标的提出正当其时，否则资兴别无选择。的确，资兴的干部要有危机感，要有忧患意识！

二、后发赶超，现实所迫，不容资兴回避

后发赶超是相对于那种中规中矩或者小步发展的增长而言的，实现后发赶超，往往意味着一个地区能够更加吸引项目、资金、人力、物力，意味着经济增长、实力增长，意味着更可能成为区域发展的中心。

只有后发赶超，我们的人民才会满意。目前中央和地方实行分税制，实际上不仅仅是分税，中央和地方同时在分清大量的政府责任。在这种制

度安排下，一个地方只有加速经济发展，才能分到更多的蛋糕，更有条件承担履行政府对人民的责任。我到广西的一个县采访，县长是市直机关下来的干部。他跟我说，刚当县长那会儿，下乡劲头特别足，三天两天往村里跑，一个月过后，不敢了。为什么？因为村民、村干部见你提出修路、修水渠等一个个要求，一份份报告，可是县里财政困难呀。这个县是广西的一个中等县，县长不敢下乡非常现实地说明：经济发展不上去，财政怎么可能充裕，基层政府怎样去为无米之炊？

资兴人口虽然不是特别多，但过去有很多的工矿企业，困难职工有不少，库区移民有着很大的群体，山区也多，所以资兴的老百姓对政府诉求也是很多的。为了满足他们的诉求，给老百姓多办实事，资兴必须通过发展经济，做强、做大"蛋糕"，否则就很难有多少"蛋糕"可以分下去。只有人民对我们的政府满意了，才能在拆迁、征地等方面给予更大的理解与支持，因为他们会觉得这个政府确实在干事。宁乡县这几年的大建设背后是大拆迁、大征地，面临的矛盾比那些发展慢的地方，严峻多了。但总体来讲没有发生非常恶性的群体性事件。很多老百姓都认为宁乡县的发展是好的并从中得到了实惠，他们也更加相信把地交给政府、把房子拆了能够为宁乡带来更加美好的明天。

只有后发赶超，我们的干部才会满意。经济不快速发展，我们干部的待遇和工作经费，就不会得到合理的保障。今天我就给大家以公车预算做例子。2011年，在我到过的湖南省一个中等经济状况的县，我了解到每年县里正式公车预算有的单位是1万元/台，有的单位是8000元/台，有的单位是1.2万元/台，之所以这么不正常就是因为（这些县）财政很困难，而我去过温州和台州，特意打听了一下，一台车的公务预算大概是5万元左右，从这方面上就可以对比出经济发展的快慢给政府的运转带来多大的差别！再说公务员和教师的津贴，各地差别也不小，湖南、广西很多县一年不超过2万元；浙江温州、台州的县，约6万元左右，浙江西部较落后的市县，约是4万元。宁乡县的干部这些年干劲这么足，其中的重要原因之一，当然是因为工资再也不打白条了，待遇提高了。有一个当年对前途感到无望、精神焦虑的干部，现在对我谈到，宁乡的变化，让他做梦都在笑，不说其他，就说他家在县城的房产吧，现在也升值了很多。

也只有快速发展，干部的队伍素质才会不断提高。在一个发展很慢的地方，干部队伍中，随处可见庸人，充满了迟钝、保守、僵化的气息，我们的干部队伍素质是很难得到提高的。有句话叫作"感情留人、待遇留人、事业留人"，如果还可以加一句话，就是"发展留人"。对于很多干部尤其是年轻干部来说，能够赶上一个后发赶超、快速发展的时代，自身素质会得到提高，会有很大的成就感。只有快速发展，我们的干部干起工作来才能顺心顺手；只有加快发展，干部才会充满信心，才不会说怪话、才不会埋怨，干部的精力才能集中到工作当中去，干部的信心才会凝聚起来。否则，哪怕你喊破嗓子，也引不来人才，即使引来了，也很难留住。

只有后发赶超，历史才会满意。为官一方，就要造福一方，这在中国古代都是地方官吏的追求目标，何况今天现代社会的地方官员呢？我们的领导干部要担负起责任，就必须要有慢不得、等不起、坐不住的工作作风。如果发展落后，不但不前进，反而掉队，影响一个地方的福祉，怎么会赢得老百姓的口碑呢？我到过不少县调研，不少人不约而同地举例说明，1949年以来他们县最好的三个县委书记是谁谁谁，某某某，为这个地方发展做了什么事，立了什么功！与之相随，还有众多县委书记则雁过不留声，水过不留痕；当然，一些问题官员还会成为叹息摇头的对象。这每每使我感叹，为政一方，你表现如何，百姓心中有杆秤，历史会有公道的评价。

后发赶超，绝不仅仅是经济指标的增长。在这一问题上，我们国家经历了一个变化，即从以经济建设为中心到科学发展，战略思想做了很大的调整。干部队伍建设、社会管理、民生保障方面的工作绝对不能忽视，因为这些是一个地方发展的基础支撑。民众的幸福感，已经纳入一些地方的政绩评价当中。湖南省引入省民调中心推行的社会治安和干部队伍满意度

调查，影响力越来越大。湖南省连续开展数年的县域经济强县，考核指标就不断调整。据省农办副主任戴美湘介绍，2010年度考核指标体系更加符合科学发展观的要求。如降低了"GDP"总量指标的权重，不再将"GDP"总量作为约束性的考核指标；更加注重考核经济发展质量，用"财政总收入占GDP的比重"替代了"全口径税收收入占财政总收入的比重"；更加注重考核县域经济持续发展动力，增加了"固定资产投资"和"社会消费品零售总额"两个指标；更加注重民生，提高了"城镇居民可支配收入"和"农民人均纯收入"两个收入指标的权重；更加注重"四化两型"社会建设，调整了环保指标，增加了城镇化率指标。从对2010年度的考核情况来看，新的考核指标更能科学和真实地反映县域经济发展实际情况和运行质量。资兴提出了"大干新三年、冲刺百强县"是以后发赶超的目标作为总纲，但要实现这一目标需要资兴在各个方面打牢基础，绝对不能因为搞片面的后发赶超，只顾经济上的后发赶超而忽视了其他事情，终将吞下苦果。

我们必须要意识到，后发赶超也可能面临翻车的危险。高铁和动车追尾事故告诉我们，高速发展确实有很多不牢固的事情，我们不需要那么片面快的速度，需要的是既高速又稳健的发展。对于湖南和中西部地带来说，面临的现实情况和沿海有所不同，如果说沿海是面临总量很大的基础上需实现升级的难题，我们面临的主要任务是发展不足、增长不足的问题。由于中部面临很多经济发展的不利因素，使得中部的发展更加艰难。事实上在中部有一些地方，在后发赶超中已经不幸人仰马翻了。

如江西的"宜黄事件"，其表象是征地拆迁事件，本质则是六无（无过境公路、无国道、无高速公路、无铁路、无水运、无空运）的落后县，为了谋取跃进式发展而大干、快干而不幸出现的一个插曲。2010年9月10日上午，宜黄县凤冈镇的拆迁引发的自焚事件，导致三人被烧成重伤，后一人抢救无效死亡。县委书记邱建国被免职，县长苏建国也被提请免去县长一职。拆迁房顶上的熊熊火苗，刺激了整个国人的心。

　　就在自焚事件发生的前不久，宜黄县召开招商引资"百日竞赛"动员会。据报道称，县委书记邱建国提出了"与时间赛跑，创宜黄速度"的口号，以此号召全县上下要以"食不甘味、寝不安席"的责任意识，以"争分夺秒、争创一流"的严格要求，以"攻坚克难、善打硬仗"的良好状态，以"赛场竞马、优胜劣汰"的保障措施，快速推进全县各项工作，实现宜黄经济又好又快发展。

　　全面实现建设"产业特色鲜明，经济跨越发展的新宜黄"！赶超正是宜黄叫得震天响的一个靓丽口号。这次会议介绍了宜黄取得的发展成就："2009 年该县 GDP 在全省前移 2 位；财政收入在全省前移 9 位；规模以上工业增加值在全省前移 8 位；城镇固定资产投资在全省前移 8 位，今年上半年全县 GDP 在全省前移 7 位，增幅位列全市第 2 位。""今年 7 月，该县被评为'2010 年度浙商重点推荐投资城市'和'2010 年中国百佳最具投资潜力县（区）'。"

　　报道这则会议的一篇新闻称，宜黄县始终坚持以科学发展观为指导，大力实施项目带动战略，全县经济社会发展取得了显著成效，工业经济快速发展，城乡面貌日新月异，各项事业全面发展，群众幸福指数不断提升，呈现出政通人和、心齐气顺、风清劲足、进位赶超的良好局面，打造了以浙商聚集为主体、以产业集聚为依托的县域经济、快速发展的"宜黄现象"。

　　然而，事实如何呢？残酷的自焚事件，给宜黄的"科学发展"、"进位赶超"来了个辛辣的反讽！事发之后，宜黄不少老干部甚至联名向上级写信，为被免职的县委书记求情，认为这是一个为宜黄发展做了实事、立了功的干部。确实，比起现实中经常可见无为平庸的干部来说，邱建国是一个少见敢于负责的干事之人，但一味蛮干，不能够妥善处理推进经济发展与维护民众利益的关系，不但使自己吞下了苦果，还使得宜黄县的发展因此事陷于焦头烂额之中，当地有人称倒退了数年。

　　我们也必须要意识到，后发赶超绝非轻易之事。后发地区要真正赶超

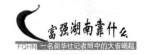

面临很多困难，首先是地理位置不占优势。从世界范围来说，经济发展确实是那些靠近大海、靠近大城市的这些地区。培养产业也是赶超的一大难点，世界银行组织的学者研究发现，大部分产业的培育要靠市场的传统的力量，对于很多中部的县市来说培养产业的任务仍很艰巨，通过政府的力量来进行呵护培育的过程比起传统市场的力量培育要艰巨得多。另外，土地供应紧张也是后发赶超所面临的一大约束，县域发展的一个很大优势就在于我们的土地多，我国八九成的土地都在县里面，但由于我国是单一制的体制，为了保护 18 亿亩耕地，实行了最严格的政策，县域的土地得到的审批数量非常紧缺。此外，资金流、人流、技术流等都涌往大中城市，县域跨越发展所获得的要素支撑匮乏。还有，正如学者们所探讨的"后发劣势"一样，后发地区虽然存在赶超的潜力，可能能够获得短暂经济上的增长与繁荣，但在此过程中往往忽视政府的创新，使得这种赶超可能昙花一现。

对于资兴来讲，发展"不能像小脚女人，胆子要大一点，步子要快一点，目标要高一点"，因为资兴目前面临的问题不是发展有余而是发展不足。在调查与观察县域发展过程中，我有一个深切的感悟，发展慢，干部和人民都不会满意，就容易形成恶性循环；发展快、动起来、快起来，人民才会满意，干部才会充满信心，上级也满意，就会进入一个加速度运转的良性循环。

总结、浓缩后发赶超样板地区的十条启示（注：此处略），可以得出三个结论：一是县域发展实现后发赶超是完全可能的；二是干部队伍是启动后发赶超最珍贵的资源；三是领导干部要担当后发赶超的第一责任。期待资兴在县域发展实现后发赶超、走上百强县的过程中，既保持非常快的速度，同时又能够健康科学。期待资兴市在新的历史起点上能够实现二次创业，成为中部地区县域经济后发赶超的黑马！

（摘录自作者 2012 年在资兴市委经济工作大会上的报告。）

醴陵鼓足干劲要学超浏阳

> 春节期间，醴陵大街上张灯结彩的巨幅宣传栏大书："赶超浏阳，挺进三强。"醴陵市还把经济务虚工作会议召开的地点，放在浏阳的731宾馆。此举象征意味极浓，不无实地察看军情，兵临城下挑战的姿态。

龙年伊始，湖南县域发展竞争就好戏连台。开场锣甚至还没响完，醴陵市就走到台前公开"叫板"浏阳市。

今年年初，醴陵在市委全会扩大会议上提出了"赶超浏阳、挺进三强"（注：后改为"学赶浏阳，挺进三强"）的奋斗目标，随后举行的市委经济工作会议又作了总动员。春节期间，醴陵大街上张灯结彩的巨幅宣传栏大书："继往开来，加快发展，赶超浏阳，挺进三强，祝全市人民新年快乐、万事如意。"浏览醴陵市的官方网站，赶超浏阳的标题长期占据头条位置。醴陵市还把经济务虚工作会议召开的地点，放在浏阳的731宾馆。此举象征意味极浓，不无实地察看军情，兵临城下挑战的姿态。

这种既是自我加压也是公开"亮剑"的做法，在湖南县域竞争历史上少见，国内也不多见，颇有敢为人先的风范。回想十多年前，即使是浏阳县域发展风头最劲的时候，想做湖南省县域发展的"老大"，也没这么张扬。他们提出"进百强，冠三湘"的口号，虽然赶超长沙县的用心路人皆知，但也并不直接挑明长沙两字。

2012 年春节，醴陵街头一处宣传栏。

醴陵为什么要单挑"浏阳"呢？从省内排序来看，2010 年度湖南省县域经济强县市排名，醴陵居长沙县、望城县、浏阳市、宁乡县之后，排名第五。由于望城县改区，退出排名，醴陵已经占据湖南省第四强的交椅。虽然经济实力相比与浏阳仍有不少差距，但在省内而言，醴陵认为最现实的赶超目标显然是浏阳。在不少发展指标上，近 20 年来一直被浏阳"压制"的宁乡，因为近年来的大发展，2011 年已经排在浏阳前面。

这种"单挑"里面，显然还潜伏卧薪尝胆的斗志。醴陵和浏阳同处湘东，地理相连，山水相依，都是县级市，鞭炮烟花同是其传统产业支柱，两地都以李畋为花炮宗师，都建有李畋店，都争李畋为本地人。20 世纪 80 年代，醴陵的实力是浏阳不可比及的。但 90 年代以来，锐意创新、奋发图强的浏阳反超了醴陵。近年来，一直憋了口气、不服输的醴陵暗中较劲，积蓄实力，等待着翻盘的机会，到今天终于吼出了反超的口令。这也是醴陵亮出战书后，各个乡镇、部门都在组织展开讨论，思考如何为赶超出力时，大有同仇敌忾，将士用命的深层次心理。

显然醴陵并非空喊口号。去年，醴陵县域综合实力历史上首次跻身全国百强、中部十强、全省四强。顺利夺取了省级园林城市的殊荣，摘取了全省"最干净"县级城市的桂冠，经济发展总量、速度、效益同步提升。正是这种蓬勃发展的势头，触发了醴陵赶超浏阳的决心与勇气。

醴陵市的负责人在全市大会称，2012 年是实施"十二五"规划承上启下的重要一年。醴陵亮"战书"给浏阳，也非心血来潮。"跳出株洲看醴陵，面向全省比发展，放眼全国找定位。这是立足全省乃至全国经济发展的大背景，正确审视醴陵现状，科学把握发展形势，以长远眼光谋划醴陵发展而作出的战略决策。"

那么，醴陵能否追上浏阳呢？让我们来比较一下两地当前的经济指标。2011 年，全年实现的地区生产总值，浏阳是 683 亿元（预计数，下同），增长 15％，醴陵市是 332.7 亿元，增长 16.5％；财政总收入，浏阳市是 41.8 亿元，增长 25.8％；醴陵市是 28.4 亿元，增长 40.3％。

从以上数据来看，醴陵比浏阳的差距还蛮大。2011 年有关机构推出的全国县域经济百强县排名，浏阳上升一位至第 64 位，醴陵则头次进百强排第 98 位。2011 年上半年，浏阳提出未来五年"进军全国三十强"的赶超目标，把排在自己前面、沿海发达的 20 多位强县，作为自己赶超的对手。去年下半年调整后新的领导班子又提出了"建设美丽浏阳、打造幸福家园"的奋斗前景，并在做强浏阳工业新城、全面对接融入长沙城区、加大招商引资力度等方面使劲用力。

确实，近年来，浏阳的竞争对手目录里还没有醴陵，但这绝不意味着面对醴陵的挑战他们可以高枕无忧。当今中国县域竞争可能是最激烈的区域竞争板块，县域发展的实力轻重，排名先后，吸纳资源能力的高低，一年两年看不出来，但五年十年就可能显现。试问，既然当初浏阳可以超过醴陵，那么今后醴陵为什么不可能超浏阳呢?！

事实上，在经济发展的一些局部方面，醴陵或许已经后来居上。2011

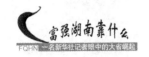

年地方财政一般预算收入，浏阳市 17.5 亿元，增长 31.8%；而醴陵是 19.7 亿元，占财政收入比重的 69.4%，总量位居株洲五县市第一，增长 51.5%。一般地方预算收入是地方的可用财力，是地方能够用的真金白银，虽然浏阳的财政收入比醴陵高出 13 亿元，但由于产业结构和分税制的因素，相当一部分作为国税上交给了国家（作者注：两地一般预算收入的统计可能存在不一样的口径）。

还让浏阳在这场竞争中不能掉以轻心的是烟花产业。很多外界人认为，醴陵肯定难以赶上浏阳，因为浏阳的烟花产业太强大了。醴陵人自己反思，20 世纪 90 年代，醴陵决策失误，认为烟花是高危的夕阳产业，导致市场空间被浏阳大举占领。近年来，醴陵人做大陶瓷产业同时不忘重振烟花产业。据浏阳市政府部门对外发布，2011 年，全市烟花爆竹产业集群实现产值 141.4 亿元，创税 10.5 亿元。而据醴陵市政府部门发布，2011 年全市两大产业之一的花炮，由于转型升级，达到 158.5 亿元，增长 31.9%。

近十年来，长沙县、望城县、浏阳市、宁乡县以蓬勃发展、齐头并进的县域发展势头，被公认为"长沙四小龙"，名闻省内外。全国省会城市所属的县市，齐齐进入"全国百强县"，除长沙外绝无仅有。多年来调研、总结、追踪"长沙四小龙"发展的记者，深深感受到，"长沙四小龙"的涌现，得益于长沙的带动，受惠于湖南经济总量的增强。但不可否认，各县之间保持互不服输、争先恐后的竞争态势，激发了官员斗志，提升了政府效率，是推动"四小龙"腾飞，带动湖南县域发展的重要推动力。

醴陵下"挑战书"后如何出招？浏阳如何看待、应对"战书"？这场竞争的走势及结果将如何？竞争将对湖南的县域发展格局产生什么影响？这些问题的解答，引人瞩目，令人期待。

（2012 年，开始写作强县探讨系列稿件，这是开篇之作。）

耒阳欲"进百强"当破难题

　　湖南排第一方阵的经济强县，主要集中在长株潭地区。耒阳
和资兴的强势出击，让人联想到在此板块之外湖南县域发展富有
冲击力的地区，或许是在湘南吧。

《三国演义》显示，人称"凤雏"、与"卧龙"诸葛亮齐名的庞统主政
耒阳时，主要职责是断案——对于今天在耒阳的执政者而言，所肩负的责
任显然远不止这么简单。

　　新年过后，站在"十二五"的新起点上，据我了解，湖南至少有两个
市跃马扬鞭，奏响了进军"全国百强县"的号角。这就是郴州的资兴市和
衡阳的耒阳市。同是县级市，同在湘南，同样列为国家资源型枯竭转型城
市，同样是"长沙四小龙"之外的湖南强县（市）——资兴和耒阳是湖南
县域竞争的两个强劲对手。2011 年，耒阳公布的财政总收入 22.63 亿元，
增长 32%，是湘南三市唯一财政收入过 20 亿元的县（市），资兴公布的
此项数据为接近 20 亿元，两相比较耒阳要超过资兴。不过，资兴人口比
耒阳少很多，如果两地财政总收入以人均作比，结果又大不一样。

　　"五年五十亿，五年进百强"，这是耒阳新近的奋斗目标。展开来说，
也即通过五年打拼，财政收入实现五十亿，进入全国县域经济实力百强
县。之前的 2011 年，耒阳提出"跻身省五强，争当排头兵，建设大城
市"。新的奋斗目标体现了更加具体的经济指标，更加开阔的视野，更加

争先的精神风貌。不过，征途必然不会一帆风顺，少不了坎坎坷坷。近年来，耒阳市高速发展，经济实力在全省排在前面，形成了自己的发展路径，但下一步赶超面临的矛盾也可谓困难重重。

最突出的是产业基础薄弱，过于依赖煤矿资源。虽然耒阳经济总量和财政收入位居全省前列，多是挖煤效应。据不完全统计，将直接和相关税费收入统计在一起，煤炭产业占全市财政总收入的二分之一。令人忧心的是，理论上耒阳煤炭储量有5亿吨，以每年500万吨的速度开采，可以开采100年，但实际回采量只有70%。在已经开采这么多年之后，耒阳市有关部门研判估计再有三五十年就差不多挖完了。过于依赖矿产资源所遭遇的发展陷阱，不仅仅是耒阳，也是国内外很多地区面对的。

没有产业的支持，一个地方的经济发展是难以为继的。近年来，耒阳市委、市政府正是意识到这一点，所以下大力气开展产业转型。例如，扶持油茶和旅游产业，计划发展120万亩油茶，这样可能产生24亿元的产值，相当于煤炭产业的一半。另，市政府投资上亿元，开发十多万亩的蔡伦竹海，希望打造成著名的旅游景点。这两个生态性很强的产业，投资回报周期较长，要想壮大起来，也不是那么容易的事，而且即使壮大起来，能否在财政、税收及提供工资、就业等方面弥补煤炭产业的衰弱，也会面临考验。耒阳如何真正"承接珠三角，配套长株潭"，形成可持续发展的产业，尤其是工业和第三产业以替代"煤产业"，还需艰辛探索。耒阳的产业结构很像山西。山西已经国务院批准，成功申报为国家资源型经济转型综合配套改革试验区和国家循环经济试点省，新一届省委、省政府提出要把发展循环经济作为发展的新动力、新模式，贯穿于转型跨越发展全过程，走出资源型地区科学发展的新路子。

耒阳的城市化也让人又喜又忧。喜的是，耒阳市区非常繁华，已经是一个中等城市的面貌。2010年，城区建成面积超过40平方公里，市区常住人口45万，市区人口已经超过湖南一些地级市。市区扩大对刺激消费、繁荣地产、增长税收、降低公共设施成本的作用无疑是巨大的。但是，如果城市不能够提供足够的就业机会和优良的社会秩序，那么，膨胀的城市就可能像《2012》科幻片所描写的那样，垃圾满地，空气污染，难以居住；而且，治安问题、社会矛盾也容易集聚、爆发。耒阳城区虽然房子多，但我走进过一些楼盘，几乎没有绿化等小区环境，完全是一堆水泥钢筋。

旅游是耒阳转型升级所寄托的主打产业。

与"大城市"相随并生，在耒阳还有一个特别的现象——我认为不但在湖南，也在全国少见，这就是耒阳的乡镇面貌总体而言比较糟糕。我到过耒阳的一些乡镇，街道狭窄，人烟稀少，据说，耒阳的农民，只要稍微有点钱，就想跑到城区买房子。是什么原因形成城市大、乡镇小这种失衡的状态呢？据我的观察，应该有如下这些因素：一、耒阳城区所在之地，地势平坦辽阔，与浏阳等湖南众多山区县城比，耒阳适宜城区建设；二、耒阳曾经一度向农民大量批卖城镇户口和土地，导致农民大量进城；三、

耒阳不少乡镇因为挖煤、运煤，导致生态破坏，道路沉洼，已经不适宜居住，所以很多人被迫转向城区来；四、耒阳大量农民被迫在外打工，在乡村难以养家糊口，因而与乡村的情感与联系慢慢割断，转向城区；五、政府开发城区相对而言有很多手段，如通过房地产开发创造税收，从而有钱在城区通路、通水，并且能够获利，而小城镇开发投入较大，但投资来源渠道比较单一。

近年来，中国地区经济发展的两个发动机，一是工业化，二是城市化。耒阳的"城市化"，虽然从城区人口规模说已经很不错，但是站在全市而言，由于小城镇的落后，城市化突出面临下一步路如何走准的问题。20多年前，令人景仰的学者费孝通先生在珠三角、长三角考察之后，曾经提出中国要走"小城镇"之路的战略构想。他正是看到了西方工业化席卷农村人口到城市，从而造成农村极度萧条的教训，希望中国的小城镇有很强的产业支撑，从而能够让众多的农民在小城镇就能够解决就业问题，就此栖息生存。据了解，耒阳市委、市政府负责人近年来多次强调小城镇建设，要求加快小城镇发展，我以为这个思路非常对头。

除了以上产业结构面临的难题之外，摆在耒阳经济发展面前还有一个问题，则是贫富悬殊突出。耒阳的好车之多，大酒店之多，物价之高，也是湖南县市少见的，这背后显然是因为耒阳有一批腰缠万贯的煤老板在出手。但对于大多数耒阳人来说，煤炭资源产生的财富他们非但难以沾上边，而且因为挖煤还影响到了他们的生存。当地官员接受新华社记者采访时，曾提出耒阳"不能让少数人暴富而多数人腰包干瘪"的发展理念，以及"富民优先"的发展战略，通过产业的转型和加大社会保障力度，弥补正在加速扩大的城乡差距。我深以为然。贫富悬殊的问题如果解决不好，下一步经济发展就难以迈步，社会管理也将形势艰难。问题的解决，当然离不开整个国家的制度变迁和利益调整，但是耒阳的地方政府，也当是责任巨大！

为了化解县域跨越发展遇到的这样难题，在激烈的县域发展竞争中占据主动，耒阳市委、市政府在亮出"五年五十亿，五年进百强"奋斗目标后，又对各级政府职能部门提出了这样的动员令："跳起摘桃子"、"跑起奔目标"，学会"撑竿跳"！湖南排第一方阵的经济强县，主要集中在长株潭地区。耒阳和资兴的强势出击，让人联想到在此板块之外湖南县域发展富有冲击力的地区，或许是在湘南吧。

（此文写于 2011 年，原稿约 5000 字，主要分析耒阳如何借鉴的县域发展经济，由耒阳市委办向全市转发参考。）

湘乡：产业的惆怅与渴望

> 对于国内尤其是中西部的县域而言，产业培育何其难也，即使有着传统的市场力量，产业也有可能因为缺乏转型升级的力量而夭折，多么迫切需要上级政府在规划、项目等方面提供支持服务啊！

世界银行的高级研究员对各国的产业培育作了调研，得出产业培育更多源自市场的力量，政府从无到有扶植新产业的成功案例很难搜寻的结论。最近我去了一趟湖南的传统强县湘乡市，对这个结论有了新的体会。对于国内尤其是中西部的县域而言，产业培育何其难也，即使有着传统的市场力量，产业也有可能因为缺乏转型升级的力量而夭折。县域的产业培育从外部而言，是多么迫切需要上级政府在规划、项目等方面提供支持服务啊！

皮革曾经是湘乡的招牌产业，如今它的光芒正在黯然失色。这个行业在湘乡有传统，是湘乡人自发形成，政府精心培育的一个产业。起步于20世纪90年代，至今维持近30年。最初，34家皮革企业分布在全市几十个乡镇，到处都有，都是粗加工，没有形成规模，到处污染。参考外面产业园区的发展经验，把皮革集中起来建工业园，2003年得到省政府批准成立。

因为皮革工业排放污水，损害涟水河，破坏湘江水环境，皮革工业园投产时，湘乡就有统一集中处理皮革工业园废水的计划。其治污问题同时引起省、市多级环保部门重视，纳入全省环保三年行动计划项目。尽管上级拨了全部 1800 万元建设资金的近一半，但是处理能力 1 万吨/日的皮革工业园统一集中的废水处理项目开工两年，仍然没有收尾。2006 年 3 月，湘乡皮革工业园内 7 家企业，没有通过湖南省环保厅的考核检查，被湘潭市政府勒令停产整顿。两个月后，污水处理厂终于投入运营，7 家企业每天排放的近 4500 吨工业废水得到净化排放。

显然，当时有媒体报道的《湘乡皮革工业园告别污染》，过于乐观，言之过早了。废水问题解决了，废渣问题又冒出来了。湘乡人称自己喊了很多年，但废渣问题没得到很好的解决。解决废渣的专业机构，即危险废弃物处理中心，湖南只限定两家，一家在衡阳，一家在长沙还在建。处理成本很高，湘乡皮革企业把废渣送到那里，仅运费就难以承受。湘乡自己把工业垃圾和生活垃圾分开处理的想法，也一直没有实现。此外，湘乡皮革使用的还是原来的工艺，难以解决重金属问题。如果采用新工艺，每一双鞋成本要增加几元钱，下游的市场难以接受。现在对污染排放的要求越来越高，环保指标也越来越多，达标越来越难。

湘乡发展皮革产业有资源优势，年出栏生猪 200 多万头，堪称猪皮大县。事实上，湖南全省提供的猪皮原料，还不够湘乡使用。上岗从业的技术门槛不高，农民工培训两个小时就可以上岗。这个产业有些地方，包括山东，还在大搞，还到湘乡这里来取经。欧洲几百年来至今，还在搞皮革。目前，全市皮革产值 4 亿多元，淘汰关闭之后余下十来家企业。湘乡皮革产业如同面临生存还是毁灭的拷问。如果全部停掉这个产业，哪个人都不敢拍板。但如果废渣等问题不解决，不管是工业园的管理者还是企业老板，又都缺乏信心。湘乡人摇头叹息，皮革是个好行业，市场很大，利润也有，主要问题在于环保，这个症结不解决，所以难有大发展！

园区有几家机械企业，很难称之机械产业。一个为南车配套的企业，做风电组装加工，缺乏核心技术。有核心技术的企业，产量还没做大。总

体上看来，这些企业都是简单的切割，技术产量很低、很粗糙。

绿色食品产业令园区也令湘乡人很纠结。食品监管是很大难题。更头痛的是，由于缺乏重量级的龙头企业，国家税收有不少减免政策，现有的企业几乎没有税收可交，用工业园管理者的话是"亏死了"。园区开发走的是以园养园、以地生财的路，给企业每一亩地，园区要亏 10 多万元，如果都缴不了税，园区运转就会出现麻烦。正因如此，最近有个食品企业入驻，要 20 亩地，工业园要求企业预交 2 年、每 5 万元一亩的税收保证金。前不久华天集团的董事长来了，有意支持园区的一家米糠油企业上市，园区很盼望这件事能够成真。

医疗器械是湘乡工业园区目前的产业憧憬所在。产业园引入一个生产植入人体支架的企业，投产三年，税收年 300 万元。虽然企业还处于成长期，规模并不大，但工业园的管理者认为它的成长性将相当大，已可称之引以为自豪的亮点。创业者是一个留美博士，有自己的核心技术。技术非常超前，以至尽管他的多项技术临床试验做完了，但相关国家标准还没出来，影响审批和生产。据说美国的大公司出近 3 个亿资金要买，他没卖。湘乡市还从深圳引来另一家药企，去年年底开工建设，产品以高血压防治和其他医用材料为主，以猪皮为主材料。工业园一个急迫的愿望，是想建立一个国家级的医疗器械的检测中心。目前中南地区除武汉外，其他地区还没有，湘乡正在对此也很感兴趣的省药监局支持之下，全力争取。

现在湘乡的医疗产品检测，要送到外地，检测一个产品是 3 万~5 万元。在湘乡人眼中，这个产业利润比药厂还高。一个包，就可拎几十万元的产品。比如一两米长的管子，就可能价值几万元。而且，物流成本很低，国际技术比较成熟，就像当年引进电视机一样，这个产业引进的空间也很大。湘乡人说，"只要这个产业有了，我们可以把其他产业赶出去"。

湘乡正在全力发展的工业园红仑新型产业区，从城区向沪昆高速方向靠拢，规划控制面积约 50 平方公里。将重点发展先进机械装备、医疗器械、电子信息、节能环保、现代服务等产业。而原来的皮革产业区，规划控制面积 1 平方公里，重点发展制革及皮革深加工产业。从规划面积就可以看得出来，湘乡产业的选择已经今非昔比了。

湘乡人自己培育的皮革产业，虽然难以解决环保难题，但毕竟像模像样，有上下游的链条，还有市场、园区方面的配套。但是，医疗器械、绿色产业、机械制造等，只是有一些孤立分散的企业，还在单打独斗之中，不能称为一个真正意义上的产业。皮革产业培育了几十年，现在进退两难，医疗器械产业虽然前景无限，但要从头培育，绝非容易。

好在湘乡市委、市政府对工业园的发展、对产业的培育已经百般重视了，出台了市财政与工业园分成、大头留工业园，以强化工业园的孵化能力等休养生息的政策，同时市领导密集调研，要求举全市之力给予支持。相信湘乡产业的惆怅，终有一天会以产业的兴旺来替代吧。

（写于 2012 年。）

津市的失落与振作

津市强调各单位对招商引资任务层层下达分解，"人人有任务，个个重招商"。市委负责人告诉我，采取这样的态势，最重要的目的还不是招商本身，而是激发政府官员，人人都要为招商服务，人人都体会发展不易。

从繁荣到凋落，津市的落差之大，是少见的。

很多30岁以上湖南人的童年记忆中，都留着斑马牌蚊香的影子。人们从包装盒上袅袅青烟旁印着的生产地址上，知道有一个地方名叫津市。前不久，我到津市调研，得知生产斑马牌蚊香的厂家，已经每况愈下，处于停产之中了。大树凋零，繁华落尽，这个消息让人心头一顿，感慨不已。

改革开放之初，一大批类似斑马蚊香之类的名牌产品撑起了津市的实力与名声。当湖南绝大部分县的经济发展还停留在种粮喂猪阶段的时候，津市作为湖南省少见的工业城市，经济实力已经走在其他地方的前面了。然而，这些产品除了极少数之外，因为国企体制落后，在激烈的竞争中不断败北，萎缩于时代变迁之中。从整体而言，衰败的国企，不但难以再给津市的发展提供活力，反而成了沉重的包袱。工业的"长板"缺了，面积小、人口少等"短板"又显现了，津市的发展怎不困难重重？

纵比也好，横比亦然，津市发展步伐确实一度缓了。2000年左右，津市与宁乡的地方财政收入差距，也就 2000 万元。以其中的地方财政一般预算收入为例，2011 年，宁乡县超过 20 亿元，津市不到 3 亿元，勉强超过宁乡的七分之一。津市虽然面积小，但经济实力过去一度力压澧县，可到了 2011 年，澧县的一般预算收入超过津市近一倍，经济总量已经超过津市一倍了。

百度津市吧上，有人把过去津市在全市、全省乃至全国创造的纪录一一搬出来，回味品读。"可惜了，以前的辉煌没能延续下来，导致我们这些年轻一代只能外出打工。想当年我妈在津市蚊香厂搞事的时候，我还在厂里帮忙接香片。"抚今忆昔，津市人伤感不已。"现在的津市还剩几个厂啊，我爸我妈以前工作的厂都倒闭了，想想都伤心。幻想津市几时能再多些工厂、公司的，我们也能回家啊！"只有经济发展重振雄风，津市人才能够扳回曾经的荣光，才能不用背井离乡去寻找就业的机会。

县区的发展水平并非恒定，短短数年、十年乃至数十年时间，弱可以强，强可以弱。这样的变局，不仅仅在津市，同时在湖南很多地方上演。自 20 世纪 90 年代以来，津市的发展就越来越吃力，如同昔日的贵族还原为今日的平民。

从便利的交通到一度边缘，津市地理区位的衰退也是少见的。

市志载，津市居澧水尾闾，洞庭湖西缘，素为湘北名埠，九澧重镇。水运便利这一罕见的优势，造就了津市的繁荣。尤其抗战之时，因为长江中下游被封锁，洞庭湖区又遍布水雷，居于之间的津市，一下成了人流集中之地，最多时城区人口达十万之众，从而奠定下了数十年繁荣的基础。"北有沙市，南有津市"，也是在此期间而得名。之后，国家因水运之便多将工业布局于此。

纵观当今世界，海运仍然有不可替代的优势，而内河航运，除欧洲的莱茵河与海运互动从而兴旺之外，大多风光不再，中国亦然。中国交通的优势所在，已经从公路时代升级到高速公路时代、空运时代，再到今天的高铁时代。津市水运失去了交通优势，陆路到长沙的车程不少于 3 小时，

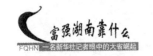
高铁又沾不到边，一下子从昔日交通便利之地，变成省内不多见的交通边缘地带，经济发展谈何容易。与津市一样，因水运衰落而大受影响的地方，在湖南不止一县、市。好在正在修建的二广高速穿过津市，能够拉长津市的地理"短板"。

津市地理区位的不利，还表现在几乎没有划入任何国家政策重点支持覆盖的范围内。当前县区的发展，很大程度还要依仗国家外力的扶持。武陵山区连片扶贫地区，津市不属于。湖南的长株潭"两型社会"试验区与湘南国家产业转移示范区，离津市还远。津市现在翘首盼望的是，湖南省正在酝酿申报的环洞庭湖生态圈一旦上升为国家计划，能够给津市带来机遇。

不甘沉默的志向和招商引资的力度之大，津市在全省是少见的。

津市把抓项目、争资金作为后发赶超的抓手。三年前，津市市委、市政府开展项目建设年活动，一直坚持至今。产业、交通、民生等一大批项目竣工运行，为津市的重振注入了活力。2011年，津市的固定资产投资、重点项目建设、重大项目前期开发等考核都已排在常德各县区的前列。2010年度，津市被评为全省十个县域经济发展先进县市区。

不甘落后的津市，正在奋力追赶前行。今年，津市又明确提出把招商引资作为全市发展的首位战略，放在全市七项重点工作的第一位。据市招商局介绍，16名市级领导各分配了1000万元的招商引资任务，对部门单位下达了5000万元、3000万元、1000万元不等的量化招商任务。以往全市有招商引资任务的单位为56家，今年扩大到76家，增加了20家。他们还将部分垂直管理单位纳入到招商引资任务单位之列。

津市强调各单位对招商引资任务层层下达分解，改变过去单位只有"一把手"关心，其他干部不知不为的现象，真正启动"人人有任务，个个重招商"的局面。市委负责人告诉我，采取这样的态势，最重要的目的还不是招商本身，而是激发政府官员，人人都要为招商服务，人人都体会发展不易。

"看常德乃至全省，县域发展竞争激烈，我们前有标兵，后有追兵，不进则退，慢进也是退。"津市人也清楚认识到，项目建设和向上争资工作还存在不足。如：投资总量不多，大项目好项目不多，特别是缺少带动性强的产业项目；土地供应趋紧，企业融资难度依然很大；个别单位对项目建设和向上争资存在厌倦、应付和畏难情绪。

我们到津市走访的当天，市委书记一早出发赶到湖北的东风汽车厂洽谈招商引资，晚上 11 点钟赶回来，连夜部署第二天的工作。第二天，市政府召开一月一度的招商引资点评会，市长主持，交流督察招商的动态。

一位网友为津市的发展这样留言："往事不堪回首，曾经无比辉煌的光阴一去不复返，唯有期待津市的年轻一代为津市之崛起而奋斗。"在激烈的县域竞争中，津市人如何奋斗，才能够重振雄风，实现津市人的梦想呢?!

（刊发于 2012 年。）

冷水江：一个转型城市的"死"与"生"

在冷水江采访，那本《美国大城市的死与生》不断浮现在我的脑海中。是的，如同这本书名所隐喻的，高能耗、高污染——旧的冷水江在"死"，资源节约、环境友好——新的冷水江在"生"。

在我采访过的湖南各县（市）当中，没有一个地方，提出转型战略，像冷水江这样如此迫切坚决。冷水江的转型，绝非小打小闹，流于形式。其决心之强，力度之大，用断臂求生还不尽准确，当可谓再造之后的重生。

冷水江城区东部郊区，还显荒凉的辽阔地带之中，一幢包裹在脚手架与绿网纱中的宽阔大楼，正在建设之中。这是前不久我造访的未来的冷水江行政中心大楼。这栋大楼被寄予期望，将带动这片土地，形成冷水江的东部新城。为了告别拥挤堵塞、一度被工厂"残酷污染"的旧城，冷水江不惜破釜沉舟，造一座宜居宜业的新城。

岩口镇的几个村庄，是全市推进新农村整村建设的样板之一，全省的代表曾经前来观摩。色彩协调的村庄外墙，挺拔的路灯，方便的服务大厅，让曾经从事多年"三农"报道的我倍感新鲜。然而让人又感到一丝沉重的是，当地村民告之，村庄的相当部分地下因为采煤而塌陷了，他们移居建设新村选择的地点，都是经过地质部门勘探的地址。在冷水江，重生的不仅仅是城市，还有乡村。

冷水江是长株潭地区之外排名最靠前的湖南县域经济强县，2012年，正贯彻娄底市委、市政府要求，学习宁乡经验、实施县域发展的加速赶超。在冷水江，我专访了市委书记刘小龙，面对转型这一采访主题，刘小龙不假思索，脱口而出，详尽道来。多年来一直参与转型决策、实践的他，对"科学发展"的理解，有着比一般地方更加切肤的体会。

转型发展的战略是如何来的？

2009年3月，中央统一部署在县级开展学习实践科学发展观活动，这对我们的发展思路产生很大影响，正是这个活动使我们在震撼中思考，冷水江的路怎么走？

一是我们明显感受到产业结构是非常突出的问题。它完全依赖地下资源，而资源不断消耗，这是资源型城市的致命缺点，以后怎么办？冷水江锑的产量占全球三分之二，每年市场容量10万吨，这里产6万吨，可据调查可开采的资源已不到10年。

二是冷水江的重型产业结构带来很大污染。用污染形容还不够，可说是残酷污染，带来大量的废气、废水、废渣，而且对土壤、地层、水系都造成越来越严重的破坏。

三是由于我们这种产业结构体系客观上拼环境、拼资源、拼消耗，使得老百姓没有真正分享到经济发展的成果。人居环境很不和谐，老百姓幸福感不强。天是黑的，地是黑的，老百姓即使钱再多，有什么用？污染也造成城市环境的恶化，尽管冷水江的工业上来了，但第三产业和城市的发展严重滞后。人家（外商）到你这里，感受不好，不愿意来投资。从某种程度而言，这种发展模式是捡了芝麻丢了西瓜。

冷水江的路怎么走？我们痛感，不容回避，义无反顾，必须走新路。通过集思广益，集中群众智慧，常委会多次研究，2009年3月我们制定

了"一转三化"战略，即深化转型工程，推进产业规模化、城市生态化、城乡一体化，后通过市委全会正式形成决议。

转型发展的路子怎么闯出

"一转三化"战略当中，"转"字是核心，是方向，是目标，"化"字是手段，是途径。这几年，我们按照这个思路来推进县域发展，事实证明，这完全符合科学发展观的要求，完全符合冷水江实际，完全符合老百姓意愿。我们的各项工作，出现了前所未有的发展新格局。

产业规模化，主要是针对工业化而言，通过升级换代，通过园区建设，实现由粗放向集约，由高排放向低排放转变。我们痛下决心，一个月关闭了锡矿山 75 家民营企业。书记、市长带队上山，挖厂房，拆设备，暴风骤雨，强力推进。它们都是小规模、高排放、高污染，严重破坏生态环境。同时，我们支持闪星锑业和 9 家民营锑业做大做强。我们打了一场歼灭战，英国《金融时报》报道，说中国的环保政策，在中部这样一个地方落实了。《金融时报》的记者来采访，我们开始以为他是来曝光的，他起初也不是没有这样的想法，后来他写了一篇表扬报道。表面上，我们关闭了这么多企业，数量少了，实际我们得到的更多了。锑每吨价格 4 万元，整治后变成 10 万元，现在稳定 7 万元左右。我们认为，整治是主要原因。闪星公司年产值长期徘徊在 15 亿元左右，现在准备向 50 亿元进军。还有，冷水江过去一些小水泥企业，加起来产量设计在 20 万吨，实际产能 10 万吨左右。"波月水泥"原有 1000 多名工人，我们协调从城区搬到建材工业园。2010 年年底，企业环保不达标，我们强制关停，引入华新水泥，年产量预计 300 万吨。不但产量上去了，而且环保上去了。一个 300 万吨的水泥厂，能够覆盖 50 公里范围的市场。我市有铁路优势，还可以有废渣供华新水泥利用。我们"四大家"赶到华新水泥的武汉总部。总裁跟我们见了面，仅此一次，他关注的投资环境问题基本上我们都答复了他。前不久他来了，说他们在湖南开办了几个厂，冷水江的厂可以打高分。整治重组水泥企业后，我们得了几百万吨水泥，得到了几千万元税，得到了好的生态。一些老百姓开始担心环境，我们组织他们到华新其他厂参观，眼见为实，没有污染。就在我们这里交流的旁边，城区之中，就是冷水江耐火材料厂，过去生产我市引以为豪的标志产品，污染也比较严重，我们也要求进入建材工业园。通过退城进郊，这些企业反而做大了规模，使用先进的技术，环保水平显著改善。我们提出 2015 年产业倍增由 300 亿元提高到 600 亿元的计划。

再说城市生态化。冷水江老城区实际只有 8 平方公里，有 18 万人啊！过去规划很不科学，先天不足，以厂建城，基础设施很薄弱。所以一度以来，人居环境是老百姓反映最强烈的问题。诉求的方式一是通过信访，二是开两会时，代表委员最关注，发言最尖锐。所以我们有一个特色，每年开人代会，环保局长要作专题报告。我们不这样做，无法跟代表委员交差啊！老百姓大量地迁居，有钱的人，不在冷水江买房子，而是到娄底、长沙去买。在人居环境这个问题上，我们别无选择！我们下定决心，必须解决这个问题。四个字，扩城提质！扩城必须求实效，我们大手笔，东向扩容，跨过铁路线。我认为，跨过铁路线，才是真动作。必须大手笔，而不是小打小闹。我们现在主干路基本形成了。为了使老百姓相信政府的决心，所以我们先启动行政中心，"四大家"都在一起。新城建设已经推进两年多时间。我们高起点科学规划，花了 230 万元，请了广东的设计院。规划就是生态新城，不能布局一家工业企业。此外，我们推出一系列配套政策，使被征地老百姓有保障。已经完成投资 10 亿多元，使新区的骨干路网已经基本成形，近 20 个项目正在这里推进。新城建设将有力拉动冷水江的开发，怎么形容它的重大意义都不过分。说它是冷水江未来战略发展的制高点，毫不过分。如果说生态东城是第一件大事，那么，第二件大事，沪昆高铁和娄新高速的拉通，将会改变冷水江人的时空观念。第三件大事，是新农村建设。为了提质，我们创卫。刚开始创卫的时候，老百姓

一片讥笑谩骂，说晕了头，现在一片叫好。改水，自来水全天百分之百二级供水；以前取水口设在城区下游，现在改在上游。扩城提质得到了老百姓的认可。

冷水江城乡一体化探索是去年三月开始动员。我们这样做，就是要拿出"票子"，使得农村发展与城市发展对接，尽快帮助农民享受国民待遇。钱花在老百姓身上，是最有意义的事情。当然，我们还要探索农村发展的路子，比如土地流转。土地产权不明，低效利用，导致大量抛荒。城镇是靠以地生财，农村也可以试点。我们帮村组修路，让老百姓喝上清洁干净的水，改选房屋的风貌。环境决定了人的感受，甚至人的选择。刚推进的时候，有人认为是搞形式主义，现在老百姓积极性非常高。

转型发展的感悟体会

一是我们认为科学发展观有很强的现实意义。经济发展如果没有质的提高，不能提升公众的幸福感，这不是科学发展。要不，老百姓为什么支持你发展呢？

二是我们争取了国家大的政策支持。近年来，我们总共赢得到了五大政策。一是资源转型试点城市，第一期四年之后，今年又进入第二个五年周期。国家拿了真金白银，资金逐年加大，今年中央财力给1.6亿元专项资金，用于四个方面。二是成功将锡矿山纳入湘江重金属治理。三是纳入武陵山区连片扶贫范围，我们虽是经济强市，但城乡发展也不平衡，我们盼望通过扶贫政策帮助解决农村路和水的问题。四是列入湖南衡邵干旱走廊，解决小河小溪的水利建设。五是统筹城乡发展列入湖南省的试点，在小流域治理、农村环境治理等多个领域，得到省政府与众多厅局的支持。

三是我们营造了风清气正的干事环境。官员队伍生态，有时比城乡生态还重要。我们始终坚持干部你必须要干事——你有没有能力，思想境界如何，要在干事中体现出来。我们"四大家"非常团结，集中精力想事、谋事、干事，没有你在前面干事、后面有人盯着你的现象。我们的理念是，在发展冷水江的事业中统一思想，要在当地干成几件实事。领导干部您讲一千句一万句，不如干一件事。

在冷水江采访，那本《美国大城市的死与生》不断浮现在我的脑海中。在这本影响世界城市发展的书里，《建筑论坛》女编辑雅各布斯所抨击的"死"，主要是指糟糕的城市规划。是的，如同这本书名所隐喻的，高能耗、高污染——旧的冷水江在"死"，资源节约、环境友好——新的冷水江在"生"。

这重生的过程之中，注定了阵痛中有果敢，艰难中有欣喜。

（采写于 2012 年。）

宜章："南大门"的强县进行曲

思路明晰，将士用命，凝聚民智，求贤若渴，永不满足，又有产业转移之时代机遇，崛起郴州之母体带动，这样一个县的景象，很难不让人对它的发展充满期待。如同湘北的"长沙四小龙"一样，在湖南的"南大门"，或许在不远的将来，又将兴起一个县域蓬勃发展的"地标县"！

可称湖南改革开放之初"地标"县的宜章，近几年来有重新焕发生机之势，种种迹象让人对它的前景充满期待。

南岭北侧的宜章县紧靠广东，素来有"楚粤之孔道"的别称。珠江水系的源头在风景独秀的莽山，莽山国家森林公园的游客大多来自广东。行走在宜章，你会觉得省界的概念模糊，这里不少乡村与韶关的乐昌犬牙交错，一会儿到了广东区域，一会儿又回到湖南境内。

在广东一省经济独大、长三角的江浙还蛰伏的年代，湖南的发展靠广东带动，湖南的观念靠广东来洗涤，湘南的郴州、衡阳、永州三市尤其是郴州占得地理之便。湖南先是提出把湘南建成与广东对接，政策放开搞活的"弹性试验区"，后接着支招把郴州建为类似深圳特区这样的"过渡试验区"。

1988 年 5 月 11 日，国务院批准湖南省政府《关于加快湘南开发的请示》，同意将湘南的衡阳、郴州、永州三市作为由沿海向内地改革开放的过渡试验区，又称"弹性地区"，并实行一些参照广东的过渡政策和灵活措施，期望通过开放这样一个"特区"，来带动湖南的发展。宜章因为"南大门"的地理位置，从而有明显的交通、区位优势，这里一度给外界展示观念新锐、经济活跃的印象，堪称湖南县域发展中的一个"地标"。

然而，时势总是在不断变化，变化的幅度让人回头看时惊人。今天，尽管湖南省的人流、物流还是滚滚地奔向广东，以至不久前的广东报纸，还以"向南，向南"为题报道湖南对接广东的发展战略，但事实上，和改革开放之初相比，南边虽然依然令人向往，但于湖南已不再是唯一的经济"圣地"！

向东，湖南加紧融入长三角，在省会长沙，不断可见操着外地口音的浙商、闽商淘金身影；向北，湖南不断抛出绣球，吸纳大批央企前来参股办厂；向洋，当以工程机械为代表的企业走向世界抢占市场，湖南也接连迎来了世界 500 强高管的身影。向内，湖南发展"一点一线"为主导的区域发展战略也出现大的调整，长株潭城市群随着国家"两型社会"试验区的确立，得城市化的时代机遇，在湖南发展的中心地位不断巩固加强。

正是在这个大背景下，一度湘南的"桥头堡"位置被削弱了，"南大门"的关注度降低了。当以"长沙四小龙"为龙头的一批强县主导湖南县域发展格局之时，包括宜章在内的湘南众多县市，尽管奋力追赶，差距却在不断拉大。还有一个严峻的现实摆在宜章人面前，高铁通了后，高铁站设在湖南的郴州与广东的韶关，宜章的交通优势有所淡化了。发展的迷茫与开放的困惑，一时弥漫在宜章人的心头。

时代的变迁，总是不经意之间深刻改变着一些东西。潮起潮落，新的机遇又降临在宜章身上。2008 年以来，珠三角产业转移浪潮如水银泻地，湘南三市在湖南省的推动争取下，又被国家确立为湘南承接产业转移示范区。宜章地理之便再度如冰山浮现，乘势而上，他们当仁不让地打出"对接湘粤第一城"的招商口号。宜章人分析后确信，宜章还是有相对的地理优势：物流不走高铁，还是要走公路、铁路；广东很多的项目信息，宜章

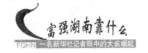

可以相对先觉。

树立开放崛起、后发赶超战略的宜章正在奋力奔跑。2011 年，宜章县域经济站稳郴州全市第一方阵。地区生产总值、全社会固定资产投资首次进入"百亿俱乐部"，金融机构各项存款余额接近 100 亿元，财政总收入首次突破 10 亿元大关。宜章县制定了"园区大发展、城区大建设、山区大变化、民生大改善"的战略，得到了上下的认同。前不久，当我们走访宜章，感受到了宜章来势如虹的同时，也感悟到了这背后的可贵之处。

发展县域经济，宜章虽有地理之"利"，却也有地理之"害"。宜章多山，尤其是南北两向，山高岭峻。有山为界，置县近 1400 年，县境版图基本没有变化过。宜章县城的百姓出门就见山，宜章人说，广东第一高峰在莽山，这在我县还只是第二高峰呢。上天给了宜章莽山这样的绝世旅游胜景，给了国内县级少见的矿产资源，也使得宜章列入国家集中连片特困地区扶贫开发攻坚县，然而同时顺带给宜章发展设置了重重障碍。宜章城区平地极少，按照规划规定，坡度超过了 20% 的用地，是不能作为建设用地，宜章却不得不用。

山地开发的突出问题，是土建成本高。一般而言，湖南"三通一平"加上征地拆迁成本一亩 20 多万元，而在宜章大约 1 亩 40 多万元，增加的成本主要是土石方成本。前来修订规划的北京专家叹道，没见过用地这么难的县城！经开区管委会负责人与我们交流时说，像三一重工在宁乡投产的汽车起重机项目，需要提供数千亩相连的平地，如果放在宜章，这样一块地从哪里来还真是难事。

宜章不断突破山的阻碍！南京洞开发区，可曾是赫赫有名。这个 1992 年建立的开发区，面积不到一平方公里，很长时间一直缩在这里，事实变成了居民小区。开发区建设扩张的突破性进展起于 2009 年，跳出南京洞，全县多点布局，建设开发产业承接园、玉溪工业园、氟化学工业园、城北农业产业园。"一区四园"的开发战略，使得宜章经开区的发展思路豁然开朗，发展平台顿时广阔起来。

映入我们眼帘的经开区已建成工厂用地，几乎都是在山坡之间开山劈岩而成。放眼望去，厂区后面经常可见裸露鼓起的石头。氟化学工业园正建设的厂区，一旁是挖出来的笔直的高墙，裸露着青黑的石壁。别看厂区中间是平地，那可是将一个大坑用土填平的结果。目睹这现实版的"愚公移山"，我们真切感受到了宜章人建设开发的不易和渴望发展的决心。

受制于山，宜章的县城虽然繁荣，但多年来却没有拉开城市框架，挤压在山坡上。宜章的县城不但落后于自己的经济发展，也落后于郴州很多县。2011 年，宜章的三产结构是 19：61：20，第三产业表现平平正反映了宜章县城市化的步伐停滞。这意味着，宜章这辆经济发展的马车，实际上只有工业化这一匹马在拉动，而城市化这一匹马却跛着脚。如今，宜章通过修编城市规划，寻求新的城市发展空间。他们设想是到 2030 年建成 30 万人、30 平方公里的城区，比现在超出一倍。

在县规划局，我们从规划图看到，大部分地方都是深蓝色，城西这一块是相对而言颜色较浅，较浅的图块则意味着地势较低的地方。城西，将承载着宜章新城建设的梦想。7 月 19 日，宜章县政府与大汉城镇建设有限公司签订城区双溪新区项目合作协议，这意味着宜章县城区大建设崭新的一页翻开了。

虽然号称"南大门"，但宜章人一度苦恼地发现，到宜章考察的投资者多，看了以后，很多再往北走了。"就好像我们这里是过道，过桥米线。"宜章人悟出一个道理，如果没有好的政务环境，再好的地理对于招商引资而言也是枉然。

在宜章，我们走访了两家企业。富士电梯颇具现代气息，车间高大宽敞，完整的生产线井然有序，人员并不多，可见其机械化程度较高。负责人郭达全直爽相告，宜章是广东北上入湘第一县，物流方便，政策优惠有吸引力，招工也不难，技能工人多是从广东回流的本地人。目前遇到的困难之一是配套产业缺乏，有的模具郴州也买不到，须回广东购买。这不仅是富士电梯，也是众多转移企业的共同难题。不过，他话锋一转：如果工

厂在宜章形成规模经济，年产上万台，那么配套企业就会自动过来。也正是考虑这一点，开发区管委会已在富士电梯工厂旁边平整出一块好地，作为配套工厂的厂区。

烈日之下，央企中化入主控股的宜章弘源化工有限责任公司正在加紧施工。依托这个项目建设的白石渡氟化学工业园，有国内储量少见的萤石、硫铁矿资源为支撑，有中化这样的央企深加工，预计年产值可达 100 亿元。项目负责人刘强告诉我们，这个项目的施工进度非常快，因为得益于宜章县政府的支持。县里组织了项目服务小组，县委书记欧阳锋任责任人，之初差不多每周要开一次协调会。就在我们走访的第二天，又一次协调会准备召开。"政府的服务很到位。"之前在多个大城市的中化项目工作过的刘强这样评价。

为了打造招商的优势，宜章县亮出了一个其他地方难以开口的承诺，招工问题由地方政府负责！经开区设企业服务局，2009 年开始为投资企业代理政务，企业轻松省事，只需派人带章盖戳即可。

宜章的可贵，还在于对人才的重视。在我们走访的当天下午，宜章县由副县长给新来的学生授课，介绍县情，讲授工作方法。接着第二天上午，全体县委常委与大学生们交流对话，既以示重视，也互动交流。让一些大学生意外，县里不但给他们安排好了住房，还细到准备好了被子、牙刷牙膏。这些做法真正有"礼贤下士"的古风，县里面生怕怠慢了这些来到湖南之南的才俊们。

县域兴，人才引，这是互相促进的两面。从我们的观察看，但凡县域经济发展得快的地方，很少没有人才缺乏之叹，不无招贤纳士之举。宜章县的县长王建球与干部们分享读书心得：正如《大秦帝国》这本书所分析的，秦灭六国的绝招之一，就是不惜手段，把六国的人才都挖到秦国来。不过，人才即使引进来了，如果县域经济发展慢，干不成一番事业，这些人也大多会走。宜章县的决策者告诉我们，是真正把他们当"宝贝"来看待，他们有决心、有期望，让这些人才来得了，留得住，用得好。

宜章人在郴州以头脑活跃而出名。我们在宜章所接触的一些干部，都感觉工作节奏也在加快。"五加二"、"晴加雨"、"白加黑"这些词语，他们常常笑着脱口而出。县商务局长欧小平在多个乡镇、科局工作过，在他看来，如今全县形成齐心协力跨越发展的态势，经开区的发展平台也打造了，自己心里时常涌现一种紧迫感，就好像时不我待有人无形中在催自己干一样。"现在工作压力越来越大，有做不完的事，节假日很少休息。"

他认为，这种紧迫感的形成，一方面是充分感受到了县委、县政府加速发展的愿望；一方面也确实认识到，招商引资竞争激烈，产业转移可能就是三到五年黄金期，机不可失。与紧迫感相伴随的是人心的振奋，欧小平接着告诉我们："我对宜章发展充满信心，我们引进了一批大项目，领导为项目做得越来越多，它们投产后对财源贡献很大；我们相信，宜章三五年有大的跨越。"他特意提醒我们，"这不是讲官话！"

在这场县域发展的进行曲中，宜章的民众也被动员起来，激情燃烧。2011年年底，一场名为"建设新郴州，宜章怎么办？发展新宜章，我们怎么干"的解放思想大讨论开始了。讷谏的真诚、民主的姿态打动了百姓，历时4个多月，从16岁少年到89岁老翁，参与的干部群众达数十万人，贡献的计策达7000多条。

必须点明的是，在宜章，我们无时不感受到郴州的"拉力"。这种带动，不仅仅体现在郴州"十一五"以来，新提出要建设成为"湖南最开放城市、湘粤赣省际区域中心城市"，并伴之以持续放开的讨论，从而在发展思路上开阔了宜章人的视野，提升了宜章的目标。

过去，郴州厘定的城市群发展战略为"郴资桂"一体化，宜章被搁在一旁，有点失落。如今多了一个"郴永宜"。两者形成一个以郴州为交叉点的十字架，一下使宜章找到了归属与支点。

在郴州规定对领导干部"五个一律免职"的基础上，宜章加了一条，凡"违反规定工作日早午餐饮酒的一律免职"。走在宜章街头，如郴州一样，街头不时可见宣传栏流动着这些利剑高悬般的禁令。是的，没有一个

地方真正的大发展，不是伴随着吏治的整顿！唯如此，正确的思路才会得到有效执行，而非纸上谈兵！

与此同时，像安仁这样在郴州过去一直"靠边站"的经济落后县，近两年来突然显露峥嵘，不但引来三一这样的大项目，还承接了大批产业转移项目，也使得包括宜章在内的郴州其他强县，顿生后有追兵、大意不得的紧张感。

蓄势聚能、攻坚克难、凝心聚力、奋力赶超——宜章人以此等语言砥砺自己奋进之时，怀抱着浓厚的忧患意识。他们认识到：宜章县总体上仍属于欠发达地区、后发展地区，全县经济总量不大、发展不够充分的基本县情仍然没有改变，财政收入、税收占 GDP 过重，过度依赖煤炭资源的偏重型产业结构没有改变。劳动就业、社会保障、教育卫生、居民住房等涉及人民群众利益的问题还很多、困难还很多，历史欠账还比较多。

"大门"是开放的，可往往两边连着高墙却是封闭的。县委书记欧阳锋提出这样一个带有悖论意味的命题与大家探讨，"南大门"内的宜章人，是否推倒了自己身上那堵存在着阻碍观念转变、影响经济发展的"高墙"呢？

思路明晰，将士用命，凝聚民智，求贤若渴，永不满足，又有产业转移之时代机遇，崛起郴州之母体带动，这样一个县的景象，很难不让人对它的发展怀抱向往。如同湘东北的"长沙四小龙"横空出世一样，在湖南的"南大门"，或许不远的将来，宜章将重新兴起为湖南县域蓬勃发展的"地标县"！

（采写于 2012 年，与陈文广、刘隆合作。）

文化保护亦是执政之重

　　对一个地方历史文化的挖掘整理，虽然对经济发展的作用并非立竿见影，但对于一个地方人民自信力的形成、地方凝聚力的形成，"功在长远，功不可没"，理应是"科学发展"中的执政之重。

　　招商引资、项目建设、县城发展……这些摆在县委书记面前的任务，他干得出色。但是，像他这样以火一样的热情，卓有成效地组织研究一个地方的传统文化，且自己动手撰写论文的县委书记，国内各地罕见。

　　3年前，他调任市委常委、宣传部长，推动组织了连续三届"读书月"活动，得到公众的热烈响应。爱读书的官员不可谓少，但像他这样喜欢藏书且对版本学颇有研究的，官员之中也鲜有所闻。

痴心"文化保护"的县委书记

　　2003年年初，36岁的阳卫国从省委组织部调任茶陵县委书记。此县山清水秀，蕴藏铁、钨、煤等矿山资源，然而让他更惊奇的资源是，这个在湖南不怎么引人注意的县居然沉睡着如此珍贵丰富的历史文化。

　　地处湖南东部罗霄山脉中的茶陵县，因炎帝"崩葬于茶乡之尾"而得名，汉高祖五年置县，至今有2300多年建制历史。《西行漫记》中首页即

提到中国首个县级工农兵苏维埃政权在茶陵县建立。

长期以来，不管是本地人还是外界，说起茶陵，印象往往定格在省级贫困县、"将军县"和山区县。阳卫国翻开尘封的史书发现，茶陵历史上中榜了127位进士、三个状元，国内各县少见；与这片土地血脉相连的明朝大学士李东阳，开创了在中国文学史有一席之地的明朝"茶陵诗派"；尤其难得是，清末时茶陵书院众多，数量居湖南各县之首。

就像一个"文化考古"队长，阳卫国推动成立了茶陵历史文化研究会，通过动员县内有识之士参与、邀请武汉大学师生研究等方式，开展历史文化研究。至今为止，通过财政补贴等多种经费筹集方式，茶陵县共出版《李东阳评传》、《李东阳研究》、《茶陵文选》、《茶陵民间传说》等11本书籍，成果斐然，湘省无出其右。

2001年年底，他在繁忙公务中挤出时间通过入学考试，成为湖南大学岳麓书院历史学专门史方向的硕士研究生。到任茶陵不久，他申请放弃原来选题，改换《茶陵书院研究》作为硕士学位论文题目，得到了教授的首肯。

在一个60万人口的省级贫困县担任县委书记，工作任务的繁重与面临的压力可想而知。尽管困难重重，中途甚至萌生退意，但是在传统文化资源开拓这一使命的召唤下，自称"第一次严格受到真正意义上学术训练"的他几经修改，在键盘上敲下了这篇论文的最后一个字。

热衷"读书月"的宣传部长

2006年下半年，阳卫国调任株洲市委常委、宣传部长。2007～2009年，在市主要领导大力支持下，阳卫国率宣传部全力组织了连续三届"读书月"活动，成为株洲市的文化品牌，全民阅读受到中宣部、新闻出版总署的表彰。

"书香人家"评选、国学经典讲座、网络读书论坛等57项丰富多彩的主题读书活动，吸引了 289 万人参加。第三届"读书月"举办期间，市新华书店、株洲书城等图书经营单位营业额同比涨幅都在 70％以上，"读书热"向全市的机关、企业、家庭、学校、社区蔓延。

2010 年 5 月底，株洲市还开全国风气之先，创新推出"你读书，我埋单"公益活动，市民在新华书店自选的新书，在办理手续后就能借回家看，图书馆负责统一与书店结账购买，读者日后归还则成为图书馆藏书。这样图书馆的藏书和图书馆本身，变得更加吸引人了。

如此热情组织提高公众素质的读书活动，这与阳卫国本人爱读书、爱藏书，甚至对版本学的"癖好"息息相关。也正是这种爱好，滋养了他对中国传统文化的热爱。

阳卫国生长在衡东农村一个普通农家，受上过中专、后回家务农的父亲影响，从小热爱阅读。他至今没有忘记刚上初中时，寒冬腊月中拿妈妈给的本是买手套防寒的 1 元钱，买了一本《唐诗三百首》。1986 年，他以优秀成绩考入武汉大学中文系汉语言文学专业。

熟悉他的人告诉记者，毕业不久，他在省委办公厅工作，担任一位省领导的秘书。有时跟随到北京、广州等大城市出差，经常带着大包回来。很支持他读书爱好的领导开玩笑向别人解释，不要误会呵，包里没啥东西是我的，尽是阳卫国的书。

与他共过事的人不约而同介绍，跟他到外地出差，空余时间经常是陪他去书店淘书，然后帮他"背书"。株洲市炎陵县委常委、宣传部长崔家盛说，当年在市委宣传部当新闻科长，阳卫国经常问他最近看了什么书。"你不能糊弄他谎称自己看了，因为他马上接着问你书中有什么新观点，要和你商量探讨。"

阳卫国大学一个同学后来读博士，需要找一本古籍做参考，学校图书馆遍寻无果，没想到在他家书柜中找到了。

对古籍书的偏好帮助他发挥了历史文化研究的作用。被誉为是"中国科学史上的坐标"的《梦溪笔谈》现存最早版本，就是元代茶陵腰陂镇东

山书院刊刻的《古迁陈氏家藏梦溪笔谈》。到任茶陵后，他自费买了一本此书的影印本，送给县图书馆填补空白。

岁月沧桑，七百多年后东山村村名依旧，只是东山书院已经废弃为一片田野。不久前，当地镇党委、政府准备在此立一块石碑，记述书院这段历史。阳卫国写了一篇"东山书院与《梦溪笔谈》"的文章，以无限深情与专业老到的笔触，讲述了东山书院主人及书籍出版后辗转流离最后由国家图书馆收藏的曲折故事，掀开了不为人知的历史帷幕。

让历史的认知不再断裂

在阳卫国任县委书记期间，茶陵县成为全省经济发展十快县，史上最大的投资项目洮水水库上总理办公会议通过立项并开工建设，县城新城区总体框架规划迈出重要步伐。

调离茶陵之后，让他不能忘怀的还是这里的"文化保护"。他担任了县历史文化研究会的顾问，每年召集会员开展研讨，关注支持研究成果的出版，还为历史上名闻江南的茶陵洣江书院复建出谋划策。

如今，徜徉茶陵街头，看到酒店里与时尚广告杂志并列摆着的《李东阳研究》，外人可以感受到茶陵县"文化保护"的成果。已出版的 11 本"茶陵与历史文化丛书"，被免费提供给每个中学的图书室。书中很多内容被编入株洲市出版的乡土教材，向全市发行。茶陵人的礼品当中，除了传统的"三宝"生姜、大蒜、白芷，还添了这些书籍。

茶陵"文化考古"的成果也展示了其学术价值。《茶陵书院研究》这篇论文由阳卫国与两名合作者扩展成《历代茶陵书院》一书。以书院研究在国内负有盛名的朱汉民教授评介，这是诸多书院史论著中仅以一个县域的书院为研究对象的书院史著作，"不仅对研究总结茶陵县的历史文化有重要意义，同时对正在兴起的书院学研究亦是有价值的贡献"。

如今兼任茶陵县历史文化研究会常务副秘书长的县委常委、统战部长姜衡湘告诉记者，"过去，历史的认知一度断裂，茶陵人自己不能认识自己。如今，茶陵人找回了失落的传统文化，在外界的知名度也得以提高"。

他认为，对一个地方历史文化的挖掘整理，虽然对经济发展的作用并非立竿见影，但对于一个地方人民自信力的形成、地方凝聚力的形成，"功在长远，功不可没"，理应是"科学发展"中的执政之重。

（刊发于 2010 年。）

我们能不能不再说"民风剽悍"

　　上访曾经一度牵扯了我们大量精力，现在情况有不小的好转。我第一次来，李光生找我反映情况，又拍桌子，又做记录，现在碰到我非常客气。要说当县委书记的体会，其中重要的一条是首先尊重百姓，把他们当作服务对象，而不是管理对象。

　　2011年3月26日，这一天是周六。嘉禾县委书记陈荣伟像往常一样，周末很少休息，在县里忙两件事，一是乡村清洁卫生督查，二是防备清明来临一些人扫坟引发火灾。在嘉禾这样一个民间监督力量特别强大的县如何行政？我们特意专访了他，以下是他的介绍。

　　2005年，在桂阳任职县委副书记的我被上级调到嘉禾当选县长。说实话，尽管是提拔，但心情还是有点复杂。大家都知道，这个地方老百姓上访的名声很大，信访量很大，工作开展不容易。

　　果不其然。上任不久，我就领教到嘉禾上访的风格。上访人的习惯是不找职能部门，连县委常委都不找，直接找书记、县长。有个上访户在找我的过程中，录了我一年音。一心想当民间代言人的两位老人李土保和李光生，隔三岔五就来找我反映情况，我一年至少接待他们12次以上。我非常熟悉全县20多户老上访户的事，我对他们的事一清二楚。

　　我们嘉禾人的民主、法制、维权意识相当强。这或许与在广东等外地做事的人多，以及地域狭小、资源紧张有关系。前几天，一个上访户到县委找我反映情况，我正跟人谈事，他打断，我说我有事，请等一会儿。他说，老百姓的事还不大？是啊，我觉得有道理。当个县委书记、乡镇党委书记，千万不要摆架子。

我发现，个别干部还是有特权思想，我是干部，我就高人一等。有一次，我在县委办公楼，看见一个上访的农民，骂干部"狗官"，干部回骂要"搞死他"。我后来找到这个干部批评他，农民骂人不对，但我们当干部的要能够承受。

有些干部，一遇到矛盾纠纷，就是强调嘉禾"民风剽悍"；一讲到信访问题，也是强调"民风剽悍"；一说到工作难以推动，还是强调"民风剽悍"。我在前不久举行的县委经济工作会议上，特别强调，我们能不能不再说这个词语？讲"民风剽悍"这个带有贬义色彩的词，伤害人民感情。实际上，剽悍的群众还是极少数，绝大多数群众都是通情理、讲道理、识大体、顾大局的。我们不能把所有的问题都归咎于民风，也不能一味埋怨民众，更不能把"民风剽悍"作为工作不力的借口、工作落后的遮羞布。

嘉禾老百姓维权意识强，促使我们思考政府如何自觉接受监督。

一是尊重民意。县委政府吸取了以前在工作当中推行一些行政性强制性措施的教训。老百姓想干什么，我们做什么。每年县委经济工作会议前，我们在网上征集民意。我们推行交通、水利、教育等城乡一体化决策，就都吸取了民意。我的手机邮箱都在网上公开，老百姓有什么情况可随时联系我。

为了根治"血铅事件"，我们做了很多努力，面对老百姓的诉求，我们下决心把坏事变好事。去年，全县集中行动，连续半个月，每晚调度会，把污染环境的一百多家"五小企业"全部捣毁。里面涉及一些政府工作人员，尽管压力很大，但我们强势推进，所有县领导都联系负责，不接受任何拖延的解释，只抓落实。县领导交叉检查，签字认可后，才认定关

闭。关了，老百姓认可，企业老板恼火。有人发短信给我，80万元买我一条腿。我查不到是谁，他用的是神州行卡，发了就关机了。有个企业老板（人大代表）到我办公室门口质问：你不能为了当官，不管我们死活。我说，你不能为了发财，不管老百姓死活。

二是依法行政。每次县政府开常务会议研究政策，首先半个小时学相关法律。这几年嘉禾县政府当被告明显少了很多。我们要求如果违法行政当了被告，局长要负责。我们现在还形成了一个理念，政府错了就错了，错了承认错，还能提升形象。过去面对老百姓的上访投诉，我们有的机关就不承认错。我们县20世纪80年代发生一起打人的纠纷，被打母亲的儿子告状，相关的司法部门有点互相推，后来把案卷都丢了。如今，几十年过去了，打人的当事人死了，妈妈死了，儿子还一直上访。以前，有关部门一直不承认有错，所以这个儿子一直在上访。尽管是80年代的事，我们现在承认我们的司法部门有瑕疵。老百姓有些诉求，在法律之外、情理之中，怎么处理？如去年"血铅事件"违法堵路当事人，按法律应判三年，我们跟法院提供了参考意见，判了个缓刑。他现在很正常地生活，也不上访，说当时堵路告状，也就争一口气。

三是抓干部。从上访也看得出我们干部的一些问题，促使我们加大干部建设力度，提高干部素质。你想有的干部一句话都说不清，怎么去做群众工作。前不久，我看见一个公安部门的同志，做个笔录都写不清。你说培训吧，他年纪也大了。嘉禾上访为什么这样多？我认为除了老百姓维权意识强外，一是政府信息不通，老百姓有苦无处诉，有难无处说，所以小事拖大，大事拖炸。二是干部处理不当。法律把握不准，越处理越复杂。三是有的干部确实利用掌握的政策资源，办事不公。这次村支两委换届选举，反映村级财务特别多，就是公开透明不够。

我曾经给干部说，扪心自问：群众在我们的心中到底有多重？很多时候都是群众带着问题、带着情绪找上门来，我们主动深入群众嘘寒问暖少了；很多时候下乡流于形式，进村入户为群众排忧解难少了。今年县委、县政府推行"十最十不"一线工作法，你乡镇干部下村，必须每月在村里住一晚。以前他们下村，往往只到村干部家走走，离农民很远。老百姓办事找不到人，这也不仅是嘉禾的现象。前些年县里的政务中心门可罗雀，现在这里已经成了全市的示范。我说，谁不授权就要交权，不能把政务中心当作收发室。

四是处理上访。这方面我们花了血本。我们县很早就成立了群众诉求处理中心。不服信访部门的处理，上访户可以举行听证会。听证会不通，我们再做工作。我们县开过多次听证会，还录像。你当事人可以把七大姑八大姨请过来，但保持安静，大家互相辩，有的辩不赢，还是不服气。有个人的房子要征收，对违章搭建的一部分补偿不满，告到法院，法院不支持，他说法院院长博士是法盲。于是经法院认可从郴州请了个评估公司，评出房子价值20多万元，不同意，要评出80万元。这家公司也不干了，两万元评估费也不要他的。

五是帮助解决民生问题。改革开放以来，田土到家，一些老百姓砍伐森林，破坏生态，所以嘉禾很多山头光秃秃的。我们下决心三年时间开展绿化达标工程。去年在路边、水边、城边"三边"绿化，今年又扩大了。为了美化家园，今年全县推行"城乡清洁工程"，县财政准备投入1100多万元，还动员一些企业家参与捐资。我没有想到上下反映这么好。昨天我到行廊乡督查，老百姓反映40多年村子里没这么搞过卫生。

当然，要为老百姓做更多的事，需要我们培育财政，做大"蛋糕"。五年前，煤炭占全县财政收入三分之二。煤炭要挖，但县财政不能全靠。大事故虽然不多，小事故不断。嘉禾锻造产业基础好，铸造产品占了珠三角市场的58％。如果我们不提供配件，广东机械制造业半个月就要停产。但因为是粗加工，小作坊，也没有定价权。这几年，我们努力抓传统产业升级，打造铸造产业园，我上网查了一下，全国唯此一家，也出了一些成效。

嘉禾的发展大有可为。2007年，县财政对纳税20万元的都表彰为纳

税大户，去年开始必须是 300 万元纳税以上。现在煤炭占财政收入降至四分之一。2005 年地方财政收入 1.4 亿元，去年增加到 4 亿多元。

上访曾经一度牵扯了我们大量精力，现在情况有不小的好转。信访量大幅下降，除了老上访户，新上访户的事情一般出现一件解决一件。有的上访户，正月初一给我发问候短信。我第一次来，李光生找我反映情况，又拍桌子，又做记录，现在碰到我非常客气。要说当县委书记的体会，其中重要的一条是首先尊重百姓，把他们当作服务对象，而不是管理对象。

（2011 年与谭剑、陈文广合作，部分内容刊于《瞭望》周刊。）

嘉禾：在强大的民间监督力量前

湖南省信访局局长李皋曾三次专程赴嘉禾督查调研。在总结嘉禾的变化时，李皋认为，嘉禾的变化主要有三点可资借鉴：一是由过去的在群众身上找问题、一味抱怨"民风剽悍"，到现在的从政府和干部的工作方法上找问题；二是由原来以稳控为主到以帮助群众为主；三是由以往的就事论事为主到现在的建立机制解决问题为主的变化。"对于一个历史负担沉重、社会矛盾特别集中的地方来说，嘉禾能做到这些变化，殊为不易。"

信访量居高不下，干群关系紧张、重大公共事件频发……人口不过40万的湘南小县嘉禾一度在湖南乃至全国都享有很高的"知名度"。

而最近记者在湖南省郴州市嘉禾县调研时发现，这里正在悄然发生着变化。以往尖锐对立的干群关系趋向缓和，一些老上访户成了县委领导的座上宾，强大的民间监督也开始成为政府转型的助力，尊重民意、重视民调、注重民生的执新政思维正在成形。

强大的民间监督

嘉禾县是湖南省地域面积最小、人口密度最大的县，人多地少、生存环境艰难曾使历史上嘉禾以"民风剽悍"而闻名。

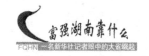

2004 年，嘉禾发生了震惊全国的珠泉商贸城"株连拆迁"事件。时至今日，受这些历史遗留问题影响，嘉禾的信访数量依然位居湖南全省前列。

历史上，嘉禾人就以"好议论、好斗争、喜诉讼"而闻名。嘉禾人"维权"意识极强，不仅"敢于斗争"，而且"善于斗争"。

嘉禾县委常委、政法委书记李德笑介绍说，嘉禾上访户反映问题一般不找职能部门，也不找常委一级的领导，而是直接找书记、县长；而且到市、县上访较少，进京到省上访的较多。

在嘉禾民间，还活跃着一批特殊的上访户，他们被称作"太平洋警察"——虽然不是"官"，但却什么都爱"管"。这一群体以当地人称为上访"狂人"的郭廷学和著名的"嘉禾三李"（李光生、李土保、李广昌）为代表，在民间享有很高的威信，但同时也令地方政府十分"头痛"。

"太平洋警察"们精研法律法规，除了为自己维权上访外，还特别关注公共事件和公共政策。从上级拨付的救灾资金使用、到县城的厕所改造、自来水收费等，政府的很多决策都处于他们的直接监督之下。

除了直接进京到省上访外，嘉禾群众还特别善于利用媒体和网络的力量来解决问题，许多上访户与媒体长期保持联系，"嘉禾一有风吹草动，有时嘉禾人自己还不知道，外面就已炒得沸沸扬扬"。

强大的民间监督还在民调上得到了充分体现。据湖南省统计局民调中心提供的调查数据显示，2009 年嘉禾县公众满意度民调考核在湖南全省各县市区中居倒数第一。

与有的干部喜欢把嘉禾的问题归咎于"民风剽悍"一样，有的老百姓则认为嘉禾的问题主要是干部"不公"。两种截然不同的认识使嘉禾干部面临着比其他地方苛刻得多的"工作环境"。

"要锻炼干部派到嘉禾去，要惩罚干部也派到嘉禾去。"湖南省民调中心主任梁乃文在两次暗访之后，对嘉禾作出了如是评价。

要想群众没"意见"，先要尊重群众的意见

民调长期垫底，干群关系尖锐对立，嘉禾的问题症结何在？如何才能将强大的民间监督转化为执政的推力？

在一次全县干部大会上，县委书记陈荣伟代表县委郑重提出：不能把问题归咎于民风，不能一味地埋怨群众，更不能把"民风剽悍"作为工作不力的借口和工作落后的遮羞布。

自 2010 年起，一场以"听民意、访民苦"为主题的民情调查活动在嘉禾全县范围内开展起来。为准确搜集群众所思所求，县委规定所有干部必须定期下乡入户了解民情，书记、县长和县委常委一级的干部每月下乡至少一次以上，乡镇主要领导每周一次，联村、包村干部每周两次。

对干部进村入户了解民情，嘉禾县还提出了量化标准，即联村、包村干部必须对所联系地区提出"最困难的群众"、"最大的隐患"、"群众最迫切需要解决的问题"等十个"最"，并将"十最"纳入了对干部的政绩考核。

除此之外，嘉禾县还在全省率先成立了第一个群众诉求处理中心，把所有的职能部门集中起来处置群众诉求和民间纠纷。县里规定，对民间信访纠纷的调解，老百姓不服信访部门的处理的，可以召开"听证会"，把亲戚朋友都叫过一起参与辩论。

地处三县交界的塘村镇是嘉禾的工业重镇，素有"湘南第一墟"之称。虽然铸造工业发达，老百姓比较富裕，但多年民调在全县一直垫底。2010 年，塘村镇发起一场规模空前的"民意调查"行动。镇政府向群众发放了 2000 多张调查问卷。

通过调查走访，塘村镇发现老百姓反映最强烈的问题是当地社会治安混乱、黑恶势力猖獗。随后，在县里的支持下，塘村镇集中警力打掉了 4 个黑势力团伙，抓捕了 78 名涉黑人员，并在镇区主要路口安装电子监控，

开展对集市、学校和文娱场所的整治。

"事实证明,老百姓不是光发牢骚,只要你真心去征求意见,他们就会认真地作答。"塘村镇党委书记刘培春说。"问政于民"的尝试获得了群众的广泛支持。调查走访中,镇里共收到意见建议 3000 多条。2010 年,塘村镇民调在全县首次摆脱了垫底位置,公众满意率增幅居全县第一。

提高群众满意度需要执政"新思维"

对嘉禾正在发生的变化,一些民间"太平洋警察"也表示赞赏。李光生是嘉禾县上访代表"嘉禾三李"之一,以前曾被一些领导视作"烂仔头",而现在,他成了县委、县政府的座上宾,几乎每个月都要找县委书记"汇报"两次。"我反映的主要是群众对县里的意见,只要老百姓愿意跟我说,我都会毫无保留地反映。"

对民意、民调的尊重,反过来成为促进政府转型的动力。2004 年记者在嘉禾采访拆迁事件时,感受最深的是嘉禾的发展"冲动"。当时嘉禾干部们挂在嘴上的几乎全是如何发展经济、如何增加税收,官员们似乎认为政府所想的"理所当然"也是群众所盼望的。而如今在嘉禾采访时可以明显地感觉到,一些老百姓关注的民生问题已开始取代片面的经济增长指标成为地方政府的决策取向。

2010 年 3 月,嘉禾县 250 多名儿童被检出血铅超标,随后大批村民上访。造成"血铅事件"的元凶是在嘉禾遍地开花的小冶炼企业。嘉禾历史上就有小冶炼的传统,自清末以来,小冶炼已有上百年历史,是许多乡镇的"支柱"产业。县里曾多次想加以整治,但遇到的阻力很大。"血铅事件"发生后,嘉禾县迅速采取措施,由书记、县长牵头,采取集中行动一举关停捣毁了 100 多家非法小冶炼企业。

"在嘉禾这样一个穷县要关掉 100 多家企业,这在以前想都不敢想。"嘉禾县一位领导说,正是由于民意的支持和媒体的监督,"血铅事件"才能由"坏事变好事"。

"血铅事件"和拆迁事件两种截然不同的处置方式让群众看到了政府的变化。记者还注意到，在 2011 年嘉禾制定的经济工作目标中，公交通达、城乡供水一体化、平安创建、社保扩面等"八大工程"取代了 GDP 和财税增长成为县委、县政府全年工作的重点。"这些工作重点，都是在征求群众意见的基础上产生的。"嘉禾县常务副县长刘中杰说。

执政思维的新变化也让嘉禾信访工作大有起色，民调满意度有所提升。湖南省民调中心的社会治安综合民调中，嘉禾由 2009 年全省排倒数第一，2010 年下半年一下子上升到第 60 位。2010 年年底，郴州市纪委开展党委政府工作满意度调查，嘉禾县在郴州 11 个县市区排名第四。

湖南省信访局局长李皋曾三次专程赴嘉禾督查调研。在总结嘉禾的变化时，李皋认为，嘉禾的变化主要有三点可资借鉴：一是由过去的在群众身上找问题、一味抱怨"民风剽悍"，到现在的从政府和干部的工作方法上找问题；二是由原来以稳控为主到以帮助群众为主；三是由以往的就事论事为主到现在的建立机制解决问题为主的变化。"对于一个历史负担沉重、社会矛盾特别集中的地方来说，嘉禾能做到这些变化，殊为不易。"

（采写于 2011 年，与谭剑、陈文广合作。）

安仁："被遗忘角落"里的发展大气象

尽管安仁县委、县政府仍然时刻不忘提醒自己是"经济欠发达县、财政困难县、基础薄弱县"，但是"被遗忘角落"正在滋生的这种种"大"气象告诉人们，郴州北部的这个县的发展值得关注，不可小视！也正回应证明了安仁县委、县政府在全县鼓吹树立的一种信念，"穷县也有大作为"！

"一个被遗忘的角落"，这是过去不少安仁人对本县在外界关注度低的感叹。

在外界的印象中，安仁确实没有多少令外界关注的"兴奋点"，除了每年春分时举办一次中药香透全城的"赶分社"习俗，才偶尔使得安仁两个字出现在媒体的版面上。

面积 1478 平方公里，人口 43 万，安仁土地与人口的规模在全省各县之中不上不下。虽然曾有"八县通衢"之称，但在高速发展的现代交通格局中一度被边缘化。长期以来，安仁一无铁路，二无高速公路，如同"交通死角"。107 国道、京珠高速、武广高铁这三条交通大动脉，以及 106 国道、醴茶铁路，都是从安仁县东西相邻的县平行穿过。安仁人说：就算与同属郴州的汝城县相比，虽然汝城地理位更偏，山更高，但毕竟还有 106 国道！

让人奇怪的是，安仁周边的茶陵、攸县、耒阳、永兴等都算矿产资源比较丰富的县，偏偏在它们包围之中的安仁几乎没有发现像样的矿产。矿产能够带来财政，矿产能够带来税收，中西部一些县完全因得益矿产而跻身全国"百强县"，缺乏矿产的安仁县少了一根有力的支柱！

隶属郴州地区，安仁却孤悬一隅。它夹在衡阳、株洲两个地市中间，四分之三的县境与这两个地市的县接壤。这种独特的位置，决定了安仁县想要接受郴州、衡阳或株洲三个城市中任何一个的辐射带动，都显得比较困难。

正是由于这种种因素，长期以来，安仁的经济比较落后，发展比较缓慢。确实，相比起省会周边的长、望、浏、宁，同属郴州的永兴、桂阳，以及周边的耒阳、攸县、茶陵等县市，安仁在外界能够抓眼球的东西不多。

已退休的县人大常委会原主任陈和欢记得，20年前，他刚从部队转业回到安仁任武装部长。参加县政府常务会议研究民政拨款，县长掰着手指跟大家商量，这个乡加100元，那个乡减100元。"我觉得这个县太寒酸了，经济太困难。"

让人难以想到的是，就在外界不经意之间，这个被遗忘的角落里，近年来沸腾起来，热闹起来，兴旺起来。如同春草丛生，冰河解冻，从城市面貌、经济发展、民生事业到吏治改革，这个"角落"里猛然萌发了众多新气象，传达出了许多新讯息。

外人到安仁，脑海里经常跳出三个字"想不到"；不同于其他很多地方的人喜欢发本县的牢骚，安仁人经常不由自主地夸起本地的变化和本地的政府部门。观察安仁种种变化，其实都可以用"大"来形容！

高速公路上第一次立起了到安仁的指示牌。已经拉通的衡炎高速虽然没通过安仁县，但擦边而行，下高速到安仁县城实际只有十来分钟的车程。正在修建的衡茶吉铁路则建站穿越安仁，历史上首次将铁轨铺在了这片土地上。这个昔日的"交通死角"，如今已基本融入全国大交通网络格局。

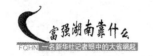
与交通区位一样，安仁的县城变化也大。熟悉的人都知道，安仁县城面积很小，城区就只有五一和七一两条主干道。从去年开始，安仁开始大规模拉开城区框架。环城公路正在修建，中央商务区正在县城中心建设。面积22平方公里、20万城区人口的新城市规划全面启动，总投资过百亿元的城市14大节点工程全面铺开。多年来，安仁全县每年用于城镇规划编制不到50万元，今年投入470万元，规划局的官员向记者介绍，单从这笔一年可抵前十年的费用，就可以想象安仁的城建发展有多快。

走进安仁县城，但见街道宽阔，干净整洁，与很多县城乱糟糟形成鲜明对比，一看就知此地的管理水平不一样。

几乎没有工业的安仁，工业起色之大，"震惊"外界。安仁土地肥沃，气候温和，1996年版县志记载，史上"安仁以农为本，物产丰富"，水稻和灯草生产历代享有盛名，明、清时代是湖南省主要漕粮县之一，近年来人均产粮居郴州地区之首，在全省排列前十。比湖南很多县更像农业县的安仁，一直盼望能够搭上工业化的快速列车，改变"农本"的县域发展格局。"走出一条兴工强农、活商富民、超常规发展的新路"，这是县志记载的安仁长久以来就有的发展梦想。

如今的安仁，真正迎来了工业上的突破。从安仁县城往永兴方向，清溪镇路旁的山岭上，一台台挖土机正在荒山野岭掘进，裸露的黄土上将矗立起一个个工厂。而从安仁县城往攸县方向走，军山乡一带，一栋栋的标准化厂房已经建立，"台达电子"等不少企业的车间已经运转起来。大气魄、高起点规划的15平方公里的县承接产业转移工业示范园，正在如火如荼地建设；40多个年产值2000万元以上的规模企业，正在雨后春笋般建设。

"前十年，也有很多老板前来安仁，但经常是走过场，来一下，侃一下。去年以来，很多老板过来考察，开始我也不大相信，想是不是又是'到此一游'？但事实是，他们中间有很多真正的投资者。"县规划局副局长卢良斌说。

2011 年，郴州市把各县市区负责人拉到了安仁，开工业项目大会战的现场观摩交流会。"安仁是一个农业县，几百年、几千年没发展什么工业，突然一下就冒出了这么多工业项目，态势很好。"市委副书记毛腾飞对与会者赞：安仁这个点选得"非常好"。

以前，如果引进上千万元项目就不得了，现在上亿元在安仁不少见。最令安仁人振奋的，当是三一准备投资 20 亿元的项目。安仁人说，这当然跟三一总裁唐修国是安仁人有很大关系，但也说明了安仁的吸引力！三一绝不会把数十亿投资做人情白投这里，再说如果要做人情，为什么以前不投资安仁呢？

"一粒种子能发芽，这说明当地的土壤、气候、水分已经具备了。"安仁人用这个比喻告诉记者：三一前来投资说明，安仁容纳大企业的环境已经具备了，尤其是交通条件、人力资源及政府服务企业的能力——没错，很多县都有可以吸引投资的土地，但这三个因素可不一定像安仁县这样具备！

安仁县职业中专大门口，高悬与三一合作办学的红幅。据称一共办四个班，三年制，招 200 人，不但能够为三一输送技工，而且为三一投资安仁打下人力基础。安仁期待三一投资不但带动相关产业的发展，而且能够成为全县招商引资最好的广告。

安仁发展战略的口气，大得让人倒吸一口气。县委、县政府将战略目标定位为："对接'珠三角'、融入长株潭、建设湘东南区域中心。"决策者认为，之所以敢这样提，是因为安仁正面临沿海发达地区产业转移，"两型社会"建设改革试验区设立的两大历史机遇。

安仁人拿出区域经济学理论：在某一个区域，经济水平达到一定规模和速度时，就会在 100～150 平方公里的范围内隆起一个或两个中心或次中心；恰恰安仁正好处于湘东南中心位置，株洲、衡阳、郴州三市毗邻之处、八县相邻之中。

县委书记袁卫祥这样做思想动员：近年来，特别是近一两年来，安仁

县交通、环境不断改善，县内土地、人力、生态资源优势凸显，广大干部群众发展视野、思路大大拓宽，干事创业激情空前高涨，为建设湘东南区域中心城市奠定了坚实基础。"只要我们顺势而上，全力以赴谋求区域崛起，必然会有所作为。"

其实，提出这个战略，也是为了防止安仁再次被边缘化、被淘汰。"安仁与周边八县比较，差距还相当大，如果不奋起直追，继续走在人家后面，就有可能被淘汰，就有可能在下次国家行政区划改革中被兼并。"

坦率地说，这个战略目标刚开始在安仁有很多人不敢接受。过去长期被边缘化的一个地方，现在居然要成中心，是否太夸大了？然而，现在安仁很多人有点习惯这个提法了。安仁短时间爆发出的发展势头，让他们真是增添了"彼可取而代之"的信心。"首先我们要有这个勇气，没有大的目标追求，就自然没有大的发展。"

安仁的老百姓对政府的评价变化也大。2010年以来，安仁在全市拿了31个一等奖。安仁人感叹，过去一年能够拿几个就不容易了。尤其是今年的唱红歌比赛，向来不怎么显山露水的安仁拿了一等奖，在郴州大放异彩，让安仁人着实扬眉吐气一把。

如果说一等奖是上级给的，那么最能体现民意的民调则证明了民众的信任。

今年上半年，安仁县社会治安综合民调在全省排第四，郴州市排第一。而在不久的2008年，安仁还排在全省第123位，倒数第5位。2009年第37位，2010年第19位，可谓一路攀升。据说，上升速度之快，让省政法委有关部门难以置信，特意把今年民调开展时在安仁县的200个录音都听了一遍。

民调的上升，不仅与社会治安的好转有直接联系，也与民生事业的改善息息相关。安仁高考质量年年攀升，二本上线的考生近年来名列郴州全市前茅，近年来职业学校共向外输送毕业生四千多人，成为"郴州职业教育的一面红旗"。

新建的安仁县人民医院硬件条件一流，2011年在解放军总医院与湖南省卫生厅支持下，引入了湖南省首个县级区域卫生信息化项目。不但为病人节省了时间、花费，而且能够与国内、省内顶尖医院实行专家远程会诊，用郴州市卫生局长的话来说就是，"使老百姓能享受部级干部的诊疗待遇"。

湖南一些财政实力很强的县派人跑到安仁学习借鉴医疗信息化项目，开始并不相信：你安仁财政有几斤几两，也能推出这样的改革？解放军总医院医务部副部长江朝光评价，安仁这项改革走在全国县级前列，说明了县委、县政府的工作"非常超前"，"心中装着老百姓"。

在人们的印象中，一般是富县才有胆子说大办民生，但在安仁这样的"穷县"，却出现了一些领域民生领先的少见局面。县长王建球坦言，安仁县委、县政府所追求的赶超，不仅仅是赶超经济，还要赶超民生！这样的县委、县政府，才真正不是仅仅以"钱"为本，而是在以人为本！民生搞好了，老百姓的幸福感强了，也就愿意在安仁安居乐业，经济环境优化才有坚实的基础。当然，穷县办民生，这更需要苦干、巧干，善于向上面争取资金、项目！

安仁县委大院靠街黄金地段原有十来个门面，县委让有关部门放弃每年数十万元的租金，拆了后改造装备成全市一流的信访大厅，原来办公条件狭窄、简陋的县信访局一下"鸟枪换炮"，现代气派了很多。

以前安仁县非正式上访多，上访的百姓喜欢往北京跑，今年全国和省市两会期间，进京、赴省上访为零。2008～2010年，安仁县连续三年被评为郴州市信访工作先进县。县信访局副局长樊和秀介绍，虽然这几年上了很多大项目，但由于领导亲力亲为，预防风险措施得当，矛盾得到了缓解。这也证明：大发展并不一定伴随大矛盾。

在安仁县灵官镇生平米业的厂房里，农民出身的董事长何平称，有政府的强劲支持，下一步目标是引进高管，争取上市。而在军山镇崭新的标准化厂房里，"台达电子"车间内正做电子元件的一位女工告诉记者，在

这个厂上班她很乐意。

这位女工以前和丈夫在广东打工，每人每月收入虽然有2000多元，但生活成本太高，因为是借读，小孩上学一年学杂费要多花费上万元钱。如今，回到家乡上班，丈夫在厂里做保安，两人虽然每月各收入约千元，但实际收入的"含金量"却高了。住在家里也方便顾家，上下班骑电动车只要五分钟。

生平米业是当地政府大力扶持的本地企业，"台达电子"是当地政府大力引进的产业转移企业。何平和这位女工当然不能代表安仁40多万人民，但从一个侧面感受到安仁发展的成果，从而理解老百姓为何对政府开出的民调大幅提高。

2012年，作者应邀在郴州林邑讲坛作中国县域发展报告。

尽管安仁县委、县政府仍然时刻不忘提醒自己是"经济欠发达县、财政困难县、基础薄弱县"，但是"被遗忘角落"正在滋生的这种种"大"

气象告诉人们，郴州北部的这个县的发展值得关注，不可小视！这种种
"大"气象，也正回应证明了安仁县委、县政府在全县鼓吹树立的一种信
念，"穷县也有大作为"！

（刊发于2011年。曾经强力关注过"长沙四小龙"、"狼宁乡"等强县
发展的笔者，特别关注另一种类型即经济基础比较薄弱的县，如何形成蓬
勃发展的势头，如何选择后发赶超路径，如何激发干部干事创业的激情。）

安仁：这里干部干事的劲头为何这样大

　　毋庸讳言，慵懒已经成了当前国内很多地方官员生态当中的一个顽症了。可为什么在安仁这样一个过去并不怎么显山露水的县，却在短时间初步遏制了这个顽症呢？在安仁，记者一直在紧紧地追问调查这个问题。

　　"以前乡镇政府有时像一座空庙，现在都满了，要办事，随时找得到人。"

　　生平米业董事长何平打了个比方，告诉记者他的企业所在地灵官镇镇干部们的变化。

　　生平米业租的是老粮站的地，多年来一直想买下来，然后再征用周边地块，扩大经营。尽管政府也做了不少努力，但一直没有解决。今年政府突破性地协调了各方利益，把问题解决好了。

　　事在人为，安仁的"大气象"，确实离不开安仁干部的"大干劲"。

　　加班加点，半夜开会，这在安仁很多单位已成了常事。他们非常熟悉县委书记袁卫祥的一句话："周一到周六保证不休息，周日休息不一定保证。"他们告诉记者，别的地方是"5+2"，而在安仁已经习惯了"6+1"。

　　县人大常委会原主任陈和欢用了两个词评价这些干部的干劲："只争朝夕"、"满负荷运转"。

　　毋庸讳言，慵懒已经成了当前国内很多地方官员生态当中的一个顽症了。可为什么在安仁这样一个过去并不怎么显山露水的县，却在短时间初步遏制了这个顽症呢？在安仁，记者一直在紧紧地追问调查这个问题。

有的人说，是因为工作要求高了。

在灵官镇，我们遇见了镇长樊先勇。镇里正在开展的重点工作之一，就是全力扶持生平米业成为全国性粮食企业。他介绍，这个企业带动160人就业，每年纳税100多万元，而且带动推广了优季稻5万多亩。农民开始不愿种优质稻，由于生平米业免费供应良种，对产量与收购价格保底承诺，如今抢着种优质稻，一季水稻一亩能多出300多元纯收入。

1995年参加工作以来，樊先勇一直在乡镇工作，并且主要是在灵官。新的县委班子去年上任后，提出了"湘东南区域发展中心"等很高的战略目标，他明显感觉县委、县政府对乡镇工作要求变得"非常高"，尤其是项目建设推进力度大。灵官是县域中部的中心乡镇，又是交通枢纽，项目建设的压力更大。他有一个对比，农业税废除之前，乡镇干部忙于收农民负担，也累；现在转型为服务型政府后，找项目，服务农民，更累。

2010年上半年，新一届县委领导班子率党政代表团160多人，到宁乡、耒阳、岳麓区学习考察，强劲的发展态势带来强大冲击。一份考察归来后的报告中写道，比较安仁与这三个地方的差距，"除了资源、交通、区位等方面的客观原因外，作风不实是重要原因"。报告点出：在安仁的干部队伍里，不重视、不善于、不致力于抓落实的现实普遍存在。

"安仁要发展，关键靠作风。工作要上去，根本在实干。"2010年5月，新一届县委领导班子提出从严治吏，在干部队伍中开展为期一年的作风整顿活动。安仁有40多个大项目正在建设，县里每月都要组织对相关乡镇和机关单位服务效能，开展测评与考核。工作稍一放松，就难得过关。

县委、县政府负责人告诫，欠发达县需要实现后发赶超，安仁的干部必须"跳起来摘桃子"，比别人付出更多的努力。

有的人说，是因为干部的待遇好了。

县委宣传部副部长何书典，是 1997 年开始在乡镇参加工作，就在几年前，每月还只能领到上千元基本工资。因为县财政困难，郴州市规定的 1.5 万多元津贴，发放不了。而如今，津贴已经全部到位，他每月的收入已近 2000 元。

近两年，在社保、就业等民生事业得到发展与保障同时，安仁全县干部职工津补贴从较低水准起步，四次提升，已经达到郴州市定的标准。安仁的干部说，干部也是人，也要养家糊口，待遇落实了，干工作的劲头当然足了很多。

有人说，是因为领导在带头。

灵官镇镇长樊先勇今年几乎没有休息一个周末，开始还是有怨言，后来习惯了。想明白了原因是什么？"县委、县政府主要负责人都是外地人，还这样拼死拼命地干工作，忙得老婆孩子只能到安仁来探亲，何况我们这些本地土生土长的干部呢？"

安仁的很多县委、县政府负责人都是交流干部，因为忙于工作，难得有时间回家，他们的亲友就只能自己趁周末或者假期赶到安仁了。"亲友团现象"让很多安仁人看在眼里，记在心中，不由自主也跟着干起来了。县委一位年轻干部告诉记者，他所在部门的一位县委常委，经常一二十天不回家，即使孩子高烧，也没有请假，真是不容易。

到安仁参加工业项目大会战现场观摩交流会的郴州市委副书记毛腾飞，反复问那些项目老板，你们为什么会把项目落户安仁？"他们说是被感动，被书记、县长抓工业的决心，全县人民那种全心服务的力度感动，不来不行。"

有的人说，是因为干部选拔民主了。

2010 年 8 月，安仁县委采取公开竞职的新方式，从 186 名符合条件者中产生出了县发改局局长、县商务局局长等 8 个正科级干部。今年改革的力度更大，将政府序列的 56 个单位 157 名科局副职干部全部"起立"，重新"洗牌"——力度之大，全国罕见。

县委召开千人动员大会，县委书记袁卫祥在动员报告中肯定科局副职干部绝大多数是好的同时，直言不少干部工作上缺乏动力、思想上缺乏压力，顺带造成政治上缺乏活力的现象。安仁要实现建设"湘东南区域中心"的目标，就要选拔出想干事、能干事、好共事、干得成事的干部，放到重要岗位。

县委政法委综治办主任过文彬曾经长时期认为自己怀才不遇，因此有时"说点怪话"。千人动员大会举行之后，在县房产局任工会主席的妻子也报考了副局长这个岗位。过文彬给她泼冷水："您这是'倒丑'！"他是这么想的：妻子虽然业务能力强，但要得到这个职务，按惯例怕是要到快退休的时候，多少有点"安慰奖"的味道。

"试一试，又不要花钱。"妻子坚持。

没想到让他难以置信的是，妻子的名字最终出现在竞职成功的公示名单榜上。让他意外之余，大为感叹："县委这次用人，还真和原来有不一样的地方！"还让过文彬意想不到的是，最近自己被提拔为县政法委副书记，而按照过去的惯例，这个位置一般是调乡镇党委书记上来。

工作不搞好，就没位置，选不上，这在安仁已经形成了共识。过去，安仁和很多地方一样，提拔干部大家都高兴，但让一个干部下，或者改任非领导职务，难上加难。这人必定要找领导，把过去本本都拿出来，我没功劳有苦劳，而安仁这两次改革之后，没有一个下的干部来缠县委书记。

"平平安安占位子，舒舒服服领票子，庸庸碌碌混日子"，有这样想法的干部，就像南郭先生一样，在安仁难于滥竽充数了。

卢良斌1997年从湖南城建专科学校规划专业毕业，到县规划局工作。他坦言，参加工作很长一段时间，确实是处于"一杯茶、一张报纸"的状态。然而，这几年来，工作压力很大。在接受采访的前晚，他加班到凌晨3点钟，研究规划执法。晚上、周末要加班、开会，在规划局已经常态化。"你任何时候到规划局，晚上都有办公室的灯亮着"。

在今年副科级竞职中胜出担任规划局副局长的他坦言，自己是这场改

革的"受益者",因此感觉不管是对县委还是对给自己投票的同志而言,"责任更大",因此"付出要更多"。

"原来,县委、县政府交办工作,没完成好,一把手常说,这是我的副职不行。现在,副职是你一把手参与选择定的,再没理由办不好事。"县委组织部副部长谭兴才介绍,改革对各单位一把手也形成了倒逼。

干部干事的劲头足了,关键是形成了公平公正的用人氛围,这种局面安仁体现得特别明显。选上的人有荣誉感,干事热情更足了,因为他不能辜负大家的期望。同时,他不要谋人,只要谋事,不在乎某些人的眼色,精力心思用在干事上了。

副科职双向选择、公开竞职结束之后,85人成功连任,49人交流任职,23位新人提拔,31名现任被淘汰。"上则服众,下而服气。"安仁人用这八个字,形容这场吏治改革风暴的效果。

"不能说每个被提拔的都很好,但总体上水平能力提高很大。只要讨好一两个人,就可以使跑官、要官的现象现在受到冲击。"县人大常委会原主任陈和欢认为,这项改革能够推行,关键是县委主要领导做到了自我限权。

他直言,县委书记一般舍不得放弃用人的权。两轮选人改革过程中,县委书记的权力削弱了很多。以前经常有人跑组织部,找县委书记,现在很少见了。"跑关系没用了,因为选拔时几十人打分,县委书记也只有一票的权力。"

县长王建球明显感受到,现在推进思想统一的速度与推进工作的力度,比以前强多了。这两年变化大,不是书记、县长两人的功劳,而是全体干部积极性发生变化的结果。"否则,我俩喊破嗓子也不顶用。"

在陈和欢看来,安仁这两年发展快,客观上是因为交通闭塞的状况得到改善,国家通过转移支付增加了对农业县的投入,前任领导打下了基础。

"但光有基础不够,还要靠主观努力。"他认为,一个奋发有为的县领导班子，从而带出了一支干事创业的干部队伍，这是安仁发展快最关键的因素。

（刊发于 2011 年。）

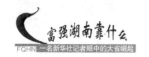
评论："弱"县也可助省"强"

也许安仁的居民收入、工业总产值、财政总收入永远赶不上全国百强县，但是，只要真正协调发展，假以时日，安仁老百姓的幸福感，或许是有的"百强县"不能企及的。

七月到安仁的采访，激起了我对湖南一大批默默无闻县发展的强烈兴趣，并不断思考，湖南在强省过程中——中西部在崛起之中，此类县会呈现什么样的态势，可以发挥怎样的作用？湖南80多个县中大量发展还一般的县，如果都能像安仁这样变成一只只县域发展的"小老虎"，湖南的"蛋糕"是否能够快速做大？在支持一批强县的同时，省、市政府如何关怀、帮助这些相对而言的"弱县"？

过去，人们关注多的，媒体报道集中的，主要是湖南省的一批经济强县，包括长沙地区齐齐进入全国百强县的长望浏宁，以及湖南省政府从2004年开始至今每年评选的湖南经济强县。在湖南，区位优势特别好、经济基础很强的县，毕竟也只有那么一些，安仁"中不溜"的县情、区位，在湖南80多个县中有很强的代表性。短短时间内，安仁这个俗称"被遗忘的角落"里能够发生这么大的变化，其他县区何尝不能做到呢？

在安仁，我真切感受到，一大批像安仁这样过去不为人关注的县，其实都迎来了发展的好机遇。这种机遇，体现在交通设施上是得到了极大的改善。近年来，国家投巨资修建铁路、高速公路等，湖南省在建高速公路

254

里程据称居全国第一。路网不断完善，天堑变成通途，使得类似安仁的众多县，地理位置因交通改善获得优势，从而为招商引资、降低物流提供了有利条件。同时，国家对中西部巨额的财政转移支付，为中西部各县送来了不菲的真金白银，有力地支持了财政运转与社会事业建设。

如果说，产业转移的浪潮对于中部省份而言，以前还是只闻"涛声"，那么现在已经是大浪袭来。沿海的产业向内地转移，就像"狼来了"一样喊了很多年，然而传统的生产模式是如此顽固，像城墙一样阻挡了转移。近两年来，在世界金融危机造成出口受阻，土地紧，招工难，沿海地方政府"腾笼换鸟"升级产业等多重因素倒逼下，珠三角的大批劳动密集型及制造企业，真正开始转身投向内地的"怀抱"了。转移过来的企业当中，也会良莠不齐，如果地方政府打造好环境、善于选择，当然能够沙里淘金，迎来一批好企业，对于各县解决就业、发展工业、培植产业，不失为实打实的一大机遇。

当然，一个地方能否抓住这些机遇，关键之处，还在于决策者们的胆识与作风：是否有不辱使命的责任，执政为民的理念，清廉自洁的操守，以及改革探索的勇气，真抓实干的作风！人们常说，人的健康是"1"，其他所有都是零，没有"1"，一切都是空的。在现行体制下，对于一个地方的发展而言，一个地方的主要决策团体就是"1"，是一个地方发展最重要的资源，其稀缺程度实则远远超过了土地、资金等。安仁县的决策者充分理解上层探索竞争性选拔干部的改革精神，大规模在县内公开、民主选拔官员，从而在制度上保证了优秀人才的脱颖而出。此举的成功推行，以及干部们所焕发的巨大的热情，再次证明了以公开、民主为导向，进行有序改革的可操作性，与迫在眉睫的改革必要性！

尽管安仁取得了飞速发展，但安仁的主政者头脑还是非常冷静。他们对待采访非常低调，甚至谢绝，认为安仁的发展还只是"小有起步"。即使接受采访，也会告诉记者，无论是经济总量的做大，对民众的服务，还是向"湘东南区域中心"的迈进，安仁都"不敢说大话"，"离自己的预期

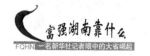
还很远"。

"九层之台，起于垒土"，"千里之行，始于足下"。不论是珠三角、长三角，还是湖南的浏阳、宁乡等地——经济强县的发展，虽然客观条件不一样，起点不一样，但哪个不是从初级阶段开始，一步一步，经过多年努力累积发展起来的呢？到安仁参加工业项目大会战现场观摩交流会的郴州市委一位负责人说：现在我们只是看到安仁发展的起点，将来发展势头更足，到"十二五"结束大家再来看，那安仁就不是现在的安仁，大家都会刮目相看。

我觉得这个评论极富眼光，假如安仁的干部保持这种干劲，安仁的发展保持这种势头！还要说的是，安仁后发赶超的对象不仅瞄准经济，绝不忽视民生的思路与做法，也极富启示性。也许安仁的居民收入、工业总产值、财政总收入永远赶不上全国百强县，但是，只要真正协调发展，假以时日，安仁老百姓的幸福感，或许是有的"百强县"不能企及的。

此次温州动车相撞事故发生后，举国都借这极富象征意义的事件，思考中国的跨越发展速度是否太快，是否忽略了很多东西？"中国啊，你慢点飞"，这句呼吁引起了公众的共鸣。我想，安仁不仅仅以经济为中心的后发赶超实践，正可以提供一个可供思考参照的积极样本。

（写于2011年，配发以上一组两篇安仁调查。）

澧县标本：激发县域发展的民间活力

在人们印象中是洞庭湖区典型"鱼米之乡"的澧县，近年来民间经商办厂异常活跃，从而推动了县域经济的快速发展。以政府力量培育激发民间活力，从而强有力推动县域发展——澧县堪称是省内、中部地区的一个标本。应该说，尽管路很长，但澧县的路走对了。

金黄的油菜，勤劳的农民；秀美的澧水，甘甜的葡萄；悠久的城头山，众多的志士仁人——常德市澧县，曾经留给外界的印象，更多是湖南有名的"鱼米之乡"。

2011年秋收季节，当我们再度来到澧县，发现澧县的形象已经注入全新的元素，带给我们面目一新的感受。尤其是民间迸发的经济活力，大大推动了县域的发展。这种生机勃发的旺盛景象，在湖南乃至中部地区并不多见。

谁说湖南人只会种田，不会创业？谁说中西部地区的传统难以变化，市场观念难以发育？澧县县域发展所展现的"草根"特色，给湖南乃至中国其他县的县域发展打开了思路：在推动一个地方的发展过程当中，民间的活力原来这么充沛；而恰当发挥的政府力量，对民间活力的保护与激发，又是何其珍贵！

一

澧县没有块头特别大的外来投资企业，高能耗的资源型企业也不多，但有一批生机勃勃的中小企业。年产值"亿元企业"近年来增长到 18 家，这在常德市辖各县当中最多，全省也在前列。

县委书记彭孟雄跟我们交流时认为，正是得益于这种"经济特质"，使得近年来虽然国内外经济形势风波迭起，但澧县经济却持续稳定增长，没有出现大起大落的现象。他强调，形成这种"经济特质"的重要来源，是"澧县人敢于拼搏、永不止步的创业精神"。

我们选择走访了"平安器械"，一家澧县土生土长的企业。

郑大田是澧阳镇新河村人，高中毕业后，当过个体户，买卖水泥猛赚了一把。1993 年，村里准备成立一家生产注射器的街道集体企业。村委会主任看他外面跑过，有些见识，就派他带人到外面考察。买回医药生产设备后，村委会主任说，设备没人会用，你买来的，厂长就你当了。郑大田知道中计了：这事没法推了。

办厂的家当，就是买设备 20 万元，外加 20 个人。经过近 20 年的打拼，尤其是 2002 年改制成股份制企业后，这一群农民办起来的企业，在湖南同行已经成江湖"老大"了。目前公司实力在全省排第一，进入全国前八强。占领了全省 70％的注射器市场，打入了俄罗斯、缅甸市场。如今，瞄准中小板上市目标，公司已进入上市辅导期，并计划争取明年获得"中国驰名商标"。

全省唯一的医疗器械研究中心就设在这里，这让郑大田最为骄傲，"近似于企业的博士后工作站吧"。对于医药这样科技含量高的行业而言，研发能力可谓是持久发展的命脉。公司有 9 名科研人员，其中 3 名是从外地高薪引进。

"我们的竞争对手是山东威高。"郑大田说，威高很牛，做输液设备起家，后来是手术器械，如心脏支架、人造骨头等，利润很高，这让他很是羡慕，以至感叹，"击败威高在我这一代很难"。虽然感觉超越很难，但从他如数家珍说清对手底细，我们不难感受到他做大做强的野心与梦想。

"平安器械"是一个典型的中小型企业。这样一个企业对澧县解决就业、财政收入的贡献，绝不可小视。在职工人有2000人，每月发放工人工资250多万元。去年税收达到800万元，今年有可能过千万元。企业的原材料、市场都在外面，没有耗费当地的资源，也没有污染。这是一个正在急剧扩张的企业。当我们来到澧县政务中心考察，赫然看到巨幅的招工信息电子屏上所发布的"平安器械"招工需求名额是：1000名。

"平安器械"还有一个贡献，就是培养了近20个老板，基本上都从事药品器械。包装车间的主任出走办了一个药品包装厂，郑大田设法借给他50万元。有的人担心这些同行出去会恶性竞争，郑大田却是鼓励大家出去，还当众表态：有困难，找我。"市场太大，医疗器械的产品有上万种，我们只做了不到30种。"郑大田坦言，"平安器械"现在获得很多市场信息，现在都是由这些走出去的老板提供，大家互相协作，有钱一起赚，比"单干"的力量强多了。

如今的澧县人不但会办厂，还会经商。澧县人把化妆品店开到了全国，就是一个明证。据考证，最初，一些澧县人在常德的桥南市场批发经销化妆品店，积累了经验，掌握了货源，了解了市场，于是开始兼顾零售，开店销售。亲帮亲，邻帮邻，你到这个县，我到那个县。没有多久，澧县人开的化妆品店出现在了全国众多的县城，然后带回大笔的票子，成为置业消费的生力军。

时隔6年之后，我们重访了车溪乡南阳村的种粮大户罗善平，如今种粮于他已经是副业，主业是贩卖粮食。而他的女婿、女儿，正在遥远的新疆带着建筑施工队在建筑高楼。据当地乡干部介绍，这个乡的农民近年来几乎垄断了新疆的中低端建筑市场，每年带回来不菲财富，使得车溪成了全县有名的富乡。

——在澧县采访，我们感到一种充沛强劲的民间力量在生长。我们从他们的身上，不由看到了那些善于创业的浙江人的身影。浙江沿海地区有着海岸线的"地利"，历史上有经商的"人和"传统，整体创业的氛围很浓。而澧县身处内陆地区粮食主产区，一个传统的"鱼米之乡"，却破除了种种阻碍，难得萌发了创业"小气候"。虽然这种"小气候"还不能说浓烈，但谁能否定，假以时日，不会变成"大气候"呢？

二

澧县人接待我们，端上的是本县酿造的葡萄酒。

这是澧县接待的一大特色，也是澧县培植葡萄产业新成就的缩影。

澧县人从无到有，从小到大，突破地理、传统的束缚，在几千年来种植水稻、棉花的土地上，培育出葡萄产业，从而给一个地方的产业培育提供了有力的启示。

1989 年，澧县小渡口高中毕业的村民王先荣，从重庆带回了 2000 株优质葡萄苗。当年，他孤身一人种植葡萄，现在全县已达 1 万多户，全县种植面积近 3 万亩，每亩纯收入约近万元，不止 10 倍于水稻种植。

周边的常德临澧、湖北公安等县，以及较远的河南、浙江等省，也纷纷有人跟着澧县种植葡萄。澧县不仅能够给周边辐射良种，还能输出栽培技术。一个技术员如果能够侍弄 600 亩葡萄，年收入最高的能够达到 50 万元。

澧县人并不担心技术外流，他们毫不讳言手中掌握了育种等"研发优势"，而外地人仅仅是普通栽种。一般国内每个县的农业局只有 2～3 名农艺师，而澧县葡萄合作社的成员当中，就有 9 个。

这里建成了全国规模最大的葡萄种质资源圃，有 1800 多个种质材料；已投产的 3000 吨葡萄酒厂，正在与葡萄酒强国法国企业合作，将扩建成万吨葡萄酒厂；酿酒后剩下的葡萄籽可榨油，葡萄皮提炼出的化学物质可用于化妆品和保健品；一批以葡萄观光、采摘为主题的休闲农庄现身，葡萄旅游正在打造；葡萄专业交易市场也正在兴建之中。

一个集产、学、研和产销、加工、旅游于一体的现代农业产业，已经在澧县初步形成。然而，澧县人并不满足。澧县葡萄的销售季节，从最初20多天，已经改良到现在每年7～9月。王先荣正带领合作社攻关，希望进一步完善已经小范围试验成功的产期调控技术，到时候葡萄什么时候开花、什么时候结果都由他们说了算，而且可以做到一年两熟。"虽然澧县种植葡萄已有20年历史，但从整个产业发展而言，其实刚刚起步。"王先荣雄心勃勃。

——从这个产业的崛起中，我们再次感受到民间的力量。

个子不高、朴实无华的王先荣，高中毕业后，以程门立雪的谦虚诚恳，到西南农大拜师学艺学种葡萄，回到澧县后，又虚心向湖南农大的教授求教，成为全县葡萄种植的"开山"鼻祖。而其他的众多农民，自觉跟着他摸索，改变种植传统，掌握种植技术，共同撑起这个产业。这些农民的自治水平也不能小看。农民要加入合作社，必须对保证质量宣誓，一批产品不合标准的农民，已被课以开除农业社的处罚。为了维护声誉，合作社甚至准备将他们登报声明。

如果说，"平安器械"的成长，点明了广阔的民间有着经商办厂的潜质，那么，葡萄产业证明，中国农民培植产业的能力，也不可小看。两者带给我们的强烈感受则是，中国民众追求幸福生活的渴望，善于学习的特点，勤劳吃苦的品质，以及自我管理的能力，是包括澧县在内的一切地方发展永不枯竭的资源与动力。

郑大田也就是高中毕业生，学历并不高，然而他频频发现，竞争对手中很多浙江人学历比他低多了。这一点驱使他坚定认为，澧县人完全具备当老板的条件。

"浙江老板很多不会写字，但他们头脑精明。"如全国医疗器械协会的会长是浙江人，报告发言时，尽念错字。可是他的企业一年仅注射器上的

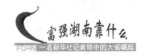
钢针产品，一年出口近 20 亿元。

澧县是湖南颇具代表性的"鱼米之乡"，自给自足，务农种粮是祖祖辈辈的传统。在这块农耕传统强大的地方，要形成办厂经商的氛围，并非易事。何况这里地处内陆，离中国市场力量最强大的"珠三角"、"长三角"不近，距最近的常德市也约 80 公里——所受到的市场的"熏陶"，也多不到哪里去。或许正是以上这两个在湖南很多县都有类似性的因素为背景，使得我们对澧县人活跃的"草根"经济，留下了难以磨灭的印象。

不仅仅在澧县，民间的创业力量还在湖南很多地方展现。湘中的邵东人善于经商，一度将专业市场建到了国内各地，有湖南"温州人"之称。湘东攸县的农民，几乎垄断了深圳的士司机运营队伍，如今又将中小超市铺满了长沙城区。湘南的嘉禾，有近 500 名老板在广东从事铸造，铸造是制造的上游产业，据说只要他们停产三天，"长三角"和"珠三角"的制造企业就要停产一个月。

从攥锄头到开店办厂，从乡村熟人社会到他乡异地，从懦弱到勇敢，从安稳到风险，从自给自足到商品经济——中国民众在创业过程中的角色变换，用"惊人一跃"实不为过。正因如此，我们惊异于韶山当年摆个粥摊，躲在林子里不敢叫卖的青年妇女汤瑞仁，后来把"毛家饭店"经营成一个品牌。感慨于张家界，农妇们在山头摆个摊子，操着韩语向一队队的韩国人兜售东西……

湖南有近 7000 万人民，或许很少人能够像大学"科班"出身的梁稳根一样，把工程机械做到了全世界，成为商业榜上的中国"首富"。但是，假设能够出现无数像澧县郑大田、王先荣这样的创业者，湖南的县域发展何尝不会风生水起，虎虎生气呢？

三

政府应该以什么样的姿态出现，激发并扶持民间的力量呢？

在郑大田看来，县委、县政府的"大力支持"不仅仅体现在各种各样的政策优惠。这家企业在经开区经营了多年，因为县里坚决打击地痞，没遇到一起寻衅闹事。他还感谢的是县政府推出的"多家费、一家收"措施。要缴的各种收费，牵涉到很多行政单位，但企业只要到县政务中心一个窗口缴纳即可。

"这样我们就非常轻松。"郑大田说，假设 10 个职能部门隔不了多久轮流来一次，企业免不了要接待，澧县人接待又热情，这将会极大增添公司的负担，"是很痛苦的事"。

澧县政务中心或许是全省县一级建筑规模最大、设备最先进的政务中心。县纪委、监察部门进驻工作机构，通过问卷调查、现场访问等方式，给各个科局的服务窗口评分排队。工程招投标集中在这里举行，有全程电视监控。巨大的电子屏幕，免费为各个企业提供招工信息。这从一个侧面，证明了澧县的创业环境，在全省居于一流。

与郑大田一样，王先荣也对政府支持葡萄产业的努力历历在目。

为了帮助农民增收，推广新的产业，国内各地曾经屡屡发生政府强行组织农民种植农产品，遭遇"卖难"，结果损失惨重的事件。尽管在农业局也设立了"葡萄办"，但澧县并不命令农民种植葡萄。

这几年来，为了提升品牌促进销售，政府部门每年选择一个省会城市举行新闻发布会。就在我们来澧县采访之前，澧县刚在南昌市为葡萄销售举行了新闻发布会。县委常委、宣传部长罗慧告诉我们，在南昌，县里的官员都穿着特制 T 恤到超市去叫卖，很受市民的欢迎，她也参与了"叫卖"。

武汉是距澧县不远的一个大城市，可这里的市场十多年来没打开。去年，县委、县政府在武汉举行新闻发布会后，湖北销了澧县全县三分之一的葡萄。因为缺货，王先荣的公司还赔了一个超市 8 万多元的违约金。"媒体的力量真是大！"火爆的销售让王先荣简直难以相信。他悟出了一个道理，消费者比企业更加信政府的宣传，其实政府是用信用在为企业担保。

不仅仅是销售，在技术推广、项目支持、农田水利、种子资源等诸多方面，澧县政府部门多年来像保姆一样精心呵护葡萄产业这根"幼苗"，一点一点扶着它长大。

像澧县这样因势利导，大张旗帜倡导"全民创业"的县，在全省并不多见。澧县县委今年经济工作会议的主题就是创业：百姓创家业，能人创企业，干部创事业，乡镇创产业，部门创基业，企业创新业。"工业强县、创业富民"——以此为战略发展口号的县委、县政府出台系列措施，引导政府部门当推进企业的引领者，优良环境的创造者。

"平安器械"的郑大田极其赞同县政府鼓励大家创业、当老板的倡导。澧县有近 200 个缝纫企业老板，他们以前在沿海打工，掌握了一定的技术和销售市场，回乡创业。郑大田的工厂有一些工人，就因为这个行业的家属办厂，于是退出转厂，这样往往上班更方便了。有更多的人创业，郑大田乐见其成。

市场发育到一定时候就遇到产业的坎，要靠大家一起突破。郑大田盼望澧县在产业培育上不断取得突破。江西进贤县在他看来就是一个可借鉴的榜样。每年他都要去这个县很多次，"学习，参观，挖人"。这里已经形成完整产业，几乎家家户户都在从事药品器械买卖，全县达两万多人，产品占了全国三分之一的市场。

"平安器械"一般从上海进口原料，买个配件最近也要到长沙。可在进贤，什么都能买到。县政府提出"一根针、一支笔、一朵花"的产业发展思路，现在"一根针"的发展已经超过其他两个产业了。一次性输液注射器占国内 40% 以上市场份额，正打造全省乃至全国的医疗器械制造基地和医疗器械产业商贸中心。

以政府力量培育激发民间活力，从而强有力推动县域发展——澧县堪称是省内、中部地区的一个标本。应该说，尽管路很长，但澧县的路走对了。

（采写刊发于 2011 年。）

采访随笔："区域中心"看澧县

　　　　面对外地加快发展的逼人形势，如果澧县人不更加奋发有为，就面临掉队落伍的危险。反之，未来五年，澧县的发展只要沿着正确的道路走下来，一定会有一次完美的"撑竿起跳、跨越赶超"。

"区域中心"、"次中心城市"、"区域枢纽"——这不但是湖南省，也是国内越来越多县在定位区域发展目标时亮出的追求。当很多地方还是停留概念规划阶段，湘西北的澧县，使我们对"区域中心"有了初步真切的感受。

在激烈的区域竞争当中，大家都想发挥聚集功能，不被别人辐射，都想当主角，不甘做别县的配角。一山难容二虎，人口、消费、产业资源总是容易向强势的地方集中。由于市场力量发达，沿海不少地方的一个产业通过集群化，可以连锁带动周边县域，形成了产业分工互补的"块状经济"。而在中部省份，由于产业弱小，城市规模偏小，地理优势相对缺乏，区域经济更多还表现为以县域为主体的"单打经济"。在中部，区域中心形成比较艰难，而一旦形成则将加速打破行政壁垒，促进资源的快速流动。

澧县"十二五"规划中的"四个城市"当中有三个包含"中心"：朝着常德次中心城市、澧水中下游中心城市、湘鄂边境区域中心城市、洞庭

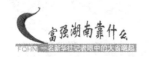
湖滨生态宜居城市的奋斗目标迈进。澧县人认为，成为"中心"的关键是努力实现"县改市"，核心是要宜居宜业，对周边产生辐射力、吸引力，成为一方安居乐业的乐土。这个思路显然得到了常德市的认同，在常德市"十二五"规划和城市发展总体规划中都提到：要把"澧县＋津市"作为市域北部副中心城市。

湘江之畔有长沙、株洲、湘潭、衡阳，资水边上有邵阳、益阳，沅水一侧有常德市。澧县人发现，贯穿湖南的"四水"当中，唯有澧水的中下游缺乏中心城市。澧县人画了一个圈，如果以澧县为圆心，50公里半径范围内，还找不到一个人口超过20万的中等城市。他们向我们分析原因，首先是地理因素，澧水只有300多公里，比其他江河要短，其次是经济因素，说明这一区域的经济发展水平并不高。相对于周边其他县、市，史上建制澧州的澧县，不管是历史沿革、文化底蕴，还是如今的城区框架、经济规模，更有可能成为填补这一区域中心空白的县。

我们到达澧县采访的前几天，处于县城黄金码头的步步高商场刚刚开办了家电超市。店面明亮宽敞，品牌电器琳琅满目，购物环境一点不亚于省城的商铺。店长介绍，面积总共3000多平方米，是步步高在全省县城面积最大的家电店铺，耗资千万。四年前在澧县抢滩设店的步步高敢于这样下血本，是因为认为澧县"经济非常活跃，城市建设很好，消费意识超前"，看中了这个市场。

正因消费市场强大，所以澧县成了商家在湘西北争抢的第一滩头。行走在澧县境内，路旁大树之间不断可见拉开的大红横幅。如"华星电器明日开业"——华星是澧县所属的常德市区本土最强大的电器品牌。房屋的墙上则多处张贴本土电器明星"六合电器"的广告。虽然投了大本钱，虽然"背景"很硬，但步步高的店长对澧县的这场家电大战丝毫不敢掉以轻心。在他看来，竞争激烈，商家斗法，但价格实惠，服务上去了，得便宜的是澧县当地及周边的居民。

外地人也常常把澧县当"区域中心"。接受我们采访后再过几天，也就是 10 月 1 日，"平安器械"在澧县举行客商联谊会，全国各地接到邀请的客人，百分之百都答应赶来。董事长郑大田认为，客商中有的来自新疆、黑龙江等遥远地方，愿意坐飞机、转汽车，跑到澧县来，除了业务因素，还有就是，"这里吃的、玩的、看的，都有"。

"你们这儿不是一个县城，而是一个市吧。""平安器械"的外省经销商第一次来到澧县，常常这样发问。澧县热闹得让郑大田感觉添了"缺陷"，宾馆酒楼的车太多，常常难得找到地方停车。一项数据称，澧县近年来每年个人新上车牌数量，在常德各县排名第一。

当地人也不把澧县仅仅当县看待。"澧县发展很快，我们很骄傲。"葡萄大王王先荣毫不掩饰地说。或者求艺，或者销售，或者考察，王先荣去过国内外很多城市，见过不少世面。他认为，无论是城市规模、城镇面貌还是消费水平，澧县都像一个地级市的构架——甚至一些地级城市都赶不上。

看得出来，让澧县有区域中心之相的核心动力，是澧县县城所浓缩的城市化景象。我们参观走访了即将通车的县城城区环线。澧县现在城区面积已经建成 20 平方公里多，达到 23 万人口。城区规模在全省排名前十位。房地产投资在全省排第六。未来五年，澧县规划城区面积建成 35 平方公里，达到 35 万人。再过五年，也就是 2020 年，县城建成区面积达到50 平方公里，人口达到 50 万。

县委书记彭孟雄给我们算了账，这个目标并不虚幻。澧县城乡有近100 万人口，目前全县城镇化率在 40％左右，正处于理论上公认的加速增长阶段，如果届时达到全国平均水平 65％，全县就有 65 万人口进城，多半要住在县城，再加上产业辐射，还能带动周边一些县区的人就业。他坚定地认为，未来完成中国城市化主要使命的地点，应该不是"北上广"（北京、上海、广东），不是长沙，而是县城，来完成城市化的重要使命。再则，统筹城乡，建设新农村，最好的结合地点不是大城市，不是乡村，而是一头挑城乡两端的县城。

澧县还把"中心化"的生力军寄托在十多万在外面闯荡的澧县人。他们当中有一批人非常成功，愿意回家发展，"有了创业的基础和冲动"。不少已经把资金从城里带到乡村，投资高效农业，比如种植葡萄、高端养殖等。把丰富的劳动力资源变为人力资本，把充裕的民间资金变成生产投资，把群众的致富愿望变成创业行动——这在澧县的决策者看来，是加快发展强大持久的内生动力。

"你看葡萄，澧县种植在长江以南种植面积最大，栽培技术最高。油菜种植，在全省规模第一。湖区乡镇正在发展南美白对虾，研究变海水为淡水养殖的技术。"以这些例子为证据，王先荣得出结论，澧县县委、县政府做事"大气"，很多超出一个县的水平，这是能够成为"区域中心"的重要原因。澧县的政府部门服务产业非常强势，不过他们清楚地知道，政府要做好服务，但不能越俎代庖。多年来他们积累的体会是，一个区域要发挥聚集功能，吸引资金流、人流，过去靠行政，现在主要靠市场。

澧县人也并不是只想唱"区域中心"的"独角戏"，他们有着强烈的区域合作意愿。邻近的津市虽然面积不大，但轻工业发达，历史上水运旺盛的时候，长江沿岸流行"北有沙市、南有津市"的说法，足可见当年的红火。津市与澧县县城相隔只有8公里，或许是湖南最靠近的两座城区，两个城市在产业、土地、资源等方面有很多互补之处。常德在21世纪初期曾制定了《津澧空间发展战略规划》，民间关于津澧"融城"做大做强的民间呼声也很高。接受采访的不少澧县人都对我们呼吁，盼望融城的实质性进展能够加速，盼望两座城市的城区重点发展方向能够对接。

澧县也渴望成为文化区域中心。与我们同一天抵达澧县的，还有从英国请来的规划师。澧县有独特的资源；包括城头山、澧州府在内有很多历史遗迹，是全国数得着的文物大县。既是现代城市，又充满历史气息；不比大，比特色——澧县人认为，他们脚下的土地完全可以成长为湖南的"绍兴古城"，能够引来大批游客。

在澧县，我们见到了澧县县委书记彭孟雄。他外表温文，意志坚定，满怀赶超理想与忧患意识。到任澧县后，他参与制定了"推动爬坡上坎、跻身全省十强"的中长期目标。2010年度湖南省县域经济强县、市排行榜中，澧县进入前20强，名列第18席。如今，澧县有经济技术开发区，有全省单体最大的啤酒企业，有全省最大的输液注射器生产企业，有中南地区最大的油脂加工企业……在他看来，这些年，澧县的发展保持了应有的位置，不过，以建设区域中心的标准来衡量，澧县在土地、资金、城镇建设等诸多方面，还有很多困难与薄弱环节需面对、解决。

"长株潭"有试验区政策优势，"大湘南"占沿海产业转移先机。彭孟雄与澧县官员分享他的思考：面对外地加快发展的逼人形势，如果澧县人不更加奋发有为，就面临掉队落伍的危险。反之，未来五年，澧县的发展只要沿着正确的道路走下来，一定会有一次完美的"撑竿起跳、跨越赶超"。

（采写刊发于2011年。）

喜忧湖南"县域地产"

相比长三角、珠三角尤其是浙江的"块状经济"而言，湖南一些县的"地产"还只是仅现产业雏形，还有作坊的气息，远达不到产业集群的状况，但毕竟开始生长，这说明了地处内陆的湖南正在萌发民间创业的活力。

数年前，到岳阳市平江县采访，就知道当地人办熟食加工厂很有名。最近，两条关于平江熟食的消息，让人又喜又忧。喜的是，熟食产业不断发展，在县内从事熟食加工的企业已有197家，年总产值达40亿元。至于走南闯荡在外办厂或开作坊的，人数更是难以统计。忧的是，湖南省质监局前不久公布食品不合格名单，各类熟食是不合格的"重灾区"，而其中很多来自湘东山区的大县平江。

我将这些在一个县域内成长的地方产业，借喻为"地产"。盘点湖南的"地产"，有的是传统手工型，如浏阳、醴陵的烟花，长沙县的湘绣，嘉禾的锻造；有的是资源开发型，如冷水江的锑产业，澧县的油脂加工业。让人意外的是，一些县市一无传统，二无资源，也居然生长出了"地产"。比如，占领国内外市场的邵东打火机产业，一度使深圳的士遍布湘东口音的攸县出租车驾驶产业，澧县的南方葡萄产业。

观察可知，经商创业的氛围与传统，可谓是滋生"地产"的重要诱因。邵东人与攸县人，都可称之湖南的"温州人"或"犹太人"。像邵东县，从这里走出的经商大军，遍布全国各个角落，哪怕是在新疆、西藏地区，时常可以发现他们顽强创业的身影。邵东人多地少，促使此地形成了经商的传统，改革开放之初，这里比江浙人动手还早，在国内率先建起了一批专业批发市场，新华社记者采写刊发了富有影响的调查报道。我生长地所在的县与攸县相邻。20世纪80年代初，改革开放刚刚开始，村民们像祖辈一样，延续着在田里土边日出而作、日落而息的生存方式。就在那时，在我们乡的集镇上，甚至穿过村中间的省道旁，就接连出现了攸县人开的饭店。他们操着陌生的口音，来到陌生的地方，追求比务农更高的收入。攸县的士与小超市等产业的出现，在我看来，应当得益于他们这种开疆拓土、外出创业的经商传统。换句话说，在"地产"发育过程中，人力资源有时比自然资源、传统工艺更加重要。

世界范围内的权威研究表明，政府建经济特区可以"自上而下"，但各地的产业集群大多是自己形成的。政府单凭自己的意图，想无中生有培育出一个产业的成功案例，还鲜有耳闻。不过，合理恰当的政府帮扶也不可或缺。湖南一些县市也有一度耀眼的"地产"，如祁东县的黄花菜等，如今已经萎缩，除了龙头企业、农户本身需反思，地方政府是否也有自省之处呢？攸县、汨罗等地摸索了一些有益的做法，让人印象深刻。攸县政府部门支持开办多个驾校，大量培训司机；并且在深圳等地，派出人员设立办事处，为的士司机提供服务并协助深圳方面管理。汨罗市不但规划循环产业园，将资源回收企业引入其中，而且通过提供担保、解决企业融资难题等手段，给予有效的政府服务。当然，地方政府培养"地产"，不仅仅要做好应用性的服务，还要耐下性子，舍得花成本做基础性的工作。比如，办高质量的义务教育与职业培训，培养出文化、科技素质高的公民。还有，通过扶植、奖励、表彰等多种方式，形成以经商创业为荣的小气候。

糟糕的是，一个地方也往往会形成恶之花的产业。长沙县凭着强大的经济实力，相应的财政补偿，将曾经很强大但却粗放的生猪产业，快速度

退出，以保护江河水质维护生态。并非每个县都能够像长沙县这样，让一些不适应的产业退出江湖。北京周边省份有的地方，发展为地沟油的大本营，收集、提炼、销售等环节已经形成畸形产业，对公众的生命安全造成很大危害。湖南省湘中地区有的乡镇，不知从什么时候起，发展起了做假证、刻假章的产业。有记者曾经到此暗访，夜幕降临之后，很多村民家里还灯火通明，热火朝天地干着造假的事情。国内一些地方查获的制造假证者，多是从这些乡镇走出的人。每每从电视、报纸上看到相关报道，作为湖南人我都有点难堪，不知道本地人、本地政府官员是怎么想的？事实上，这个让人哭笑不得的产业，已经让这个县乃至这个地区的形象为之蒙羞。我也相信地方政府肯定采取了很多打击行为，但民间的产业一旦形成，就像水银泻地，有着强大的惯性与动力，外力想要强行收拢，铲除干净，并非容易之事。

产业在一个特定的环境集聚，是世界范围内的普遍现象。在美国，好莱坞盛产娱乐业，拉斯维加斯繁荣于赌博业，纽约则是广告业的天堂。在浙江省，依托专业批发市场与制造，不同地方分别形成了眼镜、鞋类等大批专业村、专业镇。在湖南的长沙市，很小的地方近些年快速形成了世界有名的工程机械产业中心。一个地方能够形成产业，得益于亲戚、邻里、员工之间能够快速分享商业、技术等信息、知识，并且最大限度地降低产业成本，它的成长过程遵循了经济规律。

不过，相比长三角、珠三角，尤其是浙江的"块状经济"而言，湖南一些县的"地产"还只是仅现产业雏形，还有作坊的气息，远达不到产业集群的状况，但毕竟开始生长，这说明了地处内陆的湖南正在萌发民间创业的活力，以耕读军仕为传统的湖南人正在一点一滴强化自己的市场观念。

（采写于 2012 年。）

（湖南人物）对话詹纯新：
中联崛起与湖南强盛

相比而言，湖南本土工程机械企业的确优秀，湖南的问题是工程机械企业还不扎堆。如果排在世界前十强的工程机械企业都能够引入湖南，大家碰面聚首，湖南的工程机械企业就会上新的台阶。所以我觉得，把湖南叫作"中国工程机械之都"就可以了，叫"世界工程机械之都"，那是不知山外有山，有点夸张了。

20 年，中联重科从 7 人借款 50 万元起家，成长为世界知名的工程机械企业。

20 年，背负"鱼米之乡"、农业大省传统基因的湖南形象，注入了渴盼多年的新型工业力量。湖南工业领国内之先的工程机械产业，其孕育与中联重科息息相关。

20 年，中联成了湖南新型工业化的脊梁，湖南形象的名片；湖南则成了中联起飞的跑道，扎根的沃土。中联强盛崛起的轨迹，与湖南后发赶超的路径，交叉重叠，如影相随。

2012 年 9 月 17 日，在中联重科 20 年庆典即将来临之际，我们在长沙市河西桐梓坡中联重科简朴的会议室，专访了董事长詹纯新。出生于洞庭湖畔的他，温文儒雅又让人感觉意志坚定。从一个工程师磨炼成中国著名企业家，带动湖南工程机械引领全国，詹纯新已成今日经济"湘军"的代表性人物。

率先在湖南挖掘出工程机械的金矿

新华社记者：中联重科是湖南的一个标志性企业，为湖南带动了工程机械产业、新型工业化的发展，创造了就业、税收，也扩大了湖南的知名度。作为中联的掌门人，能否请您谈谈中联和湖南工程机械产业的关系？

詹纯新：应该这样说，中联或者长沙建机院（长沙建设机械研究院）是湖南工程机械的发源地。湖南过去也有这个行业的老牌企业，比如江麓机械厂、浦沅机械厂。长沙建机院把图纸给江麓，它开始生产塔机。我记得，实际上我们湖南很早就呼吁搞工程机械产业，但发展缓慢，事实上流于空谈。

中联重科 1992 年从长沙建机院"下海"问世后，做得不错。不久，三一从娄底迁长沙，看中了这个市场，也跟着我们做。坦率地说，三一是我们的学生。三一董事长梁稳根有一次在华天请我们吃饭说："老哥，敬你一杯酒。你给这个行业一个合理的定价，使我们能够进来。"当时一台混凝土机械生产成本大约 15 万元，我们卖 40 万元。三一进来后，每台便宜 10 万元销售，进入了这个市场。如果我们中联定价一台只赚 5 万元，他就很难进来，因为没有利润空间。比如中联主导市场的塔机，现在三一就很难进来，除非五年八年不赚钱。

再后来，山河智能及一系列中小企业，都进入这个行业。可以说，它们的问世，都是直接或间接源于我们中联的带动，中联发挥了有形、无形的作用，带动湖南形成了今天的工程机械产业。如果说，工程机械产业是个金矿，那么是中联重科率先把这个金矿挖出来。一点不夸张，中联重科就是湖南工程机械的发源地！

工程机械是湖南新型工业一个非常大的支柱产业，增长非常快，有非常突出的贡献。打个比方，如果把它拿掉，湖南的工业产业恐怕少了一个亮点。其他产业比如说光伏产业，实际上规模还不大。中联重科对湖南经济的贡献有目共睹，我们 95％的生产都在湖南，税收、就业等贡献几乎都在湖南。

在湘投资形成"线"状工业走廊

新华社记者：中联在引领湖南工业发展的同时，也带动了湖南不少市州的发展。最新的动作是，8 月 10 日，中联重科益阳产业园项目签约仪式举行。在湖南市、县投资的选址过程中，中联遵循什么样的标准与原则？我们发现，从长沙到益阳到常德，中联在湘投资地点连成"一条线"，为何呈现这样的线性状态？

詹纯新：从长沙往西走，中联重科的"工业走廊"正在形成。长株潭到益阳、常德的城市轻轨开通后，这条走廊将更加成形。在这条走廊上，每 50 公里就有一个中联园区，每一个园区都带动形成了一个小的集群。从长沙高新区的麓谷到宁乡，到益阳东部，到沅江市，再到汉寿县，到德山，到鼎城，到临澧，到津市——中联已经有这么长的一个工业布局。现在，益阳市最大规模的工业企业，是中联；常德市除了烟厂，也算中联了。

这条线上的三个点，与并购形成有关系：我们并购长沙的浦沅机械厂，顺便把位于常德的老浦沅带过来；津市有湖南车桥厂，是由湖南省国资委牵线，促成并购。第四个点是沅江，沅江有个汽车改装厂，沅江负责人前来推介它，我们当时正处于生产规模的快速膨胀期，发现这个厂虽然状况不好，但有一些基础，于是接过来了。第五个点是在德山。德山液压件厂与常德浦沅配套了几十年。改制后他们想卖，我们收购了大部分股权。

我们也在探讨总结，如果工厂集中在一起，土地、人力资源、后勤保障等问题都难以供应。形成这样一条工业走廊，对中联的发展很有益处。我们在湖南的投资，将依托已经形成的"线"状工业走廊，然后以长沙为中心，呈放射状辐射周边，再辐射到海外。

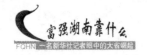

对湖南领导"有什么困难随时找我"印象深刻

新华社记者：中联在外省有很多投资，湖南的经济环境与外省相比，给您留下什么印象？在与湖南地方政府洽谈合作乃至建设运营过程中，湖南地方政府所展现的政务效率、所给予的投资环境，哪些让您满意或者焦急？

詹纯新：我到外省，从不愿惊动地方党政，直接到下面。中联重科在渭南的企业并购都做好了，我跟当地的省领导都没有接触。我觉得湖南省发展工业的氛围很浓，大家目标很明确，领导干部们都愿意放下身段去招商，经常现场办公。领导来考察调研时，经常问我，企业有什么困难？因为中联已经充分享受了国家、地方在税收等多个方面的鼓励与支持，所以我们常常提不出什么困难。很多地方领导与我告别时，常叮嘱，"有什么困难随时来找我"，这句话我印象也很深。

总体来说，湖南地方的投资环境都还不错。地方对我们的支持很大，我们享受的政策优惠力度很大。比如土地的提供，政府在投资建设过程中给予的协调，还包括所提供的政治待遇，我们在地方的企业产生不少人大代表、政协委员。

我们每到一地，产生的效益都是明显的，所以大家都支持。中联在沅江追加投资，今年工业产值要争取做到 70 亿元，帮助沅江工业领先益阳各县区。汉寿县的书记说，引入中联后一年产生的产值，等于他们干了几十年的工业。

湖南几乎每个地市的书记、市长，都跟我们说，希望我们到那里去投资。他们也怕我压力大，说你去看看。当然你去了，他肯定会给你准备项目。有的市州领导是老朋友，联系很多次，我没去过。

我们中联投资有一个特点，就是非常负责，投资前准备充分，只要一投资，马上就把产值做上来了。像中联在沅江的园区，2010 年才开始有产量，今年就 70 个亿。一去，"哗"就上来了，立竿见影，不像其他有的企业，要经历几年的成长期。也正因如此，中联在全国没有圈一块地，所有土地都有厂房。

我曾经跟湖南的省领导提过汉寿一位县委书记招商引资的事。他经常跑过来，说要找我汇报工作，我说我又不是你上级。我们去常德开会，汉寿县的干部就在太子庙挡住我们，请我们停一下，吃顿饭。他们对待企业那种诚恳执着的态度，让人真是难忘。

打造一个"总部设在长沙的跨国公司"是我们的战略目标

新华社记者：据我们知道，中联成了国内多个地方政府的招商引资的热门企业，外省不少官员政要纷纷联系或上门，向中联抛出绣球。最近，"中联重科上海工业园二期项目"在上海松江开工。当地报道称，届时与原"中联重科上海工业园"两个园区实现联产，整个上海工业园将实现年产值达 40 亿元，年利润总额达 5.1 亿元，年均上缴税收近 3 亿元。请问，中联重科在外省投资有何计划，中联重科在国内实现跨区域发展的战略目标，下一步还有什么考虑？

詹纯新：湖北省委书记见到我，就邀请我们过去投资，湖北的省长说，湖北就是想要引进你们这样的企业！包括江苏、东北、山东等国内很多省的省领导和地市领导，都盼我们去投资。地价都是绝对优惠，有的地方是送土地；之外，还给予绝对补贴。我们一个原则，哪怕是你送的土地，我也不会去圈地。中联要去，是根据我们的战略布局去，拿到地，马上盖厂房，去经营。我们坚持主业，坚持诚信。我们要了你的地，我们就有全盘的经营计划。

陕西渭南，华山脚下，有一个黄河机械厂，原属机械部，我们把它收购了，收购的好处之一，就是不要另起炉灶。刚开始一年做一两个亿的产值，现在高峰期 1 个月 4 亿元。最近，陕西一位省长到这个厂考察后说，

走了一路，在你这里看到希望。因为我们这个厂的产值是百分之百增长，工人都在干活。中联在上海有一个园区，这项投资与浦沅的员工很多是上海人有关。中联在江阴、沈阳都是小规模生产，租房建设，因为塔式起重机的运输成本高，就地生产能够降低成本。

站在企业的整体发展角度上看，我们的投资在国内的地点首先要考虑湖南。中联的大股东是湖南省国资委，我们很多人都是湖南人。"总部设在长沙的跨国公司"，这就是我们的区域布局和发展战略目标。

湖南应像江苏一样多引进世界工程机械前十强

新华社记者：据您了解，目前国内对湖南、长沙形成追赶之势的有哪些省、市？湖南引领自己的工程机械产业的优势，压制其他省、国的竞争对手，潜力在哪些地方？

詹纯新：江苏是工程机械大省。大家看到的是徐工，实际上只是江苏工程机械产业的一部分。在江苏，常州、无锡等顺着京沪线的一块区域，工程机械企业很多，尤其是为工程机械配套的零配件产业发展很快。

还有，国外排在前十位的工程机械企业，如卡特、小松、沃尔沃，都进驻江苏，江苏或许是国际工程机械巨头最多的省。实际上，这些企业都没有到湖南来。

山东原来基础就不错，有临工、中国重汽等企业，而且山东的零配件如发动机，做得也好。

相比而言，湖南本土工程机械企业的确优秀，湖南的问题是工程机械企业还不扎堆。如果排在世界前十强的工程机械企业都能够引入湖南，大家碰面聚首，湖南的工程机械企业就会上新的台阶。所以我觉得，把湖南叫作"中国工程机械之都"就可以了，叫"世界工程机械之都"，那是不知山外有山，有点夸张了。

对发展工程机械产业，湖南应该有一个大的战略规划，而且必须是站在全球的角度，让全球的巨头来扎堆。这样，湖南工程机械就不仅仅是湖南新型工业化的支柱，而且是全国、全球的制造基地。

因为竞争，大家才有紧迫感，才有中联、三一两家企业

新华社记者： 中联、三一的竞争在外界看来，大有"瑜亮情结"。可您曾说过同城同业竞争让您很"享受"，为什么这样说呢？同城竞争难道没有烦恼吗？在您看来，同城竞争逐渐内化为湖南工程机械产业发展的原动力，这中间是否经历痛苦的过程，以后有无减少的可能？

詹纯新： 外面都在说三一、中联竞争，我们也感受到竞争的各种烦恼。其实外面说的，比置身于其中的人还可怕。看待这件事，我有两句话。一句话，没竞争不会有今天的中联、三一。否则，我不会这么紧张，周六都不休息，你看我们很多管理层周末都没休息。因为竞争，大家有紧迫感，一天当两天用，企业才大步向前发展。依我看，80％的因素，是因为有两家企业竞争，才形成中联、三一这两家大企业。所以28日中联举行成立20周年庆典，我特意邀请梁稳根先生来参加。

第二句话，有点摩擦正常。比如，今天中午，我们中联在全国摆开的洽谈业务的宴请起码200桌，200桌就有200单。200个单，可能落实到两个人（中联、三一的业务代表）在争。这个单，谁做了，谁回公司得到奖励。因此，两个人出现竞争，发生点磕磕碰碰很正常。不碰，怎么可能？

因为竞争，才有中联、三一两家企业。不信？把这两家企业并到一块儿试试看！我跟梁稳根见面时说，因为竞争，我们不舒服，我们都很辛苦，但要看到，我们做得很快！竞争中出现的碰撞，避免不了，但我们要教育好员工。只要我们两家企业的高层，遵纪守法，讲规范，就不可能出大问题。

（采写于2012年9月，与丁文杰、谭剑、明星合作。）

（湖南人物）向文波：湖南也能出经济英雄

他认为三一的创业者是真正的爱国者。"我们没一个人移民，国外没一分钱存款，也没有孩子在国外定居。"梁稳根在向文波看来却有点像"穷光蛋"。向文波说，梁稳根是中国首富，但并没钱用，因为全是股票，一心一意满脑子想的就是"产业报国"。

目露精光，谈锋机敏，为人率性，个子不高的三一重工总裁向文波，有着众多身份与评价。

新浪"年度财经博客"第一人，中国第一金牌职业经理人，中国优秀民营科技企业家奖，2011年度福布斯全球富豪榜上榜人物，十一届全国人大代表，享受国务院政府津贴的专家⋯⋯

而在我看来，他是一个典型的湖南人。向文波是一个企业家，然而，他身上却有着迥然不同于很多企业家的特点。这些特点正集中延续了历史那些湖南杰出人才的特质，目光远大，脚踏实地，能够超越企业、财富，以经邦济世为己任。

2011年5月，在专访他阻击凯雷收购徐工事件数年之后，我再次见到了事业卓有成效、但常提到自己是农民儿子的向文波。还是跟以往一样，向文波谈得更多的还不是一时一地的工程机械，而是中国的工程机械产业，中国企业面临的经营环境，中国经济与社会的发展。

我们不能忘记，在新浪开设博客后，向文波最早的文章是猛烈抨击中国教育，继之质疑中国劳工的低工资战略——直到叫板徐工收购之前，他很少具体谈工程机械。这也正展现了他目光四射、思考国家发展的个性。

用又喜又忧形容此时的向文波是比较贴近的。他告诉我们，中美经济对话即将在美国举行，中方由国务院副总理王岐山带队，美方国务卿希拉里出席。三一是参与对话的国内五家企业之一，可谓代表国家形象。

第二天，带着捐赠泵车帮助日本对付核电站的三一三名工程师就要回到长沙，三一准备了盛大的欢迎仪式，欢迎这些为企业也为国家争得荣誉的英雄们。

这台 62 米长的泵车，是三一重工打破德国、美国的臂架技术垄断，完全自主创新领先国际的产品。它像长颈鹿一样伸出长长的手臂，每 12 个小时将 2040 吨水注入牵动全世界的福岛核电机组。

还让他踌躇满志的事，是今年在挖掘机市场，要从中国市场把小松、卡特"赶出去"。包括三一在内，中国工程机械企业过去强于混凝土搅拌车、泵车。

"谁带动'中国军团'？三一！"他豪情满怀，也毫不客气。

假设时光回到 20 多年前，也就是 1984 年前后，从湖南大学机械工程铸造专业本科毕业后，抱着考研目的、拿着毕业派遣单来到湘中涟源的青年向文波，能有今天这样纵横天下的气魄吗？能够预想今日中国产业领军人物之一的成就吗？

1984 年，中国的改革开放正在起步。邓小平离开北京前往南方考察，写下了对珠海、深圳建经济特区的赞词，推动了闭关自守数十年的中国，对外开放 14 个沿海城市和海南。

与此同时，国内建设大步流星，改革如火如荼，百废俱兴，生机勃勃。"革命化、年轻化、知识化、专业化"的干部选拔标准，使得优秀的大学毕业生在各行各业被当作宝贝一样重用。无疑，这是一个特别需要人才而且产生人才的年代，特别富于机会而且富于挑战的年代。

这一年，中国日后一些有影响的企业家开始嫩芽初露。

著名财经作家吴晓波在《激荡三十年》中写道，倒卖玉米的王石开始筹建一个科教仪器展销中心，赚了日后房产巨鳄万科前身的第一桶金。中学毕业进厂当工人，已35岁的张瑞敏被组织任命为一家快倒闭的电器厂当厂长。对科学不感兴趣，喜欢议论时事的柳传志在中科院一间20平方米的房子里，开始参与经营日后的"联想"。

22岁的向文波被分配到了兵器工业部下属的一家国企。虽然是部属企业，却深藏于湖南中部娄底，远离大城市的一个偏僻地区。此前中国类似企业的布局，都与山区与后方有关。恰巧是在这个偏僻地区，向文波结识了有"知遇之恩"，一生中最重要的合作伙伴——三一集团董事长、主要创始人梁稳根。梁当时在兵器工业部洪源机械厂工作，担任了计划处副处长、体改委副主任。

向和梁非常有缘分。梁比向早一年大学毕业，毕业于中南矿冶学院（现中南大学）材料学专业。两人所读的大学相邻于岳麓山下，两人毕业后分配的工厂也比较邻近。向文波告诉我，当时，大6岁的梁让他最难忘的是，在完成技术任务之余，梁把一本管理方面的书翻得角都卷起来。

1986年，梁和其他三位伙伴拼凑了6万元钱，辞职下海。出身贫寒的梁好不容易读完大学，有了正式工作，如今却弃之下海，这在当时可是个非常之举。贩羊亏本，做酒失败，造玻璃纤维不成功。吃了不少苦头后，梁和伙伴们在技术含量较高、能够发挥大学毕业生比较优势的特种焊接材料行业站稳了脚根，并且转向民营企业一般没有实力、技术敢碰的基建设备制造行业。

向文波本来走着一条非常顺利、也是比较稳当的一条人生之路。后来又考上大连理工大学的他，获工学硕士学位之后，在涟源市经委工作，后来当过国有企业的阀门厂厂长、拖拉机厂厂长。1992年，作为国家干部，被派去代表政府支持三一集团工作的向文波痛下决心，告别铁饭碗，加入三一集团有限公司。

1993年是关键之年，这不仅仅是指"三一"出现在企业名称当中，总部也迁往省会长沙旁边新建的长沙县城，一个叫星沙的地方。这颇有点像当年的曾国藩带着训练好的湘军，从衡阳、湘乡出发，前往长沙，开始他们坎坷曲折最后成就惊天事业的征途。梁出生的涟源和毕业分配所在地，以及下海创业地，正是在湘中地区，与曾国藩的家乡几乎同为一地。

三一成了向文波展现才华的最好平台。在这里，他参与了这个山沟沟里出来的企业向世界级企业迈进的奋斗全过程，力推三一成为中国股权分置改革首家上市公司，成为中国经济界的思想者和网络世界上的意见领袖。

三一在湖南这样的中部省份横空出世，并不容易。海尔长在山东，万科生于深圳，联想起于京城。与它们相比，湖南既非沿海，也非特区，远离北京。不但在区位地理上地处偏僻，而且缺乏创业尤其是投身工业的传统氛围，民营经济的力量薄弱。湖南人好从学、从政、从军，但是在经济发展领域出现的风流人物却是屈指可数。

在我看来，几个湖南青年打拼，在湖南起家的三一，其成长意味着创业者付出更多的努力，克服了更多的困难。然而，这也同时为打破湖南人不会干经济提供了一个经典案例，正如近代史上那些英雄人物对湖南人心理的潜移默化一样，三一将会对湖南人投身经济无形中产生巨大的激励。如果湖南人善于学习，身边的三一将会是最好的学校。

记得2006年，我和《瞭望东方》周刊的程瑛在长沙专访向文波，他尽管身处由自己掀起的"徐工事件"海啸般舆论潮中，不但要频繁地开展飞行式工作，还要接受媒体采访，并在博客上挑战应战，然而却是斗志旺盛。然而，2011年5月见到的向文波，意气风发之余，多了一份焦灼和忧虑。

再强大的组织，也有"阿喀琉斯脚跟"，也有它脆弱的一面。让向文波如今有点坐立不安的，是"三一行贿门"事件案子的进展如何。

4月22日，香港联交所准备对三一重工在香港上市聆讯。就在这一关键时刻前夕，4月18日，联交所接到三一商业贿赂的举报；4月19日，

一位署名"行贿改变世界"者，在众多商业网站论坛及工程机械专业网站，爆料三一商业贿赂多份内部文件。

包括《2011 中字头及水泥行业客户春节公关费汇总金》、《关于申请天山神州业务费的紧急报告》，列举的众多公关对象及三一审批人有名有姓。"公关费汇总"金额总计 1300 多万元，初审拨付 500 多万元，数据翔实。4 月 20 日，不少媒体推出报道，三一成了公共舆论的众矢之的。

香港联交所因此暂停聆讯。

有人传播：向文波已经被抓起来了。

向文波认为，这一起事件完全是有预谋、有组织，是国内竞争对手的"精确打击"。匿名信是攻击最有效，也是成本最低的武器。

"纯属造谣。"向文波通过微博驳斥。"网上公布的春季公关费用为初审表，实际执行费用在 100 万元左右，对于一家年销售额 400 多亿元的上市公司而言过于小气，献丑了，对不起客户。"

这个放言无忌、极富向氏风格的回应又引起了一场纷争，有人认为这是"不打自招"，有人则认为正常的营销费用。

公安机关接到三一的报案后，正在抓紧侦破，但是向文波盼望快些，更快些。不过他也坦承，除了已经查实一名内部职工涉嫌被收买做"内奸"外，这个案子的幕后真实操纵者可能很难显出真容。

借由网络，向文波成功阻止了美国企业对中国国企的收购，然而，也正是网络，使得有人在暗处向三一射出一支冷箭，引来千千万万围观者。敌人是谁，藏于何处，令性格好斗的向文波有一种有力无处使的感觉。

这一件事，令一向意气风发的向文波备感无奈与疲惫，甚至心有退意。他认为，三一面临的企业生存环境已经相当恶劣了。他甚至令我们意外地把双手一摊："我是一个弱者。"

令他愤愤不平，像三一这样一个纯净透明、为国争光的企业，怎么能受到这样的抹黑？用他的话说是：三一从来没有重组国企，也不倒买倒卖股票，不做房地产——赚的钱干干净净，经得起任何人的评点；而且不管是援救智利矿难还是日本核电站，都是"为国争光"。

"我们不钻市场的空子，不钻国家的空子，完全靠技术研发而做大，一心一意想产业报国，可是我们有没有产业报国的环境呢？我们的企业会不会因为这种不正常的环境，在半途就被报销呢？"向文波反问。

他认为三一的创业者是真正的爱国者。"我们没一个人移民，国外没一分钱存款，也没有孩子在国外定居。"

就在我这次与向文波见面的前不久，2011 年 5 月初，《新财富》杂志发布了"2011 新财富 500 富人榜"，梁稳根以 500 亿元的身家登顶，成为内地新一届首富。百度关于梁的词条介绍，"他不仅是该榜发布以来首个 A 股制造的首富，也是首个来自内陆省份的首富"。

然而，梁在向文波看来却有点像"穷光蛋"。向文波说，梁稳根是中国首富，但并没钱用，因为全是股票，一心一意满脑子想的就是"产业报国"。

"他跟我说，这一辈子就交给国家，不要说出国的事。"

三一重工的一位部门负责人向我坦言，以前他在广东一些企业工作，不敢妄说"产业报国"，觉得离得很远。但是到了三一工作后，这四个字却经常挂在嘴边，大家也都说得很自然，"因为三一确实是在承载国家的梦想"。

2011 年，距风云际会的 1984 年过去 17 年。

这一年，离开万科、还是被万科人视作精神领袖的王石，已经远走美国哈佛游学，60 岁的他像当年赴美的幼童一样，学习美氏英语的口语。中国房地产业尽管取得了暴利，但形象灰暗，成为万夫所指，成为国家调控的主要对象。王石何时转身，回到大洋这边的国内，不得而知。

这一年，柳传志更感兴趣的是投资而不是企业，联想旗下的基金投资多家已上市或即将上市，期待它们上市后带来回报。试图最大限度分散联想控股的整体风险的背后，不能不说是联想在计算机产业的摇摆。

这一年，把海尔做成全球化家电企业的张瑞敏，思考的很多是商业模

式如何创新的问题。从传统经济时代进入到互联网时代，在他看来是一个全球性的变局，是一个非常巨大的挑战和机遇。企业是有时代性的，如果海尔不能适应这个挑战，不能在互联网时代具备企业的竞争力，生存将会非常困难，只能被时代所抛弃。

对比这三家多少有些云遮雾绕的企业，三一却是风景这边独好。如果除掉"贿赂门"事件的干扰，以及工程机械一些配件受制于外国制造商，三一迎来的是一派欣欣向荣的景象。多个方面的信息却告诉人们，这是一家以可怕速度成长、生机无限的企业。三一集团 2010 年销售收入约 500 亿元，同比增长 63%，预计 2012 年能实现 1000 亿元的销售收入。在世界范围内扩张、参与救援的三一，不仅仅给自己创造利润，给社会创造财富，也给国家创造尊严。

然而，尽管企业做得这样大，向文波却经常不忘三一创业者们的出身寒微。梁的父亲是篾匠，自己的父亲是村支书——三一核心创业者是农村出来的，而非有的企业多是干部子弟，向文波高声强调，"草根啊"。

他念念不忘自己是农民的儿子。向文波位于长沙经开区的三一总部里有两套办公室，一套墙上贴着一幅岳阳楼记的书法，那是他已经去世的父亲写给他的。

"先天下之忧而忧，后天下之乐而乐"的警语，一般而言是对中国的从政者说的，然而，做企业的向文波却牢记在心。这或许与当过村干部的父亲有关，或许与自己毕业之初当过干部有关，或许与产业报国的理想有关，或许与湖南人忧国忧民的传统有关。

在另一套办公室，办公桌后一面宽大的墙壁排了长长的书柜，内容极其丰富，在经济之外，很多属历史、军事、政治、文学，比方《大秦帝国》、《越战》，看得出他阅读的领域很广，兴趣广泛。

"企业家对于国家而言，最重要的贡献不在于提供多少税收，提供多少就业岗位，而是能够提供观念。"向文波把企业社会责任的外延，定格得更高更远。

搅黄凯雷收购徐工事件之后，中国谨慎对待来自外资的并购。向文波认为这是给中国的后代留下一笔家产。徐工市值已经从 20 多亿元上升到几百亿元，他乐观其成。

尽管事件已经过去多年，但向文波仍然认为，这是他"一辈子做的最大的一件事"。

（写于 2011 年。）

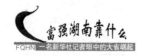

三一：在湖南土生土长的世界五百强

　　大家都知道，历史上，湖南人会当兵，会养猪，会读书，会从政。但湖南的工业很薄弱，湖南经济的农业比重很大。我感受到，历届省委、省政府对发展新型工业化的迫切，比哪里都强烈！

　　行走在三湘大地，长沙县、宁乡、邵阳、娄底……三一重工的身影不断映入眼帘。京珠高速公路衡阳段，南来北往的滚滚车流，都可目睹三一重工安仁产业园的巨幅广告牌。事实上，这个项目还未正式投产，但地方政府对三一的期盼溢于言表。

　　对于已经名列世界级企业之林的三一，人们聚焦的更多的是它对中国的贡献，在世界的扩张，它在本土湖南的表现却极少有关注。三一的发展，是如何得益于湖南，对湖南的发展又怎样反哺，又对湖南的环境有什么期望？2012 年 5 月 30 日，我走访了三一重工总经理向文波。

　　段羡菊：常说一方水土养一方人，是怎样一方水土，使得三一在湖南得以成长？湖南是一个内陆地区，既无沿海的地理区位优势，又缺乏创业的传统，市场观念和资本积累都不足。所以不但外省人，本省很多人都惊奇，三一的成长地，为什么会是在湖南？

　　向文波：创业者都是湖南人，这是三一最直接得益于湖南的因素吧。

　　我认为这与湖南省决策层对工业的重视分不开。大家都知道，历史上，湖南人会当兵，会养猪，会读书，会从政。但湖南的工业很薄弱，湖南经济的农业比重很大。我感受到，历届省委、省政府对发展新型工业化的迫切，比哪里都强烈！我们三一从小到大，都是省委政府重点支持的对象。省里多年来把我们视作民营经济的"领头羊"，从来都是高看一眼。

很多领导都支持我们。"三一"这个名称，也得益于省领导的指点。当年创业之初，梁稳根同志提出，"建设一流企业"、"培养一流人才"，熊清泉同志加了一句，"作出一流贡献"。

我还记得三一从涟源迁到长沙县经开区，是 1993 年 12 月 26 日签的投资合同，长沙县动员老百姓拆完房子过春节。老百姓多支持我们，现在可能很难见到这种情况！

尽管我们湖南是农业省，高等教育还是有一定基础，湖南大学、中南大学等学校，为我们提供了很多人才。

湖南地处中部，铁路、公路交通比较发达，辐射周边省份有地理优势。

段羡菊：不管是在日本震区救灾，还是智利矿难救援，三一的工程机械设备都为中国作出了贡献，受到世界赞誉，正如您所说的，起到了外交或许难以替代的作用。在你看来，三一的崛起给湖南作了哪些方面的回报？

向文波：三一在长沙经济开发区的企业当中无疑是"领头羊"，我们提供的经济总量占三分之二，税收 30 多个亿占二分之一，提供了很多就业岗位。如果包括全省其他地方投资的厂，三一的贡献更大了。当然，最大的贡献可能是带动湖南工程机械产业发展。

这两天，长沙市为宁乡三一重工举办了一个座谈会。长沙市政协主席余合泉发言说，直到 1984 年浦沅的一个厂搬到长沙，湖南才说得上有了第一个工程机械企业。1994 年，三一迁到长沙后，对湖南工程机械真正起到了"举旗领航，击鼓催钟"的作用，这是改革开放以来湖南新型工业化的最高成就。

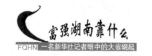

段羡菊：湖南工程机械产业发展到现在，与国内其他省份乃至国家比较，地位如何？优劣在哪些方面？

向文波：据统计，湖南工程机械产业去年产值已达 300 亿美元，有 28 家规模企业，60 多家配套企业，已经完全形成机械产业。毫不夸张地说，湖南工程机械产业已不仅是中国，还是世界工程机械之都。开句玩笑，把长沙打造成世界工程机械之都，这是我的知识产权，当时省委发动献计献策，我提了这个意见。

在长沙的竞争对手当中，徐州当年工程机械实力很强。当时很多人认为，徐工不卖掉，就会垮掉。现在怎么样了？没有卖掉之后，还收购了外面企业。现在市值几百亿，当时 20 多个亿要卖掉。我以一己之身，阻挡了卖外国企业潮。我当时说，中国不能成打工民族。现在，长沙的工程机械实力，已经远超过其他地方。全国实力前三强当中，三一第一，中联老二，徐工第三。前三强当中，两强在长沙。

段羡菊：尽管中国的工程机械卖得很火，但核心零配件在很长时间靠从德、日等国进口，成为一大软肋，备受关注。在此领域的攻关方面，三一是否有所进展？

向文波：我们已经在高强度钢板研发方面取得了突破，破解了中国难题，质量比国外的还好，好得军事都可用。另外，油缸、回转支撑、马达等重要零配件的研发，我们也已经全面推动。

段羡菊：湖南省科技厅按照省政府的要求，在产学研推进工程机械配件攻关方面做了一些工作，是否可以有更大作为？

向文波：我们和很多学校进行了联合办学机制。我们每年要引进上万名技能人才，来源渠道一是自己办学，二是联合办学，湖南好的技校都有三一班。我们跟国内知名高校，如长安大学、清华大学，都有项目合作。

在科技攻关方面，政府引导，加市场运作，是好的。完全靠企业去干，事倍功半。如果政府牵头，对高等院校实验室给予适当扶持，可能会事半功倍。如果纯政府行为，把企业放到一边，那可能是拉郎配了。当然政府你不搞，企业也会搞，只不过费劲一些。

　　段羡菊：做大做强工程机械产业，你们觉得湖南省还有哪些可以支持的地方？

　　向文波：可以做的地方，多得很。比如发展用地，科技支持。湖南累计给我们的科研经费 1000 万元，我们的科研基本是自费。合肥市市长主动跑到我们这里，说只要你们去合肥投资，我们科技经费这一项马上就拨5000 万元。我们之所以到全国很多地方投资，湖南用地困难是其中因素之一。

　　段羡菊：三一与中联是湖南工程机械的双子星座，你们如何看待与中联的竞争？

　　向文波：合理的竞争还是必要的，但两个企业确实存在分歧。

　　（注：2012 年 11 月 21 日，三一内部早餐会透露出三一集团职能总部将可能迁往北京市昌平区的传闻，引发社会各界尤其是湖南本土关注。）

（湖南人物）总有一些人群
要承担历史进步的代价

——湖南四位留守儿童习作的点评

历史的进步总要付出代价，总要有一些特定的人群来承担更多的代价。留守儿童和他们的父母就是一个这样特定的人群，为中国的工业化与城市化作出牺牲，为中国的社会转型承受痛苦。

这些稚朴文章，通过昕孺君的电邮发送过来。打开它们的时候，我没有想到会引来这样的震动。孩子们的孤独与无助，像无边的海浪，要把我淹没。这孤独无助背后折射的社会问题，又像一块巨石，压在我的心头，喘不过气来。好在里面还写了不少充满童趣的事情，像含泪的笑，让我的心情稍稍得到一点排遣。我确信，这些懂事、孝顺、努力学习、自幼经历磨难，与城里孩子体现不同风格的乡村孩子身上，展现了中国人传统的优质品质，蕴藏着未来中国最优秀建设者的潜质。

同样是诉说留守儿童的艰辛，然而，我认为孩子们的文章，比领导的讲话、记者的报道和诗人的诗歌，更加能够打动人心。这是为什么呢？答案其实并不难找到。因为他们是真正的主角，一切的旁观者，哪怕再感同身受，对留守之痛总是隔了一层。还因为，这些饱含童真的文章质朴自然，正印证了明朝思想家李贽的文论，有童心，自有好文章。

能够抱怨他们父母的心狠吗？近30年来，中国农村大量劳动力进入遥远陌生的异乡，规模之大世界范围内所罕见。固然，现代化的城市比之寂寞沉静的乡村，流水线的工厂比之脸朝黄土背朝天式的种田，对乡村青年充满了诱惑和引力。然而，他们在城乡之间的迁徙，根本的原因乃是在工业化、城市化的今天，农村已经无法足够提供就业、生存及养家的机会。除了面向城市，走向工厂，他们别无选择。

远远超出了孩子们幼小的心灵所能想象、理解的程度，是父母和他们分离之后，所尝受到的艰辛，所付出的努力，所作出的贡献。留守儿童和他们父母的生存状况，已经成为中国维护公平、正义所必须正视的最大群体。从最先的贬称"盲流"，到后来的"打工仔"，以及今日法定文件上的"农民工"，称谓的转折折射了他们社会地位的变化。农民工子女进城求学无门的问题，也被国家政策所纠正。从 2010 年开始，中国大规模建设可以廉价使用的公共租赁住房，对象就包括青年农民工。社会各界也以支教、城乡孩子结对、捐助免费午餐等多种形式给予这些孩子援助。

终有一天，中国大多数的留守儿童，是可以和他们的父母在城里相聚，乡村留守生活和其中的孤独与无助，淡化成为他们孩童时的记忆。

历史的进步总要付出代价，总要有一些特定的人群来承担更多的代价。留守儿童和他们的父母就是一个这样特定的人群，为中国的工业化与城市化作出牺牲，为中国的社会转型承受痛苦。愿中国进步的代价，小些，更小些；愿留守儿童成为历史名词的速度，快些，更快些；愿孩子们习作中的欢歌和笑语，多些，更多些。这不仅仅是我，也是千千万万中国人的心愿吧。

（写于 2011 年 5 月 27 日。2011 年湖南教育报刊社《初中生》杂志推出策划"留守孩子的生活"。负责策划的知名诗人吴昕孺老师共选了 4 篇文章，约我撰写一篇评论。这里选附一篇留守儿童习作。）

附：

一名留守孩子的诉说

湖南新化县十二中 彭巧梅

因爸妈长年在外打工，我从两岁起，就与奶奶相依为命地过日子，一晃竟过去了十多年。

记得我读六年级的时候，有一次，班主任布置了一项新的家庭作业，要同学们从作文书上摘抄好词好句，摘抄的词句要读给家长听，再由家长签上意见。这事，我可苦恼了，爸妈不在家，奶奶不识字，她听不懂"卧薪尝胆"是什么意思，她能给我签字吗？住在隔壁的王嫂也走了，大山深处，就这么一家，祖孙两人，怎么完成作业呢？我想，要是妈妈在身边，该多好啊！想着想着，晶莹的泪水夺眶而出。此时此刻，我恨不得长出一双翅膀，能够飞到妈妈身边，感受一下母爱，感受一下妈妈的抚摸！

去年九月的一天，学校请来新西兰爱国华侨杨屹峰教授来给我们作"把爱心洒满校园"的演讲。演讲前，杨教授要求每位学生把自己的家长请来听演讲。那天，同学们和大部分家长整整齐齐坐在草坪上，我看到他们的身旁坐着父母，面带微笑，多么美慕啊！我的奶奶年过八十，走不动了，身旁没有其他亲人，只有一条学校准备给家长坐的凳子，空空地晾在那里。我觉得真丢人，只好低下头羞红着脸。

演讲开始了，杨老师用幽默的话语使我们发笑，场面轻松快乐。后来，杨老师的演讲进入高潮，越来越激动人心，场面反而变得很安静。当他讲到父母为我们付出了那么多，让我们伸出自己的双手握住身边父母的手，让他们感受一下孩子的温暖时，同学们握住父母的双手，全场顿时哭成一团。我摸摸光滑的凳子，无限思念与期待交织心间，越想越伤心，越想越孤单，泪水滴湿了凳子，我失去了自控力，倒下去，趴在地上猛喊："妈妈，你回来啊，妈妈……"老师把我扶起来，我腿发软，站不住，老师只好把我这个泪人送回了教室。接连几天，我没吃饭，坐在教室里发呆。

去年年底，我们家乡普降大雪，雪深一尺多，我家的电线断了，没准备蜡烛，家里一团漆黑，屋外寒风呼呼，后山的树林里不断地发出"啪啪"的响声，惊心动魄。奶奶嘴里说别怕，其实她早被吓成一团，缩在被窝里发抖。我一夜没合眼，心里总盼着爸爸妈妈突然出现在我的面前。

留守孩子的生活是苦的。当我们遇到困难时，父母不在身边就很难解决；学习无人辅导，爷爷奶奶认不了几个字，更别说英语、数学、物理、化学；父母不在身边，遇到烦心事我们无处倾诉。得不到呵护和理解，心灵不知留下多少创伤，简直与没有父母的孩子无异。这，就是一名留守孩子的诉说。（指导老师：刘协庭　吴斌）

（湖南人物）回乡女工马华朵：
"终于每天都能够看到孩子。"

能够看到自己的孩子，对于很多母亲而言是再自然不过的事。然而，对于那些千千万万到遥远异乡打工的女工而言，这是做梦都在盼望的奢侈愿望。沿海产业向内地转移的浪潮，使得像湖南省郴州市安仁县马华朵这样的回乡就业女工，可以给予孩子曾经遗失的母爱。

坐在车间的缝衣机前，39岁的女工马华朵一脸满足的神色，告诉我们回乡打工最大的"好处"是："终于每天都能够看到孩子。"

能够看到自己的孩子，对于很多母亲而言是再自然不过的事。然而，对于那些千千万万到遥远异乡打工的女工而言，这是做梦都在盼望的奢侈愿望。沿海产业向内地转移的浪潮，使得像湖南省郴州市安仁县马华朵这样的回乡就业女工，可以给予孩子曾经遗失的母爱。

安仁，是湘南的一个边远农业县，受交通、区位等条件所限，多年来经济发展滞后，每年都有大量的外出务工人员前往广东、浙江等地打工。近年，安仁抓住沿海企业向内地产业转移的机遇，承接引进了大批的沿海转移企业，本县外出务工人员开始回流，不少人实现了在家门口就业的梦想。

24日，记者来到安仁县亲身体验这股"浪潮"所带来的新变化。在离县城不远的清溪片区工业园，一栋栋崭新的厂房矗立在大山之下，四处可见正在开工建设的配套设施。香港冠辉（安仁）制衣厂富有粤语特色的"见工"招工条幅挂在厂房外墙，在三楼的制衣车间，今年39岁的车工马华朵正在熟练地操作机器。

马华朵是安仁清溪镇枫树村人，先前多年在广州打工，已经是个相当熟练的制衣工了。凭着多年的务工经验，马华朵今年年初很快就在香港冠辉（安仁）制衣厂找到了工作，月薪2000多元。

安仁是劳动力资源大县，去年跨省劳务输出农民工13万人。今年春节过后，在富余劳动力继续往省外转移的同时，全县也有不少像马华朵一样的人选择留在家乡就业创业。

记者在采访时发现，和新生代农民工不同，放弃外出务工的返乡农民工大多在35～45岁，他们在外务工多年，有一定技术和经验，因为家庭等原因，更希望在家门口就业，因此成为不少园区企业争相录用的"香饽饽"。

"在外面打工总觉得像过客一样，没有归属感。现在家乡的工资跟广州也差距不大，生活成本低不少，最重要的是每天晚上都可以回家，可以照顾家里，心里特别踏实。"马华朵说。马华朵的家离厂区仅4公里，每天晚上能骑着摩托车回家，有时还能辅导孩子的功课，是让她最高兴的事情。

"那些在外面闯荡多年的农民工，自身拥有一定技术水平，招录这些熟练工不仅可以为我们省掉大量培训时间，还能搭配一些新手，减少企业的一些招工成本……"香港冠辉（安仁）制衣厂厂长李红平说。

据安仁县就业服务局局长陈伯勋介绍，由于大力度承接产业转移，目前安仁已经拥有新安核心工业园和清溪片区、军山片区等数个工业园区，十几家企业涉及电子、制衣、绣花、皮具制造等多个行业，对工人的需求大量增加。

"安仁县以前更多的只是组织劳务输出，虽然现在面临招工难的问题，但是是一件值得高兴的事情。我们要进一步搭建信息对接平台、加强企业

用工指导、强化职业技能培训等，尽可能解决企业员工工作、生活、子女就学等问题，缓解'招工难'现象。"安仁县委常委、常务副县长雷树平说，安仁的举措在于让更多的务工人员能够在家门口就业，确保员工"招得来、留得住"，没有后顾之忧，进而助推安仁经济社会快速发展。

"在这里干活，待遇还不错，吃得好、睡得好、连空气都要好些"，谈及现在回乡的工作，女工马华朵觉得"心里特别踏实"。

（2012年采写，与陈文广合作。）

第三章 湖南敢为先

从政湖南：要 GDP，还要民调

以民调影响政绩，以民调带动地方政府成为"民本政府"，以民调推动科学发展，湖南堪称走在了全国前列。虽然只是几个简单的数字，民调对湖南政治生态产生的作用，可谓一石激起千层浪。

2011 年 6 月，湖南。在这个天气变化不定、大旱之后大雨的月份，对于湖南公众来说最敏感的数据，当是 6 月 25 日发布的高考成绩。

与此同时，不为公众所知的是，湖南 128 个县市区的党政负责人以及公安局长们，也在等待一场让他们揪心的"赶考"。这就是上半年度全省各县区的公众安全感民调，以及对公安机关的公众评价民调。

民调已经覆盖了湖南地方政府与部门的多个工作领域。民调结果不仅关系一个地方与部门的声誉，也往往是政绩的组成部分。事实上，宛如一柄悬在头上的"达摩克利斯之剑"，民调对湖南地方党政官员的重要性，已不亚于人们时常关注的 GDP 和财政收入。

民调的震慑力

民调的效果大不大，关键看权力部门用不用——在这一关键环节，湖南省多个部门尤其是政法部门做出了实质性动作，从而展现了威慑力。这

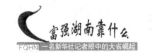

是记者多年来对此保持跟踪观察的结论。

湖南省公安机关委托隶属省统计局的省民调中心，开展对地方公安机关的年度综合考评——"政绩"考评当中，公众评价不断上升。总分中开始占5％，后提高到12％，2008年达到30％，2009年提高到50％。排名靠后者要写出检讨，受到诫勉，连续排名靠后者，则可能被免职。

近年来铁腕治警的湖南省公安厅，在思政教育、执法督察之外，把民调当作"撒手锏"。连续坚持开展公众评价，公众评价的比重在政绩中比重如此之高，对公安机关的影响之大——或许全国其他省区无出其右。

对公安开展民调的内容11项，包括有无安全感、吸毒贩毒现象、两抢、入室盗窃、黑恶势力、赌博与买码、机动车被盗、民警接待、公安机关是否公正执法等。

与地方党政政绩与声誉休戚相关的，则同样是委托省民调中心开展的湖南省公众安全感民调。委托方湖南省政法委规定，民调排名100位以后的县区，要受到"黄牌警告"，写出情况说明。事实上，以上两项民调都与社会治安紧密相连。

2009年，记者曾经专程走访了平江县公安局。平江公安民调2008年在全省128个县市区中公安机关排第98位，2009年上升到第87位。虽然民调上升，但是平江县公安系统还是有一种喘不过气的感觉，丝毫不敢掉以轻心。

平江县公安局时任常务副局长认为，民调确实有力地推动了公安工作，全省排名激发了各县公安机关的荣誉感，也刺激地方政府拿出更多的钱投入社会治安，如平江奖励抓盗。民调占了公安局班子成员总共100分工作业绩中的50分，如果民调不行，那么"其他工作再好也受到影响"，而且会影响班子干部的提拔及创优评先。

他们坦言，民调工作占了50分，感觉比重过高，不一定能实实在在反映问题，但问题是如果没有50分，又难以推动工作。本刊记者调查发现，如果说，公安部门对民调的评价是"一半说好，一半说苦"，那么基层干部百姓则是全部说好。

平江县城关镇城东村支部书记余克光反映，最近他感觉城区治安"三个明显减少"：打架斗殴明显减少，盗窃明显减少，吸毒人员明显减少。以前公共厕所随时可见一次性吸毒针头，现在不见了。随之而来，干群关系和社会风气都有好转。他把变化归之为民调的"威力"。民调开展以前，公安信誉度不高，现在很多百姓对公安有好感，认为"做了事"。

公安机关本来是一个"特权机关"，然而民调这个"紧箍咒"却紧紧约束了他们的行为。近年来的民调结果显示，湖南公众对公安的满意度及公众安全感均不断上升。

民调的推动力

郴州市嘉禾县素以"民风剽悍"而闻名。2004 年，嘉禾发生了震惊全国的珠泉商贸城"株连拆迁"事件。嘉禾人口在郴州各县不算多，但上访人数却一度经常位居前列。2009 年嘉禾县在湖南省公众安全感民调排名中，在全省县市区中居倒数第一。

"要锻炼干部派到嘉禾去，要惩罚干部也派到嘉禾去。"嘉禾民调之低引起了湖南省民调中心主任梁乃文注意，她多次暗访之后，有一次在长沙面见省领导时这样感叹。

民调垫底的巨大压力，猛力推醒嘉禾县的党政官员们。2010 年起，全县各级机关开展了"听民意、访民苦"为主题的民情调查活动。在全省率先成立了第一个群众诉求处理中心。采取雷霆行动关停捣毁了 100 多家非法小冶炼企业。公安机关坚持严打整治，立刑事案件过千起，命案侦破率超过 90％。

这些赢得民心的做法成效立即在民调上得到体现。全年比 2009 年上升了 31 位，在全省排第 97 位。嘉禾县成功甩掉了"黄牌警告"，进入全省合格县市区行列，是自 2006 年全省进行此项民调测评以来，测评结果

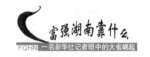
最好的一次。2011 年年初，嘉禾县委在总结上年全县政法综治工作时，这是摆在首页的最主要荣誉。

和嘉禾一样，民调也成了悬在平江县官员们头上的"达摩克利斯之剑"。2009 年，平江县政法委综治办主任傅志明对记者说，从 2006 年开始，民调排名成为县委、县政府最关注的事之一，因为"民调不好，说明群众反映不行，其他再好也不行"。

2009 年，为了营造群防群治的氛围，平江县委、县政府首次公开向社会承诺重奖参与打击"两抢一盗"有功人员，首次兑现奖金 9 万多元。开发区新车站路梅花西区有常住居民 1000 多人，2008 年年关，小区内连续被盗摩托车 11 辆，有 6 户居民遭入室盗窃。小区内自发成立了由 15 位居民组成的义务联防协会，彻夜轮流值班巡逻，严密监视，风雨无阻，没有发生一起盗窃案件。平江县政法委积极引导，目前，县城其他的居民小区也都在建联防队。

湖南省对公安和公众安全感开展的民调，也带动了市、县两级地方政府的民调工作。如平江县委、县政府从 2008 年下半年开始，对全县乡镇上、下半年各开展一次民调。

城关镇是平江县城所在地，常住人口过 12 万，流动人口近 5 万，人多，社会治安形势复杂。2008 年在全县 27 个乡镇中，民调排倒数第二。在民调的强大压力下，2009 年，镇党委、镇政府大动作将新老城区划分为 80 个小区，每区安排 1 名干部，开展创文明卫生、平安、无计划外生育"三项联创"活动。镇机关成立两支年轻干部组成的巡逻队，每晚上街巡逻。2009 年民调上升到第 20 位。镇司法所长李奇志告诉记者，他感觉老百姓"仇官"、"仇富"、"仇警"心态发生了明显变化。

民调也促使湖南的县区政府与公安机关前所未有地重视宣传。2009 年，平江县公安局第一次在街头与县烈士公园制作了 8 块宣传栏，介绍公安机关为维护社会治安做了哪些事。县政法部门还举行了两次治安形势报告会。时任平江县政法委综治办主任的傅志明认为，这些"宣传"做法对树立公安形象影响很好。

湖南某县的政法委，今年春节破天荒给全县2万多有固定电话的家庭送去一份新春挂历，上面不但有日历，还有政法工作的介绍，以及公安机关的服务电话。显然民调正在有力推动湖南的县区党政部门与公安机关"讨好"民众，为民谋事。

民调的公信力

耒阳市公安局长肖强，曾获得"任长霞式公安局长"和"全国优秀人民警察"等耀眼荣誉。曾经一度被包装成"打黑英雄"的他，后来因为充当黑社会保护伞锒铛入狱。此人能力较强，目标远大，处心积虑向上升迁。专案组查获他有一个通讯本，本子上多个电话后以是否有利于升职为标准，分别标注此人当处心结交或不必多来往的评注。

有一次，耒阳市公安局的民调排名大幅跌落，肖强意外之余大为光火。他气冲冲赶到长沙，找省民调中心质疑发难。中心主任梁乃文于是让他戴上耳机，听听保存下来的电话调查录音。"开始他的脸色很黑，后来变红，听了两三个，他就起身走人，再也不争辩了。"梁乃文告诉记者。

湖南省民调之所以有这么大的威力，与民调的公信力高密不可分。

2011年年初，湖南省民调中心在一份报告中这样总结："保证质量，坚持原则。首先，坚持以科学求实的精神开展工作，真实地反映民意。收集上来的信息，坚持实事求是，一是一，二是二，在充分了解掌握实际情况的基础上，认真分析。其次，坚持按照统计学的原理进行方案设计、问卷设计和抽样设计。科学测算样本量，使样本量充分具有代表性，确保调查数据的准确。再次，自觉做好保密工作，对调查结果进行分类管理，不随意使用和泄露。"

为了保证客观公正，对电话访问员的监管很重要。湖南省民调中心主要是从湖南的大学当中招募大学生兼职担任访问员。除了开展调查业务培

训之外，省民调中心还从严要求职业操守。为了防止泄密，访问员必须与省民调中心签订《访问员协议》，明确填写家庭住址和籍贯，实行地域回避。省民调中心与学校开展合作制定《访问员守则》，访问员在中心的表现将计入学生档案。这些措施多是在全国统计系统当中首创，受到同行们的肯定与借鉴。

湖南省民调中心成立以来，记者就保持了对这个特殊机构的关注与接触。省民调中心是全省很多县市区党政领导与公安局长都想结交的部门，但是中心的工作人员给外界传达"公正廉明"印象，体现了很强的原则性。不管是 GDP 还是财政税收，或许还没有一个可能牵涉湖南县区干部政绩与声誉的数据，像湖南省民调中心开展的民调一样，难有空子可钻。

民调是一项操作性很强的工作，对于刚刚起步的中国地方政府而言，更是需要不断探索。为了增强民调的针对性，湖南省公安厅从 2009 年起，在全国率先开展特定对象警务调查。凡到公安机关报过警、上过访、办过事的人，都有可能接到随机抽样电话。这项调查被视作对湖南省民调中心开展公安民调的有益补充。

（2011 年采写刊发。）

工作抓与不抓，民调大不一样

——专访湖南省民调中心主任梁乃文

因为看到民调推动民主发展，推动整个社会进步，政府作风转变，所以我很有成就感。虽然累得要死，但觉得值。

梁乃文，湖南省民调中心主任，工科出身，数学博士，在省统计局的领导下，多年来孜孜不倦投身于湖南的民调事业。湖南省怀化的一个街道社区分管社会治安的干部在听完她的讲座后，在博客上写道："我更加认识到的是：'你怎么对待百姓，百姓就怎么对待你们'。"

2011 年 8 月 16 日，湖南省统计局一楼，省民调中心办公室，带着一些从县区调研收集的情况包括疑惑，我采访了虽然外表柔弱，然而事业心极强的梁乃文。

段羡菊：我们在采访时，曾听到有的基层干部担心，民调抽样数量是否足够？2009 年，有一个县的公安及政法系统同志向前来走访的我反映，省民调中心在他们县有 200 个抽样电话，城乡各 100 人，是否可代表全县 100 多万人？他们担心，如果电话打给公安打击过的人，不可能给他们说好话。

梁乃文：（拿出统计专业书籍解释）如果 100 个人中有 10 个人不了解被提问的问题，也不会影响整个的判断。因为民调统计是"大数定理"，而且我们在设计时对此也有相应考虑。个别受过公安打击过的人，不会影响大数。绝对满分和绝对零分，都会被剔除。

307

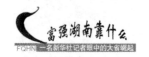
民调是按 75％的回答率来计算，实际上现在接受电话调查的民众整体回答率已达 90％以上，而在我们这项工作最开始启动的时候，只有 60％～70％的人能够回答。以民调对检察院的了解度为例，不了解的民众 2005 年时一度达到 30％，近年平均 11％左右。实际上，我们抽样并非城乡各 100 人，而是城市 60％，农村 40％。因为社会治安问题，主要集中在城市里。

段羡菊：民调访问对象是否知晓相关情况，也是基层所关注的一个话题。他们认为，现在懂得情况的人，往往都是青年或中年人，多使用手机。但民调访问都是利用固定电话在白天拨打，在家里接电话的往往是老人与闲散人员，有不少不知情，是否会准确反映情况？

梁乃文：我们曾经抽取几个县做过社会治安民调的试验，发现不管是白天和晚上，节假日和非节假日，电话或者手机，得出的民调总体结论差不了很多，只是在某些单项有些差别。

省民调中心现在暂没有使用手机开展民调，原因一是目前没有完整的手机号码库，这需要移动通信部门的配合；二是防止重复调查，有的人用手机一人多号，虽然概率不高，也要防止；三是手机拒访率较高。如对干部队伍是否满意发表评价，如果有其他人在旁，接手机的人可能不愿意讲。从未来发展而言，我们正在考虑引入手机访问，力争逐步建起手机号码库。

段羡菊：民调采集是否不利于大县？一些市县自己开展民调时，发现有这个现象。比方说，平江县曾反映，对各乡镇开展民调，往往是人口最少、比较偏僻的靠前，像城关镇这样的大镇落后。平江是岳阳市的大县，平江的干部认为，按此推理，是否大县不利于民调？再如郴州有关部门向我反映，经济比较活跃、人口比较多、人口流动比较大的桂阳县，民调往往就落后于地理偏僻、人口较少、经济落后的桂东县。

梁乃文：桂阳是郴州的大县，公众安全感民调今年上半年排第 14 名，去年下半年排第 52 名，我记得曾经排过第 128 名，也就是倒数第一。我认为，不一定大县就落后。工作抓与不抓，才真的不一样。如湘西自治州的吉首市，2010年上半年全省第126名，倒数第3名，下半年排第118名，全年综合排名第126名。今年上半年排全省第12名，同比进步114名，上升幅度很吓人。其中子项对"其他党政干部"的民调，由全省第80名上升到第2名，我非常惊讶。今年我去过吉首3次，研究民调变化的原因，得出的结论主要是一把手敢抓，工作一切出发点以人民满不满意为标准。

段羡菊：还有哪些地方的民调让您印象很深？

梁乃文：长沙县的公众安全感民调，去年上半年排第64名，今年上半年上升到第2名。到底是什么原因，使长沙同比进步62名，我非常好奇。尤其是对5个方面干部队伍的评价，全部是全省第1——我在省民调中心做了7年14次同类调查，这还是第一次遇见。干部队伍好了，社会治安就好了，我们分析认为这些指标之间有明显的关联度。

记得2008年上半年，郴州公众安全感民调在全省市州当中排倒数第1名。去年下半年和今年上半年蝉联第1名，并且分数远高于第2名。

我是从2005年接手开展湖南省的民调中心工作。我觉得公安机关的民调转变最大。原来评价非常差和比较差一度30%，今年上半年不到11%。另外，全省公众安全感民调2005年为67.98分，今年到75.34分，稳步上升。

段羡菊：正如你刚才点到的，这些年对民调一直跟踪关注的我也发现，有的地方民调排名起伏特别大，大的有如天上地下，这正常吗，说明了什么？

梁乃文：工作抓与不抓不一样，有没有方法不一样。我记得最深的是有一个地市，当时是省政府绩效考核成员的我，随行到这个市参与考核，市政府反映了他们的一大工作亮点。然而，绩考的民调表明，这一亮点正是老百姓告状较多的地方。这说明，政府的工作目标、工作方式与老百姓的期望值不一样。

现在有的地方领导还抱着这种心态，经济发展是第一要务，社会管理次之，这种思路下的公众安全感民调怎么会上去？责任留给政法委？这也不公平。

段羡菊：你觉得民调给湖南各级政府带来了什么？

梁乃文：我为什么热爱这个工作？因为看到民调推动民主发展，推动整个社会进步，政府作风转变，所以我很有成就感。虽然累得要死，但觉得值。现在湖南省的民调，能够覆盖到干部的，包括党风、绩效、行风、社会治安，我们全都做了。湖南的各级官员，对民调从不了解甚至有些抵触、质疑，逐渐变为现在主动了解、支持，并且很重视。大部分县市区在县委常委会上研讨如何提高民调，这使我们很开心。

（2010 年采写刊发。）

长沙：庸官是怎样现形的

　　长沙很多官员感到了前所未有的压力，因为通过制度化的考核，没有硬伤也可能被评为基本称职，那就等于说每个官员工作不努力都有可能被评上。

　　前不久，湖南长沙市召集全市所有副处以上领导干部，公开并讲评了2008年度领导班子和领导干部绩效考核结果，特别点名通报11名领导干部被评为基本称职。包括长沙市建委一名副主任、浏阳市一名副市长、望城县人大常委会一名副主任在内，除一名因安全事故受到过党内警告处分外，其他10名均无硬伤。这11人全被诫勉谈话，绩效奖金全部扣除，市委组织部明确规定一年之内不得提拔使用，其中长沙市物价局一名副局长、民政局一名副局长被免职。第一次有这么多没有硬伤的官员被评为基本称职，长沙官场为之震动。"在长沙如果有人当官想混，肯定不好混了。"这是长沙市规划局局长冯意刚在考核通报会现场的第一感触。

　　长沙市委组织部常务副部长、绩效办主任肖良定说，长沙很多官员感到了前所未有的压力，因为通过制度化的考核，没有硬伤也可能被评为基本称职，那就等于说每个官员工作不努力都有可能被评上。

　　记者从长沙市委组织部了解到，长沙的做法已经获得了中组部肯定。中组部《组工通讯》最近以《就是要让干好干坏不一样》为题发表评论，向全国各地组织部门推介长沙的做法。

基本称职官员现出原形，乃是长沙强力探索政府绩效考核的结果。优秀、称职、基本称职和不称职，是组织部门对领导干部年度履职情况的四种描述。长沙市有近 900 名在岗处级官员，评定为不称职者一般皆因违法犯罪受到法律制裁。碌碌无为的官员尽管客观存在，但组织部门年度考核评定往往难以将其评为基本称职，主要原因是缺乏一套比较科学、可具体操作的制度，把一个没有硬伤的官员评为基本称职，好像是市委、组织部或者某个人在跟谁过不去。在长沙，2005 年度基本称职只评了 2 人，其中一人还有硬伤，2006 年度基本称职则为零。

为了整顿吏治，提高政府效率，从 2007 年始，长沙市委、市政府提出"省内率先、中部领先、全国争先"的工作目标，由市委组织部负责全市领导班子和领导班子成员的绩效考核工作，专设市绩效考核办公室。从工作目标、自身建设、公众评估三大板块，分别对全市 9 个区县（市）、99 个市直党政职能部门进行绩效考评，再根据考核得分，分类排出一、二、三等，奖优罚劣。

相对于领导班子，领导班子成员个人政绩如何评价更是吏治难点。长沙市全力攻关，2008 年度全市 835 名副处以上在岗领导干部，全部被评出个人绩效考核得分，并分出一、二、三、四等。得分主要由两部分构成，一是与班子绩效考核得分挂钩，二是由干部职工测评、班子成员测评和班子正职测评（正职则由分管市领导测评）汇聚而成的民主测评综合得分。

在界定"基本称职"官员时，长沙市特别设置了"甄别考察"程序，依据年度绩效得分情况需要甄别考察的对象包括：在本类别领导班子成员中得分排名后 5％者；在本类别领导班子成员民主测评综合得分中排名后 2％者；所负责工作定量指标有一项得分低于 60％等 6 种情况。排出对象后，由市委组织部逐个甄别考察，把考察对象履职中的不足，从主客观、内外因等方面搞清楚，出具书面考察报告，以及评定等次和任免调整建议，报市委常委会审定。

长沙市一名区县（市）级政府副职领导干部，2008年个人绩效考核总得分，在包括党委、政府、人大、政协正副职领导及法院、检察院负责人在内共25人当中，都排在最后一位。市委绩效办对其进行复核后，了解到此人工作能力有待提高，原来在班子中分管的计划生育工作形势严峻，后被调整由他人接管。此人遂被评定为基本称职并被诫勉谈话。

长沙市某局一位副局长，2008年个人绩效考核总得分在全市"社会发展"类别市直政府职能部门129名领导干部中排最后。市委绩效办对其进行复核后，发现此人尽管上一年度已因基本称职被市委组织部诫勉谈话，但"其个性、能力、水平和履职情况仍然与岗位要求有很大差距"。最终，这名副局长还是被评定基本称职并免职。

据长沙市委常委、组织部长范小新介绍，2008年度，长沙市共有50名领导干部被列入基本称职甄别考察对象，共有11人被确定为基本称职，其中两人被免职，26人被组织部诫勉谈话。随着庸官不犯错误难评出、难下来的困局被突破，少数干部朝气不足的"职务疲劳症"得到有效遏制，激发了干部队伍干事创业的动力和活力。

湖南省委常委、长沙市委书记陈润儿在接受《半月谈》记者采访时说，探索领导班子和领导个人绩效考核制度，中央有要求、群众有呼声，长沙在此过程中初步摸索出将"考事与考人、能上与能下、官评与民评、对上与对下"四统一的做法，评价官员优劣试图寻求公正、透明、统一的尺度，解决"干与不干一个样、干多干少一个样、干好干坏一个样"的难题。

（2009年7月刊发于《半月谈》，与苏晓洲合作。）

《对话长沙》何以创电视收视奇迹

　　《对话长沙》栏目使长沙电视台一时成了当地最受关注、最受宠爱的媒体。众多市民、官员停下手中其他事情，围坐在电视机前边看边评论，这是记者多次在长沙看到的场景。

　　2010 年四季度，长沙市针对进城务工人员、改制国企困难职工、残疾人等群体，连续展开了多场别开生面的市委书记与困难群体代表电视对话。令人惊奇的是，长沙电视台播出的这档节目收视火爆，考察电视观众自始至终关注一档节目的"忠实度"指标，则一度名列竞争激烈的同时段"电视湘军"栏目第一位。

　　《对话长沙》每期节目由四位群众代表的故事串起，引出群体最希望解决的突出问题。在此之前，工作人员会提前预告本期节目的主题，通过热线电话、开座谈会、网上发帖等方式了解百姓的主要诉求，从中梳理归纳出最为突出的问题。大致确定群体对象和话题后，立即发布节目预告并通过电话和网络报名，在数以千计的报名者中，确定典型人物参加节目。参加访谈的领导干部一方，除了党政"一把手"还包括长沙市相关职能部门领导。他们根据自己负责的工作领域，必须随时起立面向群众代表解释政策，能当场解决的问题，谁也不能含糊。

　　长沙市已经开展的三场电视对话每期时长约 3 个多小时，地点选择在工厂厂房、特殊教育学校篮球馆等现场，设一位节目主持人。现场播出一个参与对话代表故事的电视短片后，旋即本人进入现场，与省委常委、长沙市委书记陈润儿及其相关职能部门"一把手"沟通情况，表达诉求。

在与农民工电视对话现场，陈润儿简单回顾了自己从农村进入城市工作的人生历程，一句话"其实我也是个农民工"让满场气氛顿时活跃起来。进城农民工黄月娥、周可军在长沙开小店，但今年9月将孩子接到城里后，却遭遇孩子无处读书的窘境。"陈书记你一定要想办法给我们解决问题。"黄月娥说。

当了解到黄月娥家的问题主要是黄家自身"六证"（即户口证、身份证、从业证、暂住证、租房证和学籍证）不全导致无法就学时，市教育局和岳麓区马上表态尽力协调，争取将黄的孩子安排到岳麓区科教新村小学就读。

据记者了解，通过"官民"平等的电视对话，长沙一些生活困难群众的命运，在"对话"前后发生了很大变化。来长沙打工当清洁工的杨秋娥，9月16日在清洗马路栏杆时被汽车撞伤，肇事司机逃跑，3万多元钱的医疗费用，让她一家陷入绝境。杨秋娥的丈夫以农民工代表身份直接对话陈润儿，在长沙市委和相关职能部门干预下，杨秋娥所在单位不仅很快送上了医疗费，劳动部门还帮助她依法解决了享受工伤保险待遇。

在对话农民工之后，长沙市即召开市委常委办公会，专题研究如何进一步做好外来人员的管理服务工作。谈到通过电视对话开展公开大接访的意义，陈润儿接受本刊记者采访时认为一是了解民生疾苦，二是解决特殊困难人群具体问题，"更重要的则是不能满足于解决几个人的问题，而是要从制度层面上来解决，找到答案、寻求出路"。

来自长沙坪塘镇的周国民，11年前在建筑工地打工时被10万伏高压电击伤，截去四肢后，他顽强学会了自己喝水、穿衣、写字。他坐着家人用木头、旧自行车轮自制的轮椅来到电视对话现场，对陈润儿直言不讳地表示家庭经济赤贫，要求"找份工作给家里解决一些实际困难"。

陈润儿仔细了解情况后坦言，周国民的亲身经历引出了重度残疾人的

扶持问题——因为低保以家庭为单位计算，由父母供养、但在父母户籍统计之外的重度残疾人无望享受低保。"我们准备对重度残疾人，尤其是一户多残、老残一体的特殊贫困家庭的残疾人，实行专项救助，不受以家庭计算低保标准的政策限制。"陈润儿当场说，通过与残疾人的电视对话，长沙的党政干部们深切感受到，不解决好长沙多达 31 万残疾人中的很多实际困难，将会造成大量的社会问题和家庭悲剧。

长沙市委宣传部部长陈泽珲告诉记者，此次与残疾人对话之后，市委、市政府正在酝酿出台《关于加快推进残疾人事业发展的实施意见》，提出到 2015 年，基本实现残疾人人人享有基本生活保障、安全住房、康复服务，残疾少年儿童人人享有义务教育。

残疾人创业可以得到创业资金和技术指导、困难家庭交不起学费也能通过救助体系上职业高中、企业离退休人员医疗保险个人账户将获得充实，困难失业家庭到社区登记经审核能获得额外救助……这些面向困难群体的官方扶持政策，都通过千家万户的荧屏传播了出去。陈泽珲感慨地说，一场电视对话下来，加上平面媒体和网络报道及时跟进，其宣传政策、让政策真正发挥普惠广大老百姓的作用，是传统靠发文件、贴告示和挨家挨户送传单做不到的。

《对话长沙》栏目使长沙电视台一时成了当地最受关注、最受宠爱的媒体。众多市民、官员停下手中其他事情，围坐在电视机前边看边评论，这是记者多次在长沙看到的场景。对于电视机前的公众而言，这档栏目既使他们直观地了解到其他社会群体的民生之艰，同时也能够看得出政府的所思所为与官员的作风能力，有助于各个群体之间的沟通与理解。

湖南电视栏目之间的收视竞争十分激烈，央视索福瑞 11 月底出台的收视情况统计，《对话农民工》在长沙各档电视节目同时段收视率排名第二。在黄金时段播出的《与改制国企困难职工面对面》，收视率更达到了湖南卫视王牌节目《快乐大本营》收视水平。

农民工陈四清虽然因为条件不够，没能在对话现场获得提供创业贷款的承诺，但了解政策后，他决定先参加政府组织的农民工创业培训，积累经验和创造条件，再争取创业贷款。多位对话代表表示，通过对话，他们感受到了政府不漠视底层困难群体，不回避民生问题，在真心诚意地替老百姓办实事，就凭这一点，走出对话现场的他们，"心情感到前所未有的畅快"。

中国人民大学舆论研究所所长喻国明指出，利益平衡、表达平衡、权力意识的兼顾，是今天社会管理的最重要的一项任务。而通过电视对话直接跟老百姓接触，能最大限度地让领导干部接触到那些平时接触不到的主张、了解多元化的利益诉求，对社会展现执政者的负责姿态，意义重大。

据记者调查，公众评价之中，将这一举动视为"作秀"的少，看作积极"作为"的占了压倒性多数。而无论是支持者还是有所保留的声音，都希望将这种电视对话作为一种长效机制长期坚持下去，形成解决百姓诉求的力量。而据记者了解，长沙市委、市政府也期待将电视对话困难群体的工作持之以恒，对象或许还将包括当今利益诉求最尖锐的拆迁户群体。

（2010 年采写，与苏晓洲合作。）

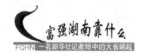
湖南乡官如今能坐上升迁"直升机"

　　省、市、县、乡四级官员队伍，从下往上的通道一直是难而又难。按照通常做法，优秀的乡镇干部能够到县里工作，已经是比较不错的安排了，到省级机关工作几乎是"难以想象"。

　　"大盛镇党委书记周娟华被提拔到省移民局政策法规处当处长了！"一段时间来，在偏居湘西南的东安县最边远的大盛镇，这个消息成了当地最大的新闻。

　　起初有不少人对这个消息的真实性表示怀疑：乡镇党委书记怎么可能直接提拔到省直机关任职？

　　7月15日上午，周娟华坐在湖南省委机关大院的一个会议室里，在她身边还有4位同时被提拔到省直机关任职的乡镇党委书记。在这次全省加强县乡干部队伍建设座谈会上，湖南省委正式宣布了对他们的提拔使用决定。会后，5位被擢升的乡镇党委书记还和湖南省委书记张春贤见了面。

　　"做梦都没有想到，我能从乡镇直接来到省直机关工作，没想到党组织对我们基层干部的关心这么直接、透明。"周娟华用了两个"没想到"表达自己激动的心情。

乡官"跳级"

湖南的干部有个比喻：这5名乡镇干部坐上了"直升机"，而在此前他们经常议论的是上面某某机关干部"空降"到基层任职。

事实上，就在5名乡镇干部被提升前不久，湖南已有5名优秀的县（市、区）委书记被直接提拔到了省直机关任副厅（局）长。这在湖南政坛近年来也相当罕见。

多年来，省、市、县、乡这四级官员队伍中，从上往下的通道如顺水行舟，然而从下往上却如攀登峭壁，难而又难。

衡南县委书记李荐国告诉记者，湖南省委频频出手重用提拔县乡干部，"发出了一个强烈的信号"，这就是对基层基础工作的重视，对基层干部的理解与关心。

"上面千条线、下面一根针"——计划经济时期对乡镇工作的概括，今天依然适用。中国的政权构架中，乡镇政权是最低一层（村一级属自治），来自中央、省、市、县的各项政策和任务，最终都要靠乡镇完成。与计划经济时期不同的是，随着社会转型，过去"通不通、三分钟，再不通、龙卷风"式的命令式手段行不通了，对乡镇干部的执政能力提出了更高要求。

乡镇干部直接服务于中国最广大的农民。尽管农村税费制度改革废除了农业税，中小学教育经费筹集的职责也明确由乡镇上升到县，乡镇干部的压力得到了一定程度的缓解，但还是承受着巨大的工作压力。计划生育、社会治安、招商引资、财政税收、征地拆迁、消赤减债——很多县委、政府实施"一票否决"的考核项目，如一把把利剑悬在乡镇干部头上。

记者最近在洞庭湖区开展农村调查，一个农业乡的党委书记透露，他个人为乡镇政府借款40多万元，乡财政欠他的钱第一块是拖欠的工资，

第二块是他为乡镇完成财政税收任务而借给乡镇的钱，第三块是借钱给电力部门代农民垫交电费。拆东墙补西墙，他借给财政的钱，绝大部分是从十多个亲戚朋友和战友处借来的。现在全乡负债约 750 万元，基本上没有资金来源还债。2006 年前乡政府院内天天有来讨债的人，最多时有200 人。

这位乡党委书记的辛酸经历，在湖南农村比较少见，但他反映的乡镇政权运转的压力，却有一定的普遍性。在乡镇工作了 20 多年，他从一般干部干到乡党委书记，这以后就很难有机会调到县城。

据长期在基层采访的记者了解，一个县二三十个乡，乡镇党委书记干完一届后能够进县级领导班子的只有一两个，少数能够到科局担任局长、书记，大部分人的奋斗目标就是进城到科局任个虚职。由于乡镇干部处于权力体制内的最末一层，职位的升迁处于弱势地位。

正是在这个背景下，湖南省委发出了重视基层干部的"信号"，引起了极大的反响与共鸣。

"基层工作任务重，矛盾多，压力大，工作条件和待遇让人心酸。这些都还不算什么，关键是对我们的处境，上级组织和领导有时还不体谅，动不动就是批评埋怨。有时候真是觉得看不到希望。"一位长期在基层工作的乡镇干部对记者说，这次省委接连出台重视基层工作、关爱基层干部的举措，不少基层干部听说后热泪盈眶。

"直升机"有望形成制度

"省委作出这一决策，就是要形成正确的用人导向和风清气正的用人环境。"湖南省委组织部相关负责人告诉记者。

记者从湖南省委组织部了解到，这些令基层干部激动的举措，是经湖南省委书记张春贤亲自提议后出台的。组织部门对拟提拔干部的考察要求传达了一个非常明确的用人导向：这些干部必须从省委表彰过的优秀党员、优秀党务工作者中提名产生，而且必须是在基层埋头苦干多年，实绩突出、群众公认的。

"在新的岗位上，我一定会继续把老百姓当成自己的亲人。"从祁东县石亭子镇党委书记任上提拔到湖南省信访局任督察处副处长、正处级调研员的谭敦龙，22岁从部队回乡担任村支书。他告诉记者，从那时起他就抱定了一个信念：要让老百姓过上好日子。

谭敦龙在太和堂镇任镇长时，以全部家产作抵押，到信用社贷款5万元，购买黄花菜菜苗170万株，分发到各家各户，没日没夜守在田间地头抓种植。2002年3月，黄花菜菜苗大面积发病，菜农束手无策。他10余次到省、市请专家，现场组织集中诊治。在任乡镇党政正职这些年，他共帮助三个乡镇种植黄花菜46万亩，农民收入明显增加。

"县乡工作是非常重要的基础性工作，我们要让安心基层、安心做事、不事张扬、勤政廉洁、不跑不要的干部感到有奔头、有前途。"湖南省委书记张春贤这样说。

他表示，在几级党委集中换届、职位资源紧缺的情况下，省委相继采取这些重大举措，就是要在全省形成重视、关注、支持县乡基层工作的氛围，引导、激励更多的干部到基层建功立业。

据悉，湖南选拔优秀县（市、区）和乡镇党委书记到省直部门任职将形成制度，绝不搞"一锤子买卖"。同时，还要坚持从省直机关选拔优秀年轻干部到县乡任职，不断加大上下交流的力度。

"对县乡基层干部，既要在政治上关怀激励，也要在工作上体谅支持，还要在生活上关心照顾，要努力营造整个社会理解、尊重、支持、爱护县乡基层干部的浓厚氛围。领导干部要多深入基层听取县乡干部的意见，设身处地体谅他们的困难，切实改变一些领导机关和领导干部对基层'压担子、交任务多，给政策、教方法少'、'批评埋怨多，体谅支持少'的现象。"张春贤说。

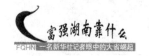

县乡治则天下安

湖南重视基层的举措引起了社会各界的热切关注。一位网民在互联网上发表评论说：乡官"跳级"，开创了干部选拔新机制，树立了新的标杆和导向。

这位网民说，虽然德才兼备是各级党组织选拔任用干部的重要标准，但不可否认，"论资排辈"的陋习还是不同程度存在。按照通常做法，优秀的乡镇干部能够到县里工作，已经是比较不错的安排了，到省级机关工作几乎是"难以想象"。湖南恰恰打破陋规，不论资排辈，这无疑会给干部选拔任用带来新的活力。

"尽管5名乡镇干部在众多的基层干部中只能算是极少数，但这次的人事提拔具有标志性意义。"湖南省委党校公共管理教研部主任赵达军说。

他认为，这一举措标志着湖南干部人事制度改革贯彻《党政领导干部选拔任用工作条例》取得了新经验、有了新突破、形成了新机制，而且这一举措有明显的示范和导向作用。

赵达军建议，在干部公开选拔的过程中应该向基层干部倾斜。比如采取给长期工作在基层的优秀干部加分的方式，让他们能通过社会认可的渠道进入省直机关工作，这样选拔的人才既具有理论水平又具有工作经验。但是由于县乡直调省直中层这一制度存在缺陷，因此在极少数人心目中，容易产生机会主义的思想，会产生走上层路线、暗箱操作等不良现象。杜绝这些不正之风，选准、选好干部的唯一方法，就是严格按照《党政领导干部选拔任用工作条例》操作把关，全面考察干部，做到公平、公正、公开。

"县乡治则天下安，县乡稳则大局稳。"湖南省委书记张春贤在与部分县乡干部座谈时这样说。

（2006年刊于《瞭望东方》周刊，与陈澎合作。）

郴州，一个"腐败重灾区"的重建之路

"在监狱里可以召开市委常委会了。"外界曾经这样形容湖南郴州系列腐败案。一个地市级班子内落马的领导干部如此之多，全国罕见。系列腐败案对郴州官场的打击，不亚于一场 8 级地震。

"在监狱里可以召开市委常委会了"，外界曾经这样形容湖南郴州系列腐败案。2006 年下半年以来，原郴州市委书记李大伦、市长周政坤、市纪委书记曾锦春、副市长雷渊利、宣传部长樊甲生、组织部长刘清江等接连因受贿等问题落马。

8 月 14 日，湖南省高院对李大伦和曾锦春受贿、巨额财产来源不明案二审公开宣判，维持对两人的一审判决。李大伦和其妻受贿所得财物 1374 万余元，不能说明合法来源财物达 2181 万余元，被判死缓。曾锦春单独或伙同其妻和子女索贿、受贿 3123 万余元，尚有 952 万余元的巨额财产不能说明合法来源，被判死刑。

一个地市级班子内落马的领导干部如此之多，全国罕见。原纪委书记曾锦春利用"两规"等权力，在矿产承包、干部选拔任用、工程承揽及招投标等方面大肆敛财，震惊社会。《半月谈》记者在省高院二审判决书上看到，曾锦春"受贿数额特别巨大，犯罪情节特别恶劣，罪行极其严重，民愤极大，且没有从轻或者减轻处罚情节，罪该处死"。

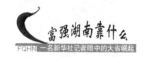

系列腐败案对郴州官场的打击，不亚于一场 8 级地震。

三年努力重建，党政公信力显转机

郴州系列腐败案最大的后遗症，就是"老百姓不再轻易相信台上的领导"。

郴州市苏仙区八一路是条商业街，有 600 余家经营户。郴州系列腐败案事发后，社区曾经对经营户的政治身份调查摸底，一些人虽然是共产党员，竟不愿意承认自己的政治面貌。从事社区工作近 10 年的社区专干金燕告诉记者，这与系列腐败案的曝光有直接关系。"这些案子使他们内心愤怒，对党和政府缺乏信任"。系列腐败案使得当时郴州各级党委、政府，尤其是市委、市政府的公信力接近崩溃。

2006 年，湖南省委调派省国土资源厅厅长葛洪元担任郴州市委书记，从外地调派了一批官员补充郴州领导班子。新一届市委提出了"打基础、创环境、反腐败、促发展"的工作方针。2008 年年底，原市长戴道晋继任市委书记，省商务厅长向力力担任郴州市长，提出把郴州建设成为"湖南最开放城市、湘粤赣省际区域中心城市"的发展目标，并争取湖南省出台支持郴州承接产业转移先行先试的"34 条政策"，以此凝聚人心。

2008 年南方冰冻灾害一度使郴州成为"孤城"，全城断水、断电、断路，举国上下关注。但正是在这场天灾中，郴州的政权机构和干部队伍被有效动员起来，冰冻雨雪中他们展现的勇气、责任和担当，让当地民众为官场地震之后的官员表现打了一次高分，外界将"英雄的城市，英雄的人民"称号送给了郴州。

从 2006 年下半年系列腐败案发至今近 3 年，尽管反腐败的任务仍然不容忽视，郴州市委、市政府重塑公信力的举动已显现转机。今年上半年，郴州 GDP 增幅为 19.6%，在全省的市州中排名第 1。社会治安民调全省排名由去年第 14 位上升到第 8 位。记者在郴州感受到，很多干部精神振奋，民间舆论谈腐败的开始减少，谈发展的增多。市委书记戴道晋认为，经过两年调整，郴州不论经济增长还是老百姓对党委和政府的信任度，都处于"触底回升"的恢复增长阶段。他认为，天灾人祸确实对郴州短期造成了重挫，但如果郴州上下善于反思并汲取教训，将有益于长期的发展。

痛定思痛，官员"限权"自警

2006年，曾锦春因严重违法违纪被抓后，郴州城区响起了此起彼伏的鞭炮声，从官场到民间皆拍手称快，社会欢欣鼓舞的程度超过其他任何一位贪官东窗事发后的反应。

新一届市纪委把整肃纪检干部队伍作为首要的政治任务，单独设立监督检查室，对纪检监督干部进行监督检查。2007年，对市纪委3名纪检干部的违纪问题立案调查，当事人分别受到了法律或党纪政纪处分。市纪委惩治"内鬼"的举动，受到舆论肯定。

针对曾锦春滥用"两规"权、办案不按法定程序操作等问题，郴州市纪委先后制定了市纪委与检察院协同办案等12项制度。这些制度对信访受理、初查、立案、"两规"、审理、违法违纪财物处理等程序，作了严格的规定。

2006年年底接任纪委书记的刘光跃对记者说，这些制度特别强调集体研究，其中"两规"、立案、移送司法机关等措施全部要经市纪委常委会集体讨论。"我当纪委书记，一个基本原则就是限制自己的权力。"刘光跃认为，"这既是保护事业，也是保护自己。"

李大伦案发前4年的市委常委会记录本，一年比一年薄。2002年，一次市委常委会研究干部提拔，对两个县党政正职的任命，记录本显示市委常委发言47人次。到了2006年李大伦出事前，市委常委会讨论县委书记和县长任命，记录本上只有李大伦的一句话。

郴州市委反思认为，加强监督必须贯穿于决策全过程。为此，他们在

制度上进行完善，如常委会一把手"末位"发言制度，避免一把手先发言先定调；领导班子讨论时，班子成员应明确表示态度，并记录在案；对"不同意见应特别载明"；参加会议的领导班子成员在会议记录上逐个签字等。

以干部任免为例，郴州市委组织部建立了一套以制度创新、程序民主为核心的新机制，如实施差额选任，破除"一个岗位一个人选"、"先定人选后走程序"等做法，从提名、推荐、考察、酝酿、表决全部推行差额制。

"我刚到郴州时，不少人找上门来，很多是跑官、要官的。经过这几年，可以说，来我这里跑官、要官的少而又少了。因为现在的郴州，买官卖官没有市场了。"市委常委、组织部长廖跃贵对记者说。

2008年上半年，郴州提拔了一批处级干部，组织部门事先的调查摸底和干部群众的推荐意见达到了高度一致，社会反响很好。一些干部意识到，现在只有工作上奋发进取，大家都认可你，才能脱颖而出。

正确对待舆论监督，开放开明面对媒体

2004年3月，郴州市纪委、市委宣传部曾出台一份与中央精神明显相悖的"红头文件"，规定"任何单位和工作人员接受外来媒体的采访，提供新闻线索……必须经市委宣传部批准，如有违反并造成负面影响的，将对单位负责人和有关当事人严肃处理"。

这个号称为了"正确把握舆论导向，维护郴州良好形象"的规定，特意点明是"经市委领导同意"的。对于前来进行舆论监督的媒体，郴州当时的手段是"封、堵、压、疏"，以至于贪官樊甲生当宣传部长时，获得了"消防队长"的称号。

郴州一位爱打抱不平、经常向媒体提供线索的市民告诉记者，由于当地媒体遭压制，省内一些媒体被"公关"，郴州很多老百姓特别倾向于向

京城及相邻的南方媒体爆料。前几年，百度的"郴州吧"一度成为全国最红火的地方吧。正常的舆论监督受到严重压制，使一些枉法官员肆无忌惮，胆大包天，与此同时，民间的怨愤和对立情绪愈来愈严重。

2007 年年初，新市委班子上任之初，百废待兴之时，扭转对待舆论监督的态度，被摆到重中之重的位置。市委、市政府转发市委宣传部文件，要求虚心接受舆论监督。当时的市委书记葛洪元、现任市委书记戴道晋接受记者采访时都表示，媒体揭露丑恶现象，是一种低成本的有效监督，对地方的发展很重要，郴州将以开放的思维、开明的态度支持媒体开展舆论监督。

观念转变后，郴州市属媒体的舆论监督正常了，很多问题在矛盾初始阶段、在本地就得到了较好解决。郴州各电视频道现有四档舆论监督性节目：《天天播报》、《今晚八点》、《消费前沿》和《法眼》；市电台有《市民热线》、《交通直播室》；市报有《曝光台》、《行政效能热线》、《市长热线播报》；郴州网有"民情直通车"。

市电视台《法眼》栏目制片人唐武告诉记者，过去如要曝光某部门或单位，被批评的单位会动用软硬各种手段，千方百计砍掉节目。而今年 5 月，《法眼》报道市卫生防疫站的疾控中心办健康证不搞体检只收钱的事情，当晚下很大的雨，被批评的单位组织所有工作人员收看节目，还邀请报道的记者参与单位内部的座谈，第二天处理意见全部出台，彻底纠正了过去的错误做法。跟踪报道出来后，社会反响很好。

社会公众对当地党委、政府信心的重拾，与舆论的正确引导密不可分。反思过去的教训，借鉴外地的得失，揣摩一系列热点事件的传播规律，郴州市在网络民意汹涌如潮的背景下，在实践中探索总结出一套引导舆论的实在、管用的思路。市委常委、宣传部长李荐国形象地将之概括为四句话：把住源头，"成事不坏事"；谨言慎行，"无事不惹事"；沉着应对，"遇事不怕事"；化危为机，"坏事变好事"。

（2009 年刊于《半月谈》，与于磊焰合作。）

长沙县政绩考核不"一刀切"

考核改革前，朱剑斌大部分时间在白沙乡外面跑。"我曾在乡镇干部会上说，我外出的时间越长，乡政府的大门开得越宽。因为只有引来工厂、引来税，考核任务才能完成，政府才可以运转。"

过去，70％的时间在乡外，被逼找老板，引税收、招商引资办工业，费力不讨好；如今，70％的时间在乡内，主动发展农业产业、服务农民，上下都夸奖。两个"70％"是长沙县白沙乡党委书记朱剑斌对长沙县改革乡镇政绩考核方式后前后自己工作变化的描述。

长沙县告别过去对乡镇以工业为主导"一刀切"式的政绩考核方式，因地制宜分类考核，有力引导了科学发展，在乡镇干部当中激起强烈反响，在更大范围内值得其他地方借鉴。

农业乡的干部不再"瞎"抓工业

考核改革前，除掉到上级开会的时间，朱剑斌大部分时间在白沙乡外面跑。"我曾在乡镇干部会上说，我外出的时间越长，乡政府的大门开得越宽。因为只有引来工厂、引来税，考核任务才能完成，政府才可以运转。"

作者（左）在湖南省长沙县开慧乡调查乡村垃圾回乡处理情况。

　　白沙乡地处长沙县北部，区位偏僻，路、水、电等基础设施落后，与长沙县南部紧靠省会长沙城区的乡镇比，发展工业的条件很差，但是在过去的考核中，工业指标和南部乡镇比例一样高。白沙乡曾从长沙市引进一个投资上千万元的轴承厂，费尽心机，差不多签协议了，后来却落户县里一个工业基础好的乡镇。

　　本来适宜发展农业的白沙乡，但是乡干部没有兴趣抓农业。因为农业在考核指标中比重不高，引进来的农业投资项目由于免税，因此不纳入招商引资考核，也产生不了多少税源。乡镇干部一年到头在外，没有精力服务"三农"，农业发展、农民增收基本处于政府不管、农民"自生自灭"的状态。

　　由于工业落后，2006 年，白沙乡地方财政收入实际财源不到 20 万

元，但县政府下达的任务是 257 万元。朱剑斌只有一年到头往省会长沙跑"引税"项目、跑资金。所谓引税，就是找到建筑老板，让他们把税在白沙乡交税，但是乡政府要给予三到四成的回扣，这种做法成本高而且违反税法。

虽然想尽千方百计，但是白沙乡过去还是难以完成县委、县政府下达的考核任务。每个季度的经济形势讲评会，白沙乡往往在通报批评之内。县委、县政府规定，地方财政收入、税收等连续两年没完成任务或者在乡镇排名末两位，乡镇党委书记、乡镇长就要免职。像白沙乡这样的农业乡干部压力很大，很难安心工作。

朱剑斌在白沙乡任乡长、书记四年，是近十年这个乡任党政正职时间最长的一个人，其他长则三年、短则一年。"与其免职，不如调动"。一般干部也不安心在农业乡镇工作，因为考核排在后面，本乡镇的公务员评优比例、绩效奖励都要打折扣。

考核改革后，朱剑斌主要时间留在白沙乡，干劲十足抓农业。因为改革后的乡镇政绩考核办法中，工业、税收等指标大大降低，而农业指标比重增加。如地方财政收入，从 2006 年的 257 万元分别降到 2008 年、2009年的 24 万元、28 万元。县政府 2008 年定位白沙乡为"全省水果繁种基地，长沙小水果之乡"，引进农业招商引资过千万元，土地流转过千亩，专业合作社过四家。

走进白沙乡，只见路旁一片连着一片绿油油的水果基地，村民的房子掩映在花木之中。去年投资 500 多万元建了 1200 亩苗木基地的专业户范田茂对政府的全程服务连声夸奖与感谢。"工业乡镇税收过亿元，干部有政绩，我们白沙乡税收 28 万元，一样有前途。"朱剑斌告诉记者，乡干部觉得在农业乡工作也有奔头，抓工作的劲头足了。

摒弃"一刀切"式的政绩考核办法

长沙县改革乡镇政绩考核"一刀切"的做法，既顺应了乡镇干部的呼唤，也是全县经济社会良性发展的迫切需要。

长沙县北部金井镇有家企业作出口皮革，由于不像南部乡镇工业园区污水管道铺设齐全，这家企业的污水处理难度很大，多年来县委、县政府费了很大劲，企业也花了很多钱，老百姓担惊受怕上访不断。参与接访此事的长沙经济技术开发区工委书记、长沙县委书记杨懿文告诉记者，这一事件刺痛点醒县委、县政府，北部农业乡镇如果强行搞工业后患很大，反观南部，地势平坦，紧靠长沙，经营人才丰富，企业都进了基础设施配套完善的工业园区，发展工业得天独厚。

为此，长沙县按照长沙市委探索科学开展绩效考核的要求，从 2008 年年初开始反复论证之后，提出"南工北农"、分类考核的理念，把 20 个乡镇分成"1568"4 种类型来考核，即县城所在、实际上是城区的星沙镇为 1 类，突出工业发展乡镇、突出农业发展乡镇及工农兼顾发展的综合乡镇共三类分别为 5 个、6 个和 8 个乡镇。其中，分类考核针对性最强的是南部的 5 个工业乡镇和北部的 6 个农业乡镇。

体现"分类考核"理念的主要所在是在百分制里占 60 分的"经济工作"。南部工业乡镇考核最重的一项是工业经济，在 60 分里占 18 分，包括工业发展规模、工业投入、工业发展环境、工业园区发展 4 个子项，此外，招商引资占 12 分，"三农"工作只占 6 分。而北部农业乡镇相应考核任务最重的一项是"三农"工作，60 分里达 22 分，而工业经济、招商引资分别为 7 分、9 分。综合发展乡镇则工、农考核比重相对均衡一些。

与分类考核相辅助，长沙县制定分类区域发展规划，对南部工业乡镇，优先解决工业用地与产业配套建设问题，扶持建设工业园区，对北部农业乡镇，则加大财政转移支付力度，强调保护生态，稳定粮食生产，发

331

展高效农业。如果农业乡镇碰巧有招进工业项目的契机，长沙县制定"飞地"政策，即项目引入南部乡镇工业园区，但招商引资任务算在农业乡镇，地方财政收入也拿出一部分奖励北部乡镇。

对"什么是科学发展"有了更深理解

记者在长沙县乡镇走访中发现，"南工北农"、"分类考核"等提法在乡镇干部中耳熟能详，不但是北部的农业乡，南部的工业乡也对政绩考核方式改革叫好。

干沙乡工业底子厚，汽车配套企业比较多，政绩考核方式调整后，乡党委、乡政府将服务工业企业的干部由2人增加到5人，引导本地企业与一汽、陕西重汽等知名企业配套，成功解决了供电、供水等影响企业发展的外部难题。乡党委书记郭艳红是一位在乡镇工作26年的干部，她认为县委、县政府分类考核是"符合客观规律"的明智之举。

在政绩考核"指挥棒"调整后的引导下，长沙县区域发展特色不断鲜明，南部工业区，突出打造"中国工程机械之都"和"湖南汽车产业走廊"，北部农业区正在着重申报建设包括11个乡镇、1000多平方公里的"国家级现代农业长沙创新示范区"。

考核改革后，北部乡镇和南部乡镇不再关公战秦琼，每个乡镇都在本类型中决出一、二、三等，然后在此基础上按比例排出总名次。2008年度考核排名出来后，过去总是"垫底"的一些北部农业乡镇排到了中上游，前10位涵盖了四大类乡镇。国歌作者田汉的故乡果园镇因为经济底子薄，原来工作再努力也争不到好名次，但调整"指挥棒"后，2008年历史性地挤进了前10名，今年依托山水资源发展农业特色产业的劲头更足了。

政绩考核这根"指挥棒"，对一个地区的发展影响深远。长沙县这种分类考核乡镇政绩的做法，很值得其他地方借鉴。长期在基层采访调研的记者了解到，当前全国不少县市还在沿袭"一刀切"式的做法，不顾地区的实际差异情况下达工业、招商引资及地方财政收入等指标，使得干部苦不堪言，甚至被逼弄虚作假，经济发展非但难有起色，而且引发环境污染等问题。

长沙县委书记杨懿文深有感触地对记者说，分类考核卸掉了过去捆住乡镇不合理、不公平的政绩枷锁，工业经济抓上去了加分，发展现代农业同样加分，"通过分类考核，使广大干部对什么是科学的发展，什么是正确的政绩有了更加直接、更加理性、更加深刻的理解"。

（采写于 2009 年，与丁文杰、苏晓洲合作。）

望城县告别"买税"时代，
乡镇干部喊"万岁"

从买税中解脱出来的乡镇干部，情不自禁地高喊县委、县政府"万岁"。原来乡干部夹个包，到处找老板买税，美其名曰抓"无烟工业"。现在乡镇干部静下心来抓项目的启动、财源的培植和收入的增长。

"买税"，亦称"引税"、"协税"，简单地说就是乡镇政府"打折"向外地老板头税。在中西部许多地区，买税已成为公开的秘密，折扣一般为五折。这种扭曲的经济交易造成基层财政数据严重失真，注水"政绩"盛行；同时也造成国家税收大量流失，为少数人腐败提供了空间。

"壮士断腕"为乡镇"减负"

2006 年 3 月 17 日，望城县财税会议上，县委、县政府向全县宣布了乡镇财政管理体制改革方案。其中最引人注目的一条是，"严禁乡镇与县级之间和乡镇与乡镇之间相互引进税收，一经发现，所引税额将全部划转为县级收入，并按引税额的 30% 对引税乡镇进行处罚"。

"这意味着买税在望城县成为历史。"望城县靖港镇人大主席、党委副书记廖国武说。据了解，由于毗邻长沙市，在买税盛行时，望城的许多乡镇干部经常到长沙找建筑老板"买税"。"买的多是地税收入中的建筑安装税。从乡镇党委书记到一般干部都有任务，并与奖惩挂钩。"廖国武说，买税能够"完成"财税任务，还有"政绩"，使得一些乡镇干部一心扑到买税上，根本没有心思考虑经济发展。买税一般要返还建筑老板五成的回扣，但缴税却一分钱不能少，其中的亏空只能以乡镇政府向县财政借款的形式"挂账"，财政风险由乡镇转嫁到了县。买税之中发生的接待、交通及支付给对方的回扣等，都是"暗箱操作"，难以监管。

事实上，从20世纪90年代中期开始，一些中部地区县乡财政收入非常规"高速"增长的背后，都晃动着买税的影子。近五年，望城县地方财政增长约35%，"税收秩序全都乱了，你挖我的、我挖你的，数字越来越好看，成本越来越高，可用财力却越来越少。而支出是刚性的，风险越来越大，甚至有可能导致财政瘫痪"。2005年年底担任县委书记的罗衡宁说起买税之害，充满危机感。

"向历史开刀，向自己革命"，望城人这样形容这场改革。改革第一步就是弄清各乡镇的实际税源。2006年推行县乡财政改革后，县地税局将各乡镇2005年从外面买来的税相减，得出本地的实际税收，以此为2006年征税基数下达各乡镇政府征求意见。乡镇政府上门找纳税企业核实税源上报后，县政府最终据实下达了税收任务。靖港镇是位于洞庭湖区的一个农业乡，工商税源少，2005年地税任务为120万元。经过核实，2006年县里仅下达一万元的地税任务。

铁律刹住偷税歪风

望城县政府规定，如果被买税的乡镇"护税"不力，没有及时发现和报告，同样会被县政府取消乡镇财税征管工作先进评选资格，并追查直接责任人和相关领导人的责任。过去，设在乡镇的地税分局都可以开建筑安装税票；今年，望城县规定，开票的权力上收到县地税局，税票填制时必须准确填写建设项目所在的乡镇，有效堵住了漏洞。

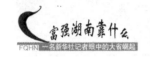

过去，望城县一方面买税风盛行，一方面偷税风严重。偷税风盛行的原因之一，是收税归税务部门，稽查也归税务部门，自己查自己，尽管问题多多，却一直难以查出问题。有鉴于此，望城县成立依法治税办公室，由财政、国税、地税和税侦四家联合组成。

长沙市地税部门从 2006 年起规定按项目所在地，而不是按公司注册所在地收税。这为望城改革创造了条件。因为靠近长沙，望城的房地产发展很快。为了保护建筑安装税不被别人"买"走，望城将基建税收入作为县乡共享税收。县里成立县基建税收征管办，乡镇按建筑项目建立台账，派专人跟踪管理，根据工程进度和销售情况及时催缴入库。

对于各乡镇来说，最重要的任务就是属地征收"颗粒归仓"。望城县各乡镇按县政府要求统一成立税收征管协调领导小组，由乡镇财办、财政所全体人员、国地两税专管员和其他协税人员组成。"因为不买税，改革后我们有精力、有能力捍卫自己的税收不外流"，分管财政的副县长谢进说。

望城还推行"超收分成、短收分担、分税分享"的县乡财政分配体制，调动了乡镇抓收理财的积极性，特别是培植了后续财源的积极性。2005 年靖港镇完成地税 574 万元，与县里分成后亏 50 万元。今年，靖港镇由县政府下达的财税任务，除地税一万元外，还有国税 10 万元，基建税收 10 万元，预计全年超收分成可达 30 万元。靖港镇人大主席、党委副书记廖国武对记者说："乡镇有利可图，有账可算"，"对市县来说，30 万元算小数字，但像我们这样的困难乡镇，30 万元可以解决很多问题。"

新的财政体制鼓励乡镇干部培植税源，不搞短期行为。望城县国税局副局长朱浩光感觉到一个明显的变化：今年乡镇干部带企业到国税局来办证的多了，企业纳税登记规定 7 天，现在很多乡镇干部请求 1 天办完。

乡镇干部对望城县的"新政"高喊"万岁"

2006 年年初，望城县人大审计政府通过的全年财政总收入目标为 8.5 亿元，比上年增长近 9000 万元。制止买税、拧干"水分"后，财政收入并没有出现滑坡。前 11 个月，望城县财政增长超过去年同期 20％。

财政收入的增长，自然与望城靠近省会城郊、发展较快有关，然而最直接的原因，则是收入"含金量"大大提高了。谢进说，以前乡镇收一亿元的地税收入，扣去 50％ 的买税成本，只余下一半的可用财力。现在的地税收入，全是"真金白银"。望城县 2006 年基建税收任务是 8000 万元，比往年多了 5000 多万元。由于征管措施到位，前 9 个月就已收上来 6000 多万元，而 2005 年全年实收只有 2000 多万元。

望城县政协的调研报告预测，如果今年全年实际财政总收入达到 8.5 亿元的规模，县乡两级可用财力将比去年增加 8339 万元，县对乡镇让利与去年同比，可增加 4585 万元。县乡两级财力都有明显增加。

从买税中解脱出来的乡镇干部，情不自禁地高喊县委、县政府"万岁"。黄金乡乡长刘金泽告诉记者，原来乡干部夹个包，到处找老板买税，美其名曰抓"无烟工业"。新体制像一根无形的指挥棒，带动乡镇工作重心转移。大家由原来抓数字到现在抓质量，各乡镇都在转变。"乡镇不得不静下心来抓项目的启动、财源的培植和收入的增长点。"

"不搞买税，对我个人是一种解脱。"廖国武对记者说，以前一年到头外出跟建筑老板谈判，几乎没时间抓正常工作，跟老百姓和基层干部越来越疏远了。"今年与去年工作截然不同"，他把精力放在招商引资和税收征管上，感觉重新回归了乡镇干部的角色。

"这次改革产生了一个好的体制，旧体制把人变成'鬼'，新体制把'鬼'变成人，这就是我的感觉。"县地税局副局长宋绍斌笑着对记者说。

望城的改革者展现了他们的勇气与智慧。县财政局局长姚建刚对记者

说，尽管望城的改革距科学理顺县乡财权、事权的改革目标还有很大空间，但改革试行一年，已取得了比预想更好的效果。一些县乡干部告诉记者，制止买税，把实事求是的风气找了回来，这是望城改革最大的收获。

（刊发于 2006 年《经济参考报》，与于磊焰 、谭剑合作。）

临武县：政绩考核要对子孙后代负责

资源枯竭之后临武经济怎么转型，支撑公共事业的财政收入从哪里来，子孙后代靠什么生存？过去，这些东西在政绩考核中都没有得到很好的体现。如果临武经济结构不及时调整，则会犯下历史性错误。

就像"高考"一定程度成为中学教育的指挥棒，在行政主导色彩偏重偏厚的我国，政绩考核也直接影响着各级党委政府的工作导向。

说起前不久结束的临武县委、政府对乡镇 2006 年度的政绩考核，很多乡镇干部眉头都舒展了。逼迫基层弄虚作假的"指标"被删除不少。例如县委、县政府以前考核"外派劳务"，具体数额分摊到各个乡镇，如果完不成任务就扣分。南强乡党委书记刘忠德等对记者直言，当地农民几乎没有到海外打工者，乡政府不得不四处借本乡镇学校老师、干部家属到海外旅游的护照复印下来，充抵任务。

考核项目的调查更加符合实际。如在养殖业，县委、县政府也不像以往再考核每个乡的农民养多少鸡、多少牛、多少猪，而是改为"动物疫病防治"。县委农办主任李国瑞对记者说，市场价格低了，农民自然喂养少了，一定要考核这乡某种生禽的喂养总数，只能增，不能少，难道不可笑吗？动物防疫属政府承担的公共职责，上级财政拨了经费到乡里，乡镇政府能否组织把防疫针打下去、打到位、打好，这是乡镇干部"分内"之

事，大家对这项考核服气。

乡镇党委书记、镇长普遍反映，以前迎接政绩考核，心力交瘁，但今年轻松多了，费用也大大减少。刘忠德说，以前县里考核组到南强乡虽然只待一天，但乡党委、政府准备工作要一个多月，资料和上墙的牌子要花上万元；今年考核指标和考核队伍大大减少，乡里只花了1000多元接待和材料费用。

考核方式改革后，由于指标精简，相对符合实际，突出县委、县政府的主导色彩，有效地遏制了部门利益。以前，县里众多委、办、科、局都参与考核，互相之间争夺考核分值的多少，然后借用考核其分管行业工作打分的权力，对乡镇政府"寻租"，表现最突出的就是强行推销本行业的报纸杂志，据不完全统计最多时有30种以上，乡镇政府不敢得罪，举债也要订阅。

接到县里对本乡乡干部政绩的民意调查电话时，楚江乡楚江村农民雷满生家里刚好来了很多人，他们合计之后一一认真回答，对本届乡党委政府评价较高，认为帮农民"做了很多事"。如乡政府争取上级给村里农田水利建设投了70多万元；通村公路修了12公里，虽然很多是外面老板捐款，但乡干部发动有力。

引入社会公众满意程度评价，是临武县改革政绩考核方式的第一次尝试，这在湖南还少见。县委督察室按随机原则从每个乡镇抽调20名固定电话农户电话询问。县乡村干部普遍叫好，楚江村村支书蒋太水对记者说，大多数农民接受电话民意调查是"好的说不坏，坏的说不好"，比以前干部陪着统计人员上门问卷调查，农民顾虑少些，更能够了解到真实情况。

民意调查在百分制的政绩考核中占10分，项目一共有10个：1. 道路状况与出行方便程度；2. 农村劳动力转移情况；3. 农村扶贫济困情况；4. 为民办实事情况；5. 依法行政、司法公正情况；6. 调处纠纷矛盾情况；7. 乱收费、乱摊派、乱罚款、乱集资和索拿卡要情况；8. 依法征地、拆迁工作情况；9. 乡（镇）政府政务或农村村务公开情况；10. 乡（镇）政府及其直属机关工作人员工作作风和办事效率情况。

乡镇官员普遍认同在政绩考核中引入公众满意度评价，能够促进干部作风的转变，认为分值还应该大幅度提高，不过应该在实践中不断完善。如汾市乡党委书记唐国林认为，临武各乡镇平均人口数万，而这次民意调查每个乡镇样本只有 20 户，如果恰好有一些计生处罚户或治安打击户被抽到，乡镇干部的评分就会"一败涂地"。他建议引入农调队的工作方法，等距离抽取样本，最大限度减少误差。

改革政绩考核方式，显然不仅仅是一个县的力量所能够单独完成，需要大环境的配合互动，临武众多县乡干部向记者举的多是沼气池建设例子。

上级政府把建沼气池的硬性数量，作为"为民办实事"的考核任务"一刀切"自上而下分配到临武县，县里摊派到各个乡镇。沼气是清洁能源，用沼气能节约燃料费，但条件必须是农民养足够的猪才能产生沼气。临武不少乡镇农民不养猪，因是煤产区用煤做燃料。为了完成考核任务，有的乡镇不得不财政借债贴钱，求着农民建沼气池，农民并不看重，费力不讨好。

谈到深化政绩考核，临武的一些县乡干部认为，最需要破解的难题是，如何真正符合科学发展观的要求，对"子孙后代"负责。临武是一个矿区，这些年矿产资源价格飙升，给政府财政和一部分企业家带来了财源，但是森林资源锐减、水资源毒化、沿河沿矿人民深受污染之害，环境治理的成本远远大于资源开采上缴财政的税收。据分析，临武的矿产资源在 20 年之内可能会枯竭。

资源枯竭之后临武经济怎么转型，支撑公共事业的财政收入从哪里来，子孙后代靠什么生存？县委常委、县委办主任邝建设说，这些东西在政绩考核中都没有得到很好的体现。如果临武经济结构不及时调整，则会犯下历史性错误。汾市乡党委书记唐国林呼吁，政绩考核调整的关键在

于，"政绩考核导向的定位，是满足人民的需要，而不是应付上级、迎合上级领导"。

2006年任临武县委书记后，谢元安即大刀阔斧部署政绩考核方式改革。他感触很深的是，当县长时每年按市政府的要求签30多项政绩考核责任状，很多"一刀切"的东西不符合县情，但是在"领导要我做什么我就怎么做"、"考核要我怎么做我就怎么做"的惯性驱使下，不得不应付完成，一些弄虚作假的手段被逼出现了。

目前，临武改革政绩考核的探索，已引起郴州市委的重视。市委书记葛洪元对记者说，据他在县区的走访调查，片面自上而下的考核体系，窒息县乡官员的创造力，不容易使他们将对上负责与对下负责结合起来。

"真正的创造，从来不是靠上面考核体系考核出来的，而是干部群众依据实际需求闯出来的。"葛洪元说。

（采写于2007年。）

平江县开先河，村村派设纪检书记

农村问题比较复杂，基层政府面临的难题多，这种想办法解决问题的做法值得肯定。不过，这一创举是否有生命力、能否持久有效，还有待观察。监督村干部本是村民自治的题中应有之义，如果村纪检书记的权力覆盖面过大，又将增加谁来监督他们的难题。

从 2009 年 4 月开始，湖南平江县三阳乡南尧村老党员凌文斌多了一个很严肃、很有"权"的头衔：驻邻村纪检书记。农闲之余，他常骑摩托车往大洞村跑，参加村两委重要会议，审核村里的经费开支，走村串户听民声……

如今，平江 806 个村，村村都有县纪委派驻的纪检书记，大都是凌文斌这样的农村党员。多年来，我国在村一级实行村民自治，村里的事务主要由村支部书记、村委会主任负责。平江县此举用意何在，能给乡村治理带来什么样的变化？

村官难断"村务事"

大洞村是远近闻名的金矿村，每年采金集体收入可达上百万元。村民常常对村里财务收支状况心存质疑，甚至成群结队到县城多个单位告状。

同处一乡，全县人口最少的穷村李坪村，也面临这样的困扰。2009 年年初，村委会用政府拨款给每户村民接通了自来水。这本来是件大好事，但村主任不肯公开账目。一些村民不干了，跑到县城告状，但县里有关部门说这件事太小，先放放再处理。村民感到投诉无门，很有情绪。

村村有本难念的经。近年来，中央不断增加对"三农"财政投入，村级公务事务不断增多，村级组织在纪检部门眼里成为资金汇集、权力集中、问题多发的高危地带。村民们对村干部处理村务一肚子火，对与村干部有着千丝万缕联系的乡镇干部又不信任，往往直接跑到县里告状。

平江县纪委书记蒋仁凯告诉《半月谈》记者，这些矛盾"看得见问题的人管不了，管得了问题的人看不见"。2008 年年底，平江县根据中央纪委将纪检监察力量探索延伸到基层的要求，在湖南省率先全面推行县、乡、村三级纪检监察派驻制度。从农村党员及退休村干部中选派 806 个村级纪检书记，直接进驻各村开展纪检工作。为避免碍于情面无法开展工作，平江县一般采取邻村聘用制。

对这 806 名新"村官"，平江县政府每年拿出专项资金 430 多万元，将他们纳入全县村干部队伍统一保障，按村级副职标准每人每月发放工资 450 元；招考国家公务员时，在同等条件下优先录取。为此平江每年要多支出 430 多万元。"有人说增加了行政成本。"蒋仁凯表示，以前上访、维稳花的钱比这还多得多，这笔钱花得值。

纪检书记"管得宽"

凡村里重大决策、重要事项、重大项目和大额资金使用，按照平江县纪委规定，都要先经驻村纪检书记审核把关，再提交全体党员审议、村民代表会议表决，最后将决策结果在公开栏内及时公开。

20 世纪 80 年代，大洞村一位组长在划分林地时，强行给自己家里多分了 10 多亩山地。多年来村民们敢怒不敢言，村支书陈松清也犯愁："他是我堂舅，找他就要挨一顿骂。"凌文斌接到村民举报后，发动摩托车就跑到那位组长家，最终使他"想通了"，退出占了 20 多年的这些林地。

纪检书记进村后，大洞村的"上访专业户"童雄伟也改行了。去年以来，在驻村纪检书记的监督下，村里关闭了 3 家污染环境的小金矿，村民们多次反映的一些不公平、不合理的事也得到解决了。童雄伟气顺心安，办了一个养猪场准备好好干一场。在李坪村，村民不满的"自来水账目"事件也因为村纪检书记钟红林的到来而得以解决。今年 46 岁的钟红林以前当过兵，面相严肃，一上任就根据村民反映的情况进行调查，最后查出此项目多支付了 1000 多元，责成当事人把钱退回村里。

不仅村民欢迎邻村来的纪检书记，支书们对此也表示欢迎。大洞村支书陈松清脸色轻松地对记者说，以前村民总怀疑村干部捞了很多钱，现在有大家信任的老凌来监督，感觉轻松多了。

虽然驻村纪检书记上任时间还不满一年，但全县驻村纪检书记共发现涉及惠农资金发放、村级财务管理、土地征用补偿各类问题 20 起，督促归位惠农资金 34 万元；共受理信访投诉、控告 60 件，督促问题整改 54 起，协助查处村干部 6 人，化解村民群访、越级上访 36 次。平江县纪委把这些村纪检书记总结为"四大员"：审核把关的监督员，工作开展的督察员，发现和处理问题的协查员，以及协助村干部公开述廉的协理员。

学者盼望"不越界"

对于平江的探索，湖南省社科院新农村建设研究中心副主任陈文胜接受采访表示，长期以来，农村基层反腐倡廉的组织基础一直比较薄弱，平江这种加强基层纪检组织工作的尝试有一定意义。中国发展研究基金会副秘书长赵树凯对《半月谈》记者称："农村问题比较复杂，基层政府面临的难题多，这种想办法解决问题的做法值得肯定。"

不过，两位学者一致认为，这一创举是否有生命力、能否持久有效，

还有待观察。赵树凯分析，监督村干部本是村民自治的题中应有之义，如果村纪检书记的权力覆盖面过大，又将增加谁来监督他们的难题。

平江县纪委书记蒋仁凯则乐观表示，可以通过考核来管"好人"。平江的做法是，乡镇纪检组织负责对村纪检书记进行业务指导和日常管理，年终还组织村民代表和党员代表对村纪检书记的履职情况进行测评，对不称职票超过30%或村级班子发生党风廉政建设重大问题而没有报告的，作不胜任处理，按组织程序予以调整。

驻村纪检书记能否发挥有效作用主要靠"好人"，但现实生活中很难保证选派的都是"好人"。按平江县纪委规定，村纪检书记的选用标准是"四好四无三不限"的党员，即思想政治好，平时无不良言论；道德品质好，无任何违法犯罪记录；贯彻政策好，无违反计划生育现象；群众口碑好，无纠纷矛盾；年龄不限、资历不限、学历不限。不少乡村反映可供选派的人员数量有限。三阳乡有两个村由于"情况复杂"，邻村没有合适人选能够担任驻村纪检书记镇住场面，最后只能派乡干部兼任。

驻村纪检书记管的很多事已经超出了单纯的党内监督。陈文胜强调："推行这种做法，一定要处理好与村民自治之间的关系，不能越界。"中央多次强调要依法保障农民的知情权、参与权、表达权、监督权。"只要把这些要求落到实处，让村民自己做主，很多问题就能迎刃而解。"

学者们认为，直接派驻的监督模式已经在中央、省、市层级有过很多尝试，依然没有从根本上解决腐败问题，同样的模式放到县、乡、村，能发挥多大作用还需要时间来证明。"但是，作为总比不作为好，希望能通过这类创新探索推动制度建设。"陈文胜说。

（2010 年 2 月刊于《半月谈》，与黄兴华、曾繁娟合作。）

衡南县：新时期农民喜爱什么样的干部

车江镇雷峰村农民罗自云说得很直白："你干部不下去，或者下去了只是缩在村干部家里，你不认得我，我不认得你——谁会喜欢你？"

农业生产进入新阶段后，什么样的干部最受农民欢迎？从衡南县这次25个乡镇评选出的111名"农民最喜爱的干部"身上，我们就不难寻找到答案。

给农民带来技术、信息和资金的干部

"选举喜爱的干部，你投谁的票？"记者在衡南县盐合村的烟叶地里问正在除草的农民罗林初，他头也不抬地说："罗清明。"到宝盖镇的田头地里走走问问，十之八九的农民冲口而出名字是："罗清明。"

记者在衡南县调查时深深感受到：给农民带来技术、信息和资金的干部，代表了农村先进生产力，代表了广大农民的利益，在农民当中最吃香，最叫好。

找到罗清明，他正在镇政府向农民发放烟草专用有机肥。他对记者说："现在许多干部说农村工作难做，农民难打交道。我今年57岁，我是越干越有劲。我在机关一天都待不住，一天不看到农民，一天不看到烟

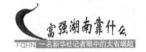

叶，总是觉得不踏实。"

宝盖镇的田土含沙量高，排水，透气，是烟叶种植的风水"宝地"。1998年，不再担任镇党委副书记的罗清明，主动挑起了发展烟叶的担子。但当年全镇300亩烟叶，平均收购价每斤不到3元，很多烟农不但没有赚到钱，还亏了本。生产积极性很低，大家都不想再种烟了。

当头一棒没有吓倒罗清明。走访调查之后，他发现宝盖种烟失败的主要原因是田间管理和烤制技术不过关。年过半百的他痛下决心学习烤烟生产技术。他一边向技术员请教，一边自费订阅了《农业气象》、《烟叶烘烤技术》等十多种科技报刊。还多次到耒阳等地学技术。经过学习和摸索，他终于熟练地掌握了烟叶生产管理技术尤其是烘烤技术。

为了把种烟技术传给农民，他每天骑着自行车，早出晚归，到田间地头，手把手为烟农现场"授业解惑"。他还定期召集烟农举办培训班，培养"二传手"，形成技术传授网络。

由于烟叶技术过关了，烟叶质量过硬，宝盖的烟叶被常德卷烟厂定购生产"芙蓉王"。2000年，宝盖镇烟叶售价平均每斤将近4元，每亩平均收入达到1200元以上，纯收入超过1000元，数倍于水稻种植。致富了的烟农视老罗为"亲人"，甚至有的喊他"恩人"。今年，全镇烟叶发展到将近5000多亩，可为县、乡两级创造税收1000多万元。

罗清明1965年参加工作，至今36年一直在乡镇摸爬滚打。他对记者说："过去'人民公社'时搞农村工作，'以粮为纲'，春种秋收，干部催耕催种，帮农民解决'温饱'问题。粮食种植技术不高，农民要求干部同吃、同住、同劳动，'跟'在后面干。干部下田能扶犁，会踩打禾机，就会受到欢迎。"

"而现在，农民最盼的是致富，最缺的信息、资金和技术。农民对'三同'不'三同'不稀罕了，而是要求干部'领'在前面干。不搞强迫命令，善于用说服、示范的方法带着闯市场，这样的干部最受农民欢迎。"

车江镇斯林村支书肖太虎对记者说："能给农民带来订单的干部受欢

迎。"他们村的农民集体投资建了一个奈李园，今年是"大年"（丰产年），估计可产两万斤。再过三四个月就要上市了，他现在为"卖难"的问题睡不着觉。如果卖价不超过三角，成本收不回，奈李就只能分给农民吃了。"听说在深圳，奈李卖到几元钱一斤，可是要包装，要储运，风险大，我们盼望干部给我们提供帮助。"

衡南县委组织部副部长周秋生说，乡镇干部过去被称为"万金油"，什么病都用得上，什么病都治不了根，现在这种干部跟不上形势。可喜的是，衡南的乡镇干部对这一点已深有体会。县委组织部每年都办一次"乡镇干部实用技术培训班"，不但要发文，还要催来催去，来不了多少基层干部。今年3月又办班，计划招收150人，结果出乎意料来了200多个人，学校安排不下，只得劝一些人下次再来。他说：今年估计，一个季度要办一个班。

把农民当朋友乐于排忧解难的干部

从衡南各乡镇评出的100多个农民喜爱的干部看，他们身上有一个共同的特点，就是把农民当朋友，乐心为农民排忧解难。"干部喜爱农民，农民也喜爱干部。"

"人生的价值在于为群众多办实事，为群众排忧解难，做群众的贴心人。"在30多年的基层干部岗位上，泉溪镇镇长周大井一直在实践这句他最常说的一句话。

衡南县委组织部的同志向记者介绍说，这些年，周大井对所蹲点的村，能叫得出每一个屋场的名称和村里多数大人小孩的姓名。指得出每个屋场住了哪几户人家，弄得清每个屋场群众的邻里关系如何，婆媳是否吵架，甚至记得村里特困户、五保户的生日。村里的风土人情，群众的喜怒哀乐，他心里有本明细账。

去年9月12日晚，周大井带领计生办几位同志在南冲村搞计划生育

突击，当他得知肖运付、吴元社等 7 户村民因无钱购买葱、蒜种子而心急如焚时，第二天上午就赶到镇信用社，以自己的名义担保借款 1 万元，解了这些村民的燃眉之急。

高冲村多数农民养猪亏本，他就把被称作三塘镇松山村的一位"养猪能手"请到村里，为群众上课。南冲村村民陈良明的儿子因穷辍学，周大井发现后当时把自己蹲点吃伙食的 100 元钱掏给了老陈，使孩子重返校园。

县委副书记黄国华对记者说：新时期的农村干部要有一技之长，但要受到农民的拥戴，同时还要有一颗乐于为农民奉献的心。否则，空有一技之长，只是束之高阁或者用来为自己谋私利，不可能受到农民的欢迎。

这几年来，罗清明几乎天天走村串户，早出晚归，为烟农提供生产和技术上的服务。全镇 15 个种烟村，谁家缺烟苗，谁家缺烟肥，谁家的烟叶种植在哪里，他了如指掌——他随身带的几本笔记本，记满了几乎每位烟农的具体情况。

1999 年，老罗在幸福村蹲点，推广烟叶。由于前一年种烟失败，大家都打退堂鼓。老罗一家一户上门做工作。村民缺技术，他手把手地教。村民缺资金，老罗从亲朋好友处借了两万元钱给村民。"看到我担这么大的风险，村民们都被感动了。"

松江镇党委宣传委员刘志芳，这次在全镇"农民最喜爱的干部"中得票最高。他对记者说：我的祖祖辈辈都是农民，我对两种人有特殊感情，一是对农民，我是农民的儿子；二是对教师，教师培养了我。

参加工作 11 年来，孙志芳在松江镇 6 个村蹲过点。户主他基本上都能叫出名字。"为农民排忧解难，不一定都要办'大事'。村民们到乡政府来办身份证、土地使用证、计划生育证等不方便，我就主动帮他们办，虽然是'小事'，他们认为我很热心，慢慢就对我产生了感情。"

车江镇雷峰村农民罗自云说得很直白："你干部不下去，或者下去了只是缩在村干部家里，你不认得我，我不认得你——谁会喜欢你？"

善于协调矛盾解决遗留问题的干部

衡南县县长李荐国说，改革是利益之间的调整，现在农村户与户、户与村、村与村、村与组等各种关系之间的山、林、水、路、坟、税、费等各种矛盾交错。新时期的农村干部，要受到农民欢迎，要特别善于"庖丁解牛"，协调矛盾。

宝盖镇当选"农民喜爱的干部"的纪委书记贺信，就是这样一位善于协调矛盾的干部。4月21日，他与记者聊起了新城村的事。

宝盖镇新城村是全县有名的"烂村"。1999～2000年下半年，一年半时间，走马灯般换了6个蹲点干部，谁都搞不好。农民和村干部水火不相容，去年认为蹲点干部包庇村干部，还把乡干部打跑了。一时间，再也没有干部愿意或者说敢踏进这个村。镇党委把本来分管人口普查、没有蹲点任务的纪委书记贺信派去了。

到了新城村，贺信很少跟村干部、组长接触，一竿子插到普通农户堆里，逢人就问：你最迫切需要干部帮你解决什么问题？老百姓开始并不买他的账，有的挑衅："你这个干部难道不怕被打？你吃了豹子胆？"

"我是农民的儿子，农民是我们的衣食父母，打是爱，你们要打，我受着。"贺信这么回答。他对记者说，当时这么说，一是出于工作方法，二是确实也做好挨打的心理准备。干部工作没做好，农民群众有怨气，有气总要发泄，就是挨打，也要硬着头皮在这个村待下去。

经过走访，贺信发现农民的怨气主要是四个方面：一是村财务三四年不清，村民怀疑村干部吃"冤枉"。二是全村227户，每家都欠电费，村里被停电。三是村组公路中断，四是淤积的水渠两年未清淤。

贺信一是从县经管局请人审计村级财务，发现问题并不像农民说的那么大，村干部的形象"清白"了许多。二是组织村干部逐村逐户把电费收上来，这边收电费，那边就打电话给电站通电。三是以村委会名义，向县

政府求援得到了 1 万元资金，村民投工投劳，修通公路。四是组织干部修复两座"石堰"（即拦河坝）。

短短 3 个多月时间，困扰了全村多年的 4 个问题各个击破。随后贺信采取"攻心为上"的办法，向农户做思想政治工作：你们不买村干部的账，干群不是一条心，新城村乱了，最终还是害了你们自己。说得农户连连点头。

新城村面貌一新。此前全村农民拖欠税费很多，去年把当年税费的 90％交清。"现在县、乡干部在这个村可以安全出入了。"贺信深有体会地对记者说，"只要你真正深入百姓，解决老百姓需解决的问题，水火关系可以变成鱼水关系。"

处事公道、清正廉洁的干部

"拆迁难"被视作建房、铺路的最大"麻烦"。正在修建的衡枣公路通过衡南县车江镇 14.35 公里，涉及 9 个村，45 个村民小组，拆迁房屋 136 户。可这里的拆迁工作却是一路绿灯，红线内拆迁不到两个多月就搞完了，受到省里的表扬。

负责拆迁工作的镇政协联工委主任何恒良，这次也以高票当选为全镇"农民喜爱的干部"。车江镇的农民对记者说，拆迁纠纷牵涉房屋、稻田、山林等，"分钱不公"（补偿）最容易引起群众不满，搞这个事容易得罪人。

何恒良处事公道。就说拆迁的房屋吧，有一层、二层，有红砖房、土砖房。老何工作细致，严格按照政策，不同层和不同结构给予不同的补偿。有的房子既有红砖层又有土砖屋，老何就按不同的标准补，而不是笼统补一栋房子。每户补多少钱，张榜公布。拆迁户心服口服。

泉溪镇镇长周大井负责镇上玉泉路的硬化工作。许多包工头为了承包工程，偷偷给他送钱送礼，有的几千，有的上万，有的还许诺给 10％的回扣。结果是没有一个不碰钉子，周大井对这些人说："农民的血汗钱，一分一厘也不能乱扔。我作为镇长，决不干吃里爬外的事。"

按规定，周大井每个月可以报 80 元的电话费，但考虑到镇财政十分困难，自己又是一镇之长，到目前为止，他一分钱都没报过。下村一般不在村里吃饭，实在有特殊情况，不得不在村里吃饭，每餐自觉交纳餐费 4 元。在他的模范带领下，镇里招待费用去年比上一年减少 30％。

有人把干部的形象比作"长、宽、高"。周大井对这个公式有不同的理解。他说："长"就是要有带领群众致富的一技之长；"宽"就是胸怀宽广，不怕吃苦、吃亏；"高"就是要有高尚的思想境界和觉悟，不贪不污，廉洁奉公。

"公生明，廉生威。"衡南县的干部群众对记者说：不管时代如何变化——处事公不公道，是不是清正廉洁，这一条衡量干部的标准永远不会变化。

衡南的农民对记者说："我们最不喜欢平常不下村，一下村就向农民'要钱（上交）、要粮、要命（计划生育）'的干部。"

（写于 2004 年。）

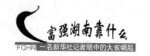

湖南：财政支出怎能"不问效"

　　现在财政支出存在"重分配、轻监管、不问效"的现象，有些钱拨出去就不了了之。国家的钱如何使用，究竟投到哪里好，怎样避免浪费？作为主管部门，对这些问题我们应该了解清楚，时刻保持清醒。

　　2007年2月，湖南省财政厅的《湖南省动物防疫体系建设财政绩效评价报告》已经进入最后整理总结阶段，这份即将出炉的绩效评价报告引起了湖南各界的广泛关注。

　　"现在财政支出存在'重分配、轻监管、不问效'的现象，有些钱拨出去就不了了之。国家的钱如何使用，究竟投到哪里好，怎样避免浪费？作为主管部门，对这些问题我们应该了解清楚，时刻保持清醒。"湖南省财政厅厅长李友志向记者介绍了湖南在全国率先探索开展财政绩效评价改革的初衷。

　　随着经济发展和公共财政体系的建立，各级政府的财政支出规模日益增大。但是，财政钱花得是否有效率，是浪费还是节约，投入产出比如何，在一些地方是笔"糊涂账"，成为公共财政管理的盲点与难点。对此，从2002年开始，湖南省财政部门在国内率先深入开展财政绩效评价试验，湖南省财政厅资产管理与绩效评价处处长张湘祥介绍说，湖南省财政绩效评价工作最早开始摸索是在2002年，当时在郴州试点，2003年又在株洲试点，2005 年绩效评价工作全面推开，时至今日湖南省取得了大量经验。

首份评价报告锁定义务教育工程

湖南省财政厅第一次全省范围"兴师动众"作出的财政支出绩效评价对象是"第二期国家贫困地区义务教育工程"（以下简称"二期义教工程"）。二期义教工程是国家为促进贫困地区基本普及义务教育而实施的一项加大财政投入、集中改善办学条件的重大举措。项目执行期为五年，从 2001 年年初启动，至 2005 年年底结束。湖南省二期义教工程在怀化市、湘西自治州等 4 个市州 15 个"国家重点扶持的贫困县"和"省重点扶持的贫困县（区）"实施，计划投入资金 3.2 亿元。建设内容包括土建、仪器设备、图书及课桌椅购置、信息技术设备购置、校长与师资培训及贫困生救助等五个方面，覆盖 15 个县（区）共计 541 所学校。

2005 年年底，湖南省财政厅和教育厅合作，设计了评价指标和调查问卷，向社会聘请审计方面的专家，对各项目县（区）上报的相关资料与数据进行整理，并到各项目县进行实地调研、核实。通过听、看、问、核等方法，对 15 个项目县（区）进行调查，抽查项目学校 41 所，分发并回收二期义教工程绩效评价问卷调查 2647 份（其中学生类 1685 份，教师类 604 份，家长类 358 份）。通过对相关资料的查验、核实，与有关人员座谈和调查，并对所收集掌握的资料进行分析、汇总，确定评价结论，形成《湖南省二期义教工程财政绩效评价报告》（以下简称《义教报告》）。

记者看到，该《义教报告》以详细的调查、问卷为依据，对二期义教工程作出了绩效评价，认为取得了良好的社会效应，如有力地改善了贫困地区的办学条件，教学水平、教育质量明显提高，学生辍学现象得到有效控制，减轻了贫困学生的家庭经济负担，基本上达到了预期效果和目标。

报告直指要害问题

《义教报告》也直截了当地指出，二期义教工程在图书采购、贫困生救助、教师及校长培训、仪器设备配置等项目执行中也存在一些问题。

二期义教工程为项目学校配置的一些设备，如多媒体教室，建一个往往仅设备和桌椅的支出就需 10 万元左右，在实际使用中，当地教师不能制作适用于该多媒体教室的教学软件，以至于大多数多媒体教室仅用于放电影或幻灯片，脱离了农村学校的实际。

在学生问卷调查中，对"学校经常利用教学光盘及设备教学情况"一项，选择学校"偶尔或没有利用教学光盘及播放设备"的有 996 人，占问卷调查人数的 59.11％。

《义教报告》指出，"图书购置问题也存在很多问题"。很多购置的图书内容不完全符合中小学师生的需求，部分图书纸张、印刷质量太差。例如某县教育局为项目学校配备的某人教育言论集 40 册，某教育报记者的采访报道集（上、中、下三册），更是高达 80 套；另外购置的部分图书与中小学教育无任何关系，甚至还有一些宣扬权术的书籍，对中小学生的教育和成长极为不利。购置图书的质量直接影响师生借阅图书的意愿，从学生调查问卷反馈的情况看，有 46.17％的问卷显示："没有借阅学校图书"或"偶尔借阅学校图书"，其中又有 29.73％的学生是因为"没有所要的图书"。

另外，《义教报告》还认为二期义教工程存在"政府采购、招标投标执行不力；制度不完善，上级有关部门有效监管较少，资金财务管理尚需加强"等问题。

湖南省财政厅资产管理与绩效评价处副处长邱望梅具体组织了二期义教工程的财政评价工作。曾经参与过世行贷款工作的邱望梅认为，世界银行在项目立项时，就明确项目目标和绩效监测指标，有利于提高资金使用效果，但国内地方政府使用财政资金，普遍缺乏绩效意识，令人心痛。用钱不看效果免不了浪费，邵阳市财政局预算科科长蒋建龙向记者表示，财政绩效评价工作推进应该是大势所趋，加紧进行。

据介绍，《义教报告》出炉不久就报送至湖南省政府。李友志对记者说，这次绩效评价为今后财政对义务教育的合理投入，加强管理提供了参考依据，财政绩效评价就是探究"用了这么多钱，效果怎么样"，指导下一步的资金分配，即"以后钱该如何用"。

财政资金支出项目是绩效评价重点

近几年来湖南省财政收支规模呈快速增长趋势，2005年收入738亿元，支出865亿元，与上年相比收入增速为19%，支出增速达20%。如此庞大的财政支出规模，其最终效益如何，是否发挥了应有的作用，这是老百姓普遍关注的问题。回答这些问题，需要通过绩效评价作出合理的评判。

继二期义教工程之后，湖南省财政厅继续选择公众关心的财政资金支出项目进行绩效评价。2006年，湖南省财政厅召集14个市州举行专门会议进行工作布置，提出退耕还林资金、计划生育资金、社保资金、缓解县乡财政困难资金4个课题，由市州自由组合后选择。据介绍，许多市州表示出了热情，常德市在做退耕还林的绩效评价后，还主动增加了教育资金绩效评价；湘西自治州也增加了一个对清洁能源沼气池项目的绩效评价。

张湘祥说，推进的思路是要实现由项目支出评价到对财政运行总体评价的转变。政府的理财能力至关重要，财政评价则是提高理财能力的一个基本手段，因为对财政收入、财政支出甚至财政体制和财政政策进行评价，必然要涉及财政收支的各个部门、单位乃至个人进行考核评价，这有利于建立起单位和个人责任考评机制，有利于推动各部门加强勤政廉政建设，促进管理水平的提高。

推进财政绩效评价的呼吁

  湖南省财政厅财政绩效评价工作推广的总体思路是：按照由易到难、由小到大、由点到面的原则，先选择部分项目开展试点，再逐步推广到整个预算支出项目，并将评价结果作为编制下一年度财政预算的重要参考依据。财政绩效评价是政府管理中涌现的新生事物，牵涉面广，又因为触及财政资金使用者的利益，容易"得罪人"，所以在开展过程中难度比较大。湖南财政部门、地方政府官员专家建议，要使这项工作得到推广和完善开展，各级政府要在三个方面下功夫。

  一是不能混淆对财政绩效评价的认识。湖南有的干部说，现在对财政资金的监督有审计部门，湖南省财政厅也设有财政监督局，这些机构不但审计单位，还审计个人，何必再开展什么绩效评价？邱望梅说，应利用各个场合宣讲财政绩效评价与审计、财政监督存在本质区别，不仅工作程序、调查方法不一样，更重要的区别是，后两者主要是监督资金使用是否合规合法，给予处罚；而前者主要是诊断资金使用效率如何，结果是否符合预期目标，重在给下一年度的财政预算提供参考。

  二是探索财政绩效方面的立法。2003年10月14日，中共十六届三中全会通过的《关于完善社会主义市场经济体制若干意见》，在我国第一次历史性地提出"建立预算绩效评价体系"。但在现有的财经法规中，还没有对财政支出进行绩效评价的条文和规定，没有可遵循的法律依据，因而绩效评价缺失强制性的制度保障。2005年8月，湖南省财政厅出台了《湖南省财政支出绩效评价管理办法（试行）》，但这只是一个规范性文件，从依法行政的角度来看，法律上至今还没有财政支出绩效评价的规定，这项工作还缺乏法律约束力。

  三是加强方法研究和队伍建设。财政绩效评价理论性、技术性很强，需要处理大量的数据。我国引入绩效评价概念和开展相关工作的时间比较短，很多理论问题和评价方法还处于研究探索阶段。保靖县常务副县长彭正刚感叹说，县政府也有推进财政支出绩效评价的想法，但关键是指标不知道如何设计。这项工作的操作需要有实际经验的人，也需要数理统计、经济学方面的专家。

（2007 年 2 月刊于《经济参考报》，与禹志明、王文志合作。）

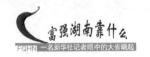

常宁市："免费公交"驶出新气象

目前全国各地公交企业都实行市场化运作，财政给予适当补贴，而常宁市公交实行"政府埋单"的方式，让常宁人为之拍手叫好。不过，很多人也曾担心，免费公交能开多久？

2008年7月10日清晨6时40分，湖南常宁市公交车停车坪，在公交战线摸爬滚打40余年、40台公交车的总调度肖高嵩在进行完例行检查后，目送着当天第一台"免费公交"驶向市区。

"以前的公交车都是买票上车，现在常宁市区的公交车全部免费乘坐，这个变化不容易啊。"肖高嵩说。

这样的改变，源于常宁市政府作出的一项决定：从7月1日起，该市城区3条公交线路免费。市区"免费公交"运行10天来，肖高嵩最大的感受是"乘车的人多了，空气变好了，能源节约了，交通秩序通畅了，管理与服务的难度加大了"。

一个交通混乱城市的"新生"

湖南常宁是一个依靠采矿业、冶炼业、农产品加工业发展起来的新兴县级市。由于市区和周边的农村连成一片，不少城郊的农民"闲时开摩的拉客赚钱"，市区的交通秩序一度十分混乱，医院、学校、宾馆、汽车站门口成了摩的司机拉客的绝佳地盘。

常宁市建设局局长何军毫不讳言"免费公交"之前的种种混乱景象。2004年市政府曾组织多个部门对非法营运的摩的和三轮车进行整治，由于没有彻底解决市民出行难的问题，也是"按下葫芦浮起瓢"，成效并不明显。

如今经常乘坐公交车上下班的何军心情比以前好了许多。他将"免费公交"治理非法营运形容成"以柔克刚"。"因为自从7月1日以来，城区的公交车全部免费乘坐，日平均载客近6万人次，是免费前的5.7倍。不少没有营运执照的车辆由于客源锐减，不得不主动退出了客运市场。"

记者在3路车的起点站常宁市消防大队看到，每4分钟就有一辆公交车发车，乘客们有序从前门上车，后门下车，虽然三五辆摩的在此等候，但无一人乘坐。在常宁市进修学校就读的吕文婷说："公交车比摩的安全、舒适，现在还实行免费的政策，自己没有任何理由花钱乘坐一辆危险的摩的上学读书。"

常宁市交警大队的统计表明，7月1日实行"免费公交"后，城区每天的交通事故立刻就降下来了，原来一天有七八起，现在最多两三起。交警大队一位干部笑着说："原来很多交警上班也骑摩托车，现在绝大部分乘公交车，路上的车少了，事故发生的频率自然就降低了。"

"政府埋单"取得多方面的社会效益

目前全国各地公交企业都实行市场化运作，财政给予适当补贴，而常宁市公交实行"政府埋单"的方式，让常宁人为之拍手叫好。

常宁市城市公共交通管理处主任刘建国用"三个有利于"总结了"免费公交"取得的社会效益：

首先有利于节约能源和资源。"免费公交"以来，有效地改变了市民出行方式，每天可以减少摩托车、私家车上路约800台次，相当于节省燃

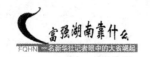

油 1369 升，如果全市免费运行的公交车增加至 100 台，一年省下的燃油将达到 75 万升。

其次，有利于保护生态环境。每天可以减少汽车尾气排放 3.54 万立方，城区车流减少，也减少了噪音污染，腾出足够的公共道路通道，对创造适宜的人居环境起到很好的作用。

第三，有利于规范城区公共交通秩序和提升城市品位。未开通"免费公交"之前，一些承包了公交车的司机对于 70 岁以上的老人存在拒载现象，现在这种现象没有了。而且市民对乘坐公交车的看法明显改观，许多乘客主动为老、弱、病、残、孕让座，文明的风气得到了普及。

记者在 3 路公交车上看到，乘务员的主要工作从过去的卖票变成了现在的服务。乘务员曹秋莲满头大汗地维持着车厢内的秩序。她说："我们现在尤其要照顾好老人和小孩乘车安全，服务压力比过去大多了。"

"免费公交"能开多久

常宁市城区的"免费公交"，是以地方政府强大的财政实力作为支撑的。常宁市连续 3 年财政收入以亿元左右的幅度递增。常宁市财政为启动"免费公交"共投入 700 万元，对原有营运的公交线路和公交车进行了收购，并购进 20 台新车。

采访中，不少市民担心地对记者说，"免费公交"是件大好事，但不知道会不会长期开通下去。为此，常宁市政府特意在媒体上发布公告，"免费公交"不会让市民出一分钱，全部由市财政"埋单"。

然而，年复一年的巨额投资，对于常宁这座县级市来说，承担得起吗？

据常宁市城市公共交通管理处提供的说法，该市"免费公交"的支出中，将由市公共财政承担大部分，中央财政的燃油补贴承担一部分，靠车身广告、站台广告支持一部分。

何军说，这几年常宁市财政收入的好转，也为这种想法提供了可能。前些年市财政补贴了农民的水费和医保费用，现在又尝试推行城区公交车免费乘坐，"丰盈的财政奠定了改善民生的基础，免费公共汽车开通的背后，折射的是一种理念——让全体老百姓共享经济发展的成果"。

"我们测算的数据显示，每年 50 台免费公交车的维持费用在 480 万元左右，最高增加至 100 台，每年支出 960 万元，本市的财力可以负担。"刘建国满怀信心地说："政府既然做了，就要做到底。"

（新华网 2008 年 7 月 13 日刊发，作者明星。）

改革采砂权招拍挂，汨罗市收入增八倍

比上年飙升 8 倍的出让所得出人意料，在汨罗市的干部和百姓中引起强烈震动。这次出让所得对解决民生问题、促进城市建设大有帮助。拍卖还有效地提升了政府的公信力，大家都觉得政府这次操作没有"猫儿腻"。

大千世界中极平凡的河砂卵石，在中国基础设施大发展的背景下，已成为鲜为人知的宝贵资源。通过改革采砂权招拍挂方式，湖南省汨罗市政府拍卖采砂权获得的 2009 年度出让收入，从上年的 1298 万元上升至过亿元，增长近 8 倍。

在一些地方，矿产、土地等国有资源被廉价处置，损害了财政和公众利益，素为百姓诟病。汨罗的做法在经济危机导致各地财政歉收的背景下，堪称经典案例。

百姓说"这样的招标要多搞"

湘江下游汨罗段全长 26.7 公里，砂石资源丰富，储量近 4.2 亿吨，年可开采量在 2000 万吨左右。从 2005 年度开始，汨罗市开始对采砂权实行招拍挂。头几年，政府获得的出让收入并不多，2005～2007 年度分别为 460 万元、420 万元和 657 万元。

近年来，由于长江、鄱阳湖等相邻水域禁止采砂，国家路桥等重点工程加速建设，质量好的汨罗砂石非常抢手，卖到全国各地，砂卵石价格也由 2005 年的 2.8 元一吨上涨到 2008 年 11 元一吨。2008 年度，汨罗市财政获得的砂石采矿权实际出让收入为 1298 万元。

2009 年度，砂石价格同样为 11 元一吨，汨罗市政府对招拍挂的办法和工作班子作了改革，出让目标开始定为 5000 万元，后来竞拍时的底价达到 8500 万元。参与竞标的 5 家企业你争我夺，最后以 1.09 亿元由长江砂石有限公司拍得。

比上年飙升 8 倍的出让所得出人意料，在汨罗市的干部和百姓中引起强烈震动。汨罗市 2008 年度的地方财政预算收入不到 5 亿元，这次出让所得对解决民生问题、促进城市建设大有帮助。拍卖还有效地提升了政府的公信力，一些干部群众接受记者采访时说，大家都觉得政府这次操作没有"猫儿腻"，维护了人民利益，办了一件令人振奋的"大好事"。

再不搞"假招标"了

汨罗市航运公司是市交通局管理、至今有 52 年历史的一家老企业，在职职工 44 人，退休 508 人，连同家属共 2826 人，在当地算是一家人数很多的企业。由于经营机制老化，企业经营困难，难以参加水运竞争，航运公司近年来主要业务变为采砂。

近年来，只要听说政府组织采砂权招拍挂，航运公司部分职工就到政府上访，认为抢了他们的饭碗。汨罗市政府出于维护稳定、保护职工利益的考虑，在采砂石招标时不得不给予航运公司"特殊照顾"。

"特殊照顾"的做法既大幅减少了政府的资源收入，对其他中标者来说也极不公平，堵住了不少投资者的门路，同时给稳定埋下了更大隐患。

汨罗市政府转变消极维稳思路，下定决心，克服阻力，在 2009 年度招拍挂时，不再对航运公司"开小灶"，而是让其一视同仁参与竞争。市

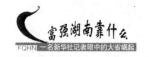

财政给公司在职干部职工发放一年基本工资保障，政府派出工作组进驻航运公司，指导帮助企业寻找出路，明确一年之内或业务转型，或改制。

严格招标像组织高考

为了吸引全国的投资者参与竞标，汨罗市政府在全国7家媒体发布竞标公告。以前招拍挂期限都是一年，2009年开始调整到三年。这样，不仅有利于财政收益的稳定增长，减少招投标成本，而且方便了企业经营。船主如果今年中标明年未必能中标，那么，就没有底气出高价竞标投资，以及斥巨资购置或租赁挖砂船。

汨罗市政府在总结经验时认为，除了扫掉航运公司这只要特权的"拦路虎"和科学设计操作程序之外，关键还在于廉洁透明。具体负责操作的汨罗市政府办主任兼砂石办公室主任黄春根对记者深有感触地说："市委、市政府领导只对我们提出公开、公平和最大限度维护财政收益的要求，从来没打过'我有朋友竞标，你们照顾一下'之类的招呼。"

为了避免干部和老板内外勾结，汨罗市政府将前4年组织招标的政府工作人员全部换下，新组建了一套班子。所有工作人员在招标前7天，封闭式集中办公，手机全部上交进驻的纪检干部。黄春根告诉记者，之所以采用类似"高考"试卷考前严密隔离的办法，就是要防止工作人员向外泄露竞标者的信息，防止有竞标者对其他竞争对手采用威逼利诱的手段，使其退出，或者勾结在一起"串标"压价。

（2009年刊于《半月谈》。）

长沙县发力造"镇"要破城乡二元难题

　　现在城里人下乡居住确有很多实际障碍，国家也有限制政策，这确实是我们探索"板仓小镇"建设必须慎重对待的课题。城里人下乡，户口能不能迁下来，进而生产资料能不能分配，进而能不能建房，都需要探索，需要政策上的突破。

　　历史或许总是惊人的相似。30年前，中国改革开放的活力正是来源于农村。

　　如今，站在新一轮发展平台上的中国，活力仍然离不开农村——杨懿文是这种看法的坚定持有者。

　　在长沙经济技术开发区工委书记、长沙县委书记杨懿文眼中，所不同之处在于，过去政府所能给农村最大的支持，是支持"大包干"的"政策礼包"，而现在，政府可以探索长袖善舞，将资本与城市资源这种强大的外力注入农村。

　　他目光远大，雄心勃勃，满腔使命感，倡导在田野广阔的长沙县北部以"板仓小镇"试点探路，新建一个近20平方公里"田园城市"，试图破解堪称中国科学发展同时也是现代化历程中最大难题之一的城乡分割，实现城乡互动双赢。2009年9月，县委、县政府向上级汇报的一份材料这样表述：

　　"'板仓小镇'着力于将新农村建设和新型城镇化结合起来，在城市远

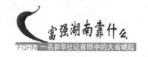
郊——开慧烈士家乡板仓新造一座'田园城市'，通过多元项目开发建设的平台，创新户籍管理制度，引进城市资本，改善公共服务环境，推进农民集中居住，努力走出一条不依赖于城市扩张而发展、可以复制和推广的新村建设新路子。"

接受新华网专访的杨懿文思维敏捷，侃侃而谈。他正在长沙县推行的这场试验目标之宏伟全国罕见。其动机何来，具体操作中如何争取农民理解、引导资本流入、突破政策束缚及经受历史检验，究竟是一个理想主义者的浪漫"乌托邦"，还是一个虽然艰难险阻但能够克服切实可行的行动计划……

让几千年来单门独户的乡里人群居

新华网记者：长沙县在全国"百强县"评比中有"中部第一县"之称。在人们的印象中，长沙县的工业很出色，但是，县委、县政府今年以来花了很大力气放在农村方面。初始规划面积 19.2 平方公里、投资总额 222 亿元的"板仓小镇"建设——有人称"造镇"，有人称"造城"，尤为外界所关注、所惊奇。

杨懿文：我们在抓工业的同时，确实是想为湖南这个农业大省探路，谋求农村发展——或者说是在城乡一体化取得飞跃，实现农村现代化与工业化、城市化的互动双赢。

我们想在长沙县的板仓种一块局部突破的"试验田"，这就是通过建"板仓小镇"，实现"四个集中"：土地集中流转，农民集中居住，资本集中下乡，产业集中发展。

我们希望引导农民由分散居住变为集中居住。长沙全县农户 17 万左右，每户建筑及屋前屋后占地少则一亩，最多三到四亩，几千年来都习惯于单门独户的生活。不管是打井取水，还是连通电、路、气，因为分散居住，生活成本很高，像生活污水也只能直排，没法统一处理，影响生态。

如果这 17 万户能够集中居住，每户建筑占用 5 分地，以每户原先占地 1 亩计，可以节约 8 万亩地。8 万亩地是什么概念呢？长沙县一年得到上级批准的工业用地指标是 2000 亩，包括长沙经济技术开发区在内每年实际用地指标不到 1 万亩。在支持用地方面，省里对长沙县已经是最关照了。农民集中居住后，全县可以回笼 8 万亩可使用土地，可以极大拓展长沙县的发展平台。

除了节约用地和可使农民享受公共基础设施外，集中居住还可带来很多积极效应。比如，农村文化活动方便开展，治安好搞，甚至政府的计生工作也便利了，非法生育的超生对象容易被发现。农民单门独院的时代结束，但生活质量提高了，与现代化生活接轨了。

让城里的中产阶层到乡里来住

新华网记者：我们了解到长沙县造"板仓小镇"，试图让农民集中居住仅仅是第一步，第二步是想把腾出的地引导城里人来此居住，以此"打通农民进城和市民下乡的通道"，"从而实现城乡双向交流、资源共享"。

杨懿文：我们确实想让城里的中产阶层能够到板仓来居住。哪些是愿意下乡来居住的城里人？在我看来，一是有车，二是年纪 40～50 岁，事业有成，三是个人资产过百万。这些人的孩子已经长大成人不需操心，事业比较稳定，城里有房子，但渴望工作之余放松一下，过山清水秀的生活，所以想在乡下有地方住，城里乡下两头跑。当然，也只有城里人到乡下住，才可能给资本下乡、农民集中居住解决就业带来条件。

新华网记者：目前城里人下乡居住，还有政策上的束缚。据闻长沙县为建"板仓小镇"曾提出试点"放宽城乡落户政策"，如凡有条件迁户定居"板仓小镇"的人，经批准可享受当地村民建房待遇，收取其公共设施配套费。

杨懿文：我有亲身的经历。我从小在哈尔滨长大，父母老家在湖南汨

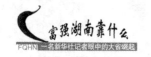
罗农村,他们一辈子在外工作,十几年前退休想回农村老家定居。我去给他们办手续,遇到很多困难,公安局的同志说,只听说农转非,哪里听说非转农,不知道这个手续怎么做?

现在城里人下乡居住确有很多实际障碍,国家也有限制政策,这确实是我们探索"板仓小镇"建设必须慎重对待的课题。城里人下乡,户口能不能迁下来,进而生产资料能不能分配,进而能不能建房,都需要探索,需要政策上的突破。我们想在板仓先行先试,正在争取上级有关部门的理解支持。

受到韩少功隐居乡下的触动

新华网记者:通过建"板仓小镇"来互通城乡资源,这个理念最先的动机来自哪里?

杨懿文:我过去也算一个文学青年。1998 年,到汨罗去看韩少功,他住在汨罗乡下一个叫八景洞的地方。生活非常悠闲,唯一不便,就是拨号上网,上网慢一点。这次行程对我触动很大:当今世界,住在哪里不重要,关键是要基础设施完善。

规划中的板仓小镇,已经覆盖了无线网络。在长沙县投资的广汽菲亚特有名高管是意大利人,他说最好的居住场所离不开三样东西,一网球场,二游泳池,三会所。我告诉他,未来的"板仓小镇"完全可以符合他的愿望。"博世汽车"的外国高管现住在长沙市区南郊的同升湖,到长沙县县冶所在星沙的厂区车程约半小时,而从星沙到板仓,只要 25 分钟,换言之,他们住在板仓交通更方便。

我并不认为住在板仓交通不便。如果把长沙比作北京,板仓还在四环内。北京城市建设是摊大饼,我们不这么做,而是想在星沙 50 公里内外建若干个板仓这样的卫星镇,具有湖湘文化特色、现代化农村气息、生态和环保相融、与县城星沙和长沙经开区互动。

新农村建设能否成功要看资本是否流入

新华网记者：以土地为核心，大规模实现农民集中居住与城里人下乡居住，其中闪展腾挪需要巨大的资本做中介。这中间当然离不开政府来引导做"推手"，但政府的职能定位及所受到的融资束缚，决定了政府不能也无法包办。资本的本质是逐利，对"板仓小镇"建设会感兴趣吗？

杨懿文：我们以前老讲，建设新农村的力量是农民，没错，我们要鼓励农民参与，但要从事实看到，农民努力了几千年也没建设出一个新农村。从经济学来讲，一个地区要大发展就是要引进新资本。举例说吧，以前株洲是个小镇，当时国家投巨资建了331和硬质合金厂几个大厂，一下把株洲从小镇推动成为大的工业城市。

我想新农村建设也是这样。我们要研究资本的新流向，一个地方的政府如果能够把资本引向农村，就成功了。我当过多年的长沙市商务局长，对经济工作比较熟悉，一般人算账算不过我，"板仓小镇"农民集中居住所腾出的土地，适合多种渠道的投资开发，企业家完全可以赚到钱。现在已经有实力很强的国外投资商，提出在"板仓小镇"投资建高尔夫球场、星级酒店、主题公园等，使之成为生态旅游度假养生小镇。

我们还提出在长沙县建设一百个现代农庄，倡导投资者用工业的办法抓农业，用城市的理念建设农村，提高农业的附加值与利润。对投资者可以尽量给予政策上的优惠，现在外地投资者蜂拥而入，我们要求稳妥行事。

10年前受长沙市派遣，我在湘西龙山县当了两年副书记。那时，正儿八经思考农村的问题，结论为最大问题是投入不足。这么多年，我们把投资投向城市，造就了城市的繁荣，现在我们要补农村投资这堂课，但光靠财政不行，必须调动社会资本、金融资本和社会力量进入。

政府要为资本进农村探索扫除障碍

新华网记者：建设"板仓小镇"的构想非常前卫，长沙县已经提出一段时间，从实践来看，遇到哪些难题？

杨懿文：我们也清醒地看到，按我们规划的思路建"板仓小镇"还面临很多难点，一是没有现成模式，我们在全国到处找，找不到；二是部分干部群众对整个"板仓小镇"的理解还有待宣传发动。长沙县干部有个特点，不怕你政府提出的构想有多前卫，最后效果体现出来，大家才认账。赢得他们的认同与支持，对于这项探索很重要。

现在真正制约资本进入农村的难题，就是土地问题。农村土地一定要流转，要流转到有资本的人手里。随之而生的两个难题也要解决。一是流转的土地能不能做抵押到银行贷款，现在几亩耕地可贷款，但上升到上万亩，还很困难。二是流转面积太大，农村社会形态发生变化，比方说如果流转3万亩甚至流转30万亩，农庄主与乡村干部关系如何处理？

让失地村民和城里人一样得到平等保障

新华网记者：土地是农民最基本的保障资料，甚至可说是农民保障的"最后一道防线"。正因于此，我国农村土地制度改革非常慎重。"板仓小镇"的农民承包经营地假如和宅基地同时被转移出来，他们的生计怎么解决？政府怎么吸引农民支持"板仓小镇"的建设？

杨懿文：我们的答案是让失地的农村人和城里人一样享受平等保障。我们有个设想，在"板仓小镇"，农民养老保险的个人缴付资金按一定年限可以由政府负责埋单，政府还可将建好的新房送给农民以换取农民的宅基地，但农民必须搬到集中居住点。

农民现在参加新型农村合作医疗，个人缴费是 20 元。我们算了一笔账，如果农民缴费提高到 50 元，那么加上各级政府的配套支付，整个费用就会提到 260 元。260 元是城镇医疗保险的缴费标准。也就是说，全县 70 多万农民和城里人一样，可以享受同等待遇的医疗保障，彻底消除城乡差距。

农民不愿干的事，政府最好不干，我们一定要保证农民的利益在"板仓小镇"建设过程中得到尊重，比方说拆迁补偿充足到位，比方说小孩上学方便了，交通也快捷了，使得集中居住的诱惑力强大得让农民不能不动心，找不到拒绝的理由。

我们盼望城里的中产阶层在板仓集中居住后，激发出家政服务、代管菜园、休闲旅游、市场服务等就业需求，使得相当一部分农民能就地找到工作。县政府准备花钱培训农民的就业技能，对农民来说，你当保姆，要知道城里人的生活规律，要会用电器；不但会种菜，还会包装菜——这些都需要培训。

长沙县工业强劲增长为农村探索提高支撑

新华网记者：在今年 7 月公布的第九届全国县域经济基础基本竞争力排名中，长沙跃升至全国第 34 位，居中部县第一。长沙县工业的发展，财力的雄厚，是否为"三农"探索创造了外部条件？

杨懿文：长沙今年财政收入可以过 50 亿元，后年争取在 90 亿元左右。财力将会大幅增长，除了自然增长因素，还因为几个新增大企业将提供强力支撑，如广汽菲亚特后年将大规模下线轿车，陕西重汽今年追加十几亿元投资。

工业税收增长与解决农村问题成正比，我们长沙县 70% 新增税收投到农村。如果财政收入达到 90 亿元，我们县的可用财力就增长到 60 亿元，那么农村基础设施建设、农民的社会保障等支出就可以大幅增加。因为工业发达，长沙县的农民外出打工不到 5 万人，很多人的就业问题得以

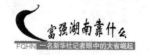
就地消化。因而，作为"中部第一县"，长沙县探索"造镇"比湖南其他地方条件相对成熟，因而也更有责任，我们满怀信心。

（2009 年刊于新华网，与苏晓洲、丁文杰合作。）

关于攸县农村环境整治情况的调查报告

> 县财政每年按村均 1 万元纳入县财政预算，县对每年考核前
> 三名的乡镇奖励 3 万～5 万元，后三名的乡镇相应罚款 3 万～5
> 万元，各乡镇、村组参照县里的做法，按季逐月对村组、农户进
> 行考评奖罚，决不走过场。

2011 年 3 月 22 日至 26 日，我办对攸县等地农村环境整治情况进行了
考察，他们的做法和经验很值得我们借鉴和学习。

一、攸县整治农村环境的主要做法

攸县在新农村建设中，十分注重人居环境的改善，农村环境整治取得
显著成效。我们实地调研了攸县网岭镇罗家坪村和新市镇新联村村庄环境
整治情况，其主要做法突出在以下 4 个方面：

1. 加强了组织领导。近年来，攸县实行全民动员，大力整治农村环
境，县、乡、村层层建立了"洁净大行动"领导小组，宣传、部署、检查
洁净大行动的开展、实施和落实情况。坚持了以县带乡、以乡带村、"三
级"联动层层负责制；实施了"村负责、组为主、户落实"的长效管理
机制。

2. 落实了整治经费。县财政每年按村均 1 万元纳入县财政预算，乡

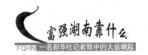

湖南省攸县的环境同治经验吸引了省内外的考察学习者。

镇、村自筹一部分，村每月向农户按户均 5 元收取一部分。村里还常年安排 5 名 65 岁以下的专职保洁员，月工资每人 500 元，并用合同形式定时定点转运垃圾，每车 20 元，确保了村里公共场所的卫生。

　　3. 建立了整治农村环境的长效机制。在农村环境整治工作中，攸县探索总结了分散处理、分块包干、分级投入、分期考核的"四分"整治机制，分散处理就是分户、分类收集生活垃圾，分散进行回收、填埋和焚烧；分块包干就是将村卫生责任区划分为村级公共区和农户责任区，村级公共区由村集体出资聘用专人专职保洁员进行日常保洁维护，农户责任区由各农户按要求落实"三包"（包卫生、包秩序、包绿化）责任；分级投入就是县、乡镇、村和农户共同投入，村垃圾清扫、转运等全年开支约 4 万多元，主要是由县财政下拨 1 万元，乡镇、村自筹 1 万多元，村向农户收 2 万多元。农户门前垃圾焚烧池 30 元一个，由镇、村、户各出 10 元建立；分期考核就是采取定期检查考核的方式，县、乡镇每年考核奖罚乡镇、村一次，村每季度考核奖罚组一次，组每月考核奖罚农户一次。

4. 严明奖罚措施。县对乡镇、乡镇对村、村对组、组对农户，层层制定了考核评比标准和奖罚措施，县对每年考核前三名的乡镇奖励3万～5万元，后三名的乡镇相应罚款3万～5万元，各乡镇、村组参照县里的做法，按季逐月对村组、农户进行考评奖罚，决不走过场。去年实施以来，全县已累计兑现奖罚资金500万元。村里制定了严明的村规民约、家庭卫生评比标准等。

二、我县农村环境整治建议

借鉴攸县经验、结合我县实际，我们建议在全县范围内启动"洁净华容"大行动，实行"分散处理、分块包干、分级投入、分级考核"的"四分"工作机制。

1. 以农户为行动主体，分散处理。以户为主，分类收集生活垃圾，分散进行回收、堆肥、填埋、焚烧等处理，主要做到：①每户建好一个新式水泥垃圾沤制池，可降解垃圾沤制后做有机肥，不可降解垃圾回收利用或集中处理；②经常性打扫、整理庭院，保持庭院整洁；③对农业生产过程中的废弃物（包括塑料袋、药瓶等）及时回收。

2. 以村为组织主体，分块包干。将责任区划分为村级公共区和农户责任区，村级公共区由村集体出资，聘用专人专职进行日常保洁维护，农户责任区由农户按要求落实"三包"责任（包卫生、包秩序、包绿化）。主要做到：①制定治理农村环境的村规民约，约束村民行动；②每村安排2～4名保洁员或每组确定1名保洁员，每天对全村不可降解垃圾进行收集；③经常性对全村环境整治情况进行督促检查，每月进行一次考核，每季度进行排名，并张榜公布，贴牌到户。

3. 实行城乡统筹，分级投入。县出台整治农村环境资金投入和垃圾处理设施城乡统筹办法，整治资金由县、乡镇、村和农户共同投入。资金

主要用于环境整治基础设施建设和村保洁员工资。具体建议如下：

①将中央、省安排我县的"一事一议"财政奖补项目和环保项目整合后用于农村环境整治，按人口分配到每个村；

②县财政每年每村安排一定农村环境整治经费；

③乡镇按照县物价局出台的乡镇卫生费征收办法和标准，分别向乡镇各单位和门店收取卫生整治费；

④村依照有关规定，组织群众采取"一事一议"的办法，每户每年收取一定的卫生费，有集体收入的村，每年从集体收入中拿出一定比例的资金用于环境卫生整治。

4. 强化各级责任，分级考核。农村环境整治作为新农村建设的一项重要内容，纳入县综合考核和政府绩效考核。县"新农办"将采取明察与暗访相结合的办法，对乡镇逐月考核，按季排名，年底验收，对年度考核前三名的乡镇分别奖励 5 万、4 万、3 万元。各乡镇、村也要相应制定考核方案，乡镇按季考核到村，村场按月考核到组、到农户。层层督、层层管，确保农村环境整治落在实处。

（转载华容县政府网站 2011 年 7 月刊登县农办的报告。攸县城乡同治的经验吸引了省内外大批考察取经者。这篇报告虽然不长，却简明扼要地介绍了攸县的主要做法。）

资阳：把办公室堵群众的铁门拆掉

　　"我们资阳区就像大家庭，你们就像父母一样，干部就是你们的儿女。我们应让你们生活好，但现在没有能力解决，希望你们当父母的，能够给予我们足够的时间和精力，来解决这个问题……"资阳的干部告诉记者，讲到这句话时区委书记张银桥不由得潸然泪下。

　　当有的人为求"政绩"虚报财政收入，他却挤压财政水分；粮价大跌之时，一些地方党政领导为了保证税费不减收，要求农民必须交现金，他却力排异议，选择征实，农民可以以粮代钱，差价形成的亏空由政府背起；前任领导为封堵群众上访，在办公室前修建铁门，他上任不久，就将铁门拆掉……资阳区委书记张银桥的从政之风，给人留下了难忘的印象。

一

　　事件一：今年元月，因为每月 51 元新增的调标工资没有发放，资阳区的离退休职工群体上访，职工说如果问题得不到解决，就要到市、省甚至北京上访。

　　张银桥提出，把职工请来对话，给他们做思想工作。开始很多干部不同意，担心拿不出钱解决不了问题，职工是否会接受？会不会出现打砸

抢，弄不好被围攻怎么办？有的干部还提出要不会场坐一半以上的干部，或者派大批的公安干警来？如果按照处理群体性事件"可散不可聚"的原则来处理，还是不宜对话。

张银桥坚持要求会场里只坐职工代表，能来多少职工就来多少，来得越多越好。结果只能容纳500人的会议室里全部坐满了上访职工，一些干部和干警只能等在会议室外面。张银桥跟大家介绍了区委政府为了保离退休职工工资所做的努力，同时请大家理解政府的难处，政府会一步步解决好他们的困难。

"我们资阳区就像大家庭，你们就像父母一样，干部就是你们的儿女。我们应让你们生活好，但现在没有能力解决，希望你们当父母的，能够给予我们足够的时间和精力，来解决这个问题……"资阳的干部告诉记者，讲到这句话时张银桥不由得潸然泪下，令场内的上访职工和场外的干部感动不已。令人信服的解释和打动人心的真情，换来了上访职工对区委、区政府困难的理解。

记者问（以下简称问）：不少干部向我们说起你跟上访职工对话时非常动情的事儿。

张银桥（以下简称张）：抓稳定就是抓住关键。离退休职工"两个确保"得不到解决，生活困难，频繁上访，我们压力很大，很多领导干部大部分精力用在这上面，我认为应该把他们的精力解放出来。去年，我们在无力解决职工实际困难的情况下，只能做思想工作。既讲清楚我们正在解决他们的问题，也给他们说明资阳的发展状况。去年我有7次直接和职工座谈对话。有一次，我们把牵头上访的40名职工用两台中巴车载着到市区转，看这几年的发展变化，我和其他几位领导一起陪同。然后坐下来对话，工人看了后比较感动，认为我们确实在做实事，资阳在发展。我跟他们说，希望多给我们一些时间来解决问题，只要经济发展，就业机会增多，把你们家的就业问题解决了，才是最实际的帮助。

从去年5月起到今年元月，几乎没有上访职工。今年元月，我们和

500 名上访职工对话。我们相信职工，他们肯定会相信我们，毕竟我们在不断地改善他们的待遇。实践证明，工人理解了我们，再没有大规模的上访。两年前我调到资阳来的时候，特困企业的退休职工平均每月发放 80元，去年达到每月 300 元，从今年起足额按时发放，平均发 390 元，一年支付 3000 多万元。社保资金现在每年我们通过克服困难可以收到 1100 万元，财政每年配套 216 万元。剩下的缺口我们找上级支持，去年省里给了900 万元，今年已经给了 500 万元。

二

事件二：资阳区委办公大楼三楼左侧，区委领导办公区。记者看到一道铁框中剩下半扇铁门。

资阳区因历史原因，积累了很多矛盾，前些年群众上街堵路，越级上访事件接连不断。农村"两会"挤兑风波爆发的时候，为了堵截上访群众，资阳区委办公楼里专门为区委领导安装一个铁门。这道铁门虽然起到了"保护"领导安全的作用，但引起了上访群众的极度不满，有一次一个上访者用脚在铁门上踹了一个洞，以此发泄心中的愤怒。张银桥从岳阳君山区调任资阳不久，很快拆除了这道铁门，群众听说后无不说好。

问：你是怎样想到要拆除铁门的？

张：以前都有个习惯，区委常委和领导办公的地方不让干扰，就用铁门封闭起来。我来后听很多人讲找领导不方便，铁门就像群众、基层干部与区领导的"隔离墙"，在"三讲"中，我们作为一项整改措施将其拆掉了。

问：为什么没有彻底拆除？（记者注意到还有一扇铁门没有完全拆除。）

张：可能是办公室的同志做个纪念吧！

问：我们在采访中发现，你对老百姓特别容易动感情。

张：我从小在农村长大，出来工作不容易，在同情心方面受母亲很大影响。我始终认为自己是普通老百姓，没有脱离群众，在这个岗位上多做一些事情，有情感的因素。我母亲是一个很有同情心的人。当年很多知青下乡的时候，我母亲经常照顾，时不时给他们送点小菜等。现在我回老家都让孩子到五保户等家里送点钱物，培养孩子的同情心。

问：很多老问题别人无法解决，而你能顺利解决。采访中，我们感受到，一个重要的原因就是，你和你的同事在决策时，更多是从群众角度考虑，从而赢得群众的支持。

张：从同情心角度讲，对任何一个人都应该富有同情心。而作为领导干部应该多站在老百姓的利益角度考虑问题。从解决问题方面讲，我个人的地位、权力，都是党和人民给的，应该为老百姓干点实事，真正让老百姓满意。这虽是高调话，但是实话。我曾经把《苏共亡党十年祭》推荐给很多干部认真阅读，让他们总结每个干部应该怎么想、怎么做。在基层干部会议上我讲过，有些组织和干部已经被人民群众抛弃了，相反一些上访、闹事者在群众中的影响力越来越大，这是很不正常的。

三

事件三：从历年的统计看，资阳的财政收入在全省居中上，去年人均可用财力，在全省排名第 49 位，可是今年从统计看，资阳包括财政收入在内，几乎所有的经济指标都是负增长。不少人纳闷儿，资阳究竟是怎么回事？原来，资阳区今年把 716 万元财政水分给挤掉了。

其实，财政挤水分的计划张银桥已经盘算了两年。1999 年他刚到资阳的时候，民主垸溃垸，他认为是挤水分的好机会，但有些同志认为大灾之年完成财税任务是一个政绩。从去年 5 月份起，张银桥再次提出挤水分的问题，为了统一思想，他专门主持召开了一次全会进行研究，去年下半年，区人大、政协通过广泛讨论后决定把财政空转的 716 万元全部挤了出去。现在，资阳面临的压力是经济工作排名全市倒数第一。

问：财政收入增长是领导干部的重要"政绩"，考核中属"一票否决"项目。很多领导干部都十分看重财政收入增长幅度，甚至不惜通过竭泽而渔等方式把数字做大，而资阳区却挤掉716万元，作为区委书记，你是怎么想的？

张：我来资阳后发现每年的财政任务需空转才能完成。过去以支定收，而不是以收定支。有一年一下全区加了1000万元的财政任务，乡镇靠"引税"、"买税"等不正当手段完成任务，要费很大劲。我们的财政"实力"排名在全省排中上，实际上是虚的，影响了上级对我们的转移支付。同时，财政"泡沫"导致在干部队伍中形成区委、政府弄虚作假的消极印象。我还担心，这样下去会祸害一批干部。

民主垸溃决后，我提出把财政数字降下来，没有实现。去年，我认为时机成熟了，又把这个问题提出来，放在人大、政协会上广泛讨论。因为我在资阳工作两年多，把财政水分挤下来，不存在否定前任的嫌疑了。

想实事求是，确实不是很容易。挤掉财政收入中的水分，对我个人考核来说有影响。别的地方都在增长，我这里却在负增长，一些不明真相的领导说，资阳是怎么回事？但大家心服口服。我虽然没有过多地考虑自己的前途，但还是有一点压力。但只要大家觉得对了，我无怨无悔。如果单从报表上评价的话，我没有作任何贡献，但从长远看，我问心无愧。

问：资阳区的干部如何看待挤"水分"？

张：大家觉得解除了压力，都比较拥护。这次农村"费改税"，中央拨给各地转移支付资金。按照以前的财政收入做测算依据，资阳区只能拨给转移支付不超过1500万元。而现在挤掉"水分"后，上级给我们拨了1900万元，当然这是我们应该得到的转移支付。

（采写于2011年，与丁文杰、陈净植合作。）

沅江：教授从政

> 教学，对学生要负责。为官，要有造福一方的责任感。当然，在地方的责任比在学校的责任大多了，这中间的倍数无法计算。作为市委书记，我觉得肩头上是沉甸甸的责任。可以说如临深渊，如履薄冰。

湖南省委组织部为了推动人才强省战略，最近公开选拔 100 名优秀年轻县级领导干部。符合报考条件的 354 人当中，相当一部分是硕士研究生、博士研究生，其中不少来自高等院校、科研院所。与这一事件关联、引发人们兴趣的是，今年换届的湖南省人民政府组成人员中，就有副省长、厅长等行政级别较高者系来自高校的博士研究生导师、教授。一批高学历、高职称的知识分子从"象牙塔"中走上政坛，成为干部选择使用当中的新现象，孕育着政治文明的新萌芽。

早在 1998 年，湖南省委组织部即从高等院校和科研院所选拔了一批高学历、高职称的"双高"人才配备县级领导班子。走出书斋和实验室的教授、博士如何将理论与实际相结合，砥砺从政才干？如何适应社会，在改变人生轨迹的过程中实现自己的人生理想，体现社会价值？首批"双高"人才从政五年的体会，对后来者应该说是一笔可资借鉴的财富。我在沅江访问了市委书记陈冬贵，从政之前他是一名年轻的数学教授，湖南省人事厅首批确认的跨世纪学术学科带头人后备人选。他率先在国内开展

"克西合夫工程"研究取得阶段性成果，入选国际数学联盟编著的权威辞典《世界数学家名录》。

告别高校：挑战自我，服务社会

记者：当数学教授时，你想到过今天走上从政之路吗？

陈冬贵：从来没有想到过。

记者：那后来又怎么改变了自己的选择呢？

陈冬贵：1998 年省委组织部从高等院校和科研院所选择干部充实地方，大概六个条件：第一是中共党员；第二是年龄 36 岁左右；第三是副教授以上职称；第四是本科以上学历；第五是副处级以上级别；第六是所学专业为自然学科或者经济学。当时六个条件要求比较高，套起来，我们学校就我合适。报名时间一共 15 天，最后一天在朋友的鼓励下我报了名。

当时我从事教学科研比较顺利，之所以最后下决心报名，首先基于这样的考虑：自我挑战。我是一名农家子弟，没有任何背景，在高校能当上教授；我想试一试，在从政这样一个全新的领域，我的能力怎么样？第二个考虑是，知识经济到来后，行政管理干部队伍的结构必然要进行结构的优化。我们走出去，符合社会发展的趋势。第三个考虑，我感觉到当时在高校做的这些科研，多是基础研究，与实际应用的距离相差太远。我家在农村，我感到农村，特别是农民增收，是一个大问题。我想走入社会，为底层社会做一点具体的、实在的事情。还有一个考虑，我想走出去可以加强知识分子和社会的沟通。因为当时在高校、在教师中间，对社会指责埋怨的比较多。

相通之处：勤奋、求实、诚实、责任

记者：古人说隔行如隔山。从教与从政，在常人看来这是两个完全不

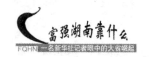
同的领域。你在实际工作中，感觉得这两者之间有没有相通之处？

陈冬贵：相通之处是勤奋、求实、诚实、责任。最大的一样是勤奋。做学问、教书，不勤奋，没成果。从政也一样。现在我基本上没有什么周末，没有八小时内外，连轴转。我向来认为，一个人懒惰，绝对不会取得成功。当然，现在比以前工作量大多了。我在高校，一周只要上4节课，现在一周很难休息一天。

求实也一样。数学是逻辑思维，来不得半点虚假。讲课，必须把一个个问题解答出来，让学生听得懂。搞研究，不能剽窃别人的成果。要有推理过程，不能光出一个结果，这样才能经得起检验。如何从政？我对自己要求是：不求政绩，只求实绩。如果把工作的目标定位"政绩"，作秀、包装就会搞得多一些。坦率地说，在求实方面，从政比教学科研面临的难度更大。如果想"政绩"，可在数字上面做文章。在不在数字上面做文章，这反映了一个官德。沅江成立一个橘城新区开发公司，独立运作，实际上代表政府经营。它的土地收益，每年有两千多万元，我们可以把它作为财政收入。财政收入是衡量政绩的重要指标。但我们没有这样做，因为考虑到让其真正"独立运作"有利于加快城市建设。和我的前任领导一样，我不片面追求高指标。当然，这也需要上级领导理解我们。

诚实也一样。不管是在学校还是在机关，与同事、领导打交道都要诚实。别人跟我接触，放心，因为我从来不搞别人的鬼。

教学须对学生负责，为官当要造福一方

陈冬贵：责任感也一样。教学，对学生要负责。为官，要有造福一方的责任感。当然，在地方的责任比在学校的责任大多了，这中间的倍数无法计算。作为市委书记，我觉得肩头上是沉甸甸的责任。可以说如临深渊，如履薄冰。改革发展稳定三方面都有责任。县域之间的竞争，就如同接力赛跑。我好像是代表沅江参赛的选手，前几任书记把棒交到我手里，

我只能往前赶，不能落后。就改革而言，沅江处于一个攻坚阶段——面临再也不能够回避的攻坚战，重中之重是国有和集体企业以产权制度为核心的改革。我们市直18家国有工业企业，乡镇集体企业1000多家，大部分采取初级的租赁方式经营。因为没有明晰产权，租赁的老板没有吃定心丸；资产不是自己的，不可能加大投资，只能拼设备，租金也低。农村主要是以减轻农民负担为归宿的税费改革，这是1949年后的中国农村"第三次革命"，担子也落在我们这一届任上。沅江425村，我都走到了。农民的生活有好转，但是和城里相比差距仍然很大。从一个数据就可以看出：沅江存款余额将近80%属城镇居民，而占人口70%的农民存款只占20%。

再说发展责任。现在沿海发展很快，西部有西部开发的大政策，中部面临发展的压力。在省里开党代会，我提出过"洞庭湖塌陷现象"——湖区的县域经济不理想，没有出现长沙县、浏阳市那样红火景象。主要是防汛抗灾任务重，加之短缺时代结束以后，湖区的农产品多初级产品，卖不出去。现在全世界都进入了结构调整重新洗牌的时代，我们沅江如果不能拿到一手好牌，那只能被动挨打。沅江20世纪80年代曾经辉煌过，那时的苎麻价格好，县改市，经济排全省前列。1996年沅江十垸九溃，沅江的群众当时有种失落感。近几年经济的持续发展给群众增添了信心，他们希望我们带领他们再造辉煌。

改革的过程实际上是利益的调整，发展必须改革，但是一改革，必然触及利益，触及利益就会出现不稳定因素。我深切感到，县乡干部现在很难。我真切呼吁，舆论部门多理解县乡基层干部。现在政策很透明，中央今天开会，农民一下就知道，干部不能搞暗箱操作。农民觉得外面的世界很精彩，群众的期望值和我们现实发展还是有一定的差距。不是有这句话吗：人民内部矛盾，需要用人民币来解决。现在沅江的企业要改制，原来的企业职工要求安置，这都要拿出钱来。稳定是一把手负总责，属地管理原则，沅江2177平方公里出了问题都要我们书记、市长负责，实际上很

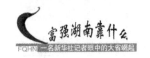

多部门是垂直管理，条块分割，造成了一些矛盾。

从教和从政的不同之处

记者：那么，从教和从政有哪些不一样的地方呢？

陈冬贵：在学校应该生活得更个性化，更自由一些。当教师，一周上四节课，固定时间，两节课连着上，其他时间你可以自由支配。在地方从政，实际上变成了公众人物，受到的约束更多，你的一言一行，要围绕地方的整体利益，群众的利益，而不是考虑个人的利益，这是一切工作的出发点和落脚点。我认为这是最大的不同。

第二个区别，在学校微观考虑多一些，比方说我怎么把这节课上好，怎么把这个课题做好？现在宏观考虑多一些，处理一件事要跟各个方面联系起来思考，实际上是整体决策。这一个区别截然不同。比方说决策某个农业产业化问题，就不能只考虑基地建设，同时还必须考虑销售、加工等。

第三个区别，我觉得从政对决策能力要求得更高一些。你在学校从事科研，想不清楚，今天搞不清，明天再搞。从政就不同了，特别是一把手，该拍板时必须拍板。比方说突发事件处理，有的时候一分钟都不允许拖延。

在学校我是教授，到社会定位为助教

记者：从教到从政不会是无师自通，你在起初阶段遇到哪些障碍？在角色转换过程中，你觉得最重要的是要做到哪一条？

陈冬贵：我们学校有的同事开始抱这种看法，你陈冬贵从教可以，从政恐怕不行。社会上也好奇。这种心情可以理解。因为从政对我来说，是一张白纸。我的体会是，最重要的是摆正位置。摆正位置，就不会有架子，就能够严于律己，宽以待人，就能够被老百姓接受。

从学校出来后，最先组织安排我在益阳市资阳区任副区长。在别人心目中，大家以为你陈副区长是挂职的，过几天就飞。我原来在高校，对社会可以评头论足。现在在区里，被别人指来指去，任何人都可以指责你。我给自己定位是给书记、区长当助教——在学校是教授，到社会上我从助教开始。能够当副职很幸运。当副职实际上可以学习正职怎么决策，怎么拍板。

1998 年 7 月 21 日，也就是报到第二天，我就主动要求上抗洪抢险的前线，上堤一搞一个月。当时真的很苦。通过防汛，逐步让资阳的干部群众接受我，"这个人戴副眼镜，也还能吃苦"。要学会摆正位置，这是很不容易的。知识分子爱面子，傲气，这都要改。平垸行洪是区里的中心工作，1999 年，区政府安排我协助一位刚从局长岗位提拔的副区长抓一项中心工作，有的人可能有想法，但我乐意配合他工作，人家工作经验比我丰富。

在从政的"技巧"上，更多是多用心。我浏览了一些管理方面的书。很多东西是相通的。上课好坏与你准备充分成正比。从政作报告与调查研究成正比。我把作报告和上课一样对待。我在地方工作分管联系过很多部门，对我而言都是全新领域，基本上没说过外行话。原因是我事前做了准备。

很苦，很快乐，也很充实

记者：你如何评价自己从教到从政的选择？

陈冬贵：我认为是正确的，我不后悔。虽然很苦，但是很快乐，也很充实。我们在学校只能议论，提建议，参政议政，现在则是直接服务于社会，如果有一个好的想法，就有条件加以实施，当给群众办一件事的时候，能够直接感受到这件事能带来的效益，能够见效，那是很快乐的。我

感觉，每天遇到的都是新的一轮太阳，新的一天。因为几乎每天遇到的都是新的事情，遇到新的挑战。所以感到很充实。

从政五年来，我了解人民群众的艰难困苦，体会到基层干部的艰辛，更加了解自己作为一个共产党员和干部身上的责任。有些知识分子往往把社会想得很简单——这条路为什么还不修？这座桥为什么还不建？这些都是说起来容易，做起来难。从政五年来，我感觉执政为民应该说不是一句口号，要深入到脑海中，体现到行动上——唯有如此，才能够真正无愧自己的岗位。

记者：能谈谈你从政的理想吗？

陈冬贵："政声人去后，民意闲谈中"——我希望离开一个地方后，能够得到老百姓好的评价。

记者：省委组织部又将选派 100 名年轻干部充实地方班子，其中不乏高学历者，你对即将出来从政的后来者有什么提醒？

陈冬贵：最重要的是从零开始。过去得到的荣誉不是从政的资本。那是两个不同的阶段。认真地做好每一件事，认真地履行每一份责任。

（采写刊发于 2005 年。）

信访局长：上门比上街好，建议比抗议好

老百姓上访，处于"上门"和"建议"阶段，我们一定要热情对待，珍惜机会。反之，处理不得当，就可能变成"上街"、"抗议"。

信访是折射社会矛盾的主要窗口。作为一位锐意改革的官员，湖南省政府副秘书长兼信访局局长李皋2007年年初任信访局局长不久，就促成湖南信访部门在全国最早开通"人民来信绿色通道"。湖南公众向省、市、县三级党委政府及信访部门反映问题和诉求，只要在信封上标注"人民来信"字样，不用贴邮票即可免费交寄，以降低公众信访成本，激励公众反映民意。最近，李皋接受《半月谈》记者专访，就信访与民生话题打开了话匣子——

"不是我生活不好，而是别人更好"

2009年上半年，湖南省信访形势总体平稳，为湖南经济发展创造了较好的社会环境。从信访部门接信接访看，农民负担、"三乱"（乱收费、乱罚款、乱摊派）等过去长期困扰党委政府的信访问题大幅下降，基本淡出视线，取而代之成为重点的是，国企改制问题、农村土地征用、城镇房屋拆迁、环境保护、企业军转干部、复员退伍军人和涉法涉诉问题等七大

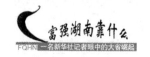
热点，它们占了湖南全省信访总量的 67％左右，同比增加 6.42％。

近年来，不同利益群体要求共享改革发展成果的诉求比较强烈，有政策的要求提高待遇标准，没有政策的想争取出台政策。在执政为民、以人为本的执政理念和社会舆论日趋活跃的大背景下，这些利益群体的诉求越来越多。

例如，企业军转干部要求落实干部身份，转业志愿兵要求参照企业军转干部享受基本生活待遇。一些小型水库移民、水利工程移民攀比大中型水库移民后期扶持政策。国有企事业单位的集体工、临聘人员及职工家属，要求享受合同制工人同等待遇，进行生活困难救助，解决医保和低保。民办教师、代课教师和幼师要求转正，按公办教师待遇补发在岗期间的工资，并给予一次性生活补助，解决老有所养的问题。公务员津补贴政策涉及人员，没有落实的要求落实，中小学教师要求比照公务员享受津补贴。原人民公社电影放映员、乡镇电话员等群体要求解决医保、低保等。

对有此类诉求的大部分群体，我把他们上访的主要原因归结为四句话："不是我生活不好，而是别人更好"；"不是生活过不去，而是心里过不去"；"不是说现在的政策不好，而是要求政策更好"；"不是政府收得多，而是政府给得少"。

"上门比上街好，建议比抗议好"

老百姓上访，处于"上门"和"建议"阶段，我们一定要热情对待，珍惜机会。反之，处理不得当，就可能变成"上街"、"抗议"。像前不久发生的吉林通钢事件，工人不满改制，导致前来管理的民营企业人员死亡，事实上就演变成了抗议。"上门比上街好，建议比抗议好"，这是我从事信访工作较深的感触。

现在有个别领导对待信访工作态度有偏差，特别是对中央和省里部署的信访大接访活动，有的认为这样做使一把手很被动，打乱了正常的工作秩序；有的认为这样做影响了主要领导抓经济工作的精力，影响了发展；有的认为对信访问题看得太重，是鼓励群众闹事，不利于党委政府的威信；还有的认为这样做是无事找事，会影响一个地方的稳定；甚至还有人认为大接访是麻烦事、难事，怕表错了态、讲错了话"引火烧身"。

湖南全省各级每年总计约 50 万件（次）来信来访，我常说这是宝贵的资源。因为这体现了老百姓对党委政府的信任，也为各级党委政府关注和改善民生提供了参考。有的地方为了收集社情民意，开展民意调查，可这要花费人力、物力，相比而言，信访可谓是老百姓上门送民情，政府花的成本低多了，能不珍惜吗？信访问题拖不起、绕不开、回避不了，早解决早主动，难度和成本也低。

现在，有些领导同志习惯于跑上面外面，热衷于招商引资，满足于发文开会和从媒体、文件上获取信息，依赖自己的专业和知识来做工作，自觉不自觉地拉开了与群众的距离。为此，湖南省委发文，要求坚持领导干部公开定期接待群众来访制度，提高做好信访工作的本领和水平，开展领导下访活动，通过接待群众，发现、研究和解决民生问题，确保群众的诉求和意见在第一时间内得到解决。

按照省委要求，我们省信访局开展了作风建设活动，要求机关干部对待上访者要做到"四有"：有茶水相待，有人员接谈，有明确告知，有结果反馈。接待上访者要做到"四不"：不盛气凌人，不敷衍塞责，不擅离职守，不索拿卡要。切实做到"门好进、话好听、事好办"，把信访部门建设成工作一流、群众满意的窗口部门。

"政府要做秩序维护者，而非利益分成者"

我认为，当前信访问题基本是人民内部矛盾，老百姓不怀疑执政党的合法执政地位，也没有政治诉求，更多是经济利益诉求，背后实质是中国发展过程中各类利益主体的平衡问题，根源是一部分人利益发展增长，同

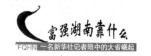

时另一部分人的利益被损害。作为执政者，应该始终力行"和谐社会"的执政目标，让各个社会群体尽可能利益平衡，相安无事。

现在有的领导决策，过于自信、过于简单，结果损害百姓利益，引发信访。如 2009 年上半年，因为农村土地征用和城市房屋拆迁，到省上访共 1199 批 4123 人次，同比分别增加 44％和 65％，主要反映如下问题：补偿标准低、补偿不到位、安置不合理、程序不合规；前后补偿标准不一，不同地区、同一地区不同项目间的补偿标准差别太大；还有农民失去土地之后的经济来源与生活保障问题。

征地、拆迁引起那么多的上访，重要原因是存在政府和开发商在一起利益"分成"的现象，巨额的土地级差收益流入开发商的腰包，有的化成了政府的财政收入蛋糕，老百姓成了困难群体。

因此我认为，要减少社会矛盾，政府一定要定位做秩序维护者，而非利益分成者。为此，湖南省委发文，要求各级政府在制定政策、实施决策、建设重大项目时，要像开展环保评估一样，推行信访风险评估制度，完善群众参与、专家论证和政策决策相结合的决策机制，切实减少因政策原因产生的民生问题。如果未按程序评估或未采纳评估意见，造成决策失误、引发群体性事件或造成恶劣影响的，要实行责任倒查。

（2009 年刊于《半月谈》，与刘健合作。）

纪委书记网络实名反腐

　　网络发言自由、平等、公开的特点，使得一些政府部门高高
在上的姿态开始发生变化。株洲市一些干部接受采访时认为，政
府部门与官员在网上发言，一定要平等、谦虚、低姿态。

　　2008 年 5 月 14 日，株洲市委常委、市纪委书记杨平在湖南省政府网
站红网株洲论坛上实名注册，公布自己的职务和反腐目的。随后，株洲市
纪委探索利用网络平台开展反腐败工作，在全国推出首个网络反腐操作办
法，在网上建立"网络反腐中心"。一时接受大量网络举报，引发社会强
烈关注。

　　由个人行为上升到集体行动，8 月 13 日株洲市纪委出台了《关于建
立网络反腐倡廉工作机制的暂行办法》，在湖南红网株洲论坛上建立了面
向社会公开的"网络反腐中心"，开设了"信访举报"、"优化效能投诉"、
"反腐谏言"、"结果反馈" 4 个栏目。同时，在市纪委、监察局举办的
"株洲廉政网" 开辟举报信箱。

　　株洲市纪委在红网注册了"纪检监察信访"、"株洲优化效果投诉" 等
4 个官方网名，代表市纪委在网上分别开展网络信访件受理处理、调查结
果反馈通报、优化环境和效能投诉受理，以及党风廉政宣传教育等工作。

　　株洲市纪委办公室副主任陈新苗介绍，从 5 月 14 日到 10 月 14 日 4
个月来，株洲市纪委共收到网民 180 多起投诉，通过筛选受理 130 起，目

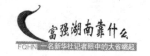
前公布了 38 起投诉的查处结果。"我们给网民的承诺是投诉 3 天内受理，3 个月内公布调查结果，这些受理的投诉都会公布结果。"

记者了解到，株洲市纪委接受举报方式过去以来信、来电和来人为主，网络反腐措施出台后，上网检举的数量已超过这三种方式之和。今年 5 月，杨平实名上网不久，有人在网上向他举报株洲质监处处长陈世湘腐败问题。市纪委在查办这起案件过程遇到困难时，不断接到举报人通过网络提供的此案细节，从而为案件的查办扫清了障碍，成功查办了这起全市官员涉案金额最大的案件。

目前，株洲市五县四区纪委全部实名上网公布举报电话和电子邮箱，接受信访举报。与此同时，市交警、市教育、市国土、市房产等 10 多个市直政府职能部门在红网上实名注册。株洲市天元区教育局局长董运喜上任后，就实名上网，公布了自己的 QQ 号码，征求网民的意见归纳整理后成了自己开展工作的参考。

湖南省委常委、纪委书记许云昭肯定株洲的探索，要求各级纪检监察机关和纪检干部一定要学会网络技术，运用好网络平台，开展反腐败和预防腐败工作。

株洲市探索的"网络反腐"经历了最初的网民不信任，被认为是作秀，到后来的充分肯定、欢迎的转变过程。市纪委书记杨平认为，纪委的工作内容不能变，但工作手段是可以创新的，网络是个很好的平台，只要利用好这个平台，对反腐倡廉工作有百利而无一害。

一是检举者和纪委互动性强。传统的来信、来电等举报方式，因为担心报复多是匿名，纪委部门查案过程中多无法联系到举报人，给办案带来困难。在网络论坛，任何人都可以交流互动，株洲市纪委则可以通过发帖、电子邮件等随时保持和举报人的联系。同时，株洲市纪委规定 3 天内确定投诉是否受理，3 个月内必须公告处理结果，增强了双方的互动性。

二是投诉举报快捷。互联网的日益普及给网络反腐提供了便利的途径，与来信、来人等相比，网络投诉十分快捷。用纪委部门的比喻来说是："今天怄了气，马上可以上网投诉。"

三是投诉举报成本便宜。上访举报要花路费、住宿费，还要花时间，对很多人来说是笔不小的负担，选择网上投诉则可以大大节省成本。株洲市开展网络反腐后，当地有一些不会打字的人委托别人在网上发帖投诉。株洲市茶陵县有个农村老太太，就让在长沙打工的侄女到网吧上网向市纪委反映了问题。

四是警示教育作用明显。记者从株洲市纪委了解到，以前纪委处分干部，查处结果往往以文件下发，除了政府机关内部之外，外界难以知晓；即使在报纸、电视等传统媒体刊播，阅读收看的人也只是一部分。纪委对网上投诉的处理反馈在网上公布后，直接面向社会，被广为点击、转载后，其教育、警示的传播效应比其他方式大得多。此外，一些检举揭发的帖子在网上张贴后，尽管最终查实不一定属实，对党政干部来说，警示作用不可小觑。

五是充分宣泄社会情绪。网络反腐开辟了一条让老百姓宣泄情绪的渠道和表达诉求的途径。纪委书记杨平说，群众对有些事情有意见就得有个途径发泄出来，憋久了就会出事，贵州瓮安事件就给我们一个极大的警醒。而网络恰好可以提供这样一个平台。如果不让网友在本地网络发言，网民可能就会登录到其他更大的网站和论坛去说，造成的影响甚至不可估量。所以，必须要在本地建设一个让民众宣泄情绪、表达诉求的良好网络平台。

株洲市实施"网络反腐"后，一些政府部门的官员养成了新习惯，每天上红网株洲论坛以及其他网站，看有无本部门的投诉。单位领导总会告诫本单位干部职工：很多前来办事的人可就是网民，如果你们不规范，投诉随时可能在网上出现。"最重要的是对公职人员的警示作用十分巨大，是以前起不到的。"株洲也有官员对网络反腐唱反调，说市纪委这样做搞得干部人心惶惶，杨平认为，"其实有问题的人才人心惶惶"。

一些政府部门对网络经历了由害怕到接受再到利用的过程。交警是公

众投诉的一个热门单位。市交警支队支队长黄耀武对记者说，以前交警部门很少在网上回帖答复，觉得多一事不如少一事，现在改变做法。他们指定了交警网络发言人，每天搜集各种网上情况，及时回帖答复，"网络这个沟通平台，确实推动我们改进了工作，与老百姓增进了理解"。市交警部门的公告过去只在电视、报纸上刊播，现在网上同时发布。黄耀武说，"现在感觉上网的人比看报的多，而且有多少人看了，一点网上的点击率就知道了"。

网络上信息良莠不齐，有些举报投诉可能失实，损害政府部门或个人的声誉，株洲的官员如何对待这个问题？黄耀武认为，身正不怕影子斜，身居公职的人应该接受包括网络在内的各种监督，如果有严重不实，纪委等部门可以查实，网络反腐对干部廉洁自律来说是一种无形的鞭策。

株洲市天元区教育局前任教育局长在开同学会时，找了一些老师陪唱、陪舞，被媒体曝光后受到处理。董运喜即将接任前，网上就有人发帖"热烈祝贺"他就职。有的网友死死咬住这是他给自己贴金，董运喜实名上网说明自己没发这个帖。他统计，300多个跟帖中，50％认为不是他发的，20％附和说是他发的，30％中性。他认为，网上个别与事实不符的攻击性言论并不可怕，大部分网友发帖是认真负责的，有分辨力。

网络发言自由、平等、公开的特点，使得一些政府部门高高在上的姿态开始发生变化。有次网民反映株洲市房产局权属处一天只办10本证，浪费办证者时间。权属处的人回帖说明事实并非如此后，加了句"胡说八道"。下面马上有人顶："你是政府机关工作人员，不能这么说。"株洲市一些干部接受采访时认为，政府部门与官员在网上发言，一定要平等、谦虚、低姿态。曾经在网上多次被误解、挨骂的杨平认为，对党政干部来说，网民发布的意见和牢骚，哪怕是讽刺和讥骂，只要不是反党叛国、违法违纪、低级下流的言论都要有心胸容纳。

（2008年与丁文杰合作采写。）

（湖南人物）"官场"奇人傅学俭

"不义之财坚决不得，可得可不得的利也不得，该得到的利可以少得"——这是傅学俭对待钱财的"约法三章"。他书房挂着这样一条用以明志的字幅："公者千古，私者一时。"

他不是纪检干部，却一辈子在反腐。他不是专职教师，却有很多地方党政机关排着队等他去讲党课。他没有"通天"渠道，却数十次上书中央，很多都得到高层批示。他虽已退休，却比退休前、比很多在职官员还要忙得不可开交。

他，就是官至厅级、从湖南省人大常委会退休多年的73岁"官场"奇人傅学俭。

作为一名共产党员，傅学俭的党课不同凡响，不但能够经常博得阵阵掌声与笑声，而且能使听众或多或少产生类似于被武林高手"点穴"而震惊，或被高僧"点化"而大悟的强烈感觉。

去年年底，傅学俭在湖南某国有单位讲完党课后，一名干部走上前来向他当面检讨自己的一些不良作风："傅老师，听了您这堂课，我的人生观都改变了。"还有一次，在一所税务类高校结束党课后，一位听课者找到他："傅老师，您讲的课真是触及我灵魂深处的丑恶肮脏之处。"傅学俭告诉《半月谈》记者，这个人能够认识到自己的问题，说明他良知还在。

从1978年至今，30多年来，傅学俭以湖南为主、遍及全国多个省份

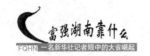

的党课已超过一千次。尽管他退休多年，但名声在外，还是有不少党政机关、企业、学校争相邀请他。一些单位支付讲课费，他一分不取，均要求转捐给贫困地区的残联助残。

在长沙，《半月谈》记者有幸聆听过傅学俭一堂课："保持先进性是共产党员的永恒主题。"他紧扣主题，结合亲身接触的人和事，归纳列举官员不正之风，并从标到本提出对策。他讲课善于形象概括总结，穿插流行段子、民谣，幽默风趣。

傅学俭讲课有的放矢。若听课者领导干部居多，他讲"正确认识和行使人民赋予的权力"、"在市场经济条件下，如何防止权力发生腐败"；若以年轻人为主，他就讲"我们活着究竟为什么"、"谁拥有三部'人生机器'，谁就能创造辉煌人生"……

傅学俭并非逢请必讲。有一年，湖南省工商局请他讲党课就被拒绝了，因为他了解到，该局有些领导明显有贪污腐化嫌疑。过不了多久，包括该局局长在内的多名领导果然被抓判刑。

傅学俭讲党课已成一绝，有人还专门写论文《领导如何给下属上党课》，研究推介他的讲课艺术。但也有人给他泼冷水，现在有的地方社会风气不好，你一个人到处讲党课就能扭转乾坤？"人民公仆不是天生的，而是培养出来的。"傅学俭说，他希望通过讲课，多少起到净化官员头脑的作用。

"德为立身居官之本。"生于湘西北石门农村的傅学俭，退休前担任湖南省人大常委会副秘书长。在他位于湖南省人大机关院内的家中，记者看到的只是一些简单的家具。老伴一辈子操持家务，4个孩子从事的工作都很普通。让他特别高兴的是，孩子们生活作风也很朴素，有3个像他一样不沾烟酒。

在省人大任职期间，有一次傅学俭到湘西一个县调查救灾，看到县委、县政府准备的丰盛宴会，当面就对县里的领导讲："我们刚才在灾区已经看到农民是怎么受苦的，也都流了同情的泪水，转眼间又大吃大喝，于心何忍?"县里的领导只好改上简单饭菜,然后悄悄派人送了牛肉、板栗到他家里。老傅把东西拿到食堂按市场价变卖后,把钱寄回县里,并附上一封措辞严厉的批评信。

担任省人大常委会副秘书长期间,傅学俭分管过近 7000 万元的基建项目,没吃建筑企业的一餐饭。有家建筑企业送他一幅"一身正气,两袖清风"的锦旗表达感谢与钦佩。该企业项目负责人说:"在省人大做项目,我们能把 100% 的精力用于工程,工作效率起码提高 3 倍,而在别的项目中,我们往往要花 70% 的精力去搞人际关系。"

傅学俭还分管过车队。有一年春节,全家 20 多年来第一次难得大团圆回老家探亲。傅学俭堵住了要送他的机关车辆,谢绝了老家单位要来接他的车,提议孩子们凑齐 1200 元钱租了台车回家过年。

因为腐败问题被判死缓的原郴州市委书记李大伦,年轻时曾经在湖南临澧县当过县长。傅学俭在临澧认识他后,交谈中送他 8 个字:"以廉为守,用人要正。"李大伦听后很激动。李大伦当上郴州市委书记后,傅学俭有次听到有个老板找李大伦的关系搞项目的消息,便利用省里开会是邻座的机会,请书法很好的李大伦题写条幅"廉洁文化是领导干部不可缺失的精神食粮",想以此委婉提醒的傅学俭至今记得,李顿了顿没有答应:"这句话不好写吧。"

"不义之财坚决不得,可得可不得的利也不得,该得到的利可以少得"——这是傅学俭对待钱财的"约法三章"。他书房挂着这样一条用以明志的字幅:"公者千古,私者一时。"

如何加强对党的监督? 这是傅学俭长期关注、愈到晚年思考愈深的问题之一。今年年初,他提笔写出系列具体监督对策,上书中共中央高层。这已经是傅学俭近 20 次向中央写信了。

1991 年 7 月 1 日,中央高层发表建党七十周年讲话,他连夜给中央领导上书,提出 4 条反腐败建议,国务院办公厅信访局回信:"对于您关心党和国家事业的精神,表示谢意。"1993 年,傅学俭给中央纪委写信,

反映一些官员把小车加挂军警等牌照，损害党政机关形象。中央纪委、监察部办公厅转发他的相关建议……

1998 年，傅学俭将党的十一届三中全会以来自己所写的调查报告、批评意见和建议等，汇成《盛世诤言》一书，并声明："出版这本书的根本目的是什么呢？我是在以百姓之言，尽党员忧党忧国之心。"这本书多次重印，被认为是一本讲真话的奇书。

为了解真实情况，写出有价值的调查报告，傅学俭经常避开官员陪同，直接到农民、工人中间去暗访。1998 年，他到湘南农村调查时，发现"文革"期间修建欧阳海水库造成大批移民 30 年来承受着巨大痛苦，虽然各级领导先后有过数十次批示，但问题始终没有得到解决。他立即写了一封《一份官僚主义的"备忘录"》——

"请恕我以人民代表的身份，以共产党员的政治责任感，用'紧急报告'和'备忘录'的方式，向领导报告欧阳海库区、灌区的严重问题。我以极其沉重的心情，含着泪水写这个调查报告。"傅学俭以尖锐的笔调揭露了问题的严重性，然后引用省委领导一句话直击相关责任部门："良心不受到谴责吗？民心能平吗？天理能容吗？"这份报告当即被新任省委书记批示，一位副省长督办，29 天时间解决了拖了 30 年的难题。

退休后，除了讲党课、助残之外，傅学俭还牵头创办了全国第一个以弘扬廉洁文化为宗旨的民间团体"湖南华夏廉洁文化研究会"，希望借助文化力量滋养正气。目前，研究会已连续举办两届中华廉洁文化论坛，吸引海内外大量知名学者、官员参与。今年年初，中央纪委、中央宣传部等联合下发《关于加强廉政文化建设的意见》，倡导"大力营造崇尚廉洁的社会风尚"。傅学俭对廉政文化的不懈推广，可望引来更多的同道探索前行。

（2010 年刊发。）

（湖南人物）刘放生：
未敢忘忧国的"草根干部"

　　一个普通干部，不浑浑噩噩过日子，不将时间耗费在鱼池和麻将上，而是自觉进行道德完善，独立开展乡村调查，建设性地思考社会问题的解决——在现行的基层官员队伍当中，具有像刘放生这样担当与追求的又有多少呢？

　　至今珍藏着 2000 年刘放生给我们编辑部寄的第一封信，开头就来一通褒中有贬：

　　"最近一段时间，阅读了从乡村债务、农民负担等问题的入手分析湖南农村、农民、农业问题的文章，深为采编者的探索精神所感动，但总有点隔靴搔痒和话到嘴边不说的感觉。"

　　他用 4 页纸一口气写下了对企业改革、丘岗地开发、农业结构调整、乡镇财政与人员等具体问题的看法。"几年来为这些事夜不能眠，现向你们一吐为快，我也深知问题的解决要有一个过程，但当前要弄清怎样干，却是十分重要的。"

　　他当时在一个小县的水电局当局长，思考的却不仅是治水，更有治国。我们深为之感动，把他的批评当作鞭策，并且牢牢记住了他的名字。

　　第二年，他调任衡阳县宣传部副部长，这是一个闲职，他不因仕途的挫折而消沉，潜心写下了一些思考农村问题解决的富有建设性的文章。

　　收到他撰写的乡村行政体制改革方案后，我们专程到衡阳县寻访请

刘放生在乡下照顾老母的同时，开展草根研究。这是他在家门口贴的对联。

教。他从乡下赶来，脸孔黝黑，个子不高，不喝酒，不抽烟，其貌不扬，可是跟我们议论农村改革，却是神采飞扬，灵光四射。

他今年54岁，一个农民子弟，1970年高中毕业后回乡务农，后来在教育部门、宣传、县政府办、水利局等部门工作，县乡情况熟悉。难得的是，虽然偏居小县，他却是一位难得的有世界眼光的人。睁开眼睛看世界不容易，以世界眼光看周围也许更不易。

当县水利局长时，他因为多次发表治水的看法引起水利部的关注，1998年被点名参团到法国和意大利学习农村水利技术。出国前他3个月没看电视，请在法国研究了8年农业现代化的社科院博士做指导，得到了大量欧美现代农村的信息，这次受教和出国考察对他具有重大启蒙意义，否则还在以前封闭的圈子思考问题。在设计如何解决乡村债务的改革方案时，就运用了西方公共债务的理论。

他努力从中国的历史中寻找解决"三农"问题的智慧。自言社科院学者赵秀玲著《中国乡里制度》对他研究乡镇政权改革影响很大。他不知从哪里找来了明朝张养浩的《牧民政告》，还有收录进《四库全书》的《州县提纲》等，研究古代的州县官员如何治理乡村。

"《牧民政告》规定地方官员从上任到离任，10个方面，共74件事情，该怎么做，清清楚楚，甚至对前任遗留问题如何处置，也有明确规定。"

他以独行侠的方式开展乡村调查，从田野中寻找问题与希望。不像学者调查，有课题经费，有科研助手；也不像政府调查，浩浩荡荡有人陪同张罗。他的调查，显然在一些人眼中被认为是"多事"，然而，他却以超强的毅力坚忍不拔地进行。

为了探讨乡镇改革，他以老家石市乡为点进行了3年研究。跑遍了全乡53个村，披星戴月，有时走路，有时坐摩托，找村民与干部了解情况，每个村的房子与山地都看一看。然后到乡政府，跟各个部门的乡干部聊。

"我如果不是在石市大多数地方有朋友、学生，而且是宣传部的副部长，根本搞不到情况。"他告诉我们，现在农村调查弄到真实情况很不容易。"我最怕的一条是从理论到实践，应该是要从实践到理论。"

他告诉我们，如果没有这几年因为赋闲侍奉老母在农村居住、思考、讨论，虽然生在农村，对"三农"的理解还是停留在改革开放之初的水平。他的文章现在硬是必须在乡村的环境中去写，"想到周围这些人、这些事，头脑才能清醒"。

他当然是一个制度内的清醒者。衡阳县"三农"问题如何解决，一些学者提出了比较尖锐的看法，他的观点有很大的区别。他对乡镇干部抱有极大的同情，官僚冗员的问题历史上很多时候因为社会动迁才消失，他设计改革方案的初衷则是寄希望于制度内的调整。

由此他的研究带着强烈的经世致用的色彩。1998年，中共十五届三

中全会召开前夕，他就了解到的县乡债务沉重问题，上书高层领导。前两年，县委宣传部在村里蹲点，他设计了建立农民股份合作社的具体章程。如今，他又拿出了一套乡村行政改革的方案。

衡阳县的人说起刘放生有两个"做不到"。他是一个孝子，赋闲之后长年从繁华的县城回到偏僻落后的老家侍奉 80 多岁的老娘，一般人做不到；他当水电局长时主动向县委报告分权，请求辞去党委书记职务，因为他认为局里有一个年轻人是位贤才，报告得到了批准，一般人做不到。

制度的作用固然重要，但是世上没有绝对完善的制度。如果没有道德的力量，制度是很容易被人扭曲投机的。刘放生虽然在官场地位低微，但是"官德"却堪称道，立德与立言，在他身上难得地得到和谐体现。

一个普通干部，不浑浑噩噩过日子，不将时间耗费在鱼池和麻将上，而是自觉进行道德完善，独立开展乡村调查，建设性地思考社会问题的解决——在现行的基层官员队伍当中，具有像刘放生这样担当与追求的又有多少呢？

"不以物喜，不以己悲。居庙堂之高，则忧其民；处江湖之远，则忧其君。"范仲淹崇尚的所谓"先忧后乐"的"古仁人"，放在今天也许就是刘放生这类人的写照吧。

（采写于 2007 年 4 月，与禹志明合作。）

（湖南人物）陈文胜：
一个满怀理想的乡镇政权"卫道士"

在 5 年来从事"三农"报道的过程中，我接触了中西部地区很多乡镇党委书记。他们大部分是倾诉基层工作的艰难，有少数则以"向我开炮"的勇气建议撤掉乡镇政府，然而，像他这样试图从制度上找原因，为乡镇政权辩护的人，并且通过网络宣传观点的人，却是第一个。

一

第一次认识陈文胜，应该是在 2001 年。

一年前，因为农民负担和计划生育等问题，三湖镇的干部浩浩荡荡集体出动，打伤了数十名农民。县和镇两级领导都受到严厉的组织处分，湖南省委向全省发出通报批评。

我去了解这个镇的发展，陈文胜刚调到这里担任镇长。

可惜我们没有交谈，但是三湖镇彼时"沧海横流"，能够被县委调至此地，他自然是出类拔萃之才。

二

2004 年 8 月 4 日，我们第二次见面。

我的老朋友、县委宣传部副部长刘放生，提出撤乡政府、设乡公所的一套改革方案。我和一位年轻的同事，来到衡阳县，专程探讨求证方案是否可行。

我们举行了一次以乡镇党委书记为主的座谈会，陈文胜来了，他已经成了三湖镇的党委书记。

我知道他通过了自学考试，1991年经"五大生"招考当了乡干部，在6个乡镇工作过。

"刘放生改革的大方向我同意，但是我不同意乡镇政府取消这个学界和媒体界一边倒的观点。"他一发言，就针锋相对，发挥长期在乡镇工作的优势，用一手丰富的事实，反驳取消乡镇政权的观点。

他认为，乡镇不能向农民提供公共服务，反而要向农民要钱要粮，表象是乡镇财政艰难，关键是乡镇政权的一些职能被上级政府和部门巧取剥夺，沦为城市汲取农村资源的收费工具。

"现在上下政府之间的某些关系变味成一种经济承包关系，游戏规则由上级制定，乡镇干部是权力最小的，但许多承包的职责超出法律职能，超出我们承受。"

对于供养干部的费用，他作了一个估算：一名乡干部，是1万元；县干部3万元……他认为，上级是用最廉价的成本，维持基层政权的运转。

他思想活跃，一度激进地认为乡镇党委书记和乡镇长可以探索由农村党员、农民直选产生。"干部委任制致使层层压力下转到乡镇政府，通过'直选'断奶后，乡镇政府才真正对农民负责。"

"没有基层的民主，就没有国家的民主……"

回到长沙不久，我的电子邮箱里就出现了他的两篇发表在"三农研究网"等上面的文章，《要解决三农问题就必须确保乡镇政权的存在》和《乡镇工作三思》等，后来有一些发表在华中师范大学编辑的《三农中国》刊物上，一般的学者很难在上面发表东西。

"乡镇政府对于加重农民负担等问题的确负有责任，但从本质上来讲，

'三农'问题是我们的体制和政策与客观现实脱节所产生的深刻矛盾,在社会底层的集中爆发。"

他通过立论和驳论详细阐述他的观点:"乡镇政权是国家与农村社会的一个最基本的结合点,作为国家政权在农村社会的减震器和防火墙,处于社会矛盾已经尖锐激化后的前沿阵地,自然是首当其冲。而取消乡镇政权就能解决根本问题吗?"

我推荐了其中的一些文章,在新华社的刊物上编发。

在5年来从事"三农"报道的过程中,我接触了中西部地区很多乡镇党委书记。他们大部分是倾诉基层工作的艰难,有少数则以"向我开炮"的勇气建议撤掉乡镇政府,然而,像他这样试图从制度上找原因,为乡镇政权辩护的人,并且通过网络宣传观点的人,却是第一个。

这样为乡镇干部卖力疾呼,是因为坐在乡党委书记的位置从而利益使然吗?

这只是一个充分并不必要的条件。

他告诉我,在乡政府,晚上基本上就在宿舍上网,查资料,在论坛灌水。

他完全可以过另外一种生活,虽然乡镇干部工资经常被欠发,农民的生活艰难,但是也有乡镇党委书记由于绝对的权威,可以利用掌握的资源,去吃喝玩乐,去带着"炸药包"轰炸领导,然后,升迁到县城一个好的局当局长。

这样的人不少。

这是一个满怀理想的乡镇政权"卫道士"。

三

然而,他并不仅仅只是停留在说的层面。

2005年年初,我又收到了"玉壶"的长篇文章《真实世界的"三农"

实践：在创新中打造新农村——衡阳县三湖镇贯彻中央一号文件纪实》。
他在文章开头写道：

　　三湖镇位于衡阳县西北，蒸水河贯穿东西，是衡阳县最大的盆地，素
称"衡阳粮仓"。作为衡阳县最早建县的钟舞县治所、东汉重安侯国故城，
曾是枭雄吴三桂的定都首选。作为台湾女文豪琼瑶的故乡，与王船山的
"湘西草堂"相依为邻。作为典型的水稻之乡，曾经使三湖人在计划经济
时代有过多少的辉煌与荣耀。

　　这样深情的描述可以看出他的爱：

　　风流总被雨打风吹去。随着工业化和城镇化的不断加快，现代化的浪
潮强烈地冲击着这个典型的传统农业地区，三湖镇的命运在风雨中飘摇。
特别是1999年9月，镇政府在收取农民统筹提留和进行计划生育工作时，
引发震惊全国的恶性涉农案件，湖南省委以一号文件对"三湖事件"进行
了通报批评，9名镇干部受到党纪、政纪处分，并有3名干部被追究刑事
责任，成为三湖干部和群众心中难以言说而又挥之不去的痛楚。斗转星
移，历经沧桑的三湖镇沐浴着中央一号文件的春风。

　　在他的总结中，2004年，是三湖镇农民增收近10年来增长最高的一
年，历史上公共基础设施建设项目最多、效果最好的一年，是招商引资和
农业工业化取得突破性进展的一年。各项开支与往年同比减少了60多万
元，其中招待费减少了一半以上，而对农民的紧急救助增加了12万多元。

　　他向乡镇干部和农民报告了2005年镇党委创造"执政"思路是：1.
围绕一个中心：构建和谐社会；2. 提高两大能力：公平执政、诚信执政；
3. 实现三化战略：农业工业化，农村城镇化，农民现代化。

　　2005年4月14日，我和同事从长沙再度赶到衡阳县，调查追踪税改
后的乡村治理。没有"惊动"县里，我们直奔三湖镇，下午采访了陈文胜
和一位村干部，这是我们探讨交流的重要对象。

　　吃完晚饭，继续采访，结束时天已经黑了，陈文胜执意要送我们，说
要带我们看几个地方。车停下来，路边一所学校挂着牌子"三湖镇鼓峰中

学"，进入校门，只见宽阔的校园里，立着三栋房子，长长的教学楼里一片宁静，学生在日光灯下自习。据陈文胜说，这是衡阳市的示范中学。

下午接受采访的村支部书记王大信说，这所烂摊子能够收拾，使三湖人对陈文胜有了不一样的看法。

三湖镇由三个乡镇合并，以前的学生分布在 3 所中学，很多教学楼都是危房。大约 10 年前，镇党委、镇政府向老百姓集资了 100 多万元，后来修不下去了，"三湖事件"出来后，更是难以为继，学生上学不方便，民怨沸腾。

"这是我到三湖任职遇到的第一个挑战。"要把这所学校建起来，总共投资需要 600 万元。陈文胜通过一个朋友的介绍，到了上级某部门——他不愿说名字，找到这个部门的官员说：你们这里有的是钱，倒一口水，就可以把我们淹死。

喝一杯高脚酒杯的白酒，给 10 万元钱，双方戏定了规矩。陈文胜喝了 8 杯，感动对方给了 100 万元。印象中不怎么喝酒，他告诉我的解酒办法是：喝一会儿跑到厕所，用自来水冲胃，伸出手指往喉咙里抠，靠最传统的办法把酒倒出来，重新跑上酒桌。

"我老婆骂我，你的命值多少钱？我还是挺过来，人都差不多死了。"

后来他捕捉到一个信息，凡是乡镇政府向农村合作信用社借的款，都可能由上级政府负担。他马上想办法，从信用社贷了 150 多万元。按规定，信用社如今是不能给乡镇政府借贷的。这笔钱并没有连累镇财政。

想尽办法，学校前年建起来了，现在还拖欠工程款 60 多万元。

车在一个分路口停下来，路口是一个巨碑，介绍三湖这个地方历史悠久，人物辈出，与吴三桂、琼瑶等挂上了钩，但虽然草青牛肥，但很多公益事业做不了，后来在中铁十七局局长及全镇一万多人募捐支持下，终于修建了甘泉公路。

背面刻着捐款 5000 元以上人的名字。

陈文胜告诉我，这块碑文是他撰写的。我看了一下，前面一段很有文

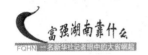

采，第二段特别标明在"历任党委书记杨秋兰、镇长陈文胜及书记陈文胜、镇长……"等组织下。

按通常的话说，陈文胜很会来事，这样的宣传也是很好的造势。

那晚在三湖镇临别时，他告诉我，县委一位常委看他办事干练，请他到广东帮助弟弟经营，一月收入一万元，给一台车，一套房。"我没有答应，我不为一个人服务，他可能不知道，我去年稿费就有两万多元。"

陈文胜发给我的总结并没有吹牛，我们接触到的县、乡、村三级干部与农民都给他不错的评介。有一天我的办公室来了衡阳县的一个朋友，说到三湖镇的变化，很是赞扬的口气。

第二天，我采访衡阳县的一些上访农民骨干，他们说起乡镇干部，简直就是怒气冲天。但是自称被认为是上访农民"参谋长"的刘坤山，却公然冒在座之大不韪，为陈文胜"叫好表功"。

见面时，陈文胜就告诉我们，华中师范大学的徐勇、贺雪峰都向他发出了去作研究的邀请。"我跟他们说，现在研究三农的人多得是，但像我这样从事实践改革的很少，我如果去研究，就失去了价值。"

中国农村研究网挂了他的专页。

这是一个"迷恋"镇党委书记权力，要为"三农"问题的解决创造一套经世致用之术的人。

（写于 2005 年 4 月 27 日。）

（湖南人物）湘潭大学法学院：
我以我学捍民权

　　法学院师生依法"叫板"、媒体密集跟进报道、政府"接招"
纠正、问题得以解决——这一系列维权事件所展现的四部曲，探
索展示了转型期中国推进社会进步的新途径，值得研究、总结。

　　2010年虎年春节前夕，湖南省最红火的网络论坛红网"高校论坛"，
首次举行了全省高校上年度"十大影响力事件评选"，名列其中的有"湘
潭大学师生挑战《湖南省机动车驾驶人培训考试管理暂行规定》获成功"。

　　尽管这只是一次"草根版"的评选，但折射了社会对湘潭大学法学院
师生维护公众权益行为的赞许。近三年来，他们运用法律专业知识在湖南
省频频出手为社会"打抱不平"，越"战"越勇，屡战屡"胜"。其所作所
为，让人对大学的功能有了新鲜认识，让人看到了学界的力量、青年的
希望！

　　有识之士认为，法学院师生依法"叫板"、媒体密集跟进报道、政府
"接招"纠正、问题得以解决——这一系列维权事件所展现的四部曲，探
索展示了转型期中国推进社会进步的新途径，值得研究、总结。

捍卫公众权益法学院师生捷报频传

　　中国长年累月涌现浩浩荡荡的"驾考大军"，在大多数地方考驾照必

须花钱到驾校接受培训被认为是"理所当然"。湖南省公安厅、交通厅联合制定并于 2007 年施行的《湖南省机动车驾驶人培训考试管理暂行规定》中，规定确认"驾考合一"这一模式。几乎没有人意识到，这种安排本质是"法所不许"。

2009 年 1 月，湘潭大学法学院的彭超、李新芳、苏静等 14 名研究生在欧爱民副教授带领下，向省法制办书面提出合法审查申请书，质疑并请求撤销"驾考合一"制度。媒体报道后引发公众热议。4 月份，省政府法制办发出了关于审查《关于印发〈湖南省机动车驾驶人培训考试管理暂行规定〉的通知》的复函，称已向省公安厅、省交通厅发出停止执行这个规定的函。

同年 10 月，湘潭大学法学院法律援助中心迎来了 4 名来自湘西南武冈市的代课教师。他们都从教多年，参加了中小学教师招录考试，先后通过了资格审查与笔试、面试，然而因不符合"身高男性 160 厘米，女性 150cm 以上"的条件，被不予录用。4 人上访投诉，当地教育部门拿出了省教育厅文件做"挡箭牌"。

法学院的师生研究认为，教师法和《教师资格条例》没有规定申请教师资格者的身高条件。10 月 17 日，张凌凤、彭超、李新芳 3 名研究生在老师辅导下执笔起草《规范性文件审查申请书》，发往省政府法制办，要求撤销湖南省教育厅制定的《湖南省农村义务教育阶段学校教师特设岗位计划招聘办法（试行）》所设定的身高条件。

与此同时，法律援助中心还派出几位同学跟随 4 名代课教师赶到武冈，担任诉讼代理人，向法院提起行政诉讼，状告市教育局违法行政。身高歧视在不少部门招录人员中都存在，这一案件被称为"公民启动湖南省身高歧视第一案"。

2009 年年底，湖南省法制办复函确认，"省教育厅经过慎重研究，删除了招聘教师中关于身高限制的规定"。

湘潭大学法学院师生近年来第一起为公众熟知的维权案例，发生在学校所在的湘潭市区。从 20 世纪 60 年代初开始，湘潭市在湘江上陆续修建了 4 座大桥，其中一大桥原本应到 2000 年停止收费，但后来与三大桥绑在一起收费延长到 2021 年。市民过桥要双向收费，非常不便，同时市区形同被隔离成两个城区，影响资源流动。这种现象在不少城市存在。

2008 年 5 月 4 日，《中华人民共和国政府信息公开条例》正式公布实施之后的第三天，法学院倪洪涛等 6 位博士，拿着《政府信息公开申请书》来到湘潭市政府、交通局，以科研需要为由，要求政府部门公开湘潭市大桥的收费信息。

随后，湘潭市政务公开办公室对倪洪涛等人提出的问题作出部分答复，但是 4 座大桥各自的路桥收费总额及费用的利用情况，不属于市政府应当公开的信息范围。在未得到满意答复后，倪洪涛等又先后向湘潭市法院和湖南省高院提出行政诉讼。最终促成了湘潭市政府 2009 年元月停止第一、二、三大桥收费决定的出台，并拆除三座大桥的收费站。

"经世致用"色彩浓厚的湘潭大学法学院

湘潭大学是一所实力不凡的综合性全国重点大学，创建于 1982 年的湘潭大学法学院，是湖南省成立最早、师资力量最强、招生规模最大，同时在湖南名气最大的法学院系。

湘潭大学法学院的课堂里洋溢着浓厚的"经世致用"色彩，这正是培养了近代大批人才的"湖湘文化"核心所在。院长胡肖华教授接受记者采访时说，学院办学的指导思想有五条：学术立身；关注民生、改善民生；面向社会、引领社会；通过维护公平正义推动社会全面进步；服务"两型社会"构建，勇当依法治省、富民强省的排头兵。

"大学阶段，你们不仅应注重提升自身知识水准，更应着力锤炼自身品格修养；在你们邂逅学术批判的时候，你们应当学会宽容，并'为真理而斗争'；在你们面对邪恶和不良社会现象侵蚀的时候，你们应当学会甄

别，'为正义而斗争'；在你们遭遇不公平待遇的时候，你们应当拒绝妥协，'为权利而斗争'。"胡肖华用这样铿锵有力的寄语，勉励法学院学生"学会做人"。

湘潭大学法学院有一批"忧国忧民"的教师。有的是通过人大、政协等途径为公众权益呐喊。如博士生导师、全国政协委员、湖南社会主义学院院长胡旭晟曾提出《关于消除高等教育领域乙肝歧视的建议》，建议取消高考、研究生入学乙肝标志物检查；还提交提案，建议淡化研究生招考中的英语要求，以降低招纳人才的不必要门槛、减少学习浪费。

为了创新法学教学模式，湘潭大学法学院倡导博士和硕士研究生以专业知识参与破解社会转型期所爆发的种种法治难题，还在全国同行中率先推出"当事人教学模式"，要求学生以案件当事人身份或代理人身份启动相关公益性案件，并通过各种途径谋求相关法律问题的解决。

挑战"驾考合一"制度的最初火花，即是来自这种教学模式。欧爱民副教授在给"宪法学与行政法学专业"硕士研究生上课时，举例提出"驾考合一制度"是否存在违法的问题。在激烈的讨论与分析之后，同学们在老师指导下完成了合法审查申请书。

办学理念的引导、教学模式的创新及一批老师的身先士卒，极大地鼓舞、支持了法学院的学生们参与公众利益维权行动。早在 20 世纪末，湘潭大学法学院本科学生组建了湖南省首家高校法律救助机构——湘潭大学社会权益法律救助中心，据不完全统计，已经免费为社会困难群体提供法律援助 600 余起，电话回复法律咨询问题 1000 余次。

同样学法律专业、毕业于西南政法的湖南省省长周强到湘潭大学考察时，特意来到设在法学院的社会权益法律救助中心，与正在处理案件的师生交流。看到办公桌上的案卷和社会调查报告后，周强说，法律是一门实践性很强的学科，他赞扬同学们利用法律知识"接触社会、了解社会、服务社会"，勉励他们保持"为社会服务的热情"。

关注湘大法学院师生行动、对国内维权现象富有研究的中南大学法学院邓联繁博士接受记者采访时认为，维权是涉及多方面法律知识的专业活，法律系师生不但确有专业知识方面的优势，还普遍有较强的正义感和权利意识。世界上不少国家都用同一个词汇表示法律、正义和权利，法学实际上是正义之学、权利之学。他认为，大学生服务公众与社会有多种途径，这并非法律专业师生的"专利"。

政府部门为法学院维权同学颁奖鼓励

湖南本土媒体及新华社、中央电视台等对湘潭大学法学院师生接连"出招"进行了密集跟踪报道。值得注意的是，法学院师生的"发难"行为，不仅令公众叫好，还受到政府部门的赞扬。经湖南省依法治省办牵头评选，倪洪涛博士荣膺"2008 年度湖南省最具影响力法治人物"之首。

评委会的评语写道，这些人物用实际行动推动了湖南的法治进程。"倪洪涛质疑大桥超期收费，推动政府信息公开的行为展现了一种自下而上的公民自觉。建设透明、公开的法治政府需要更多倪洪涛式的法律践行者来弘扬可贵的公民意识。"

邓联繁博士认为，湖南省法制办屡次"接招"并依法督促教育厅、公安厅、交通厅这些公众眼中强势部门纠正文件，值得肯定。"作为政府法制建设的助手和参谋，它不护短、不堵而是'疏'，体现了法治精神，表明了省政府推进法制建设的决心，有利于改变人们'官官相护'的观念。"

他向记者说，公众既要肯定法学院师生的担当，也要呼吁各级人大代表、政协委员积极履职，多倾听民声，多反映民意；还要呼吁所有公职人员切实增强法治观念和权利意识，依法办事，不扰民、不侵犯公众权利。

曾有法学院不培养"超级女声"、"绝对男人"，但培养独立人格公民论调的院长胡肖华分析认为，系列维权事件之所以能够获得政府的快速回应和社会各界的普遍赞同，是"因为通过法治手段解决现实纷争、实现和谐相处业已成为社会呼唤的主旋律，也是社会文明进步的理性的和必然的

选择"。

　　记者接触了不少湘潭大学在校学生，他们大都熟知这一系列维权事件，而且以法学院师生的行动作为学校的"自豪"与"财富"。也有校内的师生担心学校会因此受到伤害，甚至在网上展开了辩论。有人提出，这些事让清华、北大去做，湘潭大学何必"逞这个能"；中国还有很多大学有法学院，没有像湘潭大学这样"实打实地替弱势群体打抱不平"。他们担心，给省、市强势部门或一级政府为难，学校会不会"吃亏"。

　　胡肖华院长告诉记者，学院领导深感欣慰的同时，也倍觉重任在肩。"师生维权，不管外界阻力多大，我们坚信，正义总会以看得见的方式伸张，且正义永远将掌握在拥有真理的人手中！只要是国家的公民，就有义务、有责任为国家的法治、正义之实现尽绵薄之力！"

　　一位网友在发帖力挺法学院的师生时说："人人都求无为，这个社会如何进步？"

（采写刊发于 2009 年。）

第四章　经济有湘军

不陶醉于"湖广熟、天下足"

　　湖南人再也不能陶醉在"湖广熟，天下足"的光环中！这是湖南代表们的一个共同呼吁。在"十五"计划中，湖南省的发展目标已经由过去的"农业强省"变为"经济强省"，没有了"农业"两字。2001年，湖南省已提出要将农业大省"城镇化"、"工业化"的重大战略决策。

　　"'新东北现象'在湖南也出现了。湖南人再也不能陶醉在'湖广熟，天下足'的光环中。"连日来，评说"新东北现象"，反思本省实际，探寻应对良策，成为出席九届全国人大五次会议湖南代表的热门话题。

　　20世纪90年代初，作为我国老工业基地的东北三省在体制转轨和市场化过程中，工业出现了严重的不适应症——企业步履艰难、经济效益严重下滑、转制困难等。新华社记者将其称为"东北现象"，得到了全国各界的广泛认同和关注。近些年来特别是我国加入世贸组织前后，曾是我国重要粮仓的东北三省，出现了传统优势农产品大量积压、农民增收缓慢、农业经济效益提高不大等较为尖锐的问题。新华社记者通过调研，将这种现象称为"新东北现象"。

　　说起"新东北现象"，谢康生代表说，湖南农产品受到国际农产品的冲击，已经呈现这么几个特点：种植业的冲击大于养殖业；种植业中的"大路货"大于特色农产品。棉花、油菜等大宗农产品价格下跌快，而洞

庭湖区特有的地理和气候生产的苎麻，全国最多，世界第一，是纺织产品的高档原料，不怕冲击；质量好的农产品小于质量差的，比方说湖南一些高档优质米和优质水果，就能够和国外农产品同台叫板。

谢康生代表的话在一些基层代表发言中也得到了印证。聊起"新东北现象"，湖南的农民代表也是忧心忡忡。

宜章县东风村是一个柑橘村，柑橘是这个村农民的"命根子"。从小村走到北京的农民代表李常水认为，以美国"新奇士"脐橙为代表的洋水果，冲击中国市场已成现实，湖南的水果如果不提高竞争力，将难以应战，因为卖不起价，他们村一些农民将柑橘树砍了。华容县幸福乡新强村位于洞庭湖畔，来自这个村的农民代表、"种棉大王"孙菊良告诉记者，去年雨水均匀气候好，全村棉花亩产平均有350多公斤籽棉，比前年要高50来公斤。但价格跌到2.4元1公斤，只有前年一半。40%的农民忙乎了一年，没赚到一分钱。外国棉大量进来，冲击可能会更大。

谢康生代表分析说，参与国际竞争，中国农产品危机一是在价格。他参观过美国一个农场，面积1.8万亩，国外农场大面积种植，机械化采摘，成本低带来价格低。二是危机在质量。现在不少养猪场都使用"瘦肉精"，国内消费者都不敢吃，国外消费者怎么敢买呢？湖南近几年来大力发展优质稻米，有重振雄风之势，但出口想要大幅度提高比较难。我国优质米评比，最高标准是农业部部颁一级标准，但与国外相比标准相对低。三是危机在经济组织。我国大部分地区的农民是单家独户挑战千变万化的大市场，闯市场可谓是"一盘散沙"。农村实行的是联产承包责任制和集体经济统分结合的双层经营体制，但现实是很多地方，农民单户经营，集体经济比较薄弱。现行的一些经济组织中，走"公司加农户"道路的一些产业化企业，由于不愿把利润分给农民，实际上与农民脱钩。而供销社、粮站等"官办"的色彩还很浓。

"'希望在田野上'，唱歌是可以的，但赚钱却不一定；'农村是广阔天地，大有作为'，但城市天地也非常广阔；'我们也有两只手，不在农村吃闲饭'。"谢康生代表修改了几句过去流行的歌词和话语，表达他对农产品走出困境的对策。春节前，他专门到 3 个村去走访，发现凡是劳动力转移得快的村，农民的腰包就鼓。湖南省现在有 3000 多万劳动力，据分析调查，从事传统农业，只要 1000 多万劳动力就可以，另外 2000 多万劳动力都要转移。现在已转移了 1000 多万。

因此，代表们认为，湖南农民增收的过程从某种角度而言，可以说是劳动力不断转移的过程。劳动力转移出去了，也为在家从事传统农业的农民创造了土地适当流转、发展规模农业的契机，从而取得了"双赢"的效果。

湖南人再也不能陶醉在"湖广熟，天下足"的光环中！这是湖南代表们的一个共同呼吁。在"十五"计划中，湖南省的发展目标已经由过去的"农业强省"变为"经济强省"，没有了"农业"两字。2001 年，湖南省已提出要将农业大省"城镇化"、"工业化"的重大战略决策。谢康生代表说："跳出农业才能走出农业的困境。"

（2002 年 3 月采写于北京，与江晓军合作。）

湖南农民增收的根本出路在于非农化

在全国有代表性的苏南地区，工业产值占工农业总产值的比重早就达 90% 以上，他们一个县级市的工业产值，比我们一个地级市的还多。湖南省经济发展之所以与他们相差甚远，很大程度就差在工业上。

储波省长最近在湖南省农村工作会议上就农业农村经济结构调整问题作了精心准备的讲话。他指出，当前和今后一个时期，湖南省农业和农村经济结构战略性调整，除了要着力调整优化农业内部结构，重点是加快农村劳动力转移，加快农村工业化和城镇化进程。解决农民增收问题的根本出路，是"要使多数农民不再是农民"。

储波说，发展经济学认为，工业社会的农村劳动力从业分布就应当是"118"，即农业占 10%，林、牧、渔业占 10%，农村工业消化和进入城市的占 80%。这些年来，农业和农村经济中出现了许多新问题，特别是农民收入增速减缓的问题，一直困扰着我们。这些问题，从深层次分析，说到底是农民问题，是困守在农业上的人太多了。依赖于土地的人少了，土地的作用和农业的经营才能更有效率，留在农业中的劳动力才能从专业化、大规模的农业经营活动中获得更高的收入，农业和工业的人均收入的差距才会缩小，城乡收入的差距才会缩小。通俗地说，只有减少种田的、增加吃米的，减少养猪的、增加吃肉的，才能从根本上使农民富起来。

目前，湖南省的农村劳动力结构还很不合理。全省 3000 多万农村劳动力，虽然通过发展乡镇企业和外出务工经商等已经转移 1200 多万，但还有近 2000 万固守在种养业上。根据湖南农业资源状况和现有的生产力水平，从事种养业的劳动力大约有 1000 万就够了，还有 1000 万需要转移出去。必须进一步从内外两个方面加大转移的力度。内部转移，就是要向农业的深度进军，组织引导农民发展主导产业，开发商品基地，参与"以工代赈"和基础设施建设等；外部转移，就是要大力发展加工业、运输业、建筑业等为主的乡镇企业和个体私营经营，加快小城镇建设步伐，扩大劳务输出。

储波说，实践证明，就农业抓农业解决不了农业、农村和农民问题，无法实现农业的现代化。要解决"三农"问题，实现农业现代化，必须走工业化、城镇化的路子。在全国有代表性的苏南地区，工业产值占工农业总产值的比重早就达 90％以上，他们一个县级市的工业产值，比我们一个地级市的还多。我省经济发展之所以与他们相差甚远，很大程度就差在工业上。目前多数县市三次产业构成基本上是三个三分之一（即第一、第二、第三产业各占三分之一），不少地方传统农业搞得很不错，粮食产量达到相当高的水平，但由于工业差，农民收入上不去，财政仍然十分困难。怀化市前些年山地开发抓得很有成效，但山地本身的产出并不多，全市 3200 万亩山地，年产值仅 20 来亿元。

最近，中央党校《学习时报》编辑部刊发了一篇文章，题目为《落日的辉煌》。文章总结了"康乾盛世"由盛而衰的历史教训。所谓的"康乾盛世"时期，中国社会的各个方面在原有的体系框架下达到极致。乾隆末年，中国经济总量占世界第一位，人口占世界的三分之一，对外贸易长期出超。也就是这个时期，先是英国、后是法国发生了工业革命，很快中国一个扬扬自得的天朝大国急剧地坠入了落后挨打的境地一蹶不振。究其原因，一是闭关锁国，二是抑制工商。与西欧国家不遗余力地保护工商业发展的做法相反，清王朝对工商业控制、压抑、打击，把工商视为"末业"。

雍正说，"农为天下之本务，而工商皆其末也"。"市肆之中多一工作之人，即田亩之中少一耕稼之人"。在这种思想指导下，朝廷在经济上、政治上对工商业的发展千方百计压抑阻挠。这就使中国与西方正在展开的工业革命失之交臂，从而大大拉开了与西方之间的距离。这些现实情况和历史教育，都深刻地揭示了大力推进工业化的极端重要性。

加快工业化进程，至关重要的是大力兴办农副产品加工业，推进农业产业化经营。很多产业化的龙头企业，同时又是工业化的骨干企业。比如，保靖县创办的以肉食、蛋品、蔬菜等加工为主的喜阳集团，去年销售额达到 7000 万元，出口创汇 600 多万美元，其根子在农业，枝干在工业。湖南农村经济发展中一个突出的薄弱环节是农产品加工率低。目前，发达国家农产品加工值与农业产值之比达到 3：1，我国约为 0.85：1，而湖南省仅为 0.69：1。

与工业化紧密相连的是城镇化。当今世界，生产力高度集中在城市，消费也高度集中在城市。据典型调查，一个城镇人口的消费水平相当于三个农村人口的消费水平。现已进入现代化阶段的发达国家，都是城市化水平很高的国家，平均达到 80％，中等发达国家也有 60％。而湖南省目前城市化水平只有 29.16％，大部分县市在 20％左右，县城人口占县域总人口的比重一般在 10％左右。所以，加快农业人口转移，不断提高城镇化水平，对于湖南省来说，显得更为迫切。

（《经济参考报》2000 年刊发，与杨善清合作。）

桃花源里可耕田：桃源县的工业追逐

"桃花源"是中国小农经济的最高境界，是祖先追求了几千年的梦想。而今天，桃源人已经在阵痛中认识到，"桃花源"靠小农生产很难达到，他们决定在工业化的进程中寻找、实现自己的"桃花源"。

县委书记魏立刚见面就谈创元铝业。"如果《乡村发现》来拍创元铝业，我建议李兵用这个题目《山窝窝里出了个大家伙》。"说这句话时，他兴奋地笑看着我，眼神里闪过一团火花。即将投产的创元铝业首期已投资5.5亿元，二、三期工程完工后，预计年创产值将达到100亿元，年创利税10亿元。

桃源人将创元铝业比之"工业航母"，比之为家中的"幺伢"。我能够理解魏立刚介绍创元铝业时的骄傲、自豪和振奋。这个项目经过激烈竞争最终落户桃源，凝聚着县委、县政府一班人的心血，跟他利用自身的人际资源牵线搭桥、奔走沟通尤其有着直接关系。更重要的是，这个在全省以"桃花源"闻名于世，具有优越农业生产条件的桃源，正背负着沉重的"三农"包袱。在这种背景下，横空出世的创元铝业无疑给桃源的发展打了一剂强心针。

以创元铝业为标志，桃源正在掀起工业化的浪潮。今年桃源县委、县政府出台的一号文件就是《关于加快工业化进程的若干规定》，简称《二

十条》。招商引资项目任务压到县级领导和部门、乡镇头上，投资政策极为优惠。桃源希望借此大步迈入工业化的高速公路，并以此带动农业产业化、城镇化。翻阅这份文件，不难感受到桃源发展工业的心情既是如饥似渴，又是斩钉截铁！

作者（右）在湖南省桃源县农村调查。

从 7 年前第一次到桃源县报道"两桃现象"，到这次又来采访，记不清来了桃源多少次。但不管是哪一次，桃源的乡村风景都让我内心深处油然而生赞美。如果你是画家，想要绘一幅乡村的素描；如果你是诗人，想要抒写田园的优美；如果你是游客，想要品尝农家的风光——引发灵感和激情最好的地方，或许就是桃源县了。这些年因为职业的便利，跑了四川、河南、湖北、浙江、江西等省，我反复比较，得出了这个结论。

4 月的桃源，入眼是青是绿，是山是水，春意盎然，生机勃勃。这里可看见很多农村正在失踪的油菜，可以看到几乎绝迹了肥田用的红花草。

老百姓的房屋一栋一栋分散在路旁和田间、山腰，掩映在屋前屋后的菜园、果树当中。陶渊明在《桃花源记》里描绘渔人发现的"秦人村"是："土地平旷，屋舍俨然，有良田、美池、桑竹之属。阡陌交通，鸡犬相闻。"今日的桃源农家，不愧是"秦人村"的再版与扩版。

然而，优越的农业条件，带给桃源人民的并不完全是喜悦。肥沃的土地，并没有给农民和财政换来殷实。相反，从一定程度上说，这两者之间还存在反比的关系。就说种水稻吧，农民得不到实惠，不想种，没有更多赚钱的门路，无可奈何地种。而对政府来说，产粮越多，县财政必须配套支出的粮食风险基金支出越多，反而包袱越重。

为了了解粮食改革政策的落实情况，我随机走访了一个乡，发现省、市财政每亩晚稻补贴6元钱并没有到老百姓手里。农民们普遍反映，种粮食亏本，但不种粮食又不知道干啥。到乡政府，主持工作的副书记、副乡长坦诚地告诉我，去年欠县里的财政上交任务没完成，所以这笔钱被县里扣走了。他们拿出今年年初乡党委政府的讨论决定给我看，保证今年一定抵扣农业税。因为没完成任务，这两位基层干部都没有"转正"，他们一再向记者表明，没完成任务受到处罚是应该的，他们理解接受。

我还顺路看望了一位在乡镇党委任职的朋友。想不到他的脸色没有两年前的意气风发，反而给人身心疲惫的感觉。这个镇负债千万，而据了解，这个镇并不是全县负债最多的乡镇。他给我讲了农村工作的种种艰难，并且说了一个人所未言却反映了一定真实的观点："李昌平所讲农民真苦，农村真穷，农业真危险，现在形势已经变了，可以归之为农村工作真难搞，基层干部难当，基层政权不稳定。"

美丽的田野和农民脸上的苦涩及财政囊中的羞涩，形成强烈的反差。当我抱着沉重的心情来到县城，县委书记魏立刚坦诚相告，县域经济发展确实面临很多困难，主要表现为农民增收慢、财政增收难。桃源县近三年财政年均增长只有5%，而按照刚性支出要求，要达到10%～12%。2001年前5年，全县农民人均收入增长只有150元，去年只有97元。去年全

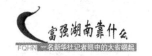

县农民人均收入 2497 元。其中 1295 元是外出打工收入而非农业收入。2002 年，桃源县上解税收 4000 多万元，而上级拨给桃源县的各种补助收入达 1.8 亿元。而换言之，这块肥沃的土地并不能完全养活它的子民。

然而让我兴奋的是，摆出这些困难后，魏立刚并没有灰心之状。"对这个问题有几种看法，有的悲观，有的充满信心。我是后者。"个子高大的他，谈吐从容不迫，让人有举重若轻之感。这种信心也许来自他丰富的经历。他下过乡，肩头挑过一两百斤重的担子，在农村工作 18 年，多个岗位留下坚实脚印。这种信心也许来自他清晰的思路。"农业大县的出路在于大办工业，大办工业的动力在于开放引进，开放引进的关键在于改善环境。""全民皆工，全民皆商，彻底转换县域经济的格局。"

工业化的最大动力来自财政压力。桃源县 2002 年一般预算收入 1.7 亿元，农业税 6548 万元，附加 1309 万元，农业特产税完成 1894 万元，不加上耕地占用税等其他属"农"的收入，从农民手中直接收取的税收就占财政收入的一大半。魏立刚喜欢算账：国家政策将来以减轻农民负担为长期导向，因为推行农村"费改税"，桃源县每年 500 万元的生猪屠宰税已按政策取消；最近温家宝总理已经谈到，将逐步取消农业特产税；不远的将来，农业税也必须要淡出。县财政主要依赖的这些收入一笔一笔减少后，靠什么弥补？两万来名财政供养人员日子怎么过？尽管中央届时会有相应的转移支付，但将来县里的财力很难谈得上发展。

十六大报告提出，必须把发展经济作为执政党的第一要务。桃源县委、县政府发展工业《二十条》类比提到："全县上下必须把发展工业作为经济工作的第一要务来抓。"力争经过 3～5 年的努力，全县培育 1 家纳税过 1 亿元、5 家纳税过 1000 万元、10 家纳税过 500 万元的工业企业，这是桃源县工业发展的近期目标。

从县城出发，驱车一个多小时赶到盘塘，转过一片片松树林和农舍，视野里突然闪入几栋现代化的宏大蓝色厂房。厂房里一排雄伟的电解铝槽一眼望不到边。操着全国各地口音、戴着安全帽的建设者，正在紧张安装设备。工厂的对面，就是石长铁路火车站。

"桃花源"是中国小农经济的最高境界，是祖先追求了几千年的梦想。而今天，桃源人已经在阵痛中认识到，"桃花源"靠小农生产很难达到，他们决定在工业化的进程中寻找、实现自己的"桃花源"。

（2003 年采写刊发。）

百家造纸厂"围攻"洞庭湖

洞庭湖出现了 30 多年来的最低水位之后，一些靠近造纸厂区的水域，湖水散发阵阵腐臭味。"环湖造纸厂违法排污行业已成洞庭湖生态环境恶化最大诱因。"

散发着浓烈气味的白色泡沫绵延近一公里，船行其中，在厚厚的污染物上划出一道清晰的水线，宛如"破冰而行"。这是记者最近在西洞庭湖一处造纸厂排污口见到的惊心一幕。在沿湖大大小小上百家造纸厂的"围攻"之下，美丽的洞庭湖正经受着一场严峻的生态考验。

就在造纸企业肆无忌惮地污染洞庭湖时，地方政府的监管却形同虚设，一些地方政府甚至出台"土政策"，对违法排污企业实行"挂牌保护"。这对原本已遭到污染的洞庭湖而言，无疑是"雪上加霜"。而在今年，这种污染表现得尤为突出。

今年 9～10 月，洞庭湖出现了 30 多年来的最低水位，一些靠近造纸厂区的水域，湖水散发出阵阵腐臭味。"环湖造纸厂的违法排污行业已成为洞庭湖生态环境恶化的最大诱因。"湖南省洞庭湖环境监测站站长谭建强说。环保部门的监测表明，洞庭湖 11 个监测断面水质均为国家地表水标准四类以下。"总氮、总磷和化学耗氧量是最主要的超标指标，洞庭湖富营养化的趋势越来越明显，造纸企业难辞其咎。"谭建强说。

据湖南省有关部门统计，目前环洞庭湖的益阳、岳阳、常德三市共有造纸厂 101 家，其中 24 家具备制浆能力，总制浆能力约 72 万吨。在 24 家企业中，除泰格林纸集团下属的岳阳和沅江纸厂制浆能力超过 5 万吨外，其他绝大部分企业年生产规模在两万吨左右，规模小、能耗高、产业密集度低。除泰格林纸集团下属的两家企业外，大大小小的造纸企业都没有按标准要求配套建设环保设备，废水几乎未经任何处理便直接排入洞庭湖。

记者了解到，从今年 4 月开始，湖南省人大对洞庭湖水环境进行了一次系统的执法检查。检查组所到企业，其排污口都是黑水横流，泡沫连片，周边环境污染严重。可长期以来，没有任何部门责令这些违法排污企业限期整改或停产整顿。更令人担忧的是，洞庭湖区许多造纸企业在巨大经济利益的推动下，正在盲目进行技术改造，扩大生产能力。据湖南省人大环境与资源保护委员会负责人介绍，根据目前掌握的动态估算，在未来几年之内，环洞庭湖地区的造纸企业纸浆生产能力可达到 350 万吨/年。即使全部企业碱回收和治污设备技术都达到泰格林纸集团目前的水平，排入洞庭湖的污染物总量也将在现在的水平上再翻两番或者更多。

执法不到位和地方政府为利益驱使是洞庭湖受污染日益严峻的主要原因。以益阳沅江市为例，这个县级市有 7 家 5 万吨以下的造纸厂，2005 年应缴纳排污费 8420 万元，而有关部门实际上只收了 109 万元，占应收的 1.29%。监督缺位造成了企业之间"违法者得利，守法者吃亏"的不合理现象。

在巨大的利益驱动下，一些大造纸企业为了攫取更多利润，也开始效仿小造纸厂，将投巨资建起来的先进环保设备闲置起来"晒太阳"。泰格林纸集团下属的沅江纸厂曾先后投入数千万元建成了污水处理设施和碱回收项目，但偷排偷放事件仍时有发生。洞庭湖环境监测站今年 2 月和 5 月分别对沅江纸厂总排污口进行了采样监测，结果发现所排废水明显未经处理，经检测化学耗氧量分别高达 2356MG/L 和 2508.8MG/L。

据了解，湖南省环保部门曾多次下决心整顿沿湖小造纸企业，但几乎

每次行动都是无功而返。为了追求"政绩"，一些地方政府甚至对污染严重企业以优化经济发展环境为名，行地方保护之实，出台违反环保法律法规的"土政策"，对辖区内企业和工业园区设立"零检查区"、"挂牌保护"等，干扰正常环境执法。有的地方政府甚至在招商引资过程中承诺："不因环境污染和其他环保问题停产、转产和关闭。"

记者在调查中发现，"饮鸩止渴"式的发展观在工业基础相对薄弱的洞庭湖区仍大行其道。一些小造纸企业在极力掩饰违法排污事实的基础上，大谈企业给地方财政的"贡献"。地方政府一方面以解决"失业问题"、促进 GDP 和财税增长搪塞上级检查；一方面又反过来充当污染企业的"保护伞"，对环保部门施压。"环保局局长站得住的顶不住，顶得住的站不住。"湖区一位环保局局长向记者诉苦说："环保部门属于横向管理单位，人权、财权都在当地，小造纸厂我们也想关闭，但谁敢与当地政府过不去？"

（2006 年 11 月 10 日刊发于《经济参考报》，谭剑、李佳鹏采写，报道引起强烈反响。湖南省继 1996 年和 2000 年两次"失败关停"之后，2006 年年底展开了对洞庭湖造纸企业的第三次关停，随着 234 家不能达标排放的小造纸企业的全部成功关停，洞庭湖水质恶化的趋势得到了明显遏制。）

长沙和济南的赛跑

> 2009 年长沙的经济能保持 14.5％ 的增长，经济总量已陆续超过了福州、长春等，今年我们肯定会超过济南。去年我们之间的差距就比较小，而我们的发展速度比它们更快。

2009 年的下半年，有信息显示长沙市经济总量可能首次超过济南市。济南市为此发动秘书班子及统计局等多方力量寻求长沙可能超越济南的答案。

这让城市之间的角力态势进一步浮出水面。其实，同一层面的城市之间暗地里的较劲远非始于今日，且早已呈现"表面风平浪静，底下波涛汹涌"之态。

对于济南与长沙这两个分属于东部和中西部的省会城市之间的较劲，一方面有不服输的心态，另一方面也有找准自身"短板"、借鉴兄弟城市经验，以求城市经济发展取得更大突破的雄心。

处在同一幅员内的城市间的竞争远非如此简单。所谓的"腹地"、"中心"以及"引擎"之争，既是实力的较量，也是对自己在中国经济格局中重要地位的争夺，更有对城市发展空间的争取。

近年来，以城市为主要单元的地方经济地位日益上升。城市正成为国家经济增长的重心和基点。

中国社会科学院财政与贸易经济研究所城市与房地产经济研究室主

任、中国城市竞争力报告课题组组长倪鹏飞认为，城市发展得好或不好，直接影响国家财富积累和国家未来的经济发展。对中国而言，中国能否在未来竞争中取胜，从某种意义上讲，就看中国是否建立了一大批具有全球竞争力的城市。这可以概括为："当城市成功时，国家也就成功了！"

自我跨越与超越的 10 年

看待一座城市的发展绝对不能以 GDP 论英雄，不过经济总量的变化轨迹却也一定程度上反映出经济发展的速度。长沙 GDP 从 1978 年的 16.9 亿元上升到 1990 年的 100 亿元用了 12 年时间，由 1990 年的 100 亿元上升到 2003 年的 1000 亿元用了 13 年时间，由 2003 年的 1000 亿元上升到 2007 年的 2000 亿元仅用了 4 年时间，2008 年则登上 3000 亿元的新台阶。

"2009 年长沙的经济能保持 14.5％的增长，经济总量已陆续超过了福州、长春等，今年我们肯定会超过济南。去年我们之间的差距就比较小，而我们的发展速度比它们更快。"长沙市人民政府研究室主任蒋集政对《瞭望》周刊记

《瞭望》周刊推出作者参与的聚焦长沙与济南城市赛跑的封面报道。

者表达出这样一份自信。

长沙市统计局总统计师胡建中更详细地为本刊介绍了长沙目前的发展态势。2009 年全年完成地区生产总值（GDP）3300 亿元左右，比上年增长 14.5％左右。其中，第一产业增长 6.6％，第二产业增长 17.9％，第三产业增长 12％，三次产业分别拉动 GDP 增长 0.3、8.6、5.6 个百分点。三次产业结构由 2008 年的 5.7：52.2：42.1 调整为 2009 年的 5.5：52：42.5。这一结构比在 1978 年则为 33.3：44.2：22.5。

财政收入逐季走高。前三个季度地方财政收入增速分别为 15.4％、17.8％、18.3％。全年预计实现地方财政收入 406 亿元，比上年增长 18.7％。

1～11 月份，主要经济发展指标在全国省会城市排名中，全市规模工业增加值增速排第 4 位，同比提升 1 位；社会消费品零售总额增速排第 8 位，同比上升两位；财政一般预算收入增速排第 12 位，同比上升 10 位；城镇固定资产投资总量排第 6 位。1～9 月 GDP 累计增长高于全国 6.8 个百分点，GDP 增速在全国和中部省会城市中分别排第 3 位和第 2 位，同比分别提升 5 位和 1 位。

胡建中介绍，在经济总量方面，长沙市经济总量 2000 年超过昆明，2003 年超过西安，2005 年超过福州，2006 年超过长春，2008 年超过石家庄和哈尔滨，在全国省会城市中排名第 9。2009 年 1～9 月份，总量超过了济南。

除去这些直观的经济数据，长沙市经济工作委员会主任赵跃驷对本刊记者表示，当前经济发展的一大亮点便是产业的培育及与之相伴随的产业结构的调整。

2009 年被定为长沙汽车工业发展年。这一年，比亚迪和广汽菲亚特落户长沙。比亚迪更是把除西安、深圳以外的第三家工厂搬到长沙。长沙市利用长丰车厂现有的资质和资产跟广汽进行战略性重组。这也成为中国汽车振兴规划出台以来第一例汽车产业重组的项目。由于此项目的基础作

用，广汽将自己与意大利菲亚特的合作项目放到了长沙。此外，陕西重卡也由过去在长沙参股进而发展到在长沙控股，同时再次加大在长沙的投入，建设陕西重卡长沙基地，投资由过去的 2 亿元增加到 16 亿元，产能由过去的年产 2 万台增加到年产 5 万台。

"在未来三年，长沙汽车工业将会形成一个区域产业集群，因为有 6 大整车和一大批为整车配套的零部件服务体系。这是我们经过测算完全是有可能的。"赵跃驷说。

在引进汽车及零部件产业的同时，除了对原本就具有较强实力的工程机械进行培育外，长沙还着力打造食品和烟草产业两个区域产业集群。据赵跃驷介绍，食品产业已经形成了 750 亿元的产值，2010 年有望突破 1000 亿元。

新材料产业。长沙现有的新型住宅工业的材料、动力电池的材料、有色金属材料在 2009 年已经形成 400 多亿元的产业集群。未来则打算用 3 年的时间着力培育材料工业的发展，特别是以环境友好、资源节约为代表的节能、环保、节材的新型住宅工业，使得新材料产业集群也能形成一定的牵引产业集群，最终形成工程机械、汽车及零部件，食品，烟草，新材料四大产业集群支撑的长沙工业体系。

为了均衡轻重工业的比重，长沙市大力挽救了濒临倒闭的部分轻工业企业。典型的例子是世界五百强企业之一的伊莱克斯电冰箱厂，由于对中国市场整体情况不熟悉，再加上现有运行模式并不适应中国家电市场的竞争，在国际金融危机的影响下，造成了 3000 多名职工失业和 80 余家配套厂停产，其中在长沙停产的配套厂就达 46 家。冰箱厂的关闭使得长沙轻工业在全市的比重下降，长沙市为此帮助企业进行了资产重组，寻找民营企业接手企业的生产，新接手的企业已于 2009 年 8 月份恢复生产，过去冰箱厂的部分员工已陆续上岗。配套厂家重新为冰箱厂生产配套设施，挽救了一批企业。

在加速工业化的同时，长沙并没有放弃自己的传统优势——消费，用市长张剑飞的话说，"我们是两条腿走路。一是利用长沙服务业比较发达这个优势，大力发展相关产业，比如文化、娱乐、零售等；一是紧紧抓住新型工业化"。

实力增强的动力支撑

在蒋集政看来，长沙能够在最近几年实现快速发展，逐步缩小与郑州、济南等城市的距离，进而超越部分省会城市，主要得益于四大有利因素。

一是大的宏观环境。党中央、国务院应对国际金融危机出台的措施，为长沙的发展提供了动力。"没有国家宏观政策的出台，长沙不会取得如此快速的发展。"蒋集政认为，国家宏观调控政策出台后，长沙的项目投资增加，重大项目的审批也加快，原来多年想办但心有余而力不足的一些事情也得以实现。"比如说我们的地铁工程，过江隧道，湘江航线枢纽等这些大工程，以前多年想干，因为种种原因没有干成。现在抓住机遇，干成了多年没有干成的大事。"

二是长沙应对金融危机的措施谋划早、动手早，措施也到位。蒋集政介绍，根据国家过去应对金融危机的经验，长沙市在 2008 年 11 月底就谋划了 332 个重大项目，并向国内外进行了发布。这增强了长沙市的国内外战略投资水平，对促进长沙的招商引资、增强投资的针对性都起到了推动作用。

三是得益于湖南的快速发展。2008 年，湖南的经济总量突破 1 万亿元，财政收入突破了 1000 亿元，这标志着湖南在全国的地位由以前的第 16 位一下子上升到第 11 位。湖南 2009 年的 GDP 增长预计达到 13.1%，全省的发展态势对长沙的发展有了重大促进。作为省会城市，长沙在政治、经济、科技、文化、金融等都居于中心。仅商品房一项，2009 年长沙的商品房销售达到 1300 多万平方米，来自省外的消费达到 12%，来自

全省其他市州的占44%，长沙本地的销售只占44%。

四是政务环境的改善。这里有一个团结的、干事的氛围，形成了比较好的发展环境。正是由于政务环境等各方面的改善，才有了广汽菲亚特、比亚迪等一些重大项目到长沙来落户。

从较长的时间跨度来看，支撑长沙快速发展的有利条件也包括四方面。

其一，敢为人先的湖湘传统文化的深层支撑。长沙市科技局局长胡石明教授告诉本刊记者，这是推动长沙发展最厚实的一个方面。"湖湘文化的深厚底蕴对长沙的影响是非常大的，表现为开放意识、竞争意识和敢为人先的创新意识。"

其二是突出的科技优势。目前长沙市全市拥有53所高等院校，有40多万在校大学生，各类科研院所300余家，从事研发活动的人员27万，两院院士47名。按照在校大学生以上的知识分子来算，长沙市的比例在全国位居第一，相当于每1万人里面就有1000个大学生。科技人才相对城市人口比例也比较高，知名的高校和知名的科研院所相对也比较多，胡石明认为这是长沙科技成果比较多的原因。

长沙火车站顶的火炬形同辣椒。

其三，推行干部绩效全员考核。蒋集政介绍说，目前长沙市除了中央和省里规定的考核外，市一级的考核全部取消。如果要单独进行考核，必须经过市委、市政府研究通过。把所有的考核都规定到绩效考核上来，一是提高了考核的权威性；二是减少了考核事项，节约了行政成本；三是实行全员考核之后，所有的工作和绩效都有明确的定义，实现了定向考核，把行政形象和社会舆论纳入了绩效考核。以前只是由上对下考核，现在按照工作性质，老百姓对部门的评价权重占到25％、35％或40％不等。老百姓的评价成为了重要的考核依据。这些对改善政府工作环境，提高行政效能，起到了很好的作用。而"无功便是过"的理念大大激活了干事者的热情，也让真正有能力者得到重用和善用。

其四，产业转移及长株潭一体化和"两型社会"建设带来巨大的发展空间。长沙处在长三角和泛珠三角的经济辐射交汇地带，两地的经济发展对长沙都有一定的带动作用。而长沙凭借丰富的人才优势、较低的土地和劳动力成本优势，充分利用了两大经济圈产业转移的机会，在招商引资等方面具有较强的吸引力。

长株潭的经济一体化和"两型社会"城市群建设，进一步巩固了长沙的消费中心和服务中心的地位。三地通信同号、金融同城等大大缩短了空间距离，节约了成本。在实施城际轨道交通后，三个城市用一个城市轨道。省里投入3000亿建设的三个城市城际轨道，将为长沙形成半小时消费圈。"株洲和湘潭的居民下班后完全可以来长沙消费，几个城市之间能够互补，形成错位发展。"蒋集政分析说，相对来讲，长沙服务业比较发达，而株洲和湘潭工业发展比较好。随着发展水平的提高，一些相对来说占地规模比较大的重型工业，可以考虑布局到株洲和湘潭，其他一些比较效益较高的服务业则可以向长沙汇集。"两型社会"的建设则为长沙在资源节约和环境友好方面的探索提供了重大机遇。

现实掣肘与未来挑战并存

对于长沙的发展，作为在其位谋其政的长沙市各部门负责人，也在寻求更大的突破，而社会层面同样给予了较大的关注。

从官方层面来看，目前长沙存在着如何让产业结构更加优化合理的问题，而产业链较短、配套不够完善等问题，也成为降低成本、节约资源、提高效率和扩大就业的现实障碍。

长沙到目前为止还没有单个过 500 亿元的企业。就整个产业来看，有过 400 亿元的，但没有过千亿的。因此长沙目前缺少具有巨大带动作用的大企业和产业集群。

自主创新能力也有待进一步提高。长沙尽管拥有较多的自主知识产权，但是在全国能够叫响的品牌少有。胡石明更直言，长沙还有很大一部分企业没有核心技术，研发能力也有待提高。不受制于人的前提是掌握核心技术。

而长沙作为省会城市，人口密集，以全省 1/20 的面积承载着 1/10 的人口，要创造接近 30％ 的 GDP 和 50％ 以上的财政收入。这样的发展目标带来的环境压力越来越大。而现在老百姓对环境的要求越来越高，在加快工业化和城市化进程中，统筹好"两型社会"建设，做到资源节约和环境友好面临的挑战也越来越大。

再看来自其他城市的竞争压力。蒋集政指出，长沙在发展的同时全国也在发展。作为国家"中部崛起"战略的六个省会城市之一，长沙的经济总量排在武汉、郑州之后。在发展速度方面，合肥、南昌与长沙几乎不相上下，有些方面的发展甚至比长沙速度还快。这种竞争态势，无疑对长沙形成了压力。

专家提醒，长株潭一体化确为长沙带来了发展机遇，但需要进一步完善相关的协调机制，切实做到差异化发展，避免城市之间同质化竞争。城市之间的合作与竞争一样重要，而城市之间的合作理当追求发展成果的最大化。

（2010 年《瞭望》封面文章刊发，与王仁贵合作。此处有删节。正文前面部分摘自《瞭望》编辑配写的评论。2011 年年初，新版中国城市竞争力报告发布，长沙竞争力位列全国第 9，报告称长沙是中国城市一年来"最耀眼的明星"。）

不辱国家使命的湖南探索

——从梅溪湖开发看地方政府项目运作

　　湖南人没有等待，没有怨天尤人。正在建设的梅溪湖，体现
了湖南人的决策水平，干事能力，大局意识。大湖梅溪所依偎紧
靠的，是哺育湖湘历史的湘江与钟灵毓秀的岳麓山。

　　73岁的农村妇女吴雪君，经常要和老伴前来梅溪湖畔散步。尽管过
去的楼房已经消失于环梅溪湖大道的路基之下，她还是每每要找过来停停
看看。

　　三年前，他们家的楼房和4亩葡萄园被征地拆迁，儿子利用补偿在离
梅溪湖的老宅不远处购买了新居。

　　三年来，离土离不了乡的她看到，这片本来栽满葡萄的低洼田野变成
了辽阔的水面，弯曲小路变成了环湖的大道。一拨接一拨的外地人和外国
人来此考察，这片古老的小村庄要变成一座国际化的新城。在这片生活了
几乎大半辈子的土地上，巨大的变化已经超出了她的想象能力。

　　尽管她对过去的农耕生活有割不断的留恋，对这座国际化新城的宏大
目标还难以完全理解，但是对新生活却是十分满意。政府帮她告别了70
年的农民身份，变成一个市民。她和老伴每月可拿到超过1000元的养老
金，生病也有报销。种葡萄的儿子现在参股开店，她对儿子说："我们不
要你养了。"

　　这个庞大的新城开发有"八年计划"，虽然实际启动至今进展还只有

三年，但来自国内外的地方政府考察团、建筑大师和有实力的开发商，已经不吝感叹。

中国有句古话，"三岁看老"。虽然面临来自宏观环境、市场接受等挑战，这片新城开发的成功与否，还有待历史检验。但由于这个项目头开得好，一个阶段性的目标已在今天实现，借着元宵佳节来欢庆。

这里确实不声不响在上演着奇迹。奇迹使得地方政府、民众与开发商等相关多方，初步形成了共生多赢的局面。地方政府运作经济的能力，以民为本的行为，科学发展的理念，开始得到了淋漓尽致的展现。

中国社会科学院学者在 2011 年城市竞争力蓝皮书中，将国内"最耀眼明星城市"的独家评价，放在长沙身上——如果说，大河西是围绕长沙的一串夺目项链，那么，梅溪湖国际服务区当之无愧是让这个城市闪光的夺目明珠。

一

2007 年 12 月 16 日，这是一个星期天，下午 3 时，长沙。

中央、省、市和境外媒体的记者，纷纷赶到这里，参加临时举行的一个新闻发布会。通知者甚至没有告之详细主题，只是提示内容重要，这不由勾起了记者们强烈的好奇心。

省长周强和长沙、株洲、湘潭三市市长西装革履，坐在发布台上面。凝重的表情中，不时掠过兴奋的神色。工作人员正匆匆在他们背后的大幕上，张贴"长株潭城市群获批全国综合配套改革试验区新闻发布会"的横幅。

两天前的 12 月 14 日，国家发改委下发通知，经报请国务院同意，批准长沙、株洲、湘潭（简称长株潭）城市群为全国资源节约型和环境友好型社会建设综合配套改革试验区。

这是改革开放 30 多年来，湖南首次成为国家级改革试验区，成为我

未来规划中的梅溪湖国际新城。

国六个综合配套改革试验区之一。"意义十分重大，任务非常艰巨，实属来之不易。"周强将试验区比之为一块闪亮的国家级"金字招牌"。

新华社记者提问：这一改革试验对于国家与湖南的发展有何意义？周强回答：第一，这是国家促进中部崛起的重大战略布局。第二，有利于探索不同于传统模式的工业化和城市化新路，为全国进行体制改革提供经验。第三，有利于形成湖南的核心增长极，提升湖南的长远竞争力。

周强语调高昂："这是湖南难得的重大历史机遇和重大历史使命。"

发布会规格如此之高，举行如此之迫切，在湖南极其罕见。

发布会不久，湖南在南方各省之中遭遇最严重的雨雪、冰冻灾害。

在奋起抗击这场超出人们经验的自然灾害过程中，湖南省和长、株、潭三市都在为如何践行肩负的国家改革使命，加紧筹备与运作。

长沙如何破题？兴奋之后有忐忑，共识之中有杂音。国家给了金字招牌，但给的政策"含金量"不高，更多要自己去试，有人因此失落。"两型"很可能意味减慢发展速度，这对长沙是好事，还是坏事？有一些人提出，这是多少年都难以破解的任务，让其他城市先"试"，跟着干。

2008年6月，长沙举行大河西先导区建设动员大会。在湖南省委、省政府的批准支持下，长沙把国家改革使命的试验区，锁定在了大河西这块辽阔而略显荒凉的地带。长沙市规划 2020 年大河西核心区建成之后，相当于再造一个新长沙。

"责任容不得我们推卸，机遇容不得我们耽搁，考验容不得我们回避。"湖南省委常委、长沙市委书记陈润儿表态：努力走出一条科学发展之路，长沙必须当主力、唱主角，不负重托、不辱使命。

——梅溪湖，成了大河西率先启动的五大重点区域之一，并且开始延伸它建设开发的奇迹。

二

奇迹，在于建设的速度之快与手笔之大。

从拍摄的大河西卫星图片看，一片浓郁深绿的地带和密集格子般的城区之间，有一条浅绿的狭长带，这就是岳麓山侧、桃花岭畔的梅溪湖。

梅溪湖虽然名字优美，却无溪无湖。弯曲的龙王港河里，经常流淌着发臭的河水。过去，这里成了长沙防汛抗洪常常让人心惊胆战的地方，以致村民们发出"梅溪滩，十年遭九淹"的叹息。直到数年前，这里的泥泞小道才打造成水泥路。村民开始告别稻谷加稻草的传统耕作，栽种葡萄。

东三环，西二环，南有荟萃中南大学、湖南大学、湖南师范大学的国内少见的大学城，北有实力居全国同行前列的长沙高新区。梅溪湖正处于这个正方形的中点，是国内城区少见的一块有巨大潜力的新城开发之地。

宛如李冰父子在都江堰结合自然地形巧妙治水，长沙市引入国际大师推出的规划设计也是灵光闪现，充满智慧。村民迁出之后，梅溪湖的低洼之地退耕蓄成 3000 亩水面的大湖，从而为国际服务区的建设奠定了难得的优越生态环境。

三年来，这里的建设速度被认为完全可以与当年特区开发三天一层高楼的"深圳速度"相比。不少来自外地的考察者惊叹：如果按部就班，没有高速的办事效率，如此大规模的项目至今虽然历经三年，很可能出现各

种手续没有完全办妥，破土动工还迟迟难以开展的局面。

2010 年年中，记者看到 180 多台挖土机同时现场作业的壮观场面。2011 年年中，梅溪湖湖水初涨，8.7 公里环湖的大道拉通，节庆岛上的大桥贯通，104 万平方米的景观带和 3000 亩湖泊工程全部建成，共完成投资 28 亿元。

更多的项目将进入开发之中。今年一季度，国际研发中心准备动工，10 月份建成之后，国际文化艺术中心紧接着准备破土。通过竞标获得开发权、央企香港上市平台公司方兴地产旗下的金茂投资（长沙）有限公司，怀揣数百亿投资计划，正在全力投入开发。

总经理张志超举例告诉记者，公司以前瞻视野对前期规划作了部分调整，增加了绿化轴带，这不但使视觉空间更加开阔，而且增加通风，降低热岛效应。梅溪湖实业公司董事长彭心旷则感觉到，国际服务区"正在积蓄很大的能量"，项目投资一年比一年大。

投资 1300 亿元的梅溪湖国际服务区全面建成后，将聚集人口超过 32 万，成为代表长沙 21 世纪水平的国际新区。湖南省委常委、长沙市委书记陈润儿这样评价："梅溪湖将是我们大河西的点睛之笔，将是我们长沙城的地标支柱。"

仅 2011 年，这个项目接待来自中央部门、省内外政府部门的考察人员 1500 余人次。株洲党政代表团近百人到长沙考察时感触颇深，梅溪湖这种先做规划、环境然后引入开发商，政府获得不菲收益的项目运作方式让他们有"化腐朽为神奇之感"。

岳阳市党政代表团参观后，市委书记黄兰香评论："梅溪湖的高起点规划，大手笔建设，成功的市场运作是我们学习的样板。"

一位直辖市的副市长带着城建考察团来长沙大河西先导区考察。站在开始引水、波纹荡漾的梅溪湖边，放眼眺望的他没有掩盖自己的惊奇：你们虽然还不是国家级战略新区，但运作的手笔，却有国家新区的气魄，值得我们学习。

2011 年，国际众多建筑界的诺贝尔奖——普利兹克建筑奖获得者云集长沙，聚焦梅溪湖项目。"这次感觉就是一个词：震撼。"来自欧洲最大设计工程与顾问公司的阿特金斯公司菲利彼说，这种强烈的感觉不仅来自政府强大的支持，国外罕见的近 15 平方公里的新城规划，更在于实践的力度。"在目前已经成熟的国外，你很难在短期内看到你的梦想变成现实，而在中国，正好相反。"

梅溪湖国际服务区的建设，已经成了长沙、湖南乃至中国发展的一张名片。

三

奇迹，在于这个项目经济运作的成功。

推进城市建设不易，但要做到低负债甚至赢利，那就更难。梅溪湖项目推进的难度突出在于，要拿出 3000 亩土地造湖，不能出让一分钱，这导致经营性用地比例大大低于一般片区开发的比例。同时，为了保障国家级探索的高品质要求，这个项目基础设施、公共配套的投入很大，资金运作很难平衡。

普华永道咨询公司，是国际四大会计师事务所之一。2009 年，大河西先导区管委会曾经委托它对梅溪湖国际服务区作了投入产出分析。结论是，政府将亏损 80 亿～90 亿元，即使乐观估计，这个项目的投资收益率为零。

招商的过程并不一帆风顺。毕竟，这个项目肩负的使命重，创新的目标高，投入的资金大，政策的风险不小。与开发韩国松岛新城、国际知名的盖尔公司意向性合作，就遇到挫折。

双方在规划上取得了相当一致，但土地出让和开发方式却出现了重大分歧。省委常委、市委书记陈润儿和市长张剑飞多次主持开会研究招商方案和招商政策。

与盖尔"分手"后，长沙面向国内外刊登公告招募开发商。国际服务区以及大河西新城中心的高起点规划，给投资者带来预期。科学预留的赢利空间，地铁、优质教育等配套资源的强势注入，吸引了投资者的目光。而建设的大手笔与神速，更是展示了长沙推进这个项目的决心和能力，成了打消有意者犹豫，给他们以坚定信心的一颗"定心丸"。

"攻山头最忌'添油'战术。"市委常委、大河西先导区党工委书记赵文彬用军事术语比喻，一个排接着一个排上去，轮番被消灭，这是兵家大忌。不如一次扑上一个团。投入一定要集中，切忌分散。

大河西先导区管委会一次性投入80亿元，大规模推进征地拆迁与基础设施建设，打造山水交融、独具特色的优越环境，从而在高起点上避免了新城开发的同质竞争，给市场带来良好的预期，为招商创造了良好的条件。

通过与上十家的企业接触，通过200多个日日夜夜的谈判，2011年1月26日，中国金茂集团与长沙大河西先导区管委会正式签署了"梅溪湖国际服务和科技创新城开发协议"。背靠名列世界五百强的央企，金茂集团实力强大，屹立在浦东陆家嘴国际金融中心的金茂大厦，是上海改革开放和城市建设的地标建筑。

"伟大的城市需要优秀的、负有责任的建设者。"金茂集团董事长何操致辞时语带激动，这个项目"规模宏大、立意高远，是一个集生态效益、社会效益和经济效益为一体的新城项目"。

目前，金茂集团按照合同及时给政府支付款项已上百亿元。先导区管委会一次性把前期投入的112亿元银行贷款资金全部收回，提前偿还，先导区管委会在银行树立了良好的信誉，当先导区管委会今年启动大王山旅游度假区开发项目时，七八家银行都纷纷主动表示要给予贷款。不仅如此，先导区还收获了3000亩水面的湖泊公园，290万平方米的桃花岭公园，一个国际一流标准的国际文化艺术中心和一个高标准的国际研发中心。

还要说明的是，这种政府前期投入拆迁、基础设施建设，此后整体将土地开发权和增值收益分享权出让给开发商进行一、二级联动开发的合作开发方式，完全符合国家的法律法规。国内的新区开发，多是政府单方面力量推进。张志超认为，长沙引入市场力量开发新城，这本身就是节约资源的城市开发新模式。

张志超坦言相告，这个项目投入大、回报周期长，面临现在政策调控带来的困难，但接受这个项目，金茂集团已经有思想准备，也作了应对安排。"从长远来看，这一定是个好项目。选择这个项目，我们的信心没有动摇。"

在他看来，只要坚持下去，一定会有好的收益，将梅溪湖项目作出城市的标杆，为中国未来城市探路，这不但将给股东带来好的回报，也将履行央企推进新城开发的社会责任。

为了防止炒地和变现，合同明确制定了开发商必须自主开发50％的土地，国际研发中心面积不少于40万平方米等缜密的条款。同时，8年开发的进展计划，在合同中也被界定。目前，合同就像"指南针"一样，正在指引这个项目的有序进展。

龚蜀雄，中国建设银行股份有限公司湖南省分行原行长，走南闯北，从事金融业管理和运营近30年，评价梅溪湖项目："地方政府在一个重大项目上经济运作如此成功，可以入选清华大学的MBA案例了。"

四

征地拆迁难，是困扰国内各地建设开发的顽症。因为征地拆迁引发的社会矛盾，在不少地方一再浮现。一个项目征地拆迁牵涉几个村上万人近两万亩土地的规模，这在省内外并不多见。

负责征地拆迁的岳麓区基层干部深深感到，拆迁并不是政府发展的一厢情愿，梅溪湖的很多农民有着强烈的同样需求。尽管留恋过去的生活，

绝大部分的他们内心深处还是希望告别劳作艰辛、收入并不很高的村庄，能够过上崭新的城市生活，享受到社会保障。

不少村民不理解的是长沙市刚刚实施的政府拆迁103号令。此前实施多年的60号令，采取的是不改变农民身份、不给保障，但划地给老百姓建房、可以"上有天、下有地"的安置方式。还有的农民担心征地拆迁后的就业与保障问题。最初，当拆迁人员上门宣传政策、勘查情况时，屡屡碰到村民把门一关、不让进家的场面。

然而，他们的担心很快被消除了。103号令不但给予村民比较满意的高补偿，而且通过健全的保障，解决了养老、生病等后顾之忧。学湖村全村14个组的村民，98.9%仅用8个月时间，完成了签约、拆迁、征地整个程序。

村支书陈水晶认为，用"拆得开心，走得安心"比喻梅溪湖的征地拆迁，确实比较贴切。他分析的原因是："政府组织拆迁公平公正，维护百姓利益，让村民真正得了实惠。"

政府对梅溪湖村民的补偿就高不就低。4000亩葡萄园分布在梅溪湖狭长的田野之上。按照政策规定，一亩田农作物的青苗补偿最高不超8000元。政府考虑到农民投钱搭建了葡萄架，每亩增加了4000元的补偿费用。

梅溪湖保障性住房一期工地，离梅溪湖湖面直线距离不到1500米。17栋拔地而起的楼房已经接近全面封顶，正在脱去外面围着的绿装。这里能够提供2127户住房，今年9月就可以迎接拆迁户。

这确实是一个难得的黄金码头，因为紧靠的四周都是一流的配套资源。南面和西面，分别是即将建成的长郡实验中学和梅溪小学，西北边是湖南省第一师范新校区，东北为公园。

政府选址于此的精细，乃是充分考虑拆迁户生活与生计。先导区土地储备（交易）中心主任李福成告诉记者，因为学校众多，村民们不但能够得到更多的就业机会，而且方便出租富余房子从而得到收入。

　　38岁的妇女雷玉林，家在天顶村路边组。征地拆迁后，想到自己以后的人生路很长，不能过拿了征收的钱就躺在上面睡大觉的生活。当岳麓区的官员了解到他们想开一家铝合金门窗的创业想法，又遇到不少困难后，不但帮助联系了门面，而且申请了小额贷款担保。

　　如今，小店生意红火，"钱途"一片看好。雷玉林成为了征地农民不是"坐吃山空"，而是重新创业的样板。

　　古往今来，一个个故事反复证明着金钱神奇的魔力，它如同一柄使人性既可向善也可向恶的双面刃，又在制造喜剧的同时可以制造悲剧。

　　梅溪湖的农民拆迁之后拿到大把的补偿款后，确有一些如同"暴发户"，打牌赌钱，吃喝玩乐，大事做不来，小事不愿做。家中老人着急，政府官员也着急。组织失地农民参加创业和技能培训，主办大型招聘会，成了岳麓区政府部门的心头大事。他们竭尽所能，想扶植出更多雷玉林式的拆迁户。

　　岳麓区区、街道两级干部，对项目大规模拆迁赢得老百姓的理解有了切身体会。"做拆迁工作一定要有民本理念，人家世世代代住在这里，要他几月搬出，老百姓不容易。"区征地办主任李鸿说，只有把城市化进程，变为农民得实惠的进程，这样才能顺利解决，这是他们的工作理念。

　　"龙王港逐湘江浪，梅溪湖映麓山春。"横批："和谐共进。"由梅溪湖街道办事处党工委书记刘平撰写并张贴在办公楼门口的春联，传递了政府以民为本的发展理念。

　　正是羡慕征地拆迁户的新生活，梅溪湖片区三环以西的部分村民着急了，什么时候轮到我们这里征地拆迁？

五

　　谁也不能否认，地方政府"有形的手"在引导梅溪湖国际服务区项目建设当中，由于对经济形势的判断得当，决策果断，激情干事，从而在破

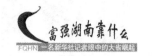

解改革难题、融合市场资源过程中发挥了不可替代的核心作用。

2008 年，金融危机席卷全球，中国提出了以 4 万亿元投资带动内需的应对之策。长沙大规模推进包括梅溪湖在内的大河西先导区建设，迎来了国家放宽银根的历史性机遇。前期有效的融资为梅溪湖项目开发，打下了坚实的物质基础。

机遇往往稍纵即逝。如今，严厉的银根紧缩政策给建设发展带来了严峻考验。

从项目定位到规划设计、配套建设，都倾注了决策者的关注。时任湖南省委书记的张春贤亲自带队，到韩国、日本考察，为梅溪湖的规划定位倾注心血。现任省委书记周强担任梅溪湖建设领导小组组长，在大河西调研时明确要在用地、创新、融资上向梅溪湖项目倾斜。省政府决定，建设梅溪湖创新科技园，并与科技部签订省部合作协议。

让长沙官员难以忘记的是，湖南省国土厅、建设厅、"两型办"、财政厅、地税局等多个部门，对长沙的这个项目齐心协力给予支持。或者出谋划策，或者现场办公，或者分忧解难，或者勇于担担子。

一个承担一国改革使命的项目，事实上凝聚了一省之力。

湖南经济总量快速壮大，进入全国"前十"。长沙实力全面增长，过去五年连续超过五个省会城市对手。洞庭之南的这个大省，已经成了中国中部地区最受客商、企业家、资金感兴趣的地区之一。

这是从更大区域层面而言，梅溪湖项目推进所得到的有力支撑。

2009 年 9 月 26 日，在大规模征地拆迁启动之后，梅溪湖国际服务区基础设施建设启动。大河西先导区工委授权批准注册的梅溪湖实业有限公司，作为开发、融资、招商合作的平台。成立之初，项目团队十多人，平均年龄 30 岁，负责人彭心旷时年 33 岁。实践证明，这是一个敢闯敢干，争分夺秒，能够从荆棘中冲出一条路来的干事团队。

尽管长沙市果断决策，对接了当时面临国家扩大投资启动内需的机遇，但融资最大的困难，乃是梅溪湖项目还仅停留在概念规划之中，导致很多银行不敢放贷。

项目启动之初，精通业务的先导区土地储备交易中心副主任吴国清负责融资，摸清各个银行的信贷偏好和政策倾斜方向，设身处地为银行的信贷资金安全及合理收益着想，一个人开着车，打着背包，一家一家银行上门。

短时期吴国清负责从多个银行融资 70 多亿元。回想这幕壮举，现在很多人都视之为难以相信的"神话"。

吴国清至今记得，一位银行行长当时对他高挂"逐客令"：您就带个包来，撮我们？不贷。现在，大河西如火如荼的发展，使得这位银行行长后悔了，主动要求投入坪塘片区开发的信贷。

方兴地产（中国）有限公司副总经理、金茂投资（长沙）有限公司执行总经理张志超，是一位在海南三亚、上海浦东有着大型新城开发丰富经验的职业高管。在他看来，与发达地区相比，长沙可能限于财力在优惠政策上有些差距，但与他们接触的各级政府部门与官员，"给我们的感觉非常好"，"他们视野的国际化，一点不比一线城市欠缺"。他认为，相对一线城市而言，长沙的政府官员能够更加专注于一个项目的开发，更加务实。

一个项目的前期审批环节，如果按照传统模式短则半年，长可能要数年。然而，在长沙市大河西先导区，由于实行大部制、下放审批权限等行政体制改革，时间则平均不到 3 个月。他对先导区管委会的精干高效与快速解决企业的诉求印象深刻，认为这说明行政流程设置科学，从而遏制了"官僚病"。

六

21 世纪人类的两大奇迹，一是美国的高科技发展，二是中国的城市化。这是诺贝尔经济学奖获得者斯蒂利茨引起世界关注的观点。

以此观之，我们不难发现，梅溪湖国际服务区肩负的国家使命，包括科技创新与"两型"城市两个母题，都是世界性难题。

"中部最美新城"、"千城之城"、"长沙的浦东"，人们把最美的发展期望叠加于梅溪湖。然而，"两型"城市的建设，绝非唾手可得。

1961年，建筑杂志编辑雅各布斯对美国导致拥堵、冷漠、浪费与贫富分化的城市规划和建设理念给予了猛烈的抨击，在世界范围引起共鸣。

正如清华大学原校长梅贻琦所言："所谓大学者，非谓有大楼之谓也，乃大师之谓也。"国际研发中心今年有望投入建设，但建好的关键不仅仅是建起大楼。运营的压力将比建设更难。先导区党工委委员、国土规划部部长文雄表示，管委会将与开发商合作，有力地推进这一软实力的培育。

从农民变为市民，也不是一朝之事。经验表明，失地农民融入城市，往往要经历十年甚至两代人的时间——长沙同样面临着艰巨探索。

美国硅谷、韩国松岛新城，是长沙建设梅溪湖新城的参照目标。

松岛在太平洋之中，处于韩国首都首尔经济圈。地处太平洋西岸的硅谷，肯靠世界一流的斯坦福大学，是既有一流研发成果又富于商业气氛的土地。

湖南人羡慕他们的地理、科技和人文支撑。

深圳特区的繁荣、上海浦东的强大、天津滨海新区的繁荣、重庆两江新区的突进，都是长沙思考梅溪湖发展时的追赶对象。

这些神奇热土的涌现，都离不开建设者们的敢闯敢干，创新奋斗。但谁能否认，它们得天独厚的条件，是湖南的城市所不能具备的呢？国家真金白银的大把支持，金融、保税等政策的利好优惠，沿海开放的优越地理位置，副省级城市框架的行政优势，是经济运作多么珍贵的启动资源啊！

梅溪湖湖水咫尺相连的水源，正是流淌着敢为人先、经世致用传统的湘江。湖南人不等待，没有怨天尤人。大湖梅溪所依偎紧靠的，是哺育湖湘历史的湘江与钟灵毓秀的岳麓山。大江与大山，传承的是体国济民的担当，经世致用的能力。大手笔建设与开发的梅溪湖国际服务区，正在展现着他们的决策水平，干事能力，以及对和谐发展的向往，对国家使命的担当。

"我们不要国家给钱，只要国家给我们先行先试的政策，我们就能激发最多的资本，干出像样的事情。"站在梅溪湖的岸边，梅溪湖开发公司负责人——年轻的彭心旷轻声而坚定地说。

（采写于 2012 年，与苏晓洲合作。）

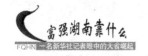

期待大河西成为国家战略新区

三年前，在1200平方公里范围内推进先导区的建设，很多人对是成是败看法不一，在湖南省委、省政府大力支持下，长沙市作出这个决策冒了很大的风险。在我看来，先导区的发展与湖湘文化特质就有一种内在的逻辑联系。

国家战略新区不断现身问世，区域竞争更加如火如荼。前不久，长沙市先导区成立三周年之际，我们专访了长沙市委常委、副市长、大河西先导区党工委书记赵文彬。就大河西先导区面临的未来战略规划、产业定位、竞争压力、改革动力，以及如何看待国家战略新区的推出、安徽拆分巢湖等问题，谙熟经济、思维敏捷的赵文彬坦诚表达了自己的诸多见解。

问：我国在国内确定七个类似长株潭"两型"探索这样的国家级试验区的同时，又先后确定上海浦东、天津滨海、重庆两江、陕西西咸等五个战略性新区。战略新区中不少副省级框架，投入很大，起点很高，必将成为中国未来发展的重要板块。长沙大河西先导区最近总结了前三年的成就，开始新三年的步伐。请问，长沙是否有将大河西先导区发展成战略新区的未来规划？

答：不谋全局者难以谋一隅。先导区发展一定要放在全国发展的大背景下来思考、来谋划。我理解先导区三年来的发展自始至终是围绕着两个大的战略来推进的。第一个大的战略是"为科学发展探索新路径"。第二个大的战略是"为中部崛起开辟新空间"。一个地区的崛起必须有一个支点。过去讲中部塌陷，为什么中部塌陷？是因为中部没有一个支撑点。珠三角有香港、广州、深圳这些发达城市做支撑点，华东地区有上海、长三角等诸多城市做支撑点，华北地区有京、津、唐等城市做支撑点，而中部地区却没有，武汉虽然比周边其他城市稍强，但也没有构成中部地区真正意义上的中心。另一方面，国家在中部地区同时批准武汉城市圈、长株潭城市群为综改试验区，而为什么不单独批准武汉城市圈，或单独批准长株潭城市群？我认为，中央的意图就是把武汉城市圈和长株潭城市群作为拉动中部崛起的"双核"，就如同北京与天津、广州与深圳的关系一样。如何把长株潭打造成为千万级人口的超级城市，那么建设大河西先导区就是一个重要的载体和促进因素，它对于提高长沙地区人口的承载能力、拓展长沙城市的发展空间具有重要的战略意义。

今后五年，我们要继续坚持这两个战略思想，在推进科学发展上要力争在全国创造示范经验和示范效应，在推进中部崛起中要力争把大河西先导区进一步打造成类似重庆两江新区这样的战略新区。这将成为实施这两个战略目标的有力措施。重庆两江新区行政体制现与我们类似，面积也惊人地与我们相似。

问：您提到中部崛起，我们想问一下一个相关的问题，安徽是中部地区的一个重要省份，合肥是长沙在中部的挑战者，前两天，安徽将巢湖分拆，这一消息你是否注意到，这对湖南发展意味着什么，是否从中感觉到区域竞争的压力？

答：这个消息我第一时间就注意到了。我的第一感受，就是觉得安徽手笔很大，思路很对头，他们的目的是把合肥做大做强。第二个感受，就是安徽在体制创新方面开始推出大的动作，目的是要在中部崛起中取得较大的竞争优势。目前，包括合肥、西安、郑州等在内的中部地区各大城市都在争夺龙头和制高点，但这个竞争最近五年内都没见成效，原因是大家的改革都不彻底。如果谁的改革最彻底，谁就能占得竞争的优势；改革不

彻底，就将丧失竞争的优势。春秋战国时期，秦国从一个偏僻的并不发达的诸侯国强大起来，最后统一六国，就是因为改革推进得彻底。现在中部地区的几个城市都认识到，在取得经济优势的同时，关键还要看谁能最终创造体制优势，这个方面也给了我们一个紧迫感，我们一定要策划和谋划一些大的动作，争取中央的支持。比如长株潭的融合，就有很多大胆的设想和思路。20世纪，湖南行政区划的拆分也不少见，搞了几次行政资源重组，一是娄底邵阳的区划调整，二是张家界从湘西自治州划分出来。实践证明，这是对的。湖南已20年没进行行政区划的调整了，现在是时候了。

问：您刚才说，实践"两型社会"，是想探索走科学发展的路。其实，也有一些地方承担了类似使命。如山西现在成了国家资源型经济转化为节约型经济的国家试验区，天津滨海新区的中新生态城，发展目标三句话：资源节约，环境友好，社会和谐。换句话说，长沙作为长株潭城市群的核心，在实践"两型"这一国家使命过程中，是"先行先试"，并不是"独行独试"，你们是否感觉到这项改革也面临国内其他地区的竞争与压力？

答：面临三个方面的压力。第一个压力，来自改革的压力。改革首先是对一些规则、理念和利益的触动，当改革触动一些利益的时候，无形中都会碰到困难和压力。第二个压力，来自竞争的压力。改革也是在竞争。春秋战国时期，各诸侯国都在改革。"两型社会"建设并不仅仅是局限于长株潭这个试验区，武汉也是改革试验区，武汉也在改革（但我分析武汉改革动作的力度不是很大），中国的其他地区也都在探索改革路径。国家近年来推出了许多试验区，虽然帽子不同，但实质和核心是一样的，都是探索科学发展路径。谁能取得先机，谁先试出经验，谁就能够率先示范，谁就能够及早享受改革开放的成果。第三个压力，来自内部的压力。先导区下一步改革的大突破、大推进必须要有顶层设计了，这个顶层设计就确实需要中央、国务院的支持。中央、国务院支持成立国家战略新区，不仅是一个行政区划的调整，而且本身也是对改革的支持。

问：先导区是在一穷二白的基础上发展起来，三年来在解决土地、资金等方面取得了惊人的成绩。人们很容易联想到，这是否就是曾经很受关注、后来有不同看法的"经营城市"操作手法？如何看待你们的探索与经营城市的关系？

答：我们现在这样做，政府一定要防止一个倾向：即政府不能企业化，不能利益集团化。我们不能简单地批判土地城市运行，而要防止城市运行过程中的政府企业化、政府利益集团化。在经营城市的过程中，我们要搞清根本的目标：就是要为老百姓创造一个良好的生活环境，使老百姓的生活更加幸福。我们就是为了这个目标来经营城市的。经营城市没有什么不对，经营城市不是为了政府赚更多的钱，而是为了使老百姓过得更加幸福，这个方向要搞对、搞清楚。但是在这个过程中我们不能唱空口号，要切实把土地的级差效益最大限度地发挥出来，效益发挥出来了，我们就把它用于老百姓。这两条在先导区的建设实践中都体现出来了：第一，在征地过程中切实保障了老百姓的利益，使失地的农民能够安居、乐业。第二，这里面有一个观点是很不对的，有人说我们从老百姓那里七八十万元把地征过来，卖出去却是五六百万元一亩，赚到钱了。这是违背经济学常识才会这么说的。就如从老百姓手中收一头毛猪十元一斤，卖出就要几十元一斤，这是一个很简单的经济学道理。其实我们征收的地，并不是所有的都能卖，政府能够作为商业用地出让的，先导区不到30％，100 亩地最多能出让 25 亩。同时在征收的土地变成可出让地的过程中，我们还要投入很多钱搞基础设施配套，所以这个观点是站不住脚的。长沙对农民的安置，在整个中部地区算是高的。政府出让土地的钱，我们是用来营造和改善外部环境，并不是政府自己来发奖金、发工资、发福利，政府的财政收入，用在政府自身运行的只占到千分之零点九，我们拿来用得最多的是道路、湿地公园、地铁、梅溪湖公园、桃花岭公园等建设，用来改善老百姓的居住环境，如岳麓山景区整治就花了 20 多亿元，免费向公众开放。

问：湖南人近年来对强省有两个情结，一是"工业情结"，总想摆脱

农业省的形象；二是"大项目情结"，总盼望有重大项目能够布局湖南。说到大项目，我去过北部湾等沿海地带，那边引进石化的条件是长沙无可比拟的。重庆推出两江新区后，引入云计算机中心，手笔也很大，但重庆在西部的大都市地位也是难得的。请问，长沙大河西是否有容纳大项目的能力？或者说，如果长沙出现"大项目"，也会跳出传统的行业？

答：首先，从交通环境、自然禀赋，以及地理区位优势来看，传统意义上的大项目，如重化工等，未来不可能落在长沙或者说大河西。在大河西主要应该还是高新技术企业为主，而且我认为长沙大河西今后也有可能成为全国甚至是全球某一个高新技术的产业中心、创新中心，但这个难度比较大，挑战性也是很大的。因为三产或者说高新技术产业的发展对社会软硬环境的要求很高，可能比对重工业要求还高。我们致力于打造梅溪湖，目的是把梅溪湖打造成国际服务区，打造一个国际交流平台、国际服务平台，为全球产业竞争培育和打造基地。我们盼望这里能走江浙路径，特别是文化旅游等产业领域，在这里能够为民营企业打造成创新创业的活力中心和平台。当然，不是摆地摊，而是创业。如留学生、大学生等。通过要素的聚合，包括文化的、技术的，然后发生裂变，从而产生新的经济能量，这是我们的期望。换句话是，我们希望制造一个大的"场"，使这里发生大的变化。美国人写的《大城市的生和死》，提倡的正是这种发展模式。

问：我们知道先导区与辖内各区有分工，你们主要负责国际高端服务业，园区主要发展工业。大河西这三年发展过程中，城市化和工业化的拉力谁最大？未来理想的第一、第二、第三产业分工状态如何？

答：大河西两个优势：一是工业有一定基础，二是科教有一定优势，一个劣势：就是河西第三产业很不发达，消费很不旺。我们曾到企业调查，企业有反映留不住人。企业要向高端化发展，要发展高新技术，关键要引进人才，不可能再像原来一样依靠劳动力密集来创业。人才要高端化，必须要有好的人才环境，包括良好的生活环境、创业环境等。所以我们一开始就提出，要拉长短腿，即通过第三产业的发展和生活配套服务的完善，来促进和带动工业及科教产业的发展、提升，这是我们的一个总体思路，三年来的发展已经证明了这个思路越来越富有成效了。现在高新区的招商走势比经开区要好，其中生活配套服务的提高和完善是一个重要的原因。

在众多城市的成长过程中，没有哪个工业城市能成为中心城市的。武汉工业发达，但为什么没有成为中心城市，就是因为服务产业发展不够；香港工业不发达，但第三产业发达，所以能够成为亚洲的中心城市；上海、北京第三产业发达，所以也能成为区域中心城市。没有第三产业的发达，就没有区域中心的形成。只有长沙的第三产业发达了，才能成为中部地区的中心，这是一个很重要的竞争战略。我历来有个观点：城市是水，产业是鱼；有多大的水面，才能养多大的鱼；有多大的城市，才能有多大的市场，才能容纳多大的产业。长沙的产业做大，促进了城市的做大，反过来亦然。我在长沙县工作时，感觉很明显，娃哈哈在星沙投资，不能把所有的饮料都放在杭州生产，因为运输成本高。城市大，市场容量就大，对于内需型企业，不需招商也会来，所以做大城市才能做大产业。长沙有600万人口，如再做到1000万城市人口的规模，不愁不好招商。反之，如果是一个小城市，市场小，政策再优惠，也不好招商。所以，我认为长沙工业的做大、经济的发展必须依赖于长沙城市的做大和三产业的提升。我们的产业培植规划，只要坚持下去，必定会有好的效果。

问：今年是辛亥革命一百周年，湖南人是辛亥革命的主力，埋葬大批辛亥革命先烈的岳麓山就在大河西。请问，大河西的探索，是否也从这些革命者中吸取了改革动力？

答：湖南人的特性究竟是什么？我想一是经世致用；二是"霸得蛮"，即明知不可为而为之。三是对天下敢于担当。这是湖南人的三个很重要的性格特质，这三个特质融入了湖南人的血液。三年前，在1200平方公里范围内推进先导区的建设，很多人对是成是败看法不一，在湖南省委、省

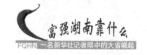
政府大力支持下，长沙市作出这个决策冒了很大的风险。在我看来，先导区的发展与湖湘文化特质就有一种内在的逻辑联系。

（2011年采写刊发，与苏晓洲合作。当此之时，重庆两江、陕西西咸等5个战略性新区经国家批准接连诞生，战略新区投入大、起点高，必将成为中国未来发展的重要板块，势必推动区域竞争更加激烈，长沙心向往之。）

（湖南人物）李国宾：
"叫板"交警限速罚款第一人

千千万万的人都被罚了，你又能怎么样？这句话反复回想在李国宾的脑海里。不甘沉默的李国宾，单枪匹马，借助司法力量和媒体力量，向罚者发动了一场挑战。

千千万万的人都被罚了，你又能怎么样？李国宾对记者说，在他反映超速罚款不合理时，一个交警丢下这么一句话。

近几年，各地马路上的"限速牌"越来越多，交警开出的超速罚单像雪片一样飞向驾驶者。尽管很多人质疑限速牌的泛滥与罚款的不合理，但基本上要么认罚，要么找关系求情减免。

李国宾不愿沉默。不但打了官司，一审胜诉，而且案件推动当地废除大批限速牌和雷达测速牌——这种情况，在全国还只有李国宾一个人。

和交警的官司"不得不打"

今年3月22日，李国宾的一辆小车要转让，买主在交警大队调阅这辆车的资料时发现，该车2006年12月1日在"郴资桂"高等级公路上有一项时速60公里超限速50％而被罚款2000元、驾驶证扣6分的记录。

3月23日，心存疑虑的李国宾找到郴州市交通巡逻警察支队第五大队（以下简称市交警五大队），要求查阅相关资料，被对方以领导不在为

"叫板"交警限速罚款的李国宾。

由拒绝。随后，李国宾多次上门去找，均无法得到处罚通知单和有关监控记录等。

市人大收到李国宾的书面材料后，专函要求公安局督促交警处理此事，但市交警五大队还是不提供相关材料，更不愿对此事作任何解释。4月3日，李国宾终于拿到了按照法律应该给予他的行政处罚决定书，交警还补充了有关他"交通违法查获经过"、"行政处罚告知笔录"、"调查笔录"等材料。

4月4日，李国宾花了3个小时，专门守在被交警部门认定他违法超速的"郴资桂"高等级公路176公里处，发现340辆车通过这一路段，没有一辆车不超速。如果按每辆车罚款额500元（偏低水平）计算，此路段交警一上午便可罚款17万元。

在交了 500 元罚款之后，4 月 9 日，李国宾将交警告上了法庭。他对记者说，真正使自己横下一条心打这个官司的念头，并不是缴罚款心痛，也不是觉得如此限速"这路没法走"，而是交警态度实在"太牛了"激怒人——即使人大介入，自己跑了十来天，也难以讨要到一个依法应给自己的行政处罚通知单。

李国宾说，交警执法的范围广、权力大。"长期以来形成的特权意识，使有的交警觉得，我罚错了也得罚！我罚了这么多人，还怕罚不了你？"很多司机和老百姓对乱执法的交警敢怒不敢言，为了避免惹麻烦，忍气吞声，一罚了之——李国宾说，他不能忍。"我比一般老百姓懂法，不打这个官司太窝囊了。"

5 月 21 日，郴州市北湖区人民法院当庭判决，市交警五大队处罚李国宾的监控记录资料显示不一致，违法行为表述不一致，执法民警各不相同，证据不具有唯一性、排他性，因而处罚李国宾超速 50% 以上的证据不足，而在原告李国宾没有放弃申诉的情况下就作出处罚决定书，在程序上违法。

李国宾起诉交警与一审胜诉的消息，随着众多媒体的报道与转载，引起了社会广泛关注。"这样的路让人怎么走"、"交警这样做究竟是依法行政还是执法犯法"——很多有车族在提供自己经历的类似事实之后，纷纷质疑目前公路限速标志牌过多、限制行车速度过低、限速标准是否科学等问题。

不过是依法的"胆量"大

平头，头发像针样直，眉毛粗——矮壮的李国宾，相貌孔武有力。

今年 37 岁的李国宾，生在郴州苏仙区一个山沟农民家里。自小好武，中学时到过少林寺。他现在还记得少年时手发痒，一拳把挑水的木桶打烂，力气之大，"自己都没想到"。

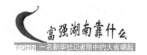

高中毕业后，他在长沙的湖南省交通干校交通管理专业读了两年书，毕业后去了深圳。因为能说、会写，很受老板喜欢，不让他干活，每天就陪着走走转转。因为老板娘乱扣他的工资——承认自己脾气暴躁的李国宾骂了她，又回到郴州。

在郴州，李国宾在交管站当过合同工，1995年年底到苏仙区人民法院开车，法院人手紧张的时候也偶尔做过代理文书，开庭时做些笔录。在此期间，他开始接触法律，并拿到了省司法厅签发的法律工作者执业资格。

2003年，他离开法院，筹办了大众法律服务所。记者现场见到，这是两间非常狭小简陋的办公室。一个小镜框里夹着他的照片，注明服务范围："代理民事、经济、行政诉讼，提供法律咨询，代写各类诉状。"

按照司法规定，律师什么案子都可以接，法律工作者不能接刑事案子。法律服务所每年接一百多起案子，其中李国宾一年办五六十起案子，主要是民事纠纷。收费标准上注明，最低的是不涉及财产的纠纷调解只有"10～15元"。

服务所的玻璃推拉门上，贴着"交通事故、劳动工伤维权"几个字。显然，李国宾起诉交警，与他平常提供同类法律服务比较多有直接关系。门的另一侧贴着"妇女、儿童维权"。除了有偿服务，他们还为辖区提供无偿司法援助服务。

李国宾在当事人当中的印象就是"胆量大"。不过，委托他打官司的雷桂田和记者交谈时认为，李国宾"依法的胆量大"。"他不乱来，以法律为准绳，以事实为依据。"雷桂田评介，李国宾对当事人的委托非常"负责"。

起诉交警后，找李国宾打官司的人多一些，李国宾直言不讳地对记者说："他们就是看到我有胆量，敢跟交警'叫板'，才找我的。"

一些律师朋友提醒李国宾，不要打这个官司，"交警以后会派车跟着你屁股"。李国宾说自己不怕，"如果我违法，我接受处罚"。

不服交警处罚的"官司"挤上门来

二审开庭第二天，记者来到他负责的大众法律服务所，正碰上永兴县居民雷桂田找他商量官司的事。

今年3月，雷桂田的儿子驾驶货车，在107国道上翻车，儿子受伤，治疗费用和车辆维修花去10多万元。父子俩说，当时路上堆放沙砾石，儿子采取措施避让，正好前方有车相向驶来，大货车无法避让，直接碰上石堆，导致翻车。

交警下达的道路交通事故责任认定通知书，没提到路有沙石。父子俩急了，正好媒体纷纷报道李国宾起诉交警，老雷拐弯抹角找人打听，终于找到了李国宾。

他带上相机，到现场拍下河沙的照片，就去找交警。一位负责人一看照片，马上敦促重新下达了责任认定通知书，写上"前方道路堆有一堆沙子"。

老雷更加信了李国宾，马上就跟他签订了起诉委托书，准备起诉国道管理部门。老雷认为，107国道管理部门没有及时清除沙石，又没设置提示和警示标志。没有履行管理职责，引发事故，应予赔偿。

雷指着委托书告诉记者，按标准收费是4000元，李看他困难，免了1000元。

今年4月，李国宾起诉交警，媒体报道后，尽管没开庭，找他打官司的人立马多了起来。法律服务所不断出现从外县甚至外省赶来的司机。

宁夏一个司机跟他打了半小时电话，被交警超速罚款的遭遇跟他差不多，更惨的是驾驶证上的违章扣分记录都被扣光了，他只得请人开车。

有个人向他求助，市区有个地方划了停车线，立了咪表，他的车停在那里，被交警以没有刷表为由，罚违章3次。他不服：咪表被敲坏了，我拿卡出来也刷不了。

外省的一位司机反映，当地有交警每天只罚一两台运货的车，罚的车不多，但罚得重，一次上千，还不给收据。"不过交警把你记牢了，下次不再罚你。"

尽管交警不服一审判决，但是郴州市监察局召集多个部门，依据公路法和道路交通安全法等，整治"郴资桂嘉"高等级公路，要求保留公路沿线80公里/小时所设置的限速标志，拆除由各部门设置的30公里/小时、40公里/小时、50公里/小时、60公里/小时的限速标志。

郴州市委有关负责人接受记者采访时认为，对李国宾起诉案折射的执法问题，政府职能部门要"实事求是"地看待，不断整改优化"执法"环境。

此前，对一些人投诉郴州境内这条东西方向"大动脉"路上交警超速罚款的问题，郴州市一些人大代表和政协委员曾向有关部门投诉此问题，一直没有得到解决。

交警内部人士对记者说，作为一个标志性的案例，李国宾案的最终判决，或许将影响全国很多地方交警对超速的现行操作认定手段。

千千万万的人都被罚了，你又能怎么样？这句话反复回想在李国宾的脑海里。不甘沉默的李国宾，单枪匹马，借助司法力量和媒体力量，向罚者发动了一场挑战。

尽管二审没有判决，结果未知，但是他的经历，对很多人维权意识的苏醒，都不能不说是一场触动。

（刊发于 2007 年，与刘文杰合作。李国宾起诉后不久，湖南郴州整治过多过滥的交通标志牌，全省从严约束交警对超速罚款的行为。）

（湖南人物）嘉禾三李：
生活的意义就是与政府"较真儿"

他们生活的全部意义似乎就是与政府较真儿，当局外人惊异于其处境的艰难困顿时，他们却在对公共利益的维护中感受到无穷的乐趣、汲取着源源不绝的力量。许多人称他们是社会进步的助推器。

湖南省嘉禾县有一群人，他们非官，却什么都"管"；他们自称"看见腐败就伤心"；他们经常具名举报在任官员，喜欢对地方上大小事情评头论足。在一些很有影响的事件背后，都可以看到这群人的身影。在当地，他们是约束、监督政府行为不可小看的民间力量。

当《半月谈》记者深入他们中间，发现他们就像一个谜。他们生活的全部意义似乎就是与政府较真儿，当局外人惊异于其处境的艰难困顿时，他们却在对公共利益的维护中感受到无穷的乐趣、汲取着源源不绝的力量。许多人称他们是社会进步的助推器。

嘉禾这群人当中，名气最大者，非"三李"莫属。

"三李"实际上是三个上了年纪的老人：李光生、李土保、李广昌。"群众有呼声，我们就找政府反映。领导不重视，我们也没办法。"李光生见面对记者说。他虽然70岁了，但腰板硬朗，不把话说完不罢休。

最让他们远近闻名的，是反对自来水涨价的事。从2001年5月1日起，嘉禾县自来水公司按程序将生活用水从每吨0.9元调整为1.44元。7

月 5 日和 7 月 27 日，李广昌向县物价局、水电局、审计局、自来水公司送上了两份水费调整不合理的上访信。

"按照湖南省建委的政策规定，成本不实，不予调价。"搞过工程的李光生一口气指出问题："盘江引水工程，花了 600 多万元，纳入成本。9.82 公里引水管道，要我去，300 万元就拿下来，还可以得 20 万元纯利润。这里就有个 350 万元的黑洞要摊成本，还要算利息。"

"县农委 6000 元钱钢筋款怎么能拿来报销计入成本？""审计局审出不属于自来水开支的有 16.4 万元，如果这笔钱降下来，水价就要减几分钱。""三李"当中的李广昌懂财务，他复印了一套账本。结论是若按真实价格收费应该不到 8 角一吨，每一年县自来水公司要赢利几十万元。

9 月 6 日，李光生、李广昌带着 8 个居委会盖章、24 人签名的报告来到郴州市政府。"要求嘉禾县自来水公司向广大用户和物价部门及县领导公开检讨如何以不正当手段骗取物价部门批复的事实和违法行为，并赔偿报告人的经济损失 1 万元，精神损失费 10 万元。"

一支由市物价局纪检组长、县政府办副主任牵头的 13 人联合调查组，来到嘉禾县自来水公司调查，出具的《调查意见》结论是，嘉禾县的水价调整工作"并不存在成本不实的问题"。

对这一《调查意见》，"三李"撰写了《复县水电局、物价局的公开信及告用户书》，呼吁居民拒交涨价部分水费。以李光生为会首的"嘉禾县自来水用户协会"成立，对《调查意见》三度公开评论。嘉禾县物价局在一份汇报材料中称这个协会为"非法组织"。

2004 年珠泉商贸城事件发生后，新任县委书记、县长到任，就接到"三李"来反映水价问题，县长还召开了座谈会。李光生说起县政府就像自己家一样熟悉。"为自来水的事，我差不多每个月找领导十来次。"

在接受记者采访时，嘉禾县现任领导干部坚持涨价没错。一位在局外然而熟悉内情的人认为"三李"所言有理。"解决问题关键是政府要让步，政府却死要面子。"

像自来水涨价一样，凡是嘉禾的"不平事"，"三李"都要操心。"我关心的事跟我的切身利益没有关系。按照党的政策，考虑广大人民的根本利益，这是党中央说的，我们应该这样做。"李光生这样说。

记者从政府得知，当地很有名的一件事是：李光生告某副县长，市纪委派一名干部调查。在外面吃了一次饭，政府请客，花了几百元钱。没想到居然就被李知道了，李转过来告这个纪委干部。

李光生初中肄业，在县城关建筑公司上班，曾是土建工程师，现退休在家。至今已连续5届当选城关镇人大代表。"第一届选举，我是无记名选出来。我们那一片的居民，有什么事就找我们。因为我大公无私，实事求是。前不久选县人大代表，有的干部挨家挨户做工作，要选一个女代表，不要选李光生，李爱管闲事。这哪里是闲事呢？"

越来越多的人从全县各地来找"三李"反映情况。"三李"称自己一般要了解事情真相，政府在处理的冤案，他们不插手。为别人出主意，"三李"不收钱。

每一届新任县委书记、县长到嘉禾，"三李"就通过各种渠道了解这个人怎么样。

"三李"经常在一起"碰头"。"讨论政府哪些事情对人民有好处，符合人民根本利益，符合党中央政策。看到不合理的事，就向领导反映，要纠正。"

"我们现在是信心百倍，我相信党中央英明，总有一天自来水问题会解决，不管你贪官怎么胡作非为，你的狐狸尾巴总会露出来。"

对他们的举动，家人并非全部支持。李光生称，儿子不支持反映自来水涨价的问题。"他骂我'多管闲事'，我说，这是代表广大人民利益！我总是在想，当人大代表，不仅仅是举举手、吃次饭。"

李光生告诉记者："我现在晚上一般都不出来，因为我的右腿不知道被谁用砖头砸了。我走路都走人行路，怕别人报复用车子撞我。"

嘉禾县一位有识人士给"三李"们勾画出五个特点：一是住在县城，

信息沟通方便；二是生活以反映问题为中心，其他事可以不干；三是涉及社会面比较宽、带有公共性的问题，都要插手；四是善于"策划"，懂得借用媒体力量；五是有一定经济能力，有的还开了酒店，有门面。

"三李"们共同向往的社会政治生态是："与民同乐，紫气东升；匡扶正义，国泰民安。"

在嘉禾不少老百姓心目中，"三李"们是受欢迎的人。嘉禾一位私营企业主对他们评价道："反映问题推动嘉禾进步。"

2005 年春节前夕，湖南省召开省人民代表大会，一位人大代表提出议案，财政每年补贴省人大代表搜集民意的经费应由每年 300 元调整到 2000 元。一年前，湘潭的两位全国人大代表任玉奇、王填耗费巨资作调查、出议案，曾经引起全国关注。而嘉禾"三李"们搜集民意，没有拿政府一分钱。

不光老百姓相信他们，他们还得到很多干部暗地里的支持。李光生告县财政局长的状，一项证据就是明细表，这是财政局内部的人透露给李光生的。

尽管有部分干部认为，"三李"们之所以出现，在于嘉禾人"好斗"、"天性爱抗争"，但更多的嘉禾干部认为，这从一个侧面反映了嘉禾历史遗留问题太多，是官员与群众之间矛盾的投射。

当地一些干部承认，"三李"们反映的一些问题确实存在。他们反映 1992 年建珠泉开发区征地，一亩地补偿 1 万元，到村民手中当时只有 40％。政府调查发现，补偿款除了正常的成本费用都发给村里了，然而村里从中拿取了 47 万元做集体公用，现在答应退给村民，但拿不出钱。

县信访局副局长李三平说："这些人反映问题不管是为公共利益还是为私人利益，对推进社会发展有用。嘉禾的党委政府、司法部门相对比其他地方透明度高，原因之一在此。他们促使司法部门办案公正。出了事，他们不仅告公安局，还告公安局的办案人员，这一点使公安司法部门不得不心存忌惮，提高办案的责任心。"

曾有一位县委书记在电影院给干部作报告，说像"三李"这样的人在嘉禾不是多了，而是少了，要是多了，嘉禾就不是这个样子。

（刊发于 2005 年，与于磊焰、谭剑合作。）

（湖南人物）萧一湘：最是忧国八旬翁

湖南这块遍布崇山峻岭、大江大湖的土地，曾经激发了两句经典感慨。一句是《岳阳楼记》里的"先天下之忧而忧"，另一句是南岳抗战忠烈祠里碑文所写：湖湘之地，多爱国忠勇之人，"虽山野之夫，亦隐然以国士自重"。

73岁学电脑打字，77岁上网发帖议论国家大事；为求真实记载历史，退休之后不顾体弱多病，经16年以一人之力，独立完成50万言县志；中共湖南省委举行献计献策会，他独献17策为最多，82岁龄为献策者最长……

这就是居住在湖南省常宁市县城一栋简陋房子，生命体征不断衰老，脑海中却充满青春活力、激荡着思想大潮的萧一湘老人。他虽然今年85岁，但是网上还不时出现他新发的文章。本刊记者曾经专程采访过他，白发白须，身材清瘦，眼神炯炯，言语犀利，虽然因骨折坐在轮椅上，还念念不忘国家大事。

"我这把年纪，还不讲真话，带到哪里去?"萧一湘坐在轮椅上对我脱口而出。当我访问他时，两月前摔了一跤，一直坐在轮椅上。他身材清瘦而硬朗，身穿白色短上衣，盖个小棉袄在膝盖上，眼神极具穿透力。

作者在萧一湘先生简陋住房里采访。

为求"真实"一人修 50 万言县志

1984 年，离休在家的萧一湘发起编撰常宁县志。"心想一个人既已懵懵懂懂而来，总不能再懵懵懂懂而去。"他在序言中披露修志心迹。

1924 年，他生于湘中常宁萧家村一个书香门第，自小爱看书，受了很多思想启迪。高中毕业的他响应陶行知"教育救国"的倡导回乡，捐钱捐物游说乡里，开办了常宁唯一一所私立中学。

1949 年年底，他加入中共地下党开展活动，1954 年任县税务局副局长，后因说真话，在多次运动中被打成"牛鬼蛇神"、"现行反革命"，坐过牢，住过牛棚，当过农民。1979 年平反，1981 年退休，1983 年恢复党籍、改为离休。

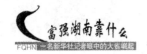
　　历经 20 世纪中国沧海桑田的巨大变迁，一生三次办教育、三次入党的他尽管身世坎坷，到老却还有一颗火热之心。他省吃俭用，曾经牵头办起有 800 多名学生的补习学校。后来，他沉下心来，决心对脚下这块生于斯、长于斯而又老于斯的土地梳理，总结其历史。

　　两年之后，他离开县里的县志办，开始单干。让他不能适应的是，省里来人开会评判县志稿，五天都在谈语言、结构，史料是否残缺却无人提及。他告诉本刊记者，更让他担心的是，"写得真实，通不过去"。在他看来，"一件事做错了，影响还是局部，如果史写得不好，就将贻害且深且广"。

　　他大量搜寻各种史料志书，寻访历史当事人，翻山越岭搜集了散落民间的族谱 60 多册。远在美国的常宁籍人士给他寄送资料，一些老人义务校订文稿，提出商榷意见争鸣。个人修志的艰辛，正如他在序言里描述：

　　"从花甲残年开始，拖着老病，蹲在十平方米的茅房，困难可想而知；查档案，酷暑汗裤裆；觅族谱，串村崎岖道；学电脑，厕所背五笔；捕创意，几回惊酣梦；伏书案，鸡窗伴孤灯；卧病榻，正是读书时。"

　　16 个寒暑之后，一本从宋代写到当今，政治、历史、经济与文化都涉及，总共 50 多万字的县志《天堂脚印》出炉。翻阅这本县志，让人印象最深的是在书写历史时试图总结各个时期的历史教训，并且直言不讳记载批评一些发生不久的历史事件。

　　时任湖南省委宣传部长委托理论处致信，表示基本赞同"书中的大部分观点"，书中"一些独到的真知灼见"让人读后深受启发。一位学者信中写道："您的心血不会白费。记载普通老百姓生活、民间基层社会的真实史料，是最珍贵又最不可多得的。"

白发老翁网上议政受敬重

　　如果没有互联网，萧一湘和他的思想恐怕很难更多为世人所关注。

73 岁时，萧一湘为了书写保存方便，买了一台电脑，把五笔输入法的字根贴在书桌、床边及厕所墙上背诵，一个多月就能在电脑上写文章了。

2001 年，77 岁的他开始在"天涯论坛"、"关天茶舍"等连载《天堂脚印》之余，大量发表评论。这些评论述及新农村建设、干部制度改革等大政方针，以及被收容者孙志刚之死、民营企业家孙大午被抓等热点事件，或针砭时弊、或臧否人物，观点鲜明，论证严密而富有个性，在网上铺天盖地却多肤浅随意的议论中风格"老到"。

跟帖者大多惊叹钦佩这位老者居然能够娴熟运用网络，居然如此忧国忧民，居然思想活力如此充沛——有人称他"可敬的老人"，有人借对鲁迅的评价，直言他是"中华民族的脊梁"。

他在网上发表长文《改革开放以来干部的底线》，总结常宁官员队伍中出现很多"三穷干部"：文穷，文化素质不高；财穷，因为县财政困难发不了津贴与补贴，不少干部只能领取微薄的"裸体工资"，生活难以为继；道穷，有的干部当官只为发财，丢失理想。

当过税务局长、熟谙县情的他，在分析机构膨胀、行政效率低、发展经济不力等原因之外，提出"简政、放权、裁员"的详细改革方案。这篇稿件引来外省媒体到常宁调查，以深度报道还原了这个县干部队伍生态状态，并点出这在中西部地区有一定普遍性，受到社会关注。

为了写这篇文章，他拄着拐杖，每天一早 7 时离家，用蛇皮袋装着电脑，带着早、中、晚三餐饭菜，寻访干部，晚上 8 时回家。5 个月中间，他总共采访了执法部门、垂直管理部门等 5 个部门 180 多人，进行了艰苦卓绝的思考。

他的文章尽染湖湘文化"经世致用"的色彩，不尚空谈，大多落脚在建设性解决问题上；不闭坐书斋，以高龄开展社会调查，求得一手材料；尤有"萧氏特色"的是，由于他一生经历丰富，思考当下问题，总能够从"过去"谈起，以史为鉴，比方说分析现在的农村土地问题，他就结合自

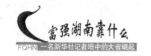

己亲历的互助合作化、人民公社化等经历进行历史对比。

2006 年年底，湖南省委倡议全省各界为湖南发展"献计献策"，已经 82 岁的萧一湘是献策者中年纪最大、献策最多的，共 17 条 4 万多字，省委书记托人致谢问候。

被专车接到了长沙参加表彰晚会，主持人问他为什么有这么大的决心，"共产党员不管年纪大小，对社会的关怀和责任都是一样"。萧一湘回答之后，还引用孙中山的一句话，"革命尚未成功，同志仍须努力"。

一生目的是"寻求社会的真理"

萧老的家在县城一所幼儿园的后面，一栋红砖建的两层简陋楼房，并不全属他家，家具非常简陋，他经常在文中自称"茅房"。

萧老的爱人刘宗秀告诉前来寻访的本刊记者，他不抽烟、不喝酒、不打牌，一天到晚闲不住，都趴在电脑前。"哪怕大年三十晚，想到一个新观点，就爬起床用笔记下来，然后存在电脑里。"本刊记者访问他时，他正因骨折坐在轮椅上，没法写东西，但有时还要爱人抱到电脑前上网了解时事。

他告诉记者，自己一人撰写县志，其间被一些朋友泼冷水：人家隔代写史，你写很多事看不准的现代史，风险难道不大？你三进共产党，身世浮沉，难道不吸取教训？你年纪已大，可能书没写成，人走了，何必呢？

这本县志在常宁当地引起了不少批驳，也没能够公开发行。2009 年 11 月，本刊记者在湖南遇到一位曾在常宁任职的官员，他仍然记得多年前这本书出版时，由于书中批评的一些事件中的当事人还健在，曾声称要到法院控告他。

萧一湘老人不无苦恼地告诉本刊记者，自己写的一些说真话的文章，在网上、在外地有很多人欣赏，本地有人赞许但一般不公开表态，反对者有之，不高兴的人也不少。离休后，当过几年县党代会和人代会的特邀代表。"特邀我是因为我讲真话，但当我真正讲真话，县里有关部门却要我休息。"

有一年，县里有关部门邀请萧参加老干部联欢会，他又当场"放了一炮"：全县老年大学校庆，政府领导批了10多万元，很多老干部说感谢领导，我说我不感谢，两天校庆这些钱可能就报销了——我家附近幼儿园有400多儿童上学，40多米烂路影响出行，只要拨一万多元钱就把路修好，为什么迟迟不修呢？

爱人刘宗秀告诉本刊记者，有的人劝他，你写这些有什么用！你看很多人住的是高楼大厦好房子，而你住的这栋老房还是改革开放时建的！

然而，尽管有种种非议，尽管有时自嘲"杞人忧天"，萧老却不肯在思想阵地退守。他向本刊记者强调，自己一生的目的，"就是寻求社会的真理"，白发老翁还孜孜不倦写文章，"是发自内心对国家命运和党的前途的忧思"。

在自传中，他把自己描绘成一个"越有困难，越前进"的"寻火者"。"夕死，朝闻道可以"——他引用胡绳改过的孔子"朝闻道、夕死可以"这句话，形容他现在八旬老翁的心态。

湖南这块遍布崇山峻岭、大江大湖的土地，曾经激发了两句经典感慨。一句是《岳阳楼记》里的"先天下之忧而忧"，另一句是南岳抗战忠烈祠里碑文所写：湖湘之地，多爱国忠勇之人，"虽山野之夫，亦隐然以国士自重"。

——了解他的有识者说，能够担当起这两句话的，萧一湘老人算一个吧。

（刊发于2010年。）

附录　湖南发展读书摘记

附录

湖南发展读书摘记

湖南现代化的起步

研究湖南早期的现代化，首先问其发展潜力，其现代化是何时开始的？其次问其政治、经济、社会的变迁如何？兹将个人的发现和认识约粗略归纳如下，算是一个提要。

（一）湖南有两大发展潜力：第一，十九世纪时，稻米年产量约为一亿八千万石，三分之一足够全省人民食用，三分之二作为经济作物出售，所得可以推动现代化建设；第二，湖南人性格坚强，干劲十足，一心追求成就感，是发展现代化的一个优越条件。

（二）湖南具有现代化的潜力，同时也有现代化的阻力。十九世纪湖南的保守势力甚为顽固。1860 年现代化已在沿海地区萌芽，渐有启动现象，但湖南保守派势力强大，反对西洋事务进入省内，以致湖南的现代化比沿海地区延误了二十年。

（三）甲午战败对湖南人是一个强烈的刺激，他们觉醒过来之后，推动湖南新政，要求全面改革，设南学会试行政治参与，设保卫局建立警政制度，开发地下资源以求形成资本，建立新式学堂以培植人才。湖南新政令人印象深刻，后来在立宪运动中的一些创意，亦多有值得称道之处。

（四）十九世纪末及二十世纪初，湖南的经济和社会均已有所发展，但国势动荡，现代化进展缓慢。辛亥革命（1911 年）以后，军阀当道，

呈现停滞状态，现代化的推展有待继续努力。

——张朋园《湖南现代化的早期进展（1860～1916年）》，岳麓书社

"湖广熟，天下足"之由来

"湖广熟，天下足"首见于明代李釜源撰《地图综要》内卷："楚故泽国，耕稔甚饶。一岁再获柴桑，吴越多仰给焉。谚曰'湖广熟，天下足。'"清乾隆时还有过"湖南熟，天下足"的说法。当时包括长沙在内的整个湘北地区已是全国重要的粮食产地。

宋元时期，湖南的粮食生产虽有很大发展，但全国粮食产销中心仍在江浙一带，民间流传有"苏湖熟，天下足"的谚语。到明清时期江浙农村转种棉花，成为全国棉纺织业中心，江浙粮食已不能自给，需从湖广一带输入，"苏湖熟，天下足"的谚语遂演变为"湖广熟，天下足"的谚语，湖南地区的粮食产量有很大的增长。明代湖南粮食外运数量相当大，如1429年（宣德四年），"复支运法，乃令江西、湖广、浙江民运粮二百二十万石于淮安仓"。1472年（成化八年），定全国运京师粮共400万石，其中湖广、江西等地"南粮"324万多石，占绝大部分。到明代后期长江下游的粮食多依靠湖广等地供应，如安徽的徽州粮食"大半取于江西、湖广稻以足食用也"。

同时，明清时期两湖粮食的外运是中央朝廷和地方政府的一项重要任务，受到上至皇帝下至封疆大臣的高度重视。从明清《实录》中查得两朝共86年次的外运记载，涉及14个省区，计有江苏、浙江、安徽、福建、广东、广西、贵州、河南、陕西、甘肃、四川、江西及京城，也就是说内地绝大部分地区与两湖形成了粮食供销关系。其中以长江下游江苏、浙江、安徽等地区对两湖粮食的依赖性最强，在86年次中占33年次，其次是贵州占15年次，再次是两广、福建占11年次。

湘米的大量外销，长沙米市的兴旺，是建立在农业生产发展的基础上

的。从明末清初战乱到清康熙初年"三藩"叛乱，湖南土地大批抛荒。清政府自康熙开始采取封官的方法大力奖励垦荒，如规定："贡监生员民人垦地十二顷以上，试其文义通顺者，以县远用；不能通晓者，以百总用……一百顷以上，文义通顺者，以知县用，不能通晓者，以守备用。"对地方官吏则实行"有田功者升，无田功者黜"的政策。

明清时期，长沙农村的农田水利建设和农业生产技术都有所发展。成化（1465～1487 年）年间，宁乡县民谢宗玺等还捐资修筑大阳坝，可灌田 1 万顷。又如宁乡县自乾隆以后，大力"凿井挑塘，筑坝蓄水，点滴不肯轻泄；沿河两岸横江累坝，架筒车汲灌"。耕作、施肥等农业技术也大有长进，水田、旱田各不相同……从上述记载可以看出，长沙农村在清前中期，非常重视水利建设，施肥、保持土地肥力和山地轮作技术已相当先进，单位面积的粮食产量必然大大提高，高的可达"亩岁三石"。"湖广熟，天下足"的美誉名不虚传。

——转载摘编自星辰在线，http：//www. changsha. cn/infomation/rljmsj/t20030808 _ 1637. htm）

近代湖南的交通

长沙是湖南的省会，湖南是著名的"鱼米之乡"，所产稻米养活了全省人口以外，还可以供应省外几百万人的食用。湘江里最多的是鱼、虾、鳝、鳗和甲鱼，省内所产橘子和柿子鲜红艳丽。贫富咸宜的豆腐洁白匀净如浓缩的牛奶。唯一的缺点就是湿气太重，一年之中雨天和阴天远较晴天为多。

——《西潮 新潮》，蒋梦麟著，岳麓书社 2000 年 9 月第一版，是时，北大、清华、南开三校为抗日迁至长沙成立联合大学，作者参与迁移，后联合大学继续迁至昆明。

由于仇洋心理的作祟，湖南人最先是反对乘坐洋船的，轮船事业更是

不屑谈论。曾国藩故后灵柩以汽船载运返湘，士绅为之大哗。郭嵩焘倡议自营轮船，乡人讥为二毛子，是最直接的例证。但是这种心理难于长久维持，舢板小船在洞庭湖波浪稍大时，即无法通航，而或勉强航行，亦往往发生翻覆江难。

······

湘省唯一之铁路为贯穿南北的粤汉路。该路倡议于光绪二十二年（1896年），完成于民国二十五年（1936年），先后40年整，是一段漫长的日子。用现代化的观念来看，其缓慢几属不可思议。

······

粤汉铁路的最初计划，经过江西而不经过湖南。大多数的湖南人原本十分保守，并不关心此一决策于其家乡有若何之影响，有许多人甚而认为不经湖南最好，免得破坏了田园庐墓的风水。但事有至巧，此时湖南正是维新派当政期间，陈宝箴既然

湖南省推出的湖湘文库丛书封面之一。

主张开矿，自然希望交通能与之配合。开明士绅如谭嗣同辈，亦急切盼望铁路经湘不经赣。谭氏在《论湘粤铁路之益》一文中，强调铁路经江西有六不利，经湖南有九利。铁路于湘本身则有十利。谭氏着眼于经济发展，其说辞似对陈宝箴及地方士绅甚有影响。《鄂湘粤三湘绅商请办粤汉铁路禀》盖为谭所策动。呈文中同样指出路经江西之无利，经湖南之有利。陈

宝箴派熊希龄、蒋德钧等与盛宣怀交涉，要求干线经过湖南，终于改变了盛宣怀的决定。湘省铁路此为起点。

　　——张朋园：《湖南现化代的早期进展（1860～1916 年)》，岳麓书社

湖南人的个性

　　湖南人的身体健壮，个性刚强，而且刻苦耐劳，他们尚武好斗，一言不合就彼此骂起来，甚至动拳头。公路车站上我们常看到"不要开口骂人，不要动手打人"的标语。人力车夫在街上慢吞吞像散步，绝不肯拔步飞奔。如果你要他跑得快一点，他准会告诉你"你老下来拉吧——我倒要看看你老怎么个跑法"。湖南人的性子固然急，但行动却不和脾气相同，一个人脾气的缓急和行动的快慢可见并不一致的，湖南人拉黄包车就是一个例子。

　　他们很爽直，也很真挚，但是脾气固执，不容易受别人意见的影响。他们要就是你的朋友，要就是你的敌人，没有折衷的余地。他们是很出色的军人，所以有"无湘不成军"的说法。曾国藩在清同治三年（1864 年)击败太平军，就是靠他的湘军。现在的军队里，差不多各单位都有湖南人，湖南是中国的斯巴达。

　　抗战期间，日本人曾三度进犯长沙而连遭三次大败。老百姓在枪林弹雨中协助国军抗战，伤亡惨重。

　　——蒋梦麟：《西潮 新潮》，岳麓书社 2000 年 9 月第一版。

　　湖南近代的发展当然不止于此。这一突出的发展与湖南人的性格盖有相当关系。关于湖南人的性格，历史上的记载甚多。《史记》说湖南人十分剽悍。《隋书》谓其"劲悍决烈"是最早有关湘人性格的记载。翻阅湖南地方志，形容湖南人性格的词语，诸如"劲直任气"，"人性劲悍"，"人性悍直"，"民好斗讼"，"率多劲悍"，"其俗剽悍"，"其民尤尚气力"，"其

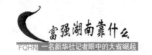
俗好勇"，"好武少文"，"任性刚直"，"赋性刁悍"，"刚劲勇悍"，"劲悍尚讼"，"悍直梗朴"，"好勇尚俭"……种种评语，不一而足，大多围绕着强悍的性格而言。这些不同的评语，分布全省各州县，几乎无志无之。

论者或谓这是志书互相传抄的结果。但在近人的著作中亦不难发现同样的批评和观点。19世纪60年代布政使李榕（四川人）曾言湘人之"气太强"；90年代，巡抚陈宝箴（江西人）言湘人"好胜尚气"；湘人皮锡瑞亦有相同的评语。郭嵩焘则直接谓湖南为"愚顽之乡"。民国二十二年国立清华大学考察团至湘，所得印象与古人观察无二。该考察团提出的报告书说：

"一入长沙，即深觉湖南之团结力特别坚强……然同时亦觉气量偏狭路……吵嘴打架，殆属常事，民风剽悍殆即以此。"

综而言之，湖南人个性坚强，凡事认定一个目标，勇往直前，不计成败，不计利害，不屑更改；是一种不信邪的"骡子脾气"，在中华民族之中，自成一地区的性格。这种性格由来已久而少变化，与心理学家的国民性定义是相吻合的。

……

但是观察湖南的保守派，其成就感与使命感绝不亚于维新派。以王先谦为首的保守派，他们并非盲目反对维新，在某种限度下，他们依然主张现代化。王先谦的论说中不乏经济发展的主张。湖南之中、南、西三路矿务公司，若非保守派大力主持，难于及时组成，否则湖南的经济将更为落后。

湖南人的使命感与成就感至辛亥革命时期而有三度的发挥。黄兴与蔡锷可为典型的代表。黄兴为从事革命而组华兴会，虽一再失败而不气馁，他有"杀身成仁，舍生取义"的豪情，可以说是一个剽悍的湖南人。蔡锷于护国之役而举起反对袁世凯帝制的大纛，他的豪语"为四万万人争人格"，正是湖南人性格的写照。

……近百年湖南人力争上游，其毅力凌驾全国。清华考察团对这种刚劲的气质，给予莫大的期许。该团报告书说：

"惟其性狭，故能有坚强之反抗力，决不逆来顺受；惟其讲求气节，故不皆……而视死如归。'楚虽三户，亡秦必楚'。盖风气刚劲，自古已然。此种精神，如能持久，光荣的未来，非湖南人莫属。"

——张朋园：《湖南现代化的早期进展（1860～1916 年）》，岳麓书社

蒋祖炟著的《辣椒湖南》封面。

湖南人吃辣椒号称"天下第一"，其"辣"字诀的极端表现是：办大事快刀斩乱麻，作风极为凌厉；对敌方心狠手辣，不留丝毫余地。湖南人刀刚火辣的性格特征十分鲜明，归纳起来，其特点至少有以下11 个方面：

1. 质朴，务实而不务虚；

2. 倔强，又谓"霸蛮"，头撞南墙而不回；

3. 傲岸，不拘细行琐德；

4. 吃苦耐劳，如同骡子负重远行；

5. 坚韧执着，屡败屡战，不胜不归，打脱牙齿和血吞；

6. 刚健，勇于任事，锐意进取，敢为天下先；

7. 自信，天降大任，舍我其谁，当仁不让；

8. 好学，虽武将亦能折节读书，求知欲旺盛；

9. 任侠，路见不平，拔刀相助，疾恶如仇，锄强扶弱；

10. 特立独行，具有独立自由的思想和坚强不磨的志节，喜欢别出心裁，标新立异；

11. 不怕死，不要命，老子不信邪，要死卵朝天，不死变神仙，舍得一身剐，敢把皇帝拉下马。

近现代文人汤增璧曾说："湖南人士矜气节而喜功名。"这话大抵是不错的。另一位湘籍名家章士钊则说得更为透彻："湖南人有特性，特性者为何？曰：好持其理之所自信，而行其心之所能安；势之顺逆，人之毁誉，不遑顾也。"

——王开林：《纵横天下湖南人》，北京十月文艺出版社

抗战中的湖南人

湖南，楚之故地。其民坚贞沉毅，勤俭诚朴，勇敢善战，二千余年未尝改也。近代海禁既开，欧风东渐，国人受物资文明之浸润，固有之道德、修养、文化、教育，日就衰退。而湖南之学风、民风，依然保持固有之精神。虽山野之夫，亦隐然以国士自重。余主试政秉诠衡者十余年，通观各省教育成绩本国之文学、历史、地理诸科，以湖南为最优；而国民传统之道德、思想，亦以湖南为最多。深敬佩之。以为匡辅之功，复兴之业，大有赖于湖湘士庶也。民国二十六年，逆倭入寇，一年之间，燕、鲁、晋、豫、苏、浙、皖、赣均遭蹂躏。武昌、广州、岳州，旋为敌据。长沙株衡，为寇所必争。内外论兵者，皆为之危然。而自二十八年至三十一年春，倭寇三次集中水、陆、空军会攻长沙，每次使用兵力十余万人。其结果也，倭寇三战三败，统计被歼于浏阳、捞刀、汨罗、新墙诸水以及洞庭诸港汊间，十余万人。孙子曰：先为不可胜，以待敌之可胜。我湖湘战区之军，诚足称为不可胜之军矣！细究三次长沙会战致胜之原因……将士忠勇效命，视死如归；而人民爱国爱乡，协助国军作战，成仁取义之精诚尤为至重大之要素。孙子论兵，以道为首，曰：道者，令民与上同意，可与之死，可与之生，而不畏危。观长沙三次大捷，其军民战志，久而弥坚。益信教民治军之要道所在。民国三十二年，建立忠烈祠于南岳，以祀

忠魂。司令长官薛上将岳来请为文，因述所感，以为之记。且以告全国之司教育者。

——南岳忠烈祠，"国民政府考试院"院长戴传贤祭文

敌人攻占长沙的目的，主要是为打通粤汉铁路，前文已经述及。粤汉路打通……纵贯中国南北之大动脉即均入敌人的掌握……其次，湖南为中国一大米仓，年产稻谷一万二千余石，自古有"两湖熟，天下足"之谚。

……

长沙前清邑庠生邹炳蔚预言敌如侵入武汉，即赴水死，以激励其子侄矢忠报国，既而果然。设使战地民众均能如邹炳蔚，尚何愁强敌之不灭耶？因知今日之战争，能用民者胜；而用民的基础，在于知识教育之普及与深入，未有文盲占人口十之七八的国家，而能应付现代对外战争者。

兹查湖南长沙前清邑庠生邹炳蔚曾入山东方伯汤聘珍、江苏制军魏午庄幕中，办理文牍，保荐知县，后鼎革返里，以医术名。客岁暴日进犯，常以年老不能杀敌为恨，每与人言："如敌人侵入武汉，即择清泉之滨跃入就义，以激励子侄，矢忠报国，免以我老为念。今秋闻武汉失守，果手书遗嘱，赴水而死。"

邹炳蔚先生遗嘱：覆巢之下，安有完卵？况余年老力衰，焉能自全？其所以速自决者，坚汝等报国之志耳。此嘱。

——陈诚：《抗战中武汉会战的经验与教训》，《陈诚回忆录》

山明水秀的湖南

长沙在两次大火前夕，处境日益艰难，父母只好把我先接回湘乡，准备随时再往前逃。

我至今仍记得我们在永丰镇过的好日子。湖南有丰饶的物产、淳厚的民情和世代厚植的文风，湖南人因执着与自信常被人称为"湖南骡子"。

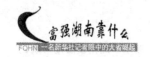

那儿是个"鱼米之乡",我今生走过很多地方,很少看到那样肥美的萝卜和白菜。在战火还没有烧到的时候,日子过得太平安宁,与世隔绝,真像沈从文《边城》里翠翠的美好故乡。

在《国立东北中山中学金禧纪念集》书中许多人也写到,湖南湘乡那近一年的学校生活虽仍在逃难中途,但山明水秀,丰衣足食,竟成为一段美丽的回忆。

——齐邦媛:《巨流河》,三联书店 2010 年第一版

被类比"骡子"的湖南人

余与海秋俱生湖南,而洞庭之澎湃,衡岳之召尧。独海秋为能以其精神气象而放于诗歌之间,故其所为今文古文斐然登作者之堂,而其古今体沉雄浩荡,往复缠绵,上可以缘风人骚人之脉,而下可以包括汉、魏、唐、宋人之所有,此乃凌轹百代之才。岂直壮我湖南之色而已,甚盛!甚盛!

——陶澍评益阳籍清代进士汤鹏,转引自叶梦:《乡土的背景》,岳麓书社 2004 年第一版

湖南人性质沉毅,守旧固然守得很凶,趋新也趋得很急。遇事能负责任。曾国藩说的"扎硬寨,打死仗",确是湖南人的美德。但也有一部分的人似带点夸大。执拗的性质,是不可不注意的。

——蔡元培:《论湖南的人才》

近代以来的湖南人,得益于辣的激励,钟情于辣的味道,表现了辣椒一样的神采与气概。外省人一般习惯将湖南人戏称为"骡子"、"辣子",以示对湖南人不同流俗的区分与界定。而湖南人则不以为忤,反以为荣,喜欢以"骡子"、"辣子"自居,以标示自己的与众不同。

　　骡子其形体似马，叫声似驴，具有驴子的倔劲、执拗与忍耐力。人们习惯称驴子为"倔驴"，因为它天生一副怪脾气，越是拉不动，越是拼命用劲拉。骡子也有这种精神，堪粗食，耐劳苦，抗病力强，挽力大且能持久，寿命也长于马和驴，因而深得老百姓喜爱。湖南不产骡子，之所以用"骡子"称湖南人，主要是湖南人有类似"骡子的吃苦耐劳、任重道远的美德"。张治中抗战初期任湖南省政府主席时，对这个被称为"中国的普鲁士"的省区深为喜爱，他曾说："湖南民气向来很好，民性民情也很勤朴，很诚笃，很勇敢。"他崇尚湖南人讲骨格，敢担担子，敢讲真话，做事忠实的精神，他说："在这一个地方，无论讲人力，讲资源，讲民风，都是最有可为，最能成为民族复兴根据地的所在。"

——蒋祖烜：《辣椒湖南》，岳麓书社

近代湖南的变革

　　既然康有为、梁启超为少年毛泽东打开了眼界，东山学堂自然不能满足他的如饥似渴的求知欲。他极想到长沙去，因为听许多人说过，那里是个大城市，湖南的省会，城里有好多更高级的新学校。在清末，湖南开风气之先，是办新式学堂最早也最多的省份之一。到1907年，总计全省有商业、实业、师范和普通中学等82所学校，还有女子学堂7所，学生共达一万三四千人。而长沙就集中有二三十所……武昌起义爆发后，湖南是全国第一个响应独立的省份。

　　……

　　湖南本是一个落后的省份，一个闭塞的山国。可是在交通逐渐发达的近代，又是南来北往的走廊。由于落后和闭塞，封建主义在这里比沿海省份有着更深的基础；由于在近代成了南北交通要冲，它又无法继续保持落后的闭塞的状态，因此，在19世纪70年代以后，这里就成为新旧斗争最尖锐的地方之一。顽固派坚决排斥一切新的事物。曾国藩的儿子曾纪泽曾

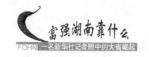
经因为坐小火轮回家奔丧，竟在长沙官绅中引起物议，几年不息。郭嵩焘曾经因为做了中国的第一轮驻英公使，并且写了一本《使西纪程》，主张改革，就被长沙的官绅指为汉奸。90年代维新派在湖南遭受到的反对，也是一切省份中最猛烈的。可是，也正是在这里产生了争取实现民主制度的最热烈的斗士。1894年中日战争爆发后，湖南维新派志士谭嗣同、唐才常等提倡变法救亡。1897年，湖南巡抚陈宝箴、按察使黄遵宪、学政江标、徐仁铸等都是维新分子，与谭嗣同、唐才常合作，创办时务学堂，聘梁启超为总教习。同时办交通，开矿业，练民团，设武备学堂，出版《湘学新报》和《湘报》，又设"南学会"，会员达千余人，各县并设分会。谭嗣同、唐才常等借学堂、学会倡导新说，攻击清政府。在维新派活动的时期，全国设立的学会、学堂和报馆共51所，湖南即占了16所。因此，湖南成为全国最富朝气的一省。

　　——李锐：《三十岁以前的毛泽东》，广东人民出版社，1994年9月第一版

湖南人的抱负

　　我本湖南人，唱作湖南歌。湖南少年好身手，时危却奈湖南何？湖南自古称山国，连山积翠何重叠。五岭横云一片青，衡山积雪终年白。沅湘两水清且浅，林花夹岸滩声激。洞庭浩渺通长江，春来水涨连天碧。天生水战昆明沼，惜无军舰相冲击。北渚伤心二女啼，湖边斑竹泪痕滋。不悲当日苍梧死，为哭将来民主稀。空将一片君山石，留作千年纪念碑。后有灵均遭放逐，曾向江潭葬鱼腹。世界相争国已危，国民长醉人空哭。宋玉招魂空已矣，贾生作吊还相渎。亡国游魂何处归，故都捐去将谁属？爱国心长身已死，汨罗流水长鸣咽。当时猿鸟学哀吟，至今夜半啼空谷。此后悠悠秋复春，湖南历史遂无人。中间濂溪倡哲学，印度文明相接触。心性徒开道学门，空谈未救金元辱。惟有船山一片心，哀号匍匐向空林。林中

痛哭悲遗族，林外杀人闻血腥。留兹万古伤心事，说与湖南子弟听。

常言湘将皆伧父，使我闻之重抚膺。吁嗟往事那堪说，但言当日田间杰。父兄子弟争荷戈，义气相扶团体结。谁肯孤生匹马还，誓将共死沙场穴。一奏军歌出湖外，推锋直进无人敌。水师喷起长江波，陆军踏过阴山雪。东西南北十余省，何方不睹湘军帜？一自前人血战归，后人不叹《无家别》。城中一下招兵令，乡间共道从军乐。万幕连屯数日齐，一村传唤千夫诺。农夫释耒只操戈，独子辞亲去流血。父死无尸儿更往，弟魂未返兄逾烈。但闻嫁女向母啼，不见当兵与妻诀。十年断信无人吊，一旦还家谁与话？今日初归明日行，今年未计明年活。军官归为灶下养，秀才出作谈兵客。只今海内水陆军，无营无队无湘人。

独从中国四民外，结此军人社会群。茫茫回部几千里，十人九是湘人子。左公战胜祁连山……欲返将来祖国魂，凭兹敢战英雄气。人生壮略当一挥，昆仑策马瞻东西。东看浩浩太平海，西望诸洲光陆离。欲倾亚陆江河水，一洗西方碧眼儿。

中国如今是希腊，湖南当作斯巴达，中国将为德意志，湖南当作普鲁士。诸君诸君慎如此，莫言事急空流涕。若道中华国果亡，除非湖南人尽死。尽掷头颅不足痛，丝毫权利人休取。莫问家邦运短长，但观意气能终始。埃及波兰岂足论，慈悲印度非吾比。

天风海潮昏白日，楚歌犹与笳声疾。惟恃同胞赤血鲜，染将十丈龙旗色。凭兹百战英雄气，先救湖南后中国。破釜沉舟期一战，求生死地成孤掷。诸君尽作国民兵，小子当为旗下卒。

——摘编自杨度：《湖南少年歌》，1903 年 10 月 4 日《新民丛报》第三十八、三十九合刊号

湖南的学风

　　湖南之为省，北阻大江，南薄五岭，西接黔蜀，群苗所萃，盖四塞之国。其地水少而山多。重山叠岭，滩河峻激，而舟车不易为交通。顽石赭土，地质刚坚，而民性多流于倔强。以故风气锢塞，常不为中原人文所沾被。抑亦风气自创，能别于中原人物以独立。人杰地灵，大德迭起，前不见古人，后不见来者，宏识孤怀，涵今茹古，罔不有独立自由之思想，有坚强不磨之志节。湛深古学而能自辟蹊径，不为古学所囿。义以淑群，行必厉己，以开一代之风气，盖地理使之然也。

——钱基博：《近百年湖南学风》

湖南近代崛起的原因

　　一八五二年（咸丰二年），太平军出广西，过湖南。这场暴风骤雨，成了以曾国藩为代表的一大批湖南"在野"士人登上政治舞台的契机。湖南这块地方，也一变历史上长期沉寂、"少人多石"的状态，出现了"楚境一隅，经营天下"的局面。

　　近代史上的湖南，在全国舞台上一直占有奇特而重要的位置：一方面以保守、"霸蛮"而出名；另一方面，又在各个时期都出了一些最大胆、最活跃的"开风气之先"的人物。这些人物在敌意的环境、尖锐的冲突里冒尖，以一种"异己"的精神面貌和惊世骇俗的言论行动，使得举国上下都为之侧目。甚至可以说，正是这种敌意的环境培育了不世出的人才，有如暗黑的冬夜将灿烂的明星反衬得更加夺目。

　　这种现象有它地域文化历史上的原因。在古代，正如曾国藩所说，"湖南之为邦，北枕大江，南薄五岭，西接黔蜀，群苗所萃"，位于中原和江淮文化向岭南和苗僮地区传播的过渡地带，实际上已是"蛮荒"的边

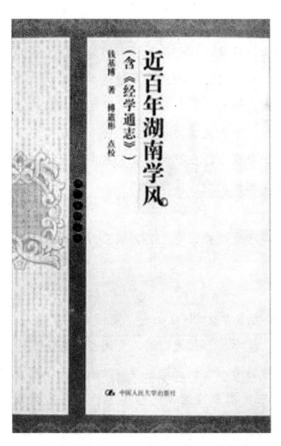

钱基博著的《近百年湖南学风》封面。中国人民大学出版社

缘，保守色彩是十分浓厚的。近代洋人从广东入侵，湖南又首当其冲。新旧观念在这里互相冲突，新旧思想在这里激烈交锋。新形势带来的问题在这里显得格外尖锐，旧制度固有的毛病在这里表现得格外分明。对于大小事都十分认真而又容易走极端的"蛮气"，在这里的人们包括知识分子的身上又特别强烈。这就是湖南在十九世纪中叶突然由"少人多石"一变而为"惟楚有材"的历史背景。

——钟叔河：《伦敦与巴黎日记》，《从东方到西方——走向世界丛书叙论集》，岳麓书社

　　湖南近代的发展，至少有两个突出的例子，第一是湘军的击败太平军，第二是戊戌变法之前的新政运动。何以说湘军打破太平军为突出？答案至为简单：太平天国雄踞金陵十五年，清廷的正规军八旗、绿营皆为其所败，若非湘军队崛起，清室或许不待辛亥革命便被推翻了。湘军的由来，顾名思义，这是地区性的军队，最突出的，是其将领皆为文人。文人领军，初期不过数千人，最后扩展为十余万人，人人奋勇，力挽狂澜。湘军平定太平军之后，全国几为湘人势力笼罩。咸同时期，中国的官僚系统尤受湘人影响。

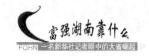
湖南新政运动的独特，不在其有所成就，而在于湖南人的敏锐警觉性。甲午之战，中国败北，全国风声鹤唳，认为已至无可为地步，惟湖南人之感受异于他处，以为救中国当从湖南始，因此有新政运动的发生。前文已经提到，新政运动是一个空前的运动，也是一个多元的运动，在政治方面提倡参与，以群策群力来发挥团结一致的力量；在经济方面，力主开发富源，以提高人民生活，增强社会实力；在社会方面，提倡教育，发展人民知识，主张自由平等，期望人民皆能为国家效力。

……

梁启超之所以入湘任教于时务学堂，亦认为"其可以强天下而保中国者莫湘人若也"。

……

光绪三十年（1904 年），全国留日学生 3000 余人，湖南省 800 余人，约占全国四分之一……王先谦建议留学生，白天听讲，夜间将讲义译成中文寄回，由政府印发学校，或充教科书，或刊登地方性的报纸杂志，期发生广泛影响。王先谦说："六人三年毕业彼国，通各种学科者已达六万人。"换而言之，一人留学，等于万人留学。所以直到宣统二年（1910年）的预算中，尚有 500 两翻译费。可见湖南人对于留学生寄望之殷切，现代化的变迁，与此一因素更有深切的关系。

——张朋园：《湖南现代化的早期进展（1860～1916 年）》，岳麓书社

生命的旅程里总离不开"湘"字
（后记）

生命的旅程里总离不开一个字：湘。

父亲出生在湘乡（今属双峰）九峰山上，山背就是荷叶堂曾氏故居。孩童时代，我就常听父亲讲曾国藩、罗泽南行军打仗的故事。湘乡是幼时我懂得的不多的地名之一，有点难懂的湘乡话是长大后我觉得亲切的方言。

我生长的地方则在湘东罗霄山脚，近有湘东铁矿、湘东钨矿。少年时嬉戏泅渡过的江、河、溪，是湘江的支流，以及支流的支流。后来上的是湘潭大学。参加工作，成了一名常驻湖南的新华社记者，三湘与四水，成了我不断出发的调研、思考之地。

两年前，一位年长我一轮的同事斩钉截铁、毋庸置疑地对我说："你应该好好思考探讨湖南省的发展，像你这样多年来一直在驻湖南新华社记者岗位的人并不多见，有这个条件！"

呵呵，我的心里陡然生出一种因信任而激发的责任感。思考湖南历史上文化与人物的书不少，但探讨当今如何幸福、强盛的作品还真不多。那一刻，我冒出了将这些年关于湖南发展的调研作品整理出一部书稿的念头。

眼前的这部书稿既算是交给这位老兄，也当是回报接受我采访、赐我以教的众多湖南人的作业吧——给我生命烙上"湘"痕的，最重要的还不是地理与经历，当然是湘人。这些湘人当中，有古人，有今人；有官，有

民；有师长，有企业家……

身为湘人，我对这个大省的发展一直睁大眼睛紧盯不放。在此过程中，我尽量去踏访更多的土地，接触更多的人，报道更多的事；同时，也借到外省调研的机会，跳出湖南，力争站在更高的制高点，对比思考这个省的发展。

新华社驻湖南的一代又一代记者，是深度推动湖南发展的重要群体。他们处事低调，采写了许多有影响力的报道，但并非为社会所知。本书中很多报道与调查，都是我们共同的成果。还有少量链接报道，则是直接转载于我的同事。

思考湖南的发展时，我常常联想到两个命题。曾经以四大发明领先世界科技的中国，为什么在近代工业革命竞争中却输给欧洲，没有产生一个像牛顿、伽利略式的伟大科学家？这被称为"李约瑟难题"。另一个命题则是，为什么中国大学培养不出一流的人才？"钱学森之问"牵动了中国社会旷日持久对教育的追问。

曾经在近代中国历史上风云一时的湖南，能否突破思想观念与体制机制的束缚，复兴当年的荣光，建设幸福、强盛之省？我认为这个牵动省内外很多人心的问题，也当是区域发展的一个重要命题，可称为"湖南猜想"。期待这本书的出版，能够给这个命题的解答提供一些微小的参考。

事实上，湖南省情在中西部地区，包括沿海省份的很多非海岸市县，都有代表性。在我看来，虽然中国地方发展程度千差万别，但其挑战面临的共同之处，大于不同之处。因此，这本书同样希望能够引起国内其他地方读者朋友的兴趣。

朱翔教授赐序令我振奋并深谢，他在我心目中向来是探讨湖南发展的泰斗。

2012 年 10 月于长沙